INTELLECTUAL PROPERTY POLICY
FOR INNOVATION-DRIVEN DEVELOPMENT
AND INTELLECTUAL PROPERTY POWER NATION CONSTRUCTION

面向创新驱动发展
与知识产权强国建设的
知识产权政策研究

宋河发◎著

知识产权出版社
全国百佳图书出版单位

图书在版编目（CIP）数据

面向创新驱动发展与知识产权强国建设的知识产权政策研究/宋河发著. —北京：知识产权出版社，2018.8

ISBN 978 - 7 - 5130 - 4973 - 3

Ⅰ.①面… Ⅱ.①宋… Ⅲ.①知识产权—研究—中国 Ⅳ.①D923.404

中国版本图书馆 CIP 数据核字（2017）第 144496 号

内容提要

本书在创新驱动发展战略和知识产权强国建设背景下，从公共政策基础理论出发，研究了知识产权政策的重要地位和作用，构建了知识产权政策体系，重点研究了与研发创造、权利获取、创造激励、价值评估、运营、转移转化税收优惠、政府采购、投融资、产业发展、服务体系发展等相关的知识产权政策，涉及知识产权创造、运用、保护、管理和服务等多方面内容。本书不仅适合各类知识产权管理与科研人员，对科技管理与政策研究人员同样适读。

责任编辑：李　潇　　　　　　　　责任校对：潘凤越

封面设计：李志伟　　　　　　　　责任印制：刘译文

面向创新驱动发展与知识产权强国建设的知识产权政策研究

宋河发　著

出版发行：**知识产权出版社** 有限责任公司	网　　址：http：//www.ipph.cn
社　　址：北京市海淀区气象路 50 号院	邮　　编：100081
责编电话：010 - 82000860 转 8133	责编邮箱：elixiao@ sina.com
发行电话：010 - 82000860 转 8101/8102	发行传真：010 - 82000893/82005070/82000270
印　　刷：三河市国英印务有限公司	经　　销：各大网上书店、新华书店及相关专业书店
开　　本：787mm × 1092mm　1/16	印　　张：21.25
版　　次：2018 年 8 月第 1 版	印　　次：2018 年 8 月第 1 次印刷
字　　数：510 千字	定　　价：98.00 元
ISBN 978-7-5130-4973-3	

序

全球化加速了知识扩散和创新要素流动，改变了国际政治经济竞争格局。知识产权作为国际竞争的焦点，在主要国家宏观决策议程中的地位和作用日益显现，知识产权战略成为许多国家创新发展战略的重要组成部分。2012 年中国实施创新驱动发展战略，任务之一是实施知识产权战略，加强知识产权保护。2016 年颁布的《国家创新驱动发展战略纲要》提出实施"知识产权、标准、质量和品牌战略"，特别强调建设知识产权强国。

目前国内知识产权政策体系研究与中国创新实践的规模相比严重不足，特别是知识产权政策与创新政策的交叉研究深度和广度难以满足解决实践中提出的问题的需要，知识产权创造、运用、保护和管理的知识产权政策体系有待深入的理论研究和建构。非常高兴读到宋河发研究员潜心研究的新作《面向创新驱动发展与知识产权强国建设的知识产权政策研究》，全书着眼于实施创新驱动发展战略和知识产权强国建设的伟大实践，探讨了知识产权政策理论基础问题，构建了知识产权政策体系，研究了研发创造、权利获取、激励、价值评估、运营、税收优惠、政府采购、投融资、产业发展等知识产权政策，以及知识产权的保护和管理政策，是知识产权政策研究的很好尝试，具有重要的学术研究参考价值和实践指导作用。

宋河发研究员是中国科学院知识产权研究与培训中心副主任，具有多年专利代理和科技部门管理工作经历。在他攻读博士研究生期间，随我一同开展创新发展政策研究，参与了国家自主创新能力建设"十二五"规划，以及一批国家创新型城市建设规划研究编制工作，本书是宋河发研究员十多年来在知识产权与创新政策交叉研究方面的学术总结和重要成果。

中国科学院大学和中国科学院科技战略咨询研究院（原科技政策与管理科学研究所）科教融合组建的公共政策与管理学院及知识产权学院，致力于弘扬"志同气合，经世致用"的创新文化，培养有科学内涵的学术研究者、政策制定与实践者，强化"教育、科研、智库"功能，成就中国学派。宋河发研究员这部学术专著是科教融合的产物，也是知识产权学院人才培养的重要参考书。当然，学无止境，如果此书能够引起同行思考、争鸣甚至争论，都是对知识产权学术研究进步的贡献，也是良好学术生态建设的必由之路。

穆荣平

中国科学院创新发展研究中心主任

中国科学院知识产权研究与培训中心主任

中国科学院大学公共政策与管理（知识产权学院）院长

目 录

第1章 概 论

　　创新驱动发展的核心是知识产权的大规模高水平创造和有效运用。实现创新驱动发展，必须实现由知识产权大国向知识产权强国的转变，必须构建有效的知识产权政策体系。制定和实施有效的知识产权政策是深入实施创新驱动发展战略的必然要求，是建设知识产权强国的必然选择，具有重要的理论和现实意义。

1.1　研究背景

1.1.1　创新驱动发展战略

　　当今世界，创新是发展的第一动力，创新驱动发展已成为许多国家的战略选择。2008年爆发国际金融危机以来，世界政治经济格局深度调整，国际形势日趋复杂，科学技术发展迅猛，创新竞争趋于白热化，发达国家无不把科技创新放在国家发展的战略地位。许多发展中国家经济停滞，社会矛盾突出，对科技创新的需求更加迫切。科学技术已成为国家政治、经济、军事优势的战略支撑，创新驱动发展能力已成为国家发展的核心能力。

　　目前，我国已成为世界第二大经济体，但世界主要创新指数排名显示我国科技创新水平仍然十分落后。当前，我国离 2020 年实现创新型国家目标的时间只有不到三年，然而我国自主创新能力落后的局面还没有根本改变。重大科技创新成果不多，科技成果转化率低的局面还没有大的改观，高技术产业由外资主导，战略性新兴产业出现一定空心化倾向，核心技术依赖进口的问题仍没有得到根本解决。

　　当前，我国面临较大的经济下行压力，经济开始进入新常态。为了保持经济、社会健康发展，必须依靠科技创新。党的十八大高瞻远瞩，提出实施创新驱动发展战略，第一次将创新驱动发展作为国家战略。党的十八大首先强调了科技创新的战略地位，指出："科技创新是提高社会生产力和综合国力的战略支撑，必须摆在国家发展全局的核心位置。"党的十八大还从四个方面布局创新驱动发展战略。一是坚持走中国特色自主创新道路，要求"以全球视野谋划和推动创新，提高原始创新、集成创新和引进消化吸收再创新能力，更加注重协同创新"。二是推进国家创新体系建设，要求"深化科技体制改革，推动科技和经济紧密结合，加快建设国家创新体系，着力构建以企业为主体、市场为导向、产学研相结合的技术创新体系"。三是加强创新突破，要求"完善知识创新体系，强化基础研究、前沿技术研究、社会公益技术研究，提高科学研究水平和成果转化能力，抢占科技发展战略制高点。实施国家科技重大专项，突破重大技术'瓶颈'。加快新技术'新产品'新工艺研发应用，加强技术集成和商业模式创新"。四是完善创新机制，要求"完善科技创新评价标准、激励机制、转化机制。实施知识产权战略，加强知识产权保护。促进创新资源高效配置和综合集成，把全社会智慧和力量凝聚到创新发展上来"。

党的十八届三中全会作出了全面深化改革的战略部署，尤其强调知识产权保护和运用，强调科技成果转化，要求"加强知识产权运用和保护，健全技术创新激励机制，探索建立知识产权法院。打破行政主导和部门分割，建立主要由市场决定技术创新项目和经费分配、评价成果的机制。发展技术市场，健全技术转移机制，改善科技型中小企业融资条件，完善风险投资机制，创新商业模式，促进科技成果资本化、产业化"。

党的十八届四中全会作出了依法治国的战略部署，明确提出要"完善激励创新的产权制度、知识产权保护制度和促进科技成果转化的体制机制"。2015年3月13日，中共中央国务院发布了《关于深化体制机制改革加快实施创新驱动发展战略的若干意见》（以下简称《意见》）（中发〔2015〕8号）。《意见》指出，"加快实施创新驱动发展战略，就是要使市场在资源配置中起决定性作用和更好发挥政府作用，破除一切制约创新的思想障碍和制度藩篱，激发全社会创新活力和创造潜能，提升劳动、信息、知识、技术、管理、资本的效率和效益，强化科技同经济对接、创新成果同产业对接、创新项目同现实生产力对接、研发人员创新劳动同其利益收入对接，增强科技进步对经济发展的贡献度，营造大众创业、万众创新的政策环境和制度环境。"《意见》提出了营造激励创新的公平竞争环境，建立技术创新市场导向机制，强化金融创新的功能，完善成果转化激励政策，构建更加高效的科研体系，创新培养、用好和吸引人才机制，推动形成深度融合的开放创新局面，加强创新政策统筹协调共八个方面30项任务。

为实施创新驱动发展战略，建设创新型国家，2015年8月18日，中共中央办公厅、国务院办公厅《关于印发〈深化科技体制改革实施方案〉的通知》（中办发〔2015〕46号），从建立技术创新市场导向机制，构建更加高效的科研体系，改革人才培养、评价和激励机制，健全促进科技成果转化的机制，建立健全科技和金融结合机制，构建统筹协调的创新治理机制，推动形成深度融合的开放创新局面，营造激励创新的良好生态，推动区域创新改革等十一个方面提出了科技体制改革的143项任务。

党的十八届五中全会对实施创新驱动发展战略进行了全面部署。全会首先强调创新的重要地位，强调必须把发展基点放在创新上，强调科技创新的引领作用，强调产业创新发展，强调完善体制机制。为加快创新驱动发展战略实施，2016年5月19日，中共中央、国务院《关于印发〈国家创新驱动发展战略纲要〉的通知》（中发〔2016〕4号），提出了创新驱动发展战略的指导思想、基本原则和"三阶段"的发展目标，作出了"坚持双轮驱动、构建一个体系、推动六大转变"的战略部署，提出了产业创新、原始创新、区域创新、军民融合创新、创新主体创新、重大项目与工程、人才队伍、创新创业八大任务和六项保障措施。

党的十九大总结了创新驱动发展战略实施取得的成就，要求坚持新发展理念，建设现代化经济体系。特别要求加快建设创新型国家，并从基础研究、应用研究、国家创新体系建设、创新环境、创新人才等方面作出了战略部署。一是"要瞄准世界科技前沿，强化基础研究、实现前瞻性研究、引领性原创成果重大突破。"二是"加强应用基础研究，拓展实施国家重大科技项目，突出关键共性技术、前沿引领技术、现代工程技术、颠覆性技术创新，为建设科技强国、航天强国、网络强国、交通强国、数字中国、智慧社会提供有力支撑。"三是"加强国家创新体系建设、强化战略科技力量、深化科技体制改革，建立以企业为主体、市场为导向、产学研深度融合的技术创新体系，加强对中小企业创新的支持，促进科技成果转化。"四是"倡导创新文化，强化知识产权创造、保护、运用。造就一大批具有国际水平的战略科技人才、科技领军人才、青年科技人才和高水平创新团队。"

一个国家的经济可分为要素驱动、投资驱动、创新驱动和财富驱动四个发展阶段（迈克尔·波特，2002）。由此四个阶段考察主要发达国家的经济发展历史，可以发现英国在19世纪前半叶进入创新驱动阶段，美国、德国、瑞典在20世纪初进入创新驱动阶段，日本、意大利在20世纪70年代中后期进入创新驱动阶段，韩国在21世纪初进入创新驱动阶段。我国公布的科技进步贡献率从2001年的39%提高到2017年的57.5%，可以说，我国正处于由要素驱动发展和投资驱动发展阶段迈向创新驱动发展阶段的转变期。

毋庸置疑，我国将在2030年前后超过美国成为世界第一经济大国和研发投入大国。但我国面临着各种不容忽视的问题。一是经济中低速或低速发展成为新常态有可能影响科技创新投入。人口红利逐渐消失，经济发展进入新常态，反过来会影响科技创新投入。科技创新投入也会进入新常态。二是跨越"中等收入陷阱"成为中等收入国家存在一定的不确定性。我国经济发展模式从依靠投资、消费和出口转向创新驱动将是一个缓慢和困难的过程。三是世界经济下行将带来较大经济、政治风险。发达国家经济停滞或下行的趋势将长期存在，一些国家军事冒险主义抬头，不仅影响我国经济发展，而且也可能影响我国的国家安全。为了促进经济平稳、健康、快速发展，跨越中等收入陷阱，保障我国经济和国家安全，我国必须高度重视创新驱动发展，必须坚持不懈地依靠和推动创新驱动发展。

创新驱动发展战略是我国经济社会发展的根本战略，也是实现中华民族伟大复兴中国梦的基本战略。创新驱动发展是以技术进步和创新作为发展的重要动力，提高发展的质量和效益（吕薇，2014）。创新驱动发展是"以人为本"的发展，是打造先发优势的发展，实施创新驱动发展战略的关键在于深化改革（张来武，2013）。实施创新驱动发展战略的关键是培育适宜的科技创新文化，创新驱动发展的制度设计的原则应当是从根本上改变组织科研活动的中心，将基础评价对象变为科技创新活动的组织者，对科研人员和科研经费采取柔性管理制度，大胆地举办科技制度创新改革试点（黄宁燕，2013）。推动实现创新驱动发展战略，必须加强体制创新，明确创新主体，推动金融创新，优化创新环境（李东兴，2013）。创新驱动成为加快转变经济发展方式"最根本、最关键"的力量。实施创新驱动发展战略，必须始终坚持走中国特色自主创新道路，必须着力强化科技创新对提高社会生产力和综合国力的战略支撑，必须不断深化科技体制改革、加快国家创新体系建设（王志刚，2012）。

与其他三个阶段相比，一个国家在创新驱动发展阶段一般具有四个特点。一是能创造一大批适应经济社会发展需要的重大科技创新成果，科技成果转化为现实生产力的能力强。二是企业普遍具有较强的自主创新能力，具有核心知识产权和品牌。三是国家创新体系高级化，企业成为国家自主创新的主体，创新要素高效流动并向企业集聚，创新的法制政策环境完善。四是具有发达的创新文化，全社会"崇尚创新、宽容失败、激励先进、守法诚信"的创新文化深入人心。

创新驱动发展主要具有以下六个特征。第一，创新驱动发展是主要依靠科技创新驱动经济社会全面发展的发展模式，创新驱动发展包含科技发展但并不仅仅是科技本身发展。第二，创新驱动发展是主要依靠高水平大规模创造科技成果并将科技成果有效转化为经济价值与竞争力的发展模式，创新驱动发展强调科技成果创造和转化的渠道畅通和高效率。第三，创新驱动发展是主要依靠知识、技术、品牌、人才、管理等无形资本的发展模式，创新驱动发展是以自主知识产权为核心和知识产权有效支撑竞争力的发展。第四，创新驱动发展是通过创新而能够获得高附加值的发展模式，创新驱动发展的根本目的在于长期获取超过平均利润的经济价值。第五，创新驱动发展是主要依靠高素质劳动力和高新技术投资的发展模式，创新驱动发展强调科技和知识产权对劳动力和资本等要素的渗透。第六，创新驱动发展是主要依靠高端制造业和现代服务业、现代农业的发展模式，创新驱动发展的关键是产业的优化升级，核心是现代制造业和现代服务业、现代农业的发展。

创新驱动发展的本质是通过科技创新促进经济社会的发展，科技创新在引领经济社会发展中占据主导地位。创新驱动发展战略是主要依靠科技创新驱动经济社会发展的国家战略。由于各类科技成果都是知识产权的表现形式和保护对象，创新驱动发展的核心是知识产权的高水平、大规模创造和有效转化运用。深入实施创新驱动发展战略，必须坚定不移地大规模高水平创造知识产权和有效运用知识产权。

1.1.2 知识产权强国建设

国务院 2008 年 6 月 5 日颁布《国家知识产权战略纲要（2006～2020 年）》（以下简称《纲要》）（国发〔2008〕18 号）以来，全国知识产权事业发展迅速，我国已成为国际公认的知识产权大国。从《纲要》实施来看，《纲要》提出的五年目标基本实现。一是知识产权创造水平显著提高。2017 年，发明专利申请量达到 138.2 万件，万人口发明拥有量持续增加，达到 9.8 件，知识产权质量不断提升，发明专利平均寿命达到 6.3 年。二是知识产权运用能力明显增强。全国知识产权运营体系基本建立，知识产权运用新模式不断涌现，专利质押融资额 2017 年超过 720 亿元人民币。三是知识产权保护水平不断提升。知识产权执法案件在处理力度上明显加大，知识产权保护专项行动重拳出击，软件正版化成效显著。四是企事业单位知识产权意识明显提升。企业和高校科研机构知识产权管理标准化工作全面展开，全社会知识产权认知度普遍提高，知识产权服务不断拓展。

但不容否认的是，目前我国还不是知识产权强国，知识产权对经济社会发展的支撑引领作用还远未发挥出来。2015 年，我国居民发明专利拥有量 147.24 万件，明显落后于美国 264.45 万件和日本的 194.66 万件。我国每万人口有效发明专利拥有量仅有 6.8 件，而美、日、韩同期指标分别是我国的 12.6 倍、23.6 倍和 27.8 倍。我国发明专利平均寿命仅有 6.3 年，而外国在华发明专利平均寿命超过 9 年，全国高校科研机构专利实施和转让许可率仍很低。

建设知识产权强国是实现创新驱动发展的必由之路。实现创新驱动发展，必须实现由知识产权大国向知识产权强国的转变。2014 年 12 月，国务院办公厅发布了《关于转发知识产权局等单位〈深入实施国家知识产权战略行动计划（2014～2020 年）〉的通知》（国

办发〔2014〕64 号）。国家知识产权局会同国家知识产权战略实施工作部际联席会议 28
个成员单位共同起草的《深入实施国家知识产权战略行动计划（2014～2020 年）》首次明
确提出了"努力建设知识产权强国"的新目标，强调要"认真谋划我国知识产权强国的
发展路径，努力建设知识产权强国"；并提出要突出问题导向，抓住知识产权运用和保护
两大关键进行重点部署，集中资源和精力着力解决新阶段战略实施面临的关键问题和"瓶
颈"问题，力求重点突破。此后，国家知识产权局组织开展了一系列知识产权强国课题研
究，针对知识产权强国概念内涵、评价指标体系、建设路径、战略任务、体制机制改革、
重大工程和重大政策开展了专题研究。

尤为重要的是，2015 年 12 月 22 日，为深入实施创新驱动发展战略，国务院发布了
《关于新形势下加快知识产权强国建设的若干意见》（国发〔2015〕71 号），该文件提出
了建设知识产权强国的指导思想、基本原则，明确了 2020 年"为建设中国特色世界水平
的知识产权强国奠定基础"的目标，并提出了推进知识产权管理体制机制改革，实行严格
的知识产权保护，促进知识产权创造运用，加强重点产业知识产权海外布局和风险防控，
提升知识产权对外合作水平和加强组织实施和政策保障共 29 项举措。2016 年 5 月 19 日，
中共中央、国务院印发《国家创新驱动发展战略纲要》，也要求"实施知识产权、标准、
质量和品牌战略"，要求"加快建设知识产权强国"。

1.2　主要国家知识产权政策

知识产权政策是一种重要的发展政策工具。发达国家运用知识产权政策保持知识产权
的优势地位，发展中国家政府可从发展政策中获益，这是发展中国家追赶先进国家的重要
手段（Gerschekron，1962；Johnson，1982；Abramowitz，1986）。因此，许多国家制定了知
识产权战略和知识产权政策。

1.2.1　美国创新战略与知识产权政策

1.2.1.1　美国创新战略

美国并没有制定统一的知识产权战略，美国的知识产权战略主要体现在美国《创新战
略》和美国专利商标局（USPTO）的《战略计划》中。2009 年 9 月，美国首次发布《美
国创新战略——推动可持续增长和高质量就业》（以下简称《美国创新战略》），分析了过
去泡沫驱动式增长的问题和忽视必要基本投资的问题，对创新、就业和经济增长进行了展
望，提出了创新战略的三个重点。一是对美国创新要素进行投资；二是推动市场竞争，激
励有效创业；三是促进国家优先领域取得突破。对于知识产权创造，《美国创新战略》强
调对 R&E（研究和实验）实行税收信贷永久化政策，预算额度高达 750 亿美元，激励企
业投入、创新和发展。对于知识产权保护，《美国创新战略》强调，"必须确保知识产权
在海外市场和允许更多国际间竞争的技术标准得以保护"，"政府现正致力于确保美国专利
商标局有足够的资源、权力和灵活性来有效管理美国的专利制度，给创新性知识产权授予
高质量专利，同时拒绝受理不值得给予专利保护的权利要求"（National Economic Council，
Council of Economic Advisers，Office of Science and Technology Policy，2011）。

2011 年 2 月，美国对 2009 年的《美国创新战略》进行了修订，发布了《美国创新战略——确保经济增长和繁荣》，从投资于美国的创新基础，促进基于市场的创新，催生国家优先领域的突破三个方面提出了十多项举措。为激励知识产权和创新成果创造，《美国创新战略》提出实行永久 R&E 税收减免政策。一是扩大 R&E 税收信贷政策范围并永久化，统一为 R&E 的 20%。这是有史以来增幅最大的 R&E 税收减免措施。二是简化税收信贷政策。将简化税收信贷率提高到 17%，这将有利于激励企业增加投资。三是将税收信贷政策永久化。企业由此可以投资，增加就业，并对未来继续享受信贷的收益充满信心。对于知识产权执法政策，《美国创新战略》特别提出，要"通过有效的知识产权政策促进创新"，"资助并保护有效的知识产权"。一是"公共政策必须确保创新者可以及时得到高质量的知识产权"。美国专利商标局修改了专利审查员的成果奖励制度，采用了新的更全面的专利质量审查程序。奥巴马政府支持全面的专利立法改革，实施美国专利商标局的可持续资助模式。第一次要求审查员严格执行《专利法》第 112 条，提高专利质量，并将专利审查时间从 35 个月降至 20 个月。二是"政府将继续优先考虑知识产权执法，通过知识产权保护继续支持美国企业和消费者"。2010 年 6 月 22 日，美国知识产权执法协调员办公室（IPEC）发布了第一个联合战略计划，以打击知识产权侵权现象，主要包括六个方面 33 项条款：（1）以身作则，在政策和行动中尊重知识产权；（2）政策制定和执行透明化，让创新者和公众了解政府有助于保护知识产权的努力；（3）在国内与联邦、州及本地的执法机构，在国际上与大使馆展开合作；（4）帮助创新者在海外行驶其知识产权权利，确保美国知识产权被侵犯时，能够有效与该国合作；（5）严格控制供应链，限制侵权产品进入美国；（6）建立一个数据驱动的政府。美国专利商标局大幅度增加了互联网上免费的美国专利信息数量。该系统现已全面投入运行。美国还承诺全面检讨现行的知识产权法律以确保能有效地保护美国的创新和创新者。三是达成反假冒贸易协议，并"建立一个强有力的执行打击假冒和盗版商品的法律框架，也要推动关键实践活动促进法律在现实中生效"。美国 2010 年发表加强知识产权国际保护的承诺，拟基于提议的反假冒贸易协议（ACTA）缔结实质性协议。主要包括加强和改进刑事补救措施，加强执法，没收和销毁假冒商品、没收制造所用设备和材料、没收犯罪收益；建立广泛曝光盗版作品和维护言论自由、过程公平和隐私等平台，打击网络盗版行为；赋予海关打击违法进出口商品和过境贸易的权力；加强关于损害、临时措施、费用和律师费回收，以及销毁侵权商品的民事强制执行规定等（Executive Office of the President National Economic Council Office of Science and Technology Policy，2011）。

2015 年 10 月，美国政府发布了 2015 版《美国创新战略——投资建立美国创新区》。该战略涉及六个方面。一是投资基础创新领域，包括基础研究、理工科教育、人才移民、科研基础设施和先进信息通信技术。二是激励企业创新，扩大创新税收信贷政策，为创新型企业家提供便利，构建鼓励创新的市场环境，向创新者开放相关联邦数据，拓展研究成果商业化渠道，支持区域创新发展，支持创新型企业参与国际竞争。三是培养更多创新人才，加强创新激励，通过"全民制造"运动等方式挖掘创新型人才。四是创造高质量就业岗位和促进经济增长，包括巩固美国先进制造业的领先地位，加大新兴产业投资，构建包容性创新型经济。五是推动国家重点创新领域取得突破，包括各行业重大挑战、"精准医疗"计划、"脑计划"发展新型神经技术、卫生保健领域的突破性创新、引入先进交通工具、建设智慧城市、清洁能源发展、教育技术革命、空间技术突破、高性能运算、利用创新方法帮助消除全球极端贫困。六是建设创新型政府。采取创新措施提高公共部门运转效率,发展创新实验室培育公共部门创新文化,完善政府电子政务系统,采取基于大数据的创新方法解决社会问题。为此,一是扩大税收信贷政策范围,建议将替代性简化信贷税率从 14% 提高到 18%,优化税收信贷计算流程,允许对新创企业实行信贷弥补替代性最小税收责任政策,以扩大政策享受范围,允许将合作研究支出 75% 作为信贷的计算政策扩大到非营利研究机构。二是税收信贷政策永久化,由于现行税收信贷政策只授权和延长了很少的几年,需要将税收信贷政策永久化。

2011 年 9 月 16 日,美国发布《创新美国法案》,建立可持续资助模式,以降低专利案件积压和未决时间,促进投资者提高专利质量,上诉前引入新的异议程序为挑战专利有效性提供了更低成本的渠道,对小微企业费用减免使得非独立和缺乏资源的发明人更容易获得知识产权,加强国际协调简化海外获权过程,建立申请快速通道使得发明更快投入市场。政府还通过专利信息可及性和可使用计划,减少专利诉讼滥用。美国司法部和联邦贸易委员会 2010 年修改发布的《平行兼并指南》提出,执法机制应同时考虑兼并对创新活动激励的影响和兼并是否会带来能增强创新能力的互补能力(National Economic Council,Office of Science and Technology Policy,2015)。

1.2.1.2 美国专利战略计划

2002 年以来,美国专利商标局制订并发布了四个战略计划。一是 2002 年的《21 世纪战略计划》,重点是提高知识产权审查质量,推行电子化,减少审查延迟时间,雇用更多审查员,减少不必要收费,减少局内重复性工作。二是 2006 年的《2007~2017 年的战略计划》,重点是提高专利和商标的质量,减少审查时间,促进知识产权保护和国内外执法等。三是 2010 年的《2010~2015 年战略计划》,重点包括加快专利审查,提升专利审查质量,改进专利复审和授权程序,优化商标质量,改进信息基础设施和工具等。四是 2014 年发布的《2014~2018 年战略计划》。

《2014~2018 年战略计划》提出了美国专利商标局的愿景:在国内和全球知识产权保护和政策中发挥领导作用。使命是培育创新、竞争力和经济增长,提供国内外专利商标申请的高质量及时审查,引导国际知识产权政策发展,提供全球知识产权信息和教育。该计划提出了三大战略目标:一是优化专利质量和流程;二是优化商标质量和流程;三是在国内外改进知识产权政策、保护和执行上发挥领导作用。其管理目标是实现组织卓越(United States Patent and Trademark Office,2014)。

为实现上述战略目标,该计划又制订了一系列目标。第一个战略目标的具体目标包括:细化最优的未决期限;根据最优专利未决期提高专利审查能力;加强国际合作和工作分享;继续提高专利质量;确保向用户提供最优惠的信息技术服务;继续和加强拓展利害关系人与公众的范围;提升专利审查和上诉委员会(PTAB)能力,高质量和及时确权。第二个战略目标的具体目标包括:将商标一通未决时间缩短到 2.5~3.5 个月,最终未决期在 12 个月以内;保持高的商标审查质量;保证向用户提供最优的信息技术服务;继续和加强拓展利害关系人与公众的范围;强化商标审判和上诉委员会运行。第三个战略目标是：在知识产权政策及意识提升上发挥领导作用和开展教育；在提高知识产权保护与执法上提供有关国际协定和政策的领导作用，开展教育工作。

1.2.1.3　美国法律中的知识产权政策

《美国法典》第 15 篇规定了联邦技术利用、知识产权保护，《美国法典》第 17 篇和第 22 篇规定了《著作权法》和《商标法》。美国行政执法 37CFR 规定了知识产权归属和利用的相关政策。

2011 年新修改的《专利法》将先发明制改为发明人先申请制，并设立授权后的异议程序等提高审查的效率。新《专利法》共包括专利商标局、发明可专利性与专利授权、专利与专利权保护、PCT 四个部分。其主要内容有四个方面。一是规定了可专利主题，"凡发明或发现任何新颖而适用的制法、机器、制造品、物质的组分，或其任何新颖而适用的改进者，可以按照本编所规定的条件和要求取得专利权"。二是规定了专利授权的条件。新颖性是指一项发明在美国或其他国家已取得专利、公开出版、公开使用、出售或其他方式提供过超出一年，该发明即丧失新颖性；如果发明人或合作发明人，或从发明人、合作发明人那里直接或间接得到发明的他人在有效申请日前一年内公开的，如果发明人或合作发明人自己在申请或专利中公开的，不视为该发明的现有技术，该发明具有新颖性。非显而易见性是指一项发明尽管它不属于本编第 102 条规定的相同情形的公开，但如果申请专利的发明与在先技术之间的区别很微小，对于该领域普通技术人员来说，在有效申请日前是显而易见的，则不能取得专利。美国实行专利的全审查制，不需要提交实质审查请求书。三是规定了知识产权保护期限和保护措施。实用专利和植物专利保护期限是 20 年，均自申请日起算。外观设计采用实质审查制，保护期限为 14 年，自授权日起算，授权后不用缴纳年费。法院裁决请求人胜诉后，应该判给请求人足以补偿所受侵害的赔偿金，赔偿金不得少于侵害人使用该项发明的合理使用费，以及法院所裁定的利息和诉讼费用。陪审人员没有决定损害赔偿金时，法院应该评估赔偿金的多少。法院可以将损害赔偿金额提高到原决定或估价数额的三倍。四是对小规模实体实行费用优惠制度。申请人如果是独立发明人、非营利实体或者少于 500 人的中小型企业，则专利费用减半收取，使用电子申请的小规模实体申请费还可再减半。

2015 年年初，美国参众两院就改进美国的专利系统，抑制无限制的滥诉，分别提交了一份法案。众议院的提案称为《专利改革创新法案》（*Patent Reform Innovation Act*），着眼于改善专利诉讼程序本身。参议院的提案称为《专利强化法案》（*Strong Patents Act*），着眼于提高授权专利的质量。2015 年 6 月，美国众议院司法委员会以 24：8 的多数通过了《创新法案》修正案，共有 19 个修正条款被讨论，最终 5 个修正案获得通过。此外，美国参议院还通过了《保护美国人才和企业家法案》，规定在专利诉讼中，当法院认定一方当事人为无理行动时，法官应判定无理方支付另一方的律师费，还要求在一些专利侵权诉讼中推迟高成本的举证过程，防止企业因使用涉嫌侵权产品而被诉讼❶。

---

❶ 美国近年知识产权相关政策发展及专利文献动态. 国外知识产权资讯. http：//www. worldip. cn/index. php？m = content&c = index&a = show&catid = 66&id = 221.

1.2.2 日本知识产权战略与知识产权政策

1.2.2.1 日本知识产权战略

日本在 2002 年就确定了知识产权立国战略，并定期发布知识产权战略推进计划。2003 年发布的第一期知识产权推进计划，提出了实现"知识产权立国"的目标，和"知识创造循环活性化"的工作方针。该计划提出的主要措施包括：设置知识产权高等法院；设置大学知识产权本部；制定专利审查加速法，修改职务发明规定；新设关于泄露商业秘密的处罚规定；制定数字内容产业促进法；制定知识产权人才培养综合战略。

2006 年发布的第二期知识产权推进计划的目标是"实现世界最先端的知识产权立国"。重点内容包括：深入支持各地中小风险企业；推动大学内部的知识产权创造和产学合作；改革申请制度，加速专利审查；振兴日本品牌；确保和培养知识产权人才。提出的主要措施有：启动"专利审查高速公路"；制定国际标准综合战略；引入地区团体商标制度；设置"知识产权避难所"；启动专利论文信息检索系统；五年内录用 490 名任期制审查官；修改著作权法。

2009 年发布的第三期知识产权推进计划突出"扩大和推进运用知识创造的循环"，正式引进政策评估循环制度，目标是强化知识产权的国际竞争力。基本方针是强化和促进创新的知识产权战略，强化全球性知识产权战略，推进软实力产业的成长战略，确保知识产权的安定性和可预见性，构建针对用户需求的知识产权体系。主要措施包括综合评估专利制度的未来方向，大学知识产权本部和 TLO 的清理和专业化，解决权利滥用问题。

2011 年发布的知识产权战略推进计划是对 2010 年计划的更新，提出了国际标准化升级战略，知识产权创新竞争战略，最尖端数字化、网络化战略，以及"酷日本"战略。其中国际标准化升级战略将对国际技术标准的控制放在首位，并提出到 2020 年将国际标准化特定战略领域即高端医疗技术、水资源、第二代汽车、铁路、能源管理、媒体内容传播平台和机器人七个领域作为国际标准升级战略的实施领域，加大对标准有关活动的财政支持，增加国际标准化机构中成员国接受案件的数量。知识产权创新竞争战略重点在于实现知识产权的灵活运用，如对受日本地震影响的专利申请人或权利人给予相应的便利或救济，建立一个高效、便利、优质、稳定、健全的知识产权体系，推进中小企业运用知识产权，制定大学研发成果产业化和产学结合相关的政策措施，包括推进小型企业创新研究计划、设立知识产权基金、培育知识产权专业人才，并在中小学普及相关知识等。

2012 年的日本知识产权推进计划提出了"知识产权创新综合战略"与"数字内容综合战略"两大战略。第一个战略包括建立全球化时代的知识产权体系、加强知识产权管理和促进创新和开发培养知识产权人力资源三个方面。第二个战略包括推进支撑全球内容扩张的数字网络社会基础设施建设，以及促进"酷日本"增强软实力两个方面。

2016 年 8 月，日本推出了《知识产权推进计划 2016》。主要包括四个部分。一是推进第四次产业革命时代的知识产权创新。构建与数字网络化相适应的新时代的知识产权体系；积极推进面向开放创新的知识产权管理方式。二是普及和渗透知识产权意识。充实知识产权教育，加强知识产权人才培养；推进地方、中小企业、农林水产领域等的知识产权战略。三是推进文化信息产品内容的新拓展。加强文化信息产品内容海外拓展，强化产业基础；促进档案的有效利用。四是完善知识产权体系的基础。强化知识产权纠纷处理系统的作用；通过实现引领世界的审查制度强化对全球化事业拓展的支持。

1.2.2.2 日本知识产权法规

日本已于 2011 年 6 月通过了关于《特许法》修改的法案，并在 2012 年 4 月正式生效。一是提供了一种不受限制的专利权利主张。根据新法，即使没有在日本特许厅授权，普通许可的获得者仍然可以在专利被独占许可给第三方后继续使用该专利，从而有利于专利实施运用。二是本应获取专利权的发明人在专利被他人抢占申请后，仍然有权要求实施专利权，而不必无效该专利，从而有利于保护真正发明人的知识产权。三是调整了专利无效诉讼中的修改程序，从而加速处理知识产权纠纷。四是在已有中小企业、大学费用减免的基础上，扩大了中小企业的范围。五是扩展了专利新颖性的宽限期。六是将"一罪不二审"原则修改，修改后只适用于双方当事人，不影响第三方发起基于相同证据的诉讼。

日本特许厅（JPO）发布的《日本专利年度报告 2016》分析了 2015 年日本专利申请及专利审查的现状，总结了日本特许厅加快专利审查工作，推动知识产权利用等方面的制度和措施。2015 年，日本加强专利审查制度的主要措施有：（1）建立快捷、高效的专利审查机制。2014 年实现了"从提出审查申请到首次审查不超过 11 个月"的目标。还提出了未来 10 年该周期降至 10 个月或者更短时间的目标。（2）提供便利的"全球专利审查高速公路"（PPH）。基于双边和多边协商，力图提高 PPH 程序的可操作性和用户友好性，包括简化要求的文件和使得 PPH 申请的要求标准化。全球已经有 35 个专利局参与了 PPH 项目，日本特许厅实现了与其中 32 个专利局的 PPH 合作。（3）降低申请人的成本。根据日本特许厅统计，利用 PPH 的申请通知书平均次数为 0.46 次，而全部申请的通知书次数为 1.1 次。（4）实施国际审查员交换项目。2000～2015 年，与 22 个国家的专利局实施了专利审查员交换项目。2014 年，向新兴国家，包括东盟和印度派出 41 名审查员，接受 42 名审查员。（5）加强与美国、欧洲、中国、韩国的合作。日本特许厅 2014 年与美国专利商标局就专利审查合作达成基本协议。2015 年对美国接收的部分领域 PCT 专利申请承担国际检索和初步审查工作。（5）推动知识产权法律修订。为实现未来 10 年将日本建设成世界第一知识产权强国的目标，日本政府采取了一系列措施来促进知识产权创造、保护和应用。一是对《特许法》《外观设计法》《商标法》《反不正当竞争法》《国际申请法》以及《专利代理人法》等法律进行修订，允许颜色、声音、动态、位置、全息影像等作为新型商标，提高专利保护力度，并开始实施"地理标志"保护制度。二是加快专利审查，满足日益增长的产业发展需求❶。

1.2.2.3 日本知识产权政策

日本制订有专门战略性运用知识产权的计划，帮助面向创新的中小企业、初创企业、大学、国家实验室和相关的综合体。日本从 2011 年开始实施中小企业支持项目，知识产权战略专家主要辅导中小企业的商业化发展，到 2013 年有 15 个城市开展此项工作。为支持产学研研发综合体的战略性知识产权管理，日本特许厅向 30 个综合体派出了知识产权

---

❶ Japan status report 2016. http://www.jpo.go.jp/english/reference_room/statusreport/status2016_e.htm.

战略专家，帮助知识产权与研发联盟中的大学建立具体领域的网络，2014 年在 13 个网络中都派遣有经验的咨询人员工作。该项目维护专利许可信息数据库和研发工具专利数据库，并作为中小企业和初创企业的知识产权利用设施。专利许可信息数据库存储有 3.5 万条专利信息，研发工具专利数据库存储约有 600 项数据，两者都是免费的。该项目还维护知识产权交易专家数据库，作为促进知识产权交易和利用信息的一部分，该数据库存储了 173 项数据。❶

日本特许厅于 2014 年起试验性地启动了"知识产权商业评估书"项目，专门评估日本中小企业所拥有知识产权的经济价值，并免费向国内的金融机构提供评估信息。日本特许厅 2015 年 5 月 20 日正式启动"知识产权金融化促进事业"，对中小企业拥有的知识产权的经济价值进行全面评估及编制"知识产权商业评估书"作出具体规定。为落实中小企业"知识产权金融化"工作，日本政府在 2016 年度的财政预算中专门拨出 1 亿日元专项资金。日本政府还计划在 2015～2019 年的五年时间内，促使相关金融机构的融资总额突破 15 亿日元。

日本的知识产权政策与科技政策紧密相关。2016 年 1 月 22 日，日本内阁会议通过第五期（2016～2020 年）科学技术基本计划，这是日本综合科学技术创新会议改组后首次制订的基本计划。该计划提出了今后五年的四大任务。一是创造未来产业和推动社会变革。强有力地推进"社会 5.0（Society 5.0）"战略，强化研究开发和人才培养。二是积极应对经济和社会课题。设定 13 个重要的政策课题，推进科学技术创新工作。三是强化基础实力。推进强化基础实力的举措，强化人才实力，强化知识基础，强化大学资金改革。四是构筑人才、知识、资金的良性循环体系。通过企业、大学、公立研究机构合作强化催生风险型企业等举措，打破人才、知识和资金之间的壁垒，推进创新体系的建立与发展。尤其是在"战略性利用国际知识产权和标准化"方面，促进利用中小企业和大学等分散的知识产权，使中小企业在申请专利的企业中占比达到 15%，加快专利审查，支持大学制定知识产权战略和加强知识产权管理，大学专利实施率目标是提高 50% 以上；从研发战略高度推进产学研合作获取国际标准，积极加强培训教育，支持中小企业先进技术与技术标准结合。在"重新评估和调整创新制度"方面，要重新评估与新产品、新服务及新商业模式相适应的制度，调整与信息和通信技术相适应的知识产权制度，尤其是优化许可系统，促进知识产权保护和应用的平衡❷。

多年来，日本一直是知识产权的净收益国。日本财务省公布的统计数据显示，2014年，日本企业通过向海外企业许可专利权等获取的收入与因使用他人专利而支付的费用之差，即知识产权收支净额出现了 16973 亿日元的盈余，较 2013 年增加 26.45%，达到 1996年有可比数据以来的最高纪录（陈友俊，2016）。

1.2.3 欧盟创新战略与知识产权政策

近年来，欧洲一直努力落实《欧盟创新 2020 战略》，不断完善专利审查体系。一是专

---

❶ http：//www. inpit. go. jp/english/utili/index. html.

❷ Government of Japan. The 5th. Science and Technology Basic Plan. http：//www8. cao. go. jp/cstp/english/basic/5thbasicplan. pdf. January 22，2016.

利申请人可通过一次申请即可获得在所有成员国全部有效的单一专利权，以降低在欧盟范围内获取专利的申请和维持费用，减轻申请人的经济负担和保护其创新成果。建立欧洲单一专利司法制度，解决判决结果不一致的问题，以降低全社会的司法成本。二是简化申请程序并降低申请费用，吸引更多发明人在欧洲获得专利权，并吸引外部投资和专利的商业化。统一欧盟各国专利申请授权程序和异议、侵权审理程序，消除欧盟内部技术交流与合作的障碍与风险，保障欧盟内部市场的创新活动顺利开展。

2014 年，欧洲专利局建立的包括检索、审查、异议、复审等专利审批程序的"质量管理系统"获得国际质量标准 ISO 9001 的认证。新的管理系统包括用户调查结果、内部审计和运作质量控制，加强了对不合格产品的辨别、纠错和管理，对审批程序进行全过程监督并设定了合理的流程优先顺序。

2015 年 10 月，法国、德国、英国等七个欧盟国家签署了有关统一专利法院协议的临时申请草案。其他一些欧盟国家也着手签署事宜，一些国家已承诺在做好筹备的情况下尽快签署该草案。该临时申请的签署有利于确保统一专利法院能够在协议生效之日起全面投入运行。2015 年年底已有包括上述国家的八个国家签署了该协议。

2014~2015 年，欧盟委员会实施了应对知识产权侵权行为的 10 项行动措施。一是制定专利行政执法的相关措施。欧盟委员会组建了成员国知识产权执法专家组，明确知识产权政策定位，增强欧盟知识产权执法效能。二是通过欧洲知识产权侵权观察站，为成员国相关机构实施知识产权执法一揽子培训项目。三是制订、推广和刊发面向公共机构的最佳实践指南，帮助其避免购买假冒产品。四是发布《欧盟经济中的知识产权》报告，作为评估欧盟新知识产权执法政策的有效监督工具。

1.2.4　德国高技术战略与知识产权政策

德国现行的专利制度由 1981 年生效的《专利法》、1976 年《国际专利条约法》和 1968 年的《实用新型法》组成。德国采用专利延迟审查制度和异议制度。自专利提交申请之日起七年之内，经过申请人提出请求或第三方提出请求，专利局才进行新颖性检索和实质审查。七年内未提出实质审查请求的，专利申请被视为自动撤回。实质审查通过后，专利局"临时批准"专利并予以公布。在公布后三个月内，任何第三方均有权提出异议，如果无异议或异议不成立，则正式批准专利。德国《专利法》对植物新品种和培植方法也给予专利保护。德国对实用新型实行注册制，只要申请文件齐备，并且发明创造在实用新型法保护范围之内即可获得实用新型。实用新型既可单独申请也可与专利一起申请。实用新型的有效期为三年，可续展一次，展期三年。

德国的知识产权政策主要体现在其高技术战略中。2006 年的高技术战略就提出制定激励"高等院校和企业间的技术转移"的政策，允许对技术入股减税，并且扩大"高技术创始人基金"，促进创办技术型企业。2008 年的高技术战略提出强化创新产品政府采购政策，对中小企业专利进行资助等。2010 年的《面向 2020 年高技术战略》提出，专利政策是一个很重要的工具，联邦政府将继续促进大学研究机构研究成果的应用，支持中小企业申请专利和实用新型，还将改进企业尤其是中小企业对工业产权的利用。政府制定了改进学术研究成果商业应用的政策措施，还开发了一个新的"校园模型"资助工具，促进大学、研究机构和企业进行中长期合作。

1.2.5 英国知识产权战略与政策

2015 年 3 月 25 日，英国发布《知识产权局 2015～2018 年行动计划》，确定了未来三年的核心工作目标。其中第一个核心目标是"通过知识产权政策推动英国发展"。针对为恐吓或寻求不公平优势的侵权指控威胁，对现行的知识产权诉讼相关法律条文进行了修改。完成"统一专利法院协议"在英国国内实施的一切必要准备程序，为批准该协议做好准备。实施统一专利和统一专利法院协议，在《国际组织法》中增加设定法庭特权和豁免权条款。加强与中国的双边关系。继续推动全球专利法统一，将 PCT 作为创新者寻求国际专利保护的主要体系，扩大 WIPO 建立的"WIPO CASE"技术平台的运用范围，并将其与五大局开发的"一站式审查档案系统（One Portal Dossier）"相连接。

2015 年，英国知识产权局设立经济研究证据司为政策制定提供研究支撑。该司对内与政策制定部门紧密联系，对外与其他部门、产业机构、研究团体加强合作，主要围绕知识产权政策制定、政策实施中的问题展开专题研究，为立法提供基础性支撑和信息。还将研究成果免费对外发布，指导企业和创新主体。在政策制定过程中，英国知识产权局还十分注重与行业、创新者合作，广泛听取意见。这种自下而上的政策研究过程，保证了知识产权政策能充分反映企业、创新者的利益，促进知识产权体系的健康发展。

1.2.6 韩国知识产权战略与政策

2009 年 3 月，原韩国特许厅联合相关部门研究制定了《知识产权的战略与愿景》。2009 年 7 月 29 日，韩国国家竞争力强化委员会召开会议审议通过了该委员会与政府 13 个部门联合制定的《知识产权强国实现战略》，提出了 11 项战略举措❶。这些举措可以归结为三大类政策。第一类是促进知识产权创造与应用政策。主要包括四项具体政策。一是支持知识产权创业。允许公司业务范围包括新的商业模式，允许技术投资中的实物资本比例从 50% 降到 20%。二是建立知识产权金融体系。建立政府和企业共同投资的股份制知识产权管理公司，共同组成研发合作基金和提供研发资金利息补偿，建立"政府研发项目实施成功企业特别抵押"项目，推动无担保知识产权产业化。三是促进知识产权产业化。在资金、咨询服务上支持企业实现知识产权产业化，提高政府技术转移及产业化促进项目的预算占研发经费的比重，从 2008 年的 0.7% 提高到 2013 年的 3%，明确要求专利技术所获纯利润按一定比例补偿知识产权提供者。将韩国知识产权研究院转变为大学，对公共研究机构专利援助的中央联络机构开展咨询服务。第二类是健全知识产权保护政策。从法院设立、人员调配、司法程序等角度完善知识产权司法体系。鼓励组建知识产权联盟 AST（Allied Security Trust），大多数会员共同出资购买核心专利，避免潜在的专利诉讼。组建由产业、大学、研究机构等主要当事人参与的自由协议团体，编制共同研究成果分配准则，建立包括《信息使用费收益分配准则》的内容产业利益获取基本制度。建立"三轨

---

❶ 周胜生. 韩国知识产权战略启示录. http：//www. nipso. cn/onews. asp？ id = 21013.

制"专利审查制度，扩大适用"专利审查高速公路"的国家范围，构建五局"专利审查国际互助体制"。采取传统和新兴手段等强化知识产权保护，将知识产权侵权认定范围扩大到商标、著作权、专利、工业设计、地理标记等客体，对侵权知识产权商品进口采取通关扣留等措施，查处网络知识产权侵权。第三类是完善知识产权基础设施政策。开设知识产权专业学位课程，成立技术经营专门研究院。组建知识产权产业化综合门户网站。建设在线知识产权和技术市场，建立包括综合信息著作权管理系统和著作权许可综合管理系统的数字著作权交易所（森康郎，2015）。

2011 年 4 月 29 日，韩国国会通过《知识产权基本法》（以下简称《基本法》），通过《基本法》规范了知识产权主体的责、权、利，提出重点从知识产权创造、运用和保护三个方面建设知识产权强国。成立了直属总统或总理的国家最高层次知识产权管理机构——知识产权委员会，负责制订国家知识产权基本计划等，推进知识产权工作，增强了国家知识产权政策的权威性和执行力。全面推进"创造强有力的外观设计权政策"。韩国知识产权局（KIPO）还对《商标法》《著作权法》进行了修订，将著作权的保护期由作者有生之年加去世后 50 年延长到去世后 70 年。

近年来，韩国政府采取多项举措促进知识产权的产业化。为中小企业知识产权初期产业化提供融资支持和专利评估服务，为大学和公共研究机构知识产权产业化提供专家顾问团队，发掘有潜力的知识产权并促进市场化。规定对授权后三年内闲置的所有专利，任何人可以免费使用一年，之后三年享受 50% 专利许可费的优惠（付明星，2010）。还建立了在线专利交易系统，与行业协会开展合作，评估专利项目的商业化前景。

2015 年，韩国主要在四个方面推进政策实施。一是开展知识产权高效服务。修改了专利和新型法案，引入了防止偶然公开导致驳回的临时措施，修改了审查请求费报销的规定，即使决定之前撤回未发生的请求费也可全部退回。增加了 3D 商标审查改革规定，以提高公正性和准确性，实施了药品法的药品专利衔接制度，通过无效注册药品专利推动仿制药产业的发展。加快知识产权审查，推进自动化系统建设，专利未决周期降为 10 个月，商标降为 4.7 个月，设计降为 4.4 个月。二是促进知识产权创造和运用。开展政府项目分析评议，推进区域知识产权能力建设，提升中小企业和瞪羚企业知识产权能力，开发知识产权智力资源。三是加强知识产权保护。加强对假冒的打击，2010 年建立商标权特别司法警察队伍，完善知识产权保护相关法律和体系。设立知识产权办公桌（IP – DESK），主要对有海外业务的韩国企业知识产权进行保护。四是推进全球知识产权合作。开展多边合作与自由贸易区知识产权磋商，分享适用技术、品牌开发项目、WIPO 信托资金项目、知识产权教育内容开发，建立双边合作框架、专利五局合作框架、商标五局合作框架、设计五局合作框架。推进国际信息技术合作，开展国际学术会议与培训课程❶。

1.3　文献回顾

知识产权已成为一个企业甚至一个国家竞争力的核心战略资源。在工业产品的利润

---

❶ Korean Intellectual Property Office. Annual Report 2015.

中，约有 4/5 的利润凝聚在知识产权上（国家知识产权局知识产权发展研究中心，2004），随着知识经济的发展，知识产权的作用愈加重要，知识产权是提高企业和国家竞争力的战略措施，必须制定有效的知识产权政策。

知识产权政策是针对知识产权的权利界定及权利行使而制定的政策措施。从狭义角度看，是通过对知识产权制度的调整，来影响个体的行为决策，实现效率的改进或协调利益冲突，从广义角度看，可以将知识产权权利行使产生直接影响的各种政策措施都看成知识产权政策（吴欣望，2007）。国际知识产权政策研究主要集中于保护宽度、利益平衡等知识产权法理学研究，如 Koichi Futagamia，Tatsuro Iwaisako（2007）研究了专利政策与社会福利影响，认为专利长度不能最大化社会福利，Lemley，Mark 和 Burk，Dan（2003）从期望理论、竞争理论、累积创新理论、知识产权丛林理论研究了知识产权的政策杠杆，Jaffe（2000）研究了美国专利政策的演变，尤其是专利范围、等同原则、专利研究工具、软件专利和先申请制与先发明制的变化，田村善之（2009）通过自然权利论与激励论、劳动所有论与精神所有权论研究了知识产权法的政策，Maskus（2004）认为应将知识产权政策与发展政策结合考虑，Bruno van Pottelsberghe de la Potterie 等（2008）研究了比利时的专利政策，提出了十大政策建议，并提出了给予专利申请资助，降低中小企业专利申请费用等建议。

国内知识产权政策研究相对较少，学者只是近年来开始关注研究知识产权政策。彭茂祥（2006）认为，我国知识产权公共政策体系逐渐成型，其中法律形态的知识产权政策已比较完善，但非法律形态的知识产权政策还存在不全面、不系统、不协调，以及低主动、低水平、低结合和低运用等问题。吴汉东（2007）指出，知识产权制度在公共政策体系中也是一项知识产权政策，是在国家层面上制定、实施和推进的，即政府以国家的名义，通过制度配置和政策安排对于知识资源的创造、归属、利用和管理等进行指导及规制，中国应建立以知识产权为导向的公共政策体系，在建设创新型国家的总政策目标引导下，中国知识产权政策必须调整、完善和提高，知识产权制度应与国家的科技政策、产业政策、文化政策、教育政策、外贸政策相互配合，并在有关政策出台时增加知识产权条款（吴汉东，2009）。刘华、孟奇勋（2009）研究了知识产权公共政策的模式选择与体系构建，指出我国知识产权公共政策的发展相对缓慢，并研究了与知识产权相关的产业政策、区域政策、科技政策、贸易政策、文化教育政策、社会保障政策，提出了政策协调的思路。张志成（2009）指出，知识产权法律制度的移植需要公共政策的支撑，要在 TRIPs 协议下实现国家利益和目标必须辅之以相应的公共政策，如促进市场主体创造和运用知识产权，明确知识产权授权标准，加强人才培养等。

近年来，国外机构和学者对我国知识产权政策给予高度关注，多次发布报告并提出相关质疑甚至是尖锐的批评。2010 年，美国国际贸易委员会（2010）发布《中国知识产权侵权、自主创新政策及其对美国经济的影响》报告，对中国的自主创新政策和知识产权政策均提出质疑。欧盟商会 2012 年发布的 *Duling the Cutting - Edge：How Patent - Related Policies and Practice Hamper Innovation in China* 对中国的创新政策和知识产权政策提出了批评，该报告分析了我国专利法规政策对专利质量和创新的影响，尤其是专利资助政策、专利审查政策、专利维权政策等，认为产生了恶性循环，反而制约了创新。中国知识产权政策主要有政府设定目标和指标、要求有自主知识产权、专利申请执法存在规则与程序问题（Dan Prud'homme，2013）。国外一些学者也开始关注中国的知识产权战略和政策发展。他们认为，中国知识产权保护很复杂，对外国企业是个挑战（Ordish，R. and Adcock，A.，2008）。中国知识产权战略和创新政策是一种"发烧行为"，"混合—调适"的政策制定模式会导致政策不符合中国情况，也有可能与其他国家政策冲突，知识产权与创新战略结合可能会导致意想不到、倒行逆施的结果，产生"反公共地的悲剧"（Suttermier. R.，2011）。经过长期观察发现，中国的知识产权政策对个体或中小企业需求为基础的商业化支持来说，其设计总是不清晰（Dan Prud'homme，2015）。

知识产权是国家的核心战略资源，也创新驱动发展的保障和关键。国家《中长期科技规划纲要》及其配套政策和实施细则建立了包括知识产权政策在内的科技创新政策体系，《国家知识产权战略纲要（2008～2020年）》提出了一系列知识产权政策和措施。但我国知识产权制度主要借鉴国外，我国很少发布知识产权保护范围和期限、利益平衡等政策。国家《中长期科技规划纲要》和《知识产权战略纲要》所提出的知识产权政策也多是思路性和原则性政策，可操作性显得不足。现有研究对知识产权政策如何与其他政策衔接缺乏深入探讨，也没有提出知识产权政策体系构建的措施。构建符合知识产权发展规律的知识产权政策体系，制定可操作性知识产权政策措施，是各类创新主体和全社会的迫切需要，也是深入实施创新驱动发展战略，建设知识产权强国，从根本上提升国家自主创新能力和竞争力的重要举措，具有重要的理论意义和现实意义。

1.4 研究内容

本书的研究目的主要是从国内外知识产权发展新趋势出发，提出知识产权政策研究的重要性和必要性，提出知识产权政策的基本问题，提出知识产权政策的体系和政策发展建议，以期对我国深入实施创新驱动发展战略和建设知识产权强国配套政策制定提供一定的理论与实证参考。本书主要有以下十个方面的研究内容。

第一是知识产权的基础理论研究，包括知识产权政策的理论基础、政策模型、政策工具和政策过程。

第二是科技创新法规政策知识产权政策研究，重点分析我国科技创新中知识产权政策的问题与不足，并提出科技创新知识产权政策的发展方向。

第三是知识产权政策体系构建研究，从系统论出发研究知识产权政策体系的合理性，提出知识产权政策的研究方法，并提出知识产权政策体系建设的思路。

第四是知识产权创造政策研究，结合美国拜杜法案、技术创新法案，主要研究知识产权研发支出加计扣除政策、知识产权管理人员政策、核心专利与专利组合创造政策并提出政策发展建议。

第五是知识产权的权利获取政策研究，主要包括知识产权权利归属政策、知识产权资助奖励政策、知识产权收费政策、知识产权费用减缓政策，通过分析提出政策发展对策。

第六是知识产权运用政策研究，包括知识产权价值评估政策、知识产权运营政策、知识产权质押融资政策、财政性知识产权标识与集中管理政策，通过问题研究提出政策发展建议。

第七是知识产权商业化运用财税政策研究，包括知识产权运用的增值税、所得税税收优惠政策、知识产权运用政府采购政策，然后提出政策发展对策。

第八是知识产权服务体系建设政策研究，从公共服务体系和社会化服务体系两个方面分析我国知识产权服务体系建设的政策、问题，并提出相应的政策建议。

第九是知识产权保护政策研究，包括知识产权保护法规、知识产权司法与行政保护政策、反知识产权滥用政策。

第十是知识产权管理政策研究，包括知识产权发展战略规划管理政策、企事业单位知识产权管理政策、产业知识产权管理政策、科研活动知识产权管理政策、区域知识产权管理政策等。

1.5 特色与创新之处

本章系统分析了创新驱动发展战略和知识产权强国建设对知识产权政策的重大需求，系统梳理了主要国家近年的知识产权战略和政策，对现有知识产权政策研究进行了综述，提出了本书的研究框架、研究内容。本书的特色和创新之处主要有以下六点。

一是构建了知识产权政策的理论基础。将经济学、公共政策学理论运用于知识产权政策研究，系统研究了知识产权政策的理论基础、政策模型、政策工具和政策过程。

二是构建了相对独立的知识产权政策体系。运用政策体系理论研究了知识产权政策体系的合理性和可行性，并提出了知识产权政策体系构建和知识产权政策发展的思路。

三是提出了建立和完善知识产权创造政策的政策建议。为提高科技创新过程中的知识产权创造效率和促进知识产权转移转化，研究提出了知识产权费用加计扣除政策、知识产权管理人员政策、知识产权高质量创造政策、核心知识产权与专利组合创造政策。针对知识产权权利获取政策，研究了知识产权权利归属政策、知识产权资助奖励政策、知识产权收费政策、知识产权费用减缓政策，并提出相应政策建议。

四是提出了促进知识产权运用的政策建议。研究了知识产权价值评估政策、知识产权运营政策、知识产权质押融资政策、财政性知识产权标识与集中管理政策，并提出有针对性的政策建议。

五是促进知识产权商业化运用财税政策研究，包括知识产权运用税收优惠政策、知识产权运用政府采购政策，尤其是知识产权转让许可和投资的增值税、所得税优惠政策。

六是构建了知识产权服务体系建设、知识产权保护和知识产权管理政策框架。知识产权服务体系建设政策包括知识产权公共服务体系和社会化服务体系建设政策。知识产权保护政策包括知识产权保护法规、知识产权司法与行政保护政策、反知识产权滥用政策。知识产权管理政策研究包括知识产权发展战略规划管理政策、企事业单位知识产权管理政策、产业知识产权管理政策、科研活动知识产权管理政策、区域知识产权管理政策等。

第2章 知识产权政策基础

知识产权政策是市场经济条件下的一种重要公共政策，是深入实施创新驱动发展战略和建设知识产权强国不可或缺的手段。构建知识产权政策体系和制定实施知识产权政策，必须充分借鉴公共政策理论，明确知识产权政策的概念和特征，明确知识产权政策的理论基础，明确知识产权政策的政策模型，明确知识产权政策的政策工具和政策过程。

2.1 公共政策及其特征

公共政策是一种政治行为，是政府意志的表现，政策是由政治家即立法者制定的而由行政人员执行的法律和法规（伍启元，1989）。它也是一种权威的价值分配方案，是鼓励社会良性行为的刺激源，政策是一种含有目标、价值和策略的大型计划（Lasswell H. D.，1970）。公共政策是对社会的价值做有权威的分配（Easton D.，1953）。政策是一个有目的的活动过程，这些活动过程是由一个或一批行为者，为处理某一问题或有关事务而采取的行动总和（安德森，1990）。公共政策是由政府机构和政府官员制定的，公共政策体现了他们在政治系统和特定环境下的活动方式和活动过程，表达了他们的行为和目的，反映了他们实际做的事情和效果。政策是执政党和政府采取的用以规范、引导有关机构团体和个人的行为准则和行动指南，是具有普适性、权威性和强制性的政治方案，不仅包括法律、规章、规定，还包括政府计划、首脑指示、大会决策等（张金马，2004）。政策是执行党和政府采取的用以规范有关机构团体和个人的行为准则和行动指南，是由政府、政党及其他团体在特定时期为实现一定的政治、经济、文化和社会目标所采取的政治行动或所规定的行为准则，是一系列谋略、法律、法令、措施、办法、方法、条例的总称（张振明，1998）。因此，政策是政府为处理与环境的关系达成既定的目标所采取的手段。

公共政策一般具有四大特征。一是阶级性，公共政策是维护执政党和政府阶级利益的工具。二是价值相关性，公共政策与决策层所信奉的价值观息息相关。三是合法性，公共政策具有权威性和强制性，按照规定程序合法化，并使其具有权威性和强制性。四是过程性，公共政策是一个过程，具有生命周期，具有时空和政策对象的相对性。

2.2　知识产权政策理论基础

2.2.1　生产分工理论

1776 年 3 月，英国的亚当·斯密（Adam Smith）出版了《国民财富的性质和原因的研究》一书。这本著作被许多人认为是现代政治经济学研究的起点。亚当·斯密认为，经济发展是由"看不见的手"即市场来主导的，因此他提倡自由竞争，反对政府干预。他认为，劳动分工是提高效率的关键，因此提出了劳动价值论，第一次明确了价值和使用价值的概念。亚当·斯密主要有六个方面的理论贡献：分工理论、货币理论、价值理论、分配理论、资本积累理论、赋税理论。亚当·斯密的接班人，如托马斯·马尔萨斯和大卫·李嘉图等经济学家对他的体系进行了充实和修正，建立了经典经济学体系。

亚当·斯密认为，由于每个人的才能具有天然差异性，创造不同类型的产品或服务，因此人类具有交换与易货倾向。同时，他还认为，由于交换及易货属私利行为，所以人们利益的获取取决于分工。如果个人的工作都能够专业化并不断提高生产力，经过将剩余产品进行交换，则不仅会促使个人财富增加，也将扩大社会生产，促进社会财富的增加，从而促进经济和社会的发展与繁荣。此即亚当·斯密分工理论的主要内容。交换的基础是商品的价值和使用价值，前者表示特定商品的效用，后者表示拥有此一商品换取另一商品的购买力。由此产生了价值理论。物物交换存在很多缺陷，为了交换的顺利进行，人们发明了货币，持有人持有货币不仅是为了购买其他物品，也表明他拥有商品使用价值的价值即财富。对财富的追求更加促进了人们的生产和交换，也促进了分工的不断扩张和细化。此即亚当·斯密对价值理论和货币理论的贡献。

亚当·斯密认为，分工的扩张细化与生产效率的提高与资本的总额成正比。在分工之前，必须有一定的资本积累。因为分工的实现必须使用专业化或特殊的设备、工具、材料等，这都需要用资本购买。分工越细，所需要的设备、工具和材料越多，所需要的资本就越多。离开资本积累，分工就难以实现。同时，分工越扩张细化，生产率就越高，所创造的国民收入就会越来越大，国民储蓄的意愿与能力就越有可能提高，也就更有可能将更多的收入转化为资本积累，从而促进社会财富的不断增加。这就是资本积累理论。

运用亚当·斯密的分工理论观察当代科技创新和知识产权创造运用，可以发现，科技创新、知识产权产品与产业发展实际上较好体现了分工理论。知识产权产品和产业的产生是社会分工的体现，知识产权及其产品的交易，根本上是因为分工的存在。越来越细、越来越专业化的知识产权产品和服务的分工，将会极大地提高知识生产的规模、质量，从而极大地提高社会生产力。通过知识产权及其产品和服务的交换、交易，也将促使个人和私有财富的增加，从而扩大社会生产，促进社会财富的增加，从根本上促进经济社会发展。应当说，亚当·斯密的分工理论既是知识产权支撑创新驱动发展的基本理论，也是创新驱动发展必须以知识产权创造运用为核心的理论基础。

同时，知识产权创造、运用、保护和管理也体现了知识产权产品和产业各方面的分工。知识产权的研发创造、权利获取，知识产权的交易转移，知识产权产品的制造和服务的提供，实际上是一个价值不断增值的系统和过程，以知识产权权利为保障的知识，和以知识为内核的知识产权只有通过交换、交易才能实现价值，才能使知识的价值不断增值，构成真正的生态系统。在交换和交易的过程中，各参与主体的私有财富得到增加，从而使得整个行业的财富得到增加，也将使得整个社会的财富得到增加。根据亚当·斯密的理论，实施创新驱动发展战略，建设知识产权强国，必须创造条件促进知识产权的交换、交易，必须不断促进知识产权产业的分工、细化和价值增值。

2.2.2 凯恩斯主义

1936 年，英国经济学家凯恩斯（John Maynard Keynes）发表《就业、利息和货币通论》（以下简称《通论》），这是经济学的一部经典著作。凯恩斯认为政府应通过增加总需求促进经济增长，主张国家采用扩张性经济政策，如宽松的货币政策。凯恩斯和其他建立在凯恩斯理论基础上的经济学理论被称为宏观经济学。第二次世界大战之后许多资本主义国家推行凯恩斯主义，它对刺激经济增长、缓和经济危机、减少失业起了一定作用。2008年国际金融危机后，许多发达国家经济停滞，各国纷纷采取凯恩斯主义刺激经济增长。

凯恩斯主义提出的总需求包括消费、投资、出口、政府对货物和劳务的购买。凯恩斯主义以调节社会总需求、实现经济稳定增长为目标，提出在经济萧条时期要采取各种措施刺激投资和消费，如减轻税负、增加政府支出、实行赤字预算、增发公债、增加货币供应量、降低利率等。而在经济高涨时期要遏制投资和消费，包括提高税率、控制政府支出、降低货币供应量增长、提高银行利率等措施。

凯恩斯的著作《通论》一书主要采用"短期的比较静态分析"法，缺乏微观基础，因此在实践中无法解释经济停滞和通货膨胀同时发生的滞胀现象。为了使《通论》一书在理论上进一步完善，凯恩斯追随者提出了"经济波动理论"和"经济增长理论"等理论，研究提出使资本主义稳定增长的途径，形成了新古典综合派或后凯恩斯主流经济学派，和新剑桥学派两个分支。他们还为凯恩斯《通论》一书提供微观基础，进一步修改凯恩斯主义的理论和政策建议，形成了新凯恩斯主义经济学。

根据古典经济学增长理论，经济增长主要依靠投资、劳动力投入和全要素生产率。凯恩斯主义实现经济稳定增长的政策措施主要是增加投资、刺激出口和扩大消费、增加政府开支等，即增加总需求。但凯恩斯主义起作用的一个最大时代背景是短缺经济。如果在生产过剩时代继续采取凯恩斯主义，虽然会在短期内促进经济增长，但也会导致通货膨胀。如果不准确地理解凯恩斯主义，采用大幅度增加信贷的政策而非凯恩斯理论认为的财政政策，将会进一步加剧通货膨胀，长期则会出现滞涨。

凯恩斯主义对总需求和总供给的分析是建立在现有劳动力数量与技能，现有资本、设备数量与技术水平，现有市场竞争程度和社会结构等都不变这样一个前提下的。凯恩斯主义的另一个最大问题，是它忽视了对科技创新和知识产权及人的技能的投资，忽视了对科技创新和知识产权的税收减免支持。虽然对科技创新、劳动力技能的投入是一种供给，离产生社会财富的时间较长。但对科技创新和知识产权的投资也应是凯恩斯主义的重要方面。为刺激总需求，政府增加对形成知识产权的技术研发投资，加大对知识产权权利获取的资助，对知识产权转让许可减税，对知识产权产品制造和服务减税，均可以增加全社会知识产权的产出和消费需求，而这一点为很多实行凯恩斯主义的政策所忽视。

保持经济长期、健康增长，要慎重使用凯恩斯主义的各种政策，在产能过剩时代，要使用的应是积极的财政政策，通过扩大赤字、发行公债、减税等方式刺激经济增长。尤其要加大对科技创新和知识产权的投资与减税，增加有效供给和需求，增加社会财富总量。要慎重使用货币政策，增加货币供应量虽然可以增加政府购买力以创造市场需求，但由于会产生通货膨胀从而会导致社会不公平，此时政府应当加大对社会弱势群体的福利支出，如建立城乡一体的全民医疗、养老、大病等保险制度。更要加大对知识产权为核心的科技创新的倾斜。不要轻易使用宽松的信贷政策，如果使用也要在充分分析信贷规模扩大对各阶层财富和收入的影响基础上，建立有效的机制，防止严重通货膨胀带来的新的社会不公平问题。

在我国经济进入新常态和建设创新型国家及知识产权强国的初期阶段，要充分利用凯恩斯主义，同时也要防止凯恩斯主义的问题，加大对科技创新和知识产权的投资与减税，增加有效供给和需求，增加社会财富总量。更要坚持亚达·斯密劳动分工理论，充分依靠科技创新，充分依靠知识产权创造运用，不断创造新的劳动分工，不断产生新的私人财富和社会财富，促进经济的长期健康发展。

2.2.3　新自由主义

新自由主义是 20 世纪 30 年代形成并发展起来的当代西方经济学说，它以主张经济自由和反对国家干预为基本特征，主要是在继承传统自由主义思想的基础上和在反对凯恩斯主义过程中发展起来的。

自由主义形成于 17 ~ 18 世纪，主要代表人物为英国哲学家洛克。美国的《独立宣言》《美利坚合众国宪法》《权利法案》，法国的《人权与公民权宣言》均以政纲和法律的形式阐述并确立了自由主义原则。自由主义是自由人和人对其自由的使用的学说。自由主义认为"自由主义的原则是选择的意义在于选择不受另一选择方案支配的选择方案"，"契约是权力的显而易见、不言而喻的根源，契约基本上是一个自由主义制度，值得特别注意，但契约是由社会强制执行的，没有国家的支撑，契约就会瓦解"（安东尼德·雅赛，1997）。

新自由主义的发展与传统自由主义不同，新自由主义是在亚当·斯密古典自由主义思想基础上建立起来的新理论，强调以市场为导向，其完成形态是"华盛顿共识"（诺姆桥姆斯基，2000）。新自由主义主要包括货币主义、人力资本论、所有权论、公共选择学派、理性预期学派等（斯蒂格利茨，2010），是支持市场经济机制、自由竞争的作用，反对国家过多干预经济的理论。新自由主义的共同点是：推崇市场竞争机制，反对国家干预；主张私有制，反对公有制；宣扬经济和政治自由，反对计划经济和社会主义（顾玉民，伍山林，2002）。

新自由主义经历了四个时期：一是 19 世纪 20 ~ 30 年代的创立时期，代表性事件是 20 世纪 20 ~ 30 年代奥地利经济学家米赛斯·哈耶克与波兰经济学家兰格的关于"经济计算"的理论，使新自由主义登上历史舞台。二是 20 世纪 30 ~ 70 年代受到冷落和自我发展时期，凯恩斯主义使得国家干预主义和国家垄断资本主义取得成功。三是 20 世纪 70 年代后的蓬勃发展时期，两次石油危机、"滞胀"使凯恩斯主义无能为力，美国的里根和英国的撒切尔夫人上台，对凯恩斯主义进行了革命。四是现阶段新自由主义政治化和全球蔓延时期（顾玉民，伍山林，2002）。

近年来，新自由主义在全世界发展，它不再仅仅是一种经济思想，也逐渐演变为一种政治思想，"它是当代世界保守主义政治的一个最核心的产物"，在20世纪90年代以后的全球化声浪里，它就是指资本自由化的"新自由主义"（韩毓海，2003）。新自由主义形成的标志性事件是1990年的"华盛顿共识"，其基本原则是"贸易经济自由化、市场定价、消除通货膨胀和私有化"。新自由主义是以"华盛顿共识"等一系列以市场经济理论为导向的理论，由美国政府及其控制的国际经济组织所制定，并由它们通过各种方式实施（韩毓海，2003）。

虽然新自由主义越来越具有浓烈的政治色彩，但其所坚持的契约精神和市场定价原则对我国中国特色社会主义发展还是具有积极借鉴意义的。知识产权制度就是信息公开换取国家授权的契约制度。为促进知识产权的高水平、大规模创造和有效运用，必须坚持契约精神，改革许多不符合契约精神的制度和政策。例如，在《促进科技成果转化法》和有关法律政策规定的基础上，企事业单位也要制定明确有效地促进知识产权运用和科技成果转化的政策措施，尤其是奖励报酬的政策，让职务发明人和科研人员能够产生明确的理性预期。还要坚持市场决定原则，尤其是在当下知识产权价值评估存在诸多不足和缺陷的情况下，知识产权的定价应以市场定价为主，抛弃简单化的没有实质性作用的第三方评估模式，要坚持交易双方协议定价、挂牌交易、拍卖等这些市场决定的交易定价基本方式，通过细化成本法、市场法、收益法等价值评估方法并使交易双方能够熟练运用，形成较为完善的市场定价机制。

2.3　公共政策理论

公共政策的基本原理主要有传统政治学理论、市场失灵理论、公共选择理论等。知识产权政策与这几种理论都相关。

2.3.1　传统政治学理论

传统政治学理论认为，政府是代表公民利益的，政府官员和政治家的目标是社会利益的最大化，政治学的基本内容是关于如何建立一个美好社会的规范性论述。

政府是统治阶级行使国家权力和进行阶级统治的工具，是统治阶级通过政府的作用行使自己统治的工具。统治阶级通过政府的作用使自己的意志上升为国家意志，并借助政府机构加以执行和贯彻。这里的政府是立法、行政、司法等国家机关的总称。政府行使广泛的公共权力，承担着政治统治和公共管理的功能，负责维护政治统治和公共管理的功能，负责维护公共利益，增进人民福利。

从根本上说，知识产权政策也是政府的一种统治行为，也是统治阶级通过政府的作用行使自己统治的工具。因此，我国知识产权政策必须体现社会主义基本性质。从根本上说，财政性资金形成科技成果的知识产权属于国有资产，虽然《专利法》规定了职务发明优先规定，也规定单位与职务发明人可以约定知识产权的权利归属，但允许职务发明人拥有职务科技成果知识产权的做法是否造成国有资产流失，需要做进一步的研究。

2.3.2　市场失灵理论

市场失灵理论认为，市场失灵主要有四种原因。一是市场势力，当生产者或者要素投入供给者拥有市场势力时，就会产生无效率或低效率。二是不完全的信息，如果消费者对市场价格或者产品质量缺乏准确的信息，那么市场体系就不会有效率地运行。三是外部性，当一种消费或生产活动对其他消费或生产活动产生不反映在市场价格中的间接效应时，就存在外部性。四是公共物品，公共物品能够便宜地向一部分消费者提供，但是一旦提供，就很难阻止其他人也消费（平狄克，1996）。

知识产权领域存在较多的市场失灵问题。一是滥用知识产权排除或限制竞争。如在知识产权许可市场中，非生产实体的出现既是知识产权市场发展的产物，也是影响知识产权市场健康发展的因素。非生产实体不从事知识产权研发创造，不从事实际生产活动，而主要通过资本优势购买专利并以诉讼为手段获取专利许可收益，往往拥有强大的市场势力，拥有市场势力必然会产生低效率问题。这也是近年来美国为什么通过立法限制非生产实体知识产权诉讼的原因。

二是知识产权交易存在信息失灵问题。非职务发明人和中小企业，缺乏知识产权意识，存在"信息失灵"问题（Greenwald 和 Stiglitz，1986）。高校和科研机构知识产权的转让许可也存在不完全信息问题，有些专利他们自己实施，但有些专利他们自己并不实施。由于非职务发明人个人、中小企业在知识产权获取、开发、维持和实施方面具有更少资金和其他资源（WIPO，2004），因此更需要政府政策的激励。但是，我们目前的很多法规和政策在解决知识产权交易市场的信息不对称问题以及中小企业、非职务发明人知识产权意识和信息失灵问题上还存在很多不足甚至空白。

三是知识产权保险存在逆淘汰问题。我国一些地方已建立针对知识产权侵权、知识产权代理的保险制度，但没有建立促进知识产权商业化运用的保险制度。其原因在于知识产权保险存在市场失灵的逆淘汰问题。假如对高质量专利商业化运用提供保险的失败概率是1%，对低质量专利提供保险失败的概率是2%，由于专利权人知道信息多，所以那些低质量专利的专利权人选择保险的比例就会提高，这就会导致保险失败的概率增加，保险公司则会进一步提高保险费率，反而导致高质量专利选择投保的比例降低，出现逆淘汰。知识产权侵权诉讼、质押贷款和知识产权代理也存在同样的逆淘汰问题。要解决逆淘汰问题，关键是企业知识产权管理实现规范化和标准化，提高企业知识产权声誉，而商标尤其是驰名商标则起着很重要的作用。但我国知识产权服务标准化建设和知识产权声誉建设上还存在很多短板。

四是知识产权具有公共品属性。知识的公共品属性意味着企业不可能独占其研究开发投入的全部回报，这种市场失灵将会导致企业研发投入低于社会最优水平（Bloom 等，2013），从而降低创新效率。知识产权虽然属于私权，但知识产权也具有一定的公共物品属性，知识产权保护不充分就会使得企业知识产权研发投入和权利获取的投入水平低于社会平均水平。所以需要政府的激励和投资，以保证更优的知识投入（Martin 和 Scott，

2000），需要加强对企业知识产权创造的激励和保护。在加强知识产权保护上，一些政策制定者、学者法官仍然存在认为低水平保护或不保护有利于创新而加强保护会阻碍创新的错误观点。

2.3.3 公共选择理论

公共选择是指人们通过民主决策的政治过程来决定公共物品的需求、供给和产量，是把私人的个人选择转化为集体选择的一种过程，是利用非市场决策方式对资源进行的配置（宋延清，2009）。公共选择理论以微观经济学基本假设、原理和方法作为分析工具，来研究和分析政治市场上的主体行为和运行机制。这一理论产生于 20 世纪 40 年代末，在 20 世纪 50～60 年代成型，在 20 世纪 70～80 年代不断扩展和国际化。公共选择理论以经济学方法研究政治决策过程，强调个人自由，提倡市场机制，坚持自由放任，反对国家干预，是新自由主义阵营中比较保守的派别。现代公共选择理论主要起始于邓肯·布莱克（Duncan Black），他在 1948 年提出了中位选民理论（Median Voter Theory）。代表人物还有布坎南（James Buchanan）、威克塞尔（Knut Wicksell）等。

公共选择理论的基本特征是经济人假设和方法论的个人主义。经济人假设认为政治过程和经济过程一样，其基础是交易动机、交易行为，政治的本质是利益的交换。公共选择理论认为，个人的私人行动和社会行动都有自己独立的目标，公共选择是个人选择通过一定规则的集合。公共选择机制主要是以民主决策为主要特征，以"一事一议"为主要的制度应用。公共选择理论主要包括：（1）俱乐部理论。俱乐部是对公共产品的种类、质量、数量都具有相同偏好，并乐意承担相应成本的人的集合。其理论内涵实际上是对公共产品种类、数量、品质和成本的选择，涉及公私产品消费的选择机制和以脚投票机制。影响该机制成败的因素很多，主要包括自由、收入水平等。（2）利益集团理论。利益集团是指在社会中处于共同地位，有特殊的共同利益，因而对政府政策目标具有特殊偏好的人群。利益集团的集团行动及其对政府政策的影响力受集团规模因素和"免费搭车"现象的影响。利益集团成员的偏好一致性与利益集团的规模成反比，利益集团对政府政策的影响力与利益集团的规模成正比。当集团规模较大时，"免费搭车"现象较为突出，会挫伤集团内的少数带头者的积极性，降低集团行动发生的可能性，进而削弱利益集团对政府政策选择的影响力。（3）多数票通过规则。决议只要多数人赞成而不需要一致同意就可获通过。一般采用简单多数通过规则，如 2/3 通过规则和过半数通过规则。在此规则下，成本平均分摊做法影响"一事一议"决议通过的可能性。

由公共选择理论出发，可以发现我国知识产权制定存在一定的俱乐部理论、利益集团理论和多数票通过规则。国家知识产权战略部际联席会议制度就是一个知识产权工作的俱乐部和利益集团，由 28 个成员单位共同构成一个俱乐部，该俱乐部是涉及知识产权的各个中央政府组成部门和有关机构的集合，他们选择了知识产权战略相关的政策、法规制定和公共服务提供的义务，但也具有知识产权战略推进的权利、责任。但这个俱乐部是一个相对固定的集合，各部门消费的是政府赋予的知识产权管理的权利，虽然也存在一定的以脚投票的可能性，但不存在随意退出的可能。影响知识产权战略推进的因素与各部门的职责权限有很大关系，权力等级、可支配的政府资源均会影响俱乐部的一致选择。这 28 个成员单位也是一个代表具体知识产权事业的利益集团，尤其是在制定知识产权战略纲要、知识产权强国建设重大政策中，存在某些层级较低部门推进困难和权责较小部门"搭便车"的问题，导致战略推进中存在一些问题。

2.4　知识产权政策模型

政策制定是一项重要的政治行为。在现代政策科学发展过程中，主要有五种重要的政策制定理论模式，分别是政治系统模型、政治精英模型、官僚政治模型、理性决策模型和渐进决策模型。

政策制定的理论模式是从政策制定实践中总结出来的，各种理论模式都有其学术背景、合理性和局限性，在实际运用中，具体选择哪一个理论模式进行分析，要根据具体情况作出决定。

2.4.1　政治系统模型

政治系统模型是一种将公共政策作为政治系统对来自环境需求反应的政策制定模型，是一个普适性的模型。受战后行为主义政治学的影响，系统模型力图从分析"政治活动"的过程入手，归纳政治系统的运行模式与内在规律（大岳秀夫，1992）。政治系统理论的代表人物伊斯顿（David Easton，1965）认为，"政治系统是一群相互关联的结构与过程，它可进行权威性的价值分配"。

政治系统模型将公共政策的制定放在政治、经济、社会与文化环境中进行考察和解释，强调政治系统的环境作用，将政策看成是环境在系统作用下的产出。系统模型中的政治系统的要素是相互联系的。因为政治系统的复杂性，在政策制定过程中不仅要关注输入、系统、输出之间的关系，而且也要关注政治系统的内部结构等。重点是整体与部分、整体与结构、系统与环境等的相互联系和相互作用，以实现整体优化的目标。

知识产权政策的制定也必须考虑政治系统。我国一些重大知识产权政策和决策的出台，如制定国家知识产权战略和知识产权事业发展规划，第一，必须考虑全国经济社会发展工作整体与知识产权工作之间的关系，尤其是要充分发挥知识产权战略部际联席会议的作用，将知识产权工作全面融入国家经济社会发展大局，切实解决知识产权与经济社会发展还不紧密的问题。第二，要考虑全国知识产权工作整体与知识产权系统内部不同类型知识产权主管部门之间的关系，充分发挥部际联席会议办公室的作用，做好各个部门之间的协调沟通，形成合力，如《"十三五"国家知识产权保护和运用规划》的制定不是国家知识产权局一个部门的事，起草组充分与各部门沟通协调，既从国家整体知识产权工作出发谋划全国知识产权保护和运用，也充分考虑各类知识产权的特点，照顾各部门的关切和要求，吸收其意见和建议。第三，要考虑系统与环境之间的关系，要把知识产权政策制定放到整个经济社会发展大局中考虑，放到实施创新驱动发展战略的大局中谋划。如实行严格的知识产权保护，在修改知识产权法规时，必须明确知识产权行政执法的职权，必须建立司法主导知识产权保护制度与规则、行政执法有效保护、全社会参与的大保护格局。在制订知识产权考核指标时要充分考虑知识产权对创新的激励和保障作用，对经济社会发展的引领和支撑作用，不见得数量第一就是最大的成绩。第四，要研究投入和产出的关系，如全国知识产权运营体系建设，财政部和国家知识产权局以直接资助和股权投资等方式相继投入近40亿元的资金，在制定相应运营政策时必须研究如何推动和激励企事业单位和社会中介机构建立有效的运营模式，培养相应的运营人才团队，建立知识产权投资基金。

2.4.2　政治精英模型

"精英"意指"精选出来的少数"或"优秀人物"。精英理论认为，社会的统治者是社会的少数精英，他们在智力、性格、能力、财产等方面超过大多数被统治者，对社会的发展有重要影响和作用。由于极少数的政治精英代表一定的利益集团，掌握着重大决策权，其政治态度、言行会对政治发展方向和前景产生重要影响，决定着政治的性质。因此，分析公共政策需要分析这些政治精英。精英模型受西方政治学中精英主义与多元主义政治思潮的影响，重视分析公共政策制定过程中的不同行动者，即执行者。任何特定时间的公共政策都是团体间相互竞争所达成的均衡结果，公共政策是政府为协调和处理不同利益团体之间的利益冲突与斗争所达成的一种妥协（Easton D. , 1965）。

就制定知识产权政策而言，既要充分吸纳政治和社会精英参与，也要充分吸收科技、工信、贸易等部门的参与，更要积极吸收知识产权政策研究人员的参与，最大限度地达成共识，降低知识产权政策制定中可能出现的不足和实施中可能出现的问题。如知识产权运营政策制定就充分吸收了财政部的意见，由财政部与国家知识产权局联合下发文件通过股权投资方式支持了一批知识产权运营机构建设。在财政部门与科技部门制定新的研发加计扣除政策时也吸收了专家意见，将三类知识产权事务费列入了加计扣除范围，但其中的知识产权费加计扣除政策还需要进一步完善。

2.4.3　官僚政治模型

格雷厄姆·阿利森（Allison Graham）从现实主义的视角对官僚的行为和决策范式给出了解释，他把官僚与政治结合起来，创立了官僚政治理论模式，推动了公共行政理论的发展。阿利森假设政治与行政并非是截然分开的。从这个假设出发，阿利森借鉴戈登·塔洛克等人对官僚行为的经济分析，以及组织过程的行为分析研究成果，构建了解释官僚行为的三个模型：理性行为者模型、组织过程模型和官僚政治模型。官僚政治模型认为，决策是很多政府部门之间讨价还价和妥协的产物。

阿利森官僚政治模型建立在四个基本命题基础上。第一，每个决策都不是由单一决策者独立作出的；第二，任何决策者都是决策成员的一个，不存在占绝对优势的官僚及其机构；第三，决策是政治合力的结果；第四，执行虽然不同于决策，但是执行仍然能够影响政策，使政策产生意想不到的结果。前两个构成了决策的结构，后两个则构成了决策的过程。

在官僚政治模型中，决策是个讨价还价的政治过程。官僚及其机构的偏好对决策有着重要影响，政策不是由一个官僚机构所能制定的，政策结果也是无法预料的；但是，官僚的职位决定了他的立场，高级官僚负责决策，普通官僚负责执行政策。决策是由政府内部不同官僚及其机构在讨价还价过程中行政权力和政治关系决定的，高度组织化和结构化的政治结构决定官僚机构之间的权力配置，塑造着决策（Graham Allison，Philip Zelikow，2008）。

实际上，我国的公共政策制定过程是制度层面的官僚体系和社会层面的协商网络共同作用的结果（陈玲，2006）。我国目前已经形成了广泛参与、深入调研、尊重科学、开放学习的公共决策过程，形成了行之有效的公共决策机制（胡鞍钢，2011）。政策过程包含了群决策（发散思维）、集众思（集中智慧）、广纳言（征求意见）、合议决（集体商定）、告四方（传达贯彻）五个环节（王绍光等，2014）。我国形成了"开门"与"磨合"相结合的共识决策模型，即通过下层协商、上层协商、顶层协议三种方式达到求同存异的目标（王绍光，樊鹏，2013）。

在职务发明人是否可以拥有职务发明专利权的权利上，我国始终存在这两种不同的声音。一部分官员和学者认为，知识产权共有模式有利于科技成果转化和知识产权运用。因为恒产者有恒心，给予发明人一定比例的专利权会更加激励职务发明人提高专利申请的质量和转化运用的积极性。另一部分官员和学者则认为，知识产权共有模式并不符合财政性资金形成的知识产权属于国有资产的基本性质，会导致国有资产流失，而且由于知识产权权利分散，更加阻碍了科技成果转化。这时候就需要高层的政治决策者进行决策，而决策者的偏好会导致该知识产权政策选择的不同结果。

2.4.4　理性决策模型

理性决策模型起源于传统经济学理论，传统经济学以"经济人"假设为前提，舍弃了一些次要变量，简化分析的问题，形成有效的分析框架，能用来解释经济中的诸多现象。总体来看，理性决策模型主要包括以下过程：一是定义作出决策的信息；二是确定识别过程和结果的重要标准；三是考虑全部的可能解决方案；四是评价这些方案的效果，以及满足标准的可能性；五是选择最佳的方案❶。阿利森的理性决策模型认为，决策是完全理性的政府追逐自我利益的选择行为。

在理性决策模型中，比较和选择解决方案一般通过填写决策矩阵图表实现，如 Pugh matrix。Pugh matrix 由苏格兰 Strathclyde 大学教授 Stuart Pugh 开发，也被称为选择矩阵、问题矩阵、方案矩阵、标准排名表、机会分析表。该矩阵一般包括五个步骤。第一步，找到可能的各种方案，并放入表格的上端一行中。最后需要从中找出最优的方案。第二步，找到评价的标准，放到左边的一列中。必须选出最重要的标准，标准可以是价格、时间、劳力等。第三步，找到基准和其权重，分别放入第二列和第三列中，基准一般是 0，权重一般是 3 点或 5 点分值：如 +2，+1，0，-1，-2，分别表示相比更加好、相比很好、等于、差于、更差于，也可用 7 点分值。第四步，按照每个标准，从基准出发，评价每个方案的得分，并放入相应的交叉点位置。第五步，比较每个方案的总得分，得出最高得分者为最优方案。Pugh matrix 也可以用得分值选出最佳方案❷。

具体到知识产权政策制定来说，也可以利用理性决策模型进行决策，如完善我国的专

---

❶　http：//www. decision‒making‒confidence. com/rational‒decision‒making‒models. html.

❷　How To Use The Pugh Matrix. http：//www. decision‒making‒confidence. com/pugh‒matrix. html.

利审查政策。我们列出目前专利审查存在的主要问题，包括审查周期长、审查标准不一致、审查收费高、审查程序复杂、审查质量管理体系不健全、审查社会监督难，根据其重要性分别赋予权重5、4、4、3、2、2的权重。采用的评价标准包括造成的不便、对创新的影响、解决的难易程度、解决的速度四个方面。根据其解决的难易程度，确定的基准分别为3、1、4、2。将每个得分与权重相乘，放入矩阵交叉点位置。例如，"审查标准不一致"一项在"对科技创新的影响"（权重为4）的问题上，评价为最高（4），那么得分就为16。将每一排的得分相加得到每个问题的总分。这样就可以选择最优方案了。如表2－1所示。

表 2 –1　专利审查政策理性决策模型

标准　　　　方案		审查周期长	审查标准不一致	审查收费高	审查程序复杂	审查质量管理体系欠缺	社会监督难
标准	基准	6	5	4	3	2	1
造成的不便	3	18	15	12	9	6	3
解决的容易程度	1	6	5	4	3	2	1
对科技创新的影响	4	24	20	16	12	8	4
解决的速度	2	12	10	8	6	4	2
加总		60	50	40	30	20	10

2.4.5　渐进决策模型

渐进决策模型最初是由美国著名的政治学家和政策科学家林德布洛姆（Charles Lindblom）提出的，也被人称为科学决策模型。渐进模式是指决策者在决策时在既有合法政策的基础上，采用渐进方式对现行政策加以修改完善，通过一系列的小改变，在社会稳定的前提下，逐渐实现决策目标的模式。林德布洛姆认为，政策的制定是在过去经验的基础上，经过逐渐修补的渐进过程来实现的。渐进决策步子虽小，但却可以保证决策过程的稳定性，达到稳中求变的效果。决策上的巨大变革是不足取的，因为往往欲速则不达，会带来诸多不适甚至是抵制，从而危及社会稳定。他认为，由于人的知识能力不足、政治问题、人性弱点、社会价值、决策技术，以及时间变迁、组织结构等因素的存在，传统决策模式不可能成功。

我国在公共政策制定中较多采取渐进决策模型。中国强大的适应能力主要归因于其独特的政策制定方式，即"分级制政策试验"（Sebastian, et al., 2013），政策试验主要采用"试点"的方法，允许地方政府根据实际情况摸索解决问题的方法，成功的地方经验将被吸收到中央政策中并在全国推广。

最典型的就是我国改革开放以来各类知识产权法规的修订和知识产权法院体制的建立。随着时代的发展和法规制定水平的提高，我国的知识产权法规逐渐从适应改革开放需要转变到保持利益平衡再到提高创新能力上来了。我国第四次《专利法》修改应坚持深入实施创新驱动发展战略，按照知识产权强国建设重大部署进行修改完善，要面向制约专利转化运用的突出问题，建立和完善信息公开机制，建立当然许可制度和标准专利共享制度；面向市场失灵主体创新，建立小微企业知识产权费用减免制度；面向严格知识产权保护的要求，建立故意侵权惩罚性赔偿制度，明确行政执法的调查权、询问权、处罚权、强制执行权等。我国知识产权法院的建立也是一个不断试点和渐进决策的过程，北京、上海、广州三个知识产权法院的试点期限为三年，目前正在对知识产权法院的审判模式进行中期评估，试点经验将对推动建立一批知识产权中级法院、知识产权法庭和建立知识产权高级法院提供重要实践支撑。

2.5　知识产权政策角色

政策角色主要包括政策主体和政策客体。其中政策的主体是直接参与政策制定过程的组织、团体或个人。可以分为官方决策者和非官方参与者两类。其中官方决策者又可以分为两种情况。由于现代西方国家政治体制多以三权分立为原则构建公共权力，其立法、行政、司法的权力分别由国会、政府和法院掌握。三大系统各司其职，相互独立，依靠宪法赋予他们的权力制定不同类型的公共政策，相互监督，相互制约，以保护三种权力的平衡，因此西方主要发达国家知识产权政策制定主要包括国会、法院和政府知识产权主管部门。

我国的政治体制是中国共产党领导的议行合一制。宪法规定了权力的关系，人民代表大会是国家最高权力机关，行使国家立法权，在国家关系中居首要地位。党是政府的运行核心，指导政府的运行过程，主导政策的制定。因此，我国知识产权官方决策主要分为党的政策、全国人民代表大会立法、行政决策。党的政策主要体现在党关于知识产权、科技创新和产业发展中的知识产权要求。如党中央国务院于 2016 年发布的《国家创新驱动发展战略纲要》提出要"实施知识产权、标准、质量和品牌战略"，要求"建设知识产权强国"。全国人民代表大会立法主要体现在知识产权法律修正和其他法规中涉及知识产权的规定修正，如将要提交全国人民代表大会常务委员会审改的《专利法》第四次修正案就增加了专利实施运用、故意侵权惩罚性赔偿等章节和条款。2007 年颁布的新《科技进步法》第 20 条首次规定："利用财政性资金设立的科学技术基金项目或者科学技术计划项目所形成的发明专利权、计算机软件著作权、集成电路布图设计专有权和植物新品种权，除涉及国家安全、国家利益和重大社会公共利益之外，授权项目承担者依法取得。"从而明确了财政性项目形成的知识产权的权利归属问题，成为中国的拜杜法案。行政决策主要是国务院知识产权行政主管部门出台的政策，如国务院法制办组织修订的《专利代理条例》和组织研究制定的《职务发明条例》，国家知识产权局制定并发布的《专利行政执法办法》《专利收费办法》等政策。

非官方参与者包括政治党派、利益集团、大众传媒、智库和公民个人。虽然非官方参与者无法直接参与知识产权政策制定的过程，但能够影响知识产权政策的制定和实施。在西方国家，政党往往以政治联盟形式出现，通过选举控制或影响国家权力系统来达到影响政策制定的目的。在我国，各民主党派通过参政议政影响知识产权政策的制定，如民进中央每年会选择一部分重要的议题开展与有关部门、高校、科研机构和地方的沟通协商，如科技成果转化、创新型国家建设、知识产权战略实施等。虽然利益集团在某些方面对知识产权政策制定的影响微不足道，但根据其规模、资源、凝聚力、组织能力、社会地位、官方态度及其在政治系统中位置等因素，利益集团在某些条件下能产生支配性影响。我国在修改知识产权法规和制定知识产权政策时，高校、科研机构、企业、发明人都是重要的利益群体，如 2014 年国家知识产权局组织制定，国务院法制办 2016 年组织征求社会意见的《职务发明条例》在征求意见过程中单位与发明人的观点有较大分歧，2016 年和 2017 年，该条例被列入国务院法制办研究项目。大众传媒也能借助信息的传播影响社会舆论从而影响知识产权政策的制定，包括电视、报纸、网络。我国实行严格的知识产权保护制度主要是为了适应深入实施创新驱动发展战略的需要，但在很大程度上也是受媒体对重大知识产权侵权案件和学者讨论大量报道的影响。

智库是指以公共政策为研究对象、以影响政府决策为研究目标、以公共利益为研究导向、以社会责任为研究准则的专业研究机构（上海社科院智库研究中心，2014）。目前，全世界有七千多个智库，而美国约占 1/4，我国仅占 7% 左右。我国的智库大致分为党政军智库、高校智库、科技智库和民间智库。2015 年，党中央国务院批准了首批 25 家国家高端智库建设试点工作。中国科学院、中国社会科学院、清华大学、中国科学技术协会、国家知识产权局等单位都有一批知识产权研究团队，对知识产权政策的制定已开始产生重要影响。

公民个人也可以成为知识产权政策制定的参与主体，公民个人可以参与知识产权政策制定。在西方国家，公民个人通过参与投票影响或参与政策的制定，通过代议制间接行使个人权利，也可以通过罢工、游行示威等迫使制定或者修改某一政策，可以通过影响社会舆论影响政策制定，也可以以个人知识活动为政策提供依据。如美国公民通过参与法院陪审团影响具有约束力的知识产权司法判决。中国知识产权学者可以通过提出个人意见影响知识产权法律法规的修改修正，通过研究成果影响知识产权政策的制定和完善。

政策客体是知识产权政策的作用对象及其影响范围，以及知识产权政策所要解决的社会问题及目标群体。社会问题通常是实际条件与理想条件或者实际状态与期望状态之间的差距，而这种差距往往会导致社会紧张。知识产权政策的制定首先是要识别社会问题进而识别出政策问题。社会问题往往只有一部分能上升为政策问题，也只有一部分政策问题能成为公共政策解决的对象。如我国知识产权保护不力影响了创新的积极性，国内外的呼声很高，我国专利转移转化率很低，与知识产权大国的地位严重不相称，国内外对此的批评很多。为建设知识产权强国，《"十三五"国家知识产权保护和运用规划》明确了当前和今后一段时期知识产权保护和运用的突出问题，并上升为政策问题。

目标群体是指知识产权政策作用或调节的对象，对目标人群的利益进行规范、指导和调节，从而解决知识产权政策问题和社会问题。知识产权政策的目标群体主要指企事业单位和个人，作用和调节手段主要有资金资助、奖励、限制措施。通过资助和奖励推动全社会提升知识产权意识和能力，通过约束和限制措施保护知识产权，防止知识产权假冒和侵权行为的产生与泛滥。

2.6 知识产权政策工具

一般的公共政策研究通常有两条路径，即政策过程和政策工具分析。政策工具又称政府工具或治理工具，是达成政策目标所采取的手段，是对政策过程进行分析的有效方式，既可以界定为"客体"，也可界定为"活动"（苏竣，2014）。政策工具的分类方法多种多样。一是依据政府对资源的占有情况分为劝告、调解、登记、补助、咨询、服务传递和统计型工具。二是依据使用何种方法达成目标分为权威型、诱因型、能力型、象征型、劝说型及学习型政策工具。三是根据其是否具有强制性分为规制型政策工具和非规制性政策工具（Owi，1972）。四是根据政府提供公共服务的介入强度不同分为强制型、自愿型，混合型政策工具。五是根据政府提供公共产品和服务的介入强度不同分为直接型、间接型、基础型和引导型工具。六是根据政策工具手段内容的不同分为规制手段、经济手段和宣传教育手段。

知识产权政策与科技政策关系密切。科技政策按照政策工具对技术产生影响的层面不同，可以分为供给面政策、环境面政策和需求面政策。其中供给面政策分为教育培训、信息支持、基础设施建设、资金投入、公共服务；环境面政策分为目标规划、金融支持、税收优惠、知识产权保护、法规管制；需求面政策分为公共采购、消费端补贴、服务外包、贸易管制、海外机构管理（苏竣，2014）。

按照供给面政策、环境面政策和需求面政策划分方法，知识产权政策工具也可以分为以下政策。其中供给面政策包括知识产权教育培训、知识产权信息提供、知识产权基础条件建设、知识产权专项资金投入、知识产权公共服务政策。环境面政策包括制定知识产权战略规划、知识产权投融资支持、知识产权税收优惠、知识产权司法与行政保护、知识产权垄断与滥用规制。需求面政策包括知识产权产品与服务政府采购、知识产权产品消费补贴、知识产权服务外包、知识产权贸易管制、海外机构知识产权管理政策等，如图 2 - 1 所示。

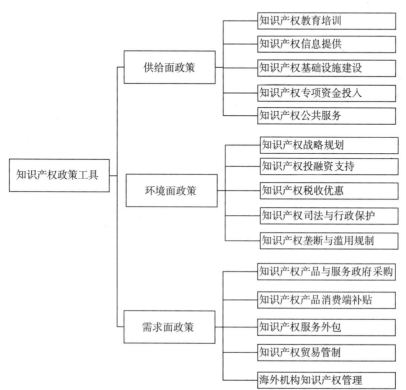

图 2 - 1 知识产权政策工具分类

根据上述分类，结合知识产权政策制定和实施的实际情况，本书作者认为最重要的知识产权政策工具有以下四大类。

2.6.1　知识产权财政投入

广义的财政政策主要包括财政投入、财政补贴、政府采购、财政担保、财政罚没五大类政策，狭义的财政政策主要包括财政投入政策和财政补贴政策。在知识产权领域，财政投入政策主要是支持研究开发创造知识产权的研发投入政策、支持知识产权权利获取的财政资助政策、支持知识产权转移转化的机构建设投入政策、支持知识产权集成开发的孵化投入政策。

支持研究开发创造知识产权的研发投入政策主要有两类。一是政府通过各类科技计划支持研究开发活动的政策，如自然科学基金、重大科技专项、国家重点研发计划等各类科技计划、国家重大科技基础设施建设专项等。二是支持研究开发成果获取知识产权的政策。如科技部于 2003 年发布的《关于加强国家科技计划知识产权管理工作的规定》就明确规定了国家科技计划项目的知识产权战略、知识产权调查、知识产权管理和知识产权事务费列支要求。科技部于 2011 年发布的《关于调整国家科技计划和公益性行业科研专项经费管理办法若干规定的通知》将课题经费分为直接费用和间接费用，明确直接费用中可包括知识产权事务费。这两个文件都明确了支持知识产权研发创造的政策。

支持知识产权权利获取的财政资助政策主要是中央和地方的知识产权申请资助政策。从 2009 年起，中央财政开始设立专项资金，支持向国外申请专利，并制定了《资助向国外申请专利专项资金管理暂行办法》，并根据三年的执行情况进行了修改。财政部于 2012年又制定了《资助向国外申请专利专项资金管理办法》，明确规定了专项资助资金的管理主体、管理职责、申报程序和惩罚措施。到 2013 年，已有 31 个省份建立了地方专利资助资金。

财政补贴政策是影响相对价格结构，从而改变资源配置结果、供给结构和需求结构的政府无偿支出（张少春，2010）。其特点是较为灵活，可以实行投资补贴、产出补贴和消费补贴等多种方式，补贴对象可以是生产者，也可以是下游或终端消费者，是国际上使用较为普遍的一种支持产业发展的政策手段。我国目前的财政补贴资金主要有新能源汽车补贴政策、节能技术改造财政奖励资金、节能减排补助资金三大类。由于这三类补贴政策针对的都是绿色产品和创新产品，实际上也都是支持知识产权产品的政策。

2.6.2　知识产权税收优惠

税收是政府影响企业决策的一个重要政策工具，许多国家都已制定了促进研究开发和知识产权转移投资税收激励政策，以提升国家竞争力和创新吸引力（Cozmei C.，Rusu M.，2015），促进知识产权的创造和转化运用。我国目前制定了涉及知识产权的税收优惠政策，但并没有制定专门的针对知识产权的税收优惠政策。涉及知识产权的税收优惠政策主要包括增值税政策、所得税政策（包括研发加计扣除所得税优惠政策、创新产品生产销售所得税优惠政策、技术转移所得税优惠政策）、技术转移印花税政策和个人所得税政策。

知识产权产品增值税政策。增值税是对生产和经营中新增加价值征收的税收，目前已有 130 多个国家采取增值税政策。1984 年我国就颁布了《增值税暂行（草案）条例》及其实施细则，并经多次修改，2009 年开始全面改征消费型增值税，2011 年开始实行营业税改征增值税试点，2013 年开始在全国范围实施交通运输业和部分现代服务业"营改增"，对包括知识产权在内的服务业实行 6% 的税率，我国增值税法规政策日趋健全。

知识产权费用加计扣除政策。所得税税收优惠政策是政府影响研究开发和创新创业决策的一个重要税种。我国于 1999 年开始实行技术开发费加计扣除政策，2006 年扩大了技术开发费的范围，并取消了技术开发费年增长超过 10% 的规定，2007 年 3 月公布的新《中华人民共和国企业所得税法》和实施条例，将技术开发费调整为研究开发费，并允许开发新技术、新产品、新工艺发生的研究开发费用实行加计扣除政策。2015 年，财政部、国家税务总局、科技部发布《关于完善研究开发费用税前加计扣除政策的通知》将包括知识产权在内的科技成果检索分析费、知识产权代理费和授权前的知识产权官费列入加计扣除范围。

知识产权产品生产所得税优惠政策。涉及知识产权产品生产销售所得税优惠政策主要有三类。一是高新技术企业所得税优惠政策。《企业所得税法》规定："国家需要重点扶持的高新技术企业减按 15% 的税率征收企业所得税。"科技部发布的《高新技术企业认定管理办法》要求高新技术企业必须形成企业核心自主知识产权，并以此为基础开展经营活动。二是软件集成电路产业所得税优惠政策。2011 年，国务院《关于印发进一步鼓励软件产业和集成电路产业发展若干政策的通知》明确提出，对软件和集成电路企业实行"两免三减半"和"五免五减半"政策。三是面向小微企业的所得税优惠政策。国家税务总局下发的《关于小型微利企业所得税优惠政策有关问题的通知》对一定时期内年应纳税所得额低于 6 万元（含 6 万元）的小型微利企业实行其所得减按 50% 计入应纳税所得额和按 20% 税率缴纳企业所得税的政策。

知识产权转移所得税政策。《企业所得税法实施条例》第 90 条规定，《企业所得税法》所称符合条件的技术转让所得免征、减征企业所得税，是指一个纳税年度内，居民企业技术转让所得不超过 500 万元的部分，免征企业所得税；超过 500 万元的部分，减半征收企业所得税。2014 年 12 月 3 日，国务院召开常务会议，推广实施中关村四项先行先试政策，对五年以上非独占许可使用权转让，参照技术转让给予所得税减免优惠；有限合伙制创投企业投资于未上市中小高新技术企业两年以上的，可享受企业所得税优惠。针对知识产权和技术投资的创投企业，国家税务总局《关于实施创业投资企业所得税优惠问题的通知》规定，创业投资企业采取股权投资方式投资于未上市的中小高新技术企业两年（24 个月）以上，凡符合条件的，可以按其对中小高新技术企业投资额的 70%，在股权持有满两年的当年抵扣该创业投资企业的应纳税所得额。

个人所得税政策。2016 年 9 月 22 日，财政部和国家税务局发布《关于完善股权激励和技术入股有关所得税政策的通知》（财税〔2016〕101 号），规定企业或个人以技术成果投资入股到境内居民企业，被投资企业支付的对价全部为股票（权）的，企业或个人可选择继续按现行有关税收政策执行，也可选择适用递延纳税优惠政策；选择技术成果投资入股递延纳税政策的，需向主管税务机关备案，投资入股当期可暂不纳税，允许递延至转让股权时，按股权转让收入减去技术成果原值和合理税费后的差额计算缴纳所得税；企业或个人选择适用上述任一项政策，均允许被投资企业按技术成果投资入股时的评估值入账并在企业所得税前摊销扣除。

印花税政策。我国1988年颁布的《中华人民共和国印花税暂行条例》规定，技术合同或者具有合同性质的凭证、产权转移书据、权利许可证照应缴纳印花税。技术合同包括技术开发、转让、咨询、服务等合同，印花税税率为按所载金额的3‰贴花。产权转移书据包括财产所有权和版权、商标专用权、专利权、专有技术使用权等，转移书据的印花税税率为5‰。

2.6.3 知识产权政府采购

政府采购是国家发挥政府调控经济功能、体现国家战略意图及促进自主创新的有力手段，也是从需求侧支持本国企业创新的重要政策工具。虽然政府采购政策也是一种重要的财政政策，但由于政府采购政策的独特性和重要性，政府采购政策一般被作为一个单独的重要政策工具。政府采购政策主要包括普通货物和服务的政府采购政策、创新产品的政府采购政策、首台套产品政府采购政策和绿色产品政府采购政策。在具有知识产权的技术商业化和产业化阶段，由于企业面临较大的不确定性，许多国家制定了政府采购支持企业发展的法规政策。

产品政府采购政策。该政策能够支持知识产权创造和运用。随着科技进步和知识产权数量的激增，大多数普通产品和服务包含的知识产权越来越多。许多国家政府采购政策要求产品在本地制造从而拉动本国就业和经济增长，如美国《购买美国产品法》第一条规定："政府出于公共目的必须购买本国产品，除非有关机构或部门的负责人断定，本国所供应的货物或服务的价格不合理或者不符合美国的公共利益。"美国《联邦采购条例》规定："在美国生产或者制造的零部件的成本要超过所有零部件成本的50%。"

创新产品政府采购政策。该政策是通过财政手段对市场失灵的创新活动尤其是中小企业创新进行支持的重要政策工具。美国、英国专门制定了《小企业技术创新法案》，规定通过报价优惠、合同预留、合同分包等多种措施支持中小企业创新。尤其是首台首套创新产品，发达国家通过政策组合支持中小企业的创新产品采购。

绿色产品采购政策。该政策是近年来许多国家政府采购政策的热点政策。绿色产品一般是创新产品，也是知识产权产品。为促进绿色创新，发达国家通过立法保护、政策引导、设置招标条件等对绿色产品进行政府采购。

我国虽然构建起了比较完善的政府采购促进自主创新的政策体系，但在发达国家的压力下，我国于2011年7月宣布停止执行国家自主创新产品认定、预算、评审和合同管理四个文件，各省、自治区、直辖市对自主创新产品认定政策进行了全面清理。自主创新产品认定的首要条件是自主知识产权，随着我国自主创新产品政府采购政策的废止，我国支持知识产权的政府采购政策一直处于停止状态。

2.6.4 知识产权投融资

投融资政策是促进知识产权创造运用的重要政策。知识产权投融资政策主要有知识产权运营专项资助资金支持政策、知识产权集成开发投资政策、知识产权转移机构投资与担保政策，以及同时将专利等知识产权作为支持对象的科技成果转化引导基金、科技型中小企业创业投资和创新引导基金、首台（套）重大技术装备保险补偿等投融资政策。

知识产权运营专项资金。2014 年 12 月，财政部办公厅、国家知识产权局办公室印发《关于开展市场化方式促进知识产权运营服务工作的通知》，采取股权投资方式支持了 20 个知识产权运营机构开展运营试点，2014 年和 2015 年的资金投入达 10 亿元，2016 年又投入 10 亿元。我国虽然建立了全国专利运营体系，但知识产权运营的效果并不好，主要原因在于很多运营机构并没有建立有效的运营模式。

知识产权集成开发投资政策。我国虽然鼓励知识产权集中和二次开发机构的发展，但没有明确支持针对知识产权尤其是财政性项目形成的专利集中和二次开发的专项政策。我国专利池运营模式一直没有建立起来，这也是导致专利转化率一直较低的主要原因之一。而国外市场化运行的专利池运营企业发展更为成熟。

知识产权转移机构财政补贴与担保政策。目前，一些国家政府通过补贴专利保护成本的方式鼓励公共研究机构的专利活动，而我国并没有这样的政策。如日本文部科学省和经济产业省从 1998 年开始对共同承认的 TLO 可给予最多达 3000 万日元的年度补贴（资助年限不超过五年）和上限为 10 亿日元的贷款担保。美、日、欧专利商标局都对 500 人以下的中小企业和非营利机构实行专利费减半征收的补贴政策。韩国中小企业厅建立了 7.5 亿韩元的零利率无担保中小企业研发基金，对中小企业新技术开发支付部分研发费用。我国的财政补贴主要针对知识产权质押贷款和保险的银行贷款利息进行补贴。我国一直缺乏支持知识产权运用的担保和保险政策。

科技成果转化引导基金。2014 年，科技部、财政部发布《国家科技成果转化引导基金设立创业投资子基金管理暂行办法》，我国建立了 5 亿元的国家科技成果转化引导基金，通过设立创业投资子基金、贷款风险补偿和绩效奖励等支持科技成果转化。2015 年，科技部、财政部出台《国家科技成果转化引导基金贷款风险补偿管理暂行办法》，通过设立贷款风险补偿资金对合作银行发放用于转化国家科技成果转化项目库中科技成果的贷款给予一定的风险补偿。

知识产权创业支持政策。我国建立了科技型中小企业创业引导基金和创业投资引导基金支持知识产权创业。中小企业创业投资引导基金主要用于引导创业投资机构向初创期科技型中小企业投资。引导方式为阶段参股、跟进投资、风险补助和投资保障。支持对象包括从事创业投资的创业投资企业、创业投资管理企业、具有投资功能的中小企业服务机构以及初创期科技型中小企业。创业投资引导基金鼓励创业投资企业投资中小企业特别是中小高新技术企业，引导基金可以采用参股、融资担保、跟进投资或其他方式开展运作。但这些资金大多是针对已经创业成功的正处于成长初期的中小企业，没有建立针对种子期知识产权和技术转化的财政资金。

首台（套）重大技术装备保险补偿政策。为推动重大技术装备创新应用，财政部、工业和信息化部、中国保险监督管理委员会于 2015 年开展了首台（套）重大技术装备保险补偿机制试点工作。对于制造《目录》内装备，且投保"综合险"或选择国际通行保险条款投保的企业，中央财政给予保费补贴。实际投保费率按 3% 的费率上限及实际投保年度保费的 80% 给予补贴，补贴时间按保险期限据实核算，原则上不超过 3 年。

2.7 政策过程

政策科学是政策过程的知识和政策过程中的知识（Lasswell, 1970）。政策过程是从政策问题提上议程、形成备选方案、作出政策决定、实施政策内容、评估和反馈政策效果、政策的修正与中止等一系列循环周期的总和（苏竣，2014）。政策过程有广义和狭义之分，广义上的政策过程从政策问题的确认开始，一直到政策评估和政策终结为止；狭义上的政策制定过程是指从确认政策目标到抉择政策方案的过程。而一般的政策过程包含政策制定、政策合法化、政策执行、政策评估、政策终结五个方面（张金马，2012）。根据上述公共政策制定的一般过程，知识产权政策过程主要包括 10 个步骤。

一是知识产权问题识别。在社会发展过程中，不可避免会出现一些偏差和障碍影响全体社会成员或部分社会成员的正常生活。知识产权问题是在知识产权发展过程中出现的一些与理想状况或者人们的期望有差距的问题。知识产权政策主要是为了解决知识产权事业发展中的问题而制定的。如我国建设知识产权强国将面临四个突出问题：产业核心知识产权不足；知识产权转移转化率不高；知识产权保护力度弱；知识产权体制机制建设落后于发展需求。

二是知识产权问题确认。知识产权问题只有在属于政府的政策范围并进入政府议程的情况下，才能转化为知识产权政策问题。知识产权政策问题确认是发现知识产权政策问题的界限和开端，主要是明确知识产权政策问题的性质、严重性和与其他问题的关联性，寻找进入政府政策议程的途径。当前，关于我国知识产权强国建设和"十三五"期间知识产权工作面临的突出问题有多种研究，但哪些问题能成为知识产权政策问题，必须开展充分的调查研究，集中各方面的智慧。明确了这些问题的紧迫程度、严重程度，知识产权政策问题才能得到确认。

三是知识产权政策议程建立。知识产权政策议程的建立是知识产权问题转化为知识产权政策问题的关键环节。每个知识产权政府部门都有经常性的政策议程，并常常要为解决一些新的知识产权问题而建立新的政策议程。知识产权政策议程一方面要依据制定的知识产权战略规划或年度计划确立，另一方面要根据实际情况和上级的要求确立。我国一些政府部门尚缺乏政策议程确立的环节，政策制定的随意性较大，实施效果不佳。

四是知识产权备选方案的提出。确定政策目标是设计知识产权政策方案的前提。政策目标是政策决策者期望通过知识产权政策实施达到的效果。在政策目标确定之后，提出有限的行动方案供决策者选择是必不可少的环节。如在知识产权大保护格局建设方面，主管部门会有加强司法保护、加强行政执法保护、加强企事业单位知识产权保护等各种备选方案，但哪些是与我国目前确定的知识产权强国目标和世界科技创新强国目标最相关的方案，哪些是科学的方案，哪些是可行的方案，都需要在选择时进行认真研究。

五是知识产权政策方案评估。在选择政策方案前，要对所有的知识产权备选方案进行评估，一般称为前置评估。为独立公正起见，一般采取第三方评估方式。通过对备选知识产权政策方案的合法性、合规性、协调性、前瞻性和可操作性进行评估，通过评估每种方案的优劣和可能的实施效果，提出相应方案选择建议。例如，列入《国民经济和社会发展第十三个五年计划》的每万人口有效发明专利拥有量 2020 年达到 12 件的指标就是在多个预测数据的备选方案中选出并进行综合优化判断后确定的指标。

六是知识产权政策方案选择。政策方案的选择不是简单的排序和选择过程，而要进行综合权衡。要根据对知识产权政策方案的评估结论选择最优的方案，必要时还要对备选方案中最优但不是最理想的方案进行进一步优化。在选择知识产权政策方案后，要将知识产权政策合法化，包括政策内容的合法化和政策程序的合法化。知识产权政策合法化分为立法机关和行政机关的政策合法化，立法机关合法化的程序包括提出议案、审议议案、表决和通过议案、公布政策，行政机关合法化的程序包括法制工作机构审查、领导决策会议决定、行政首长签署和发布政策。

七是知识产权政策方案执行。政策执行是政策执行者通过建立组织机构，运用各种政策资源，采取解释、宣传、实验、实施、协调和监控等各种行动，实现既定政策目标的过程。知识产权政策执行是把知识产权政策的内容运用于客观现实，作用于政策对象并产生实际效果的过程。在政策执行中，知识产权政策执行者要充分开发利用各种政策资源，建立必要的执行机构，运用多种手段使政策文本转化为现实中的利益关系调整。我国要建立知识产权综合执法体系，就要有相应的政策资源，如知识产权信息、知识产权侵权举报系统和知识产权执法队伍，就要建立执行机构，如跨区域联动的专业执法队伍。还要有相应的执法手段，如调查权、询问权、处罚权和执行权，而由于法律规定的缺陷，我国一些知识产权执法部门的这些手段还很缺乏。

八是知识产权政策效果评估。评估的功能是就公共政策的因果关系做实事性陈述（Lasswell，1956）。知识产权政策评估主要是对知识产权政策方案执行的评估，是对政府干预知识产权活动的价值、产出及结果的回顾与评价。知识产权政策评产权需求、知识产权政策过程外，主要应评估知识产权政策执行的效性、政策效率和政策实施后带来的利益，或者造成的损害在相关群体中外，还要评估知识产权政策的影响，知识产权政策的实施除了在本领域内，效果之外还可能对其他相关领域产生影响。

九是知识产权政策的调整与完善。通过对知识产权政策执行效果评估就会发现一些政策存在问题和不足，需要进行必要的修订、完善，一些甚至要废止。如我国许多地方从1999 年开始对专利申请进行资助，资助政策极大地促进了我国科技成果的知识产权保护，但近年来，知识产权资助政策被认为是我国专利申请量大幅度增长的主要政策原因之一。资助申请阶段的政策已经不适应提升专利质量和促进专利运用的需要，因此国家知识产权局自 2012 年以来出台了一系列提升专利申请质量和审查质量的政策。

十是知识产权政策终结。知识产权政策终结有两种情形。其一是政策实施后，决策者发现政策目标已经实现，知识产权问题已经解决，政策没有存在下去的必要。如目前我国知识产权申请量已连续多年成为世界第一大国，一些重复的地方专利申请资助政策完全可以废止。其二是通过评估，决策者发现知识产权政策是无效或失败的，无法解决所面临的政策问题，需要制定新的政策解决这些问题。如我国依据自主知识产权的自主创新产品政府采购政策被废止后，从需求侧促进知识产权创造和运用的政策受到极大影响，但政府采购对自主创新的激励作用很重要，我国需要制定新的政策替代该政策，如基于自主知识产权的新产品认定和政府采购政策。

2.8 小 结

本章研究了公共政策的概念和基本特征，知识产权政策的理论基础、政策模型、政策工具和政策过程，初步构建了面向创新驱动发展和知识产权强国建设的知识产权政策体系。

面向创新驱动发展和知识产权强国建设的知识产权政策体系构建必须具备科学的理论体系、研究范式和研究方法，必须构建知识产权政策理论基础和政策模型。生产分工理论、凯恩斯主义、新自由主义是知识产权政策的经济学理论基础，传统政治学、市场失灵理论、公共选择理论是知识产权政策制定的公共政策学基础，政治系统模型、官僚政治模型、理性决策模型、渐进决策模型是知识产权政策制定的决策政治模型。知识产权政策工具包括财政投入、税收优惠、政府采购、投融资，政策过程包括知识产权问题识别、知识产权问题确认、知识产权政策议程建立、知识产权备选方案提出、知识产权政策方案评估、知识产权政策方案选择、知识产权政策方案执行、知识产权政策效果评估、知识产权政策调整与完善、知识产权政策终结。

构建知识产权政策体系及其理论基础和政策模型是一个复杂艰巨的工作，不仅要充分借鉴经济学、管理学和公共政策学等的基本理论和方法，还要根据知识产权事业的发展变化不断进行调整与完善。

第3章　科技法规政策与知识产权政策

长期以来，我国将知识产权政策作为科技创新政策的一部分，而忽视了知识产权政策的特殊性和相对系统性，导致科技投入产出的科技成果知识产权数量少、质量低、转化难。提高科技创新效率，促进科技成果有效转化和知识产权运用，必须明确知识产权政策与科技创新政策的界限，建立独立的知识产权政策体系。

3.1　科技计划知识产权政策

改革开放以来，我国科技计划中的知识产权政策经历了一个不断放权和加强管理的过程。一是明确科技计划形成科技成果的知识产权归属。2000 年 12 月 13 日，科技部发布了《关于加强与科技有关的知识产权保护和管理工作的若干意见》（国科发政字〔2000〕569号），第一次提出承担国家计划项目的知识产权归承担单位所有，精神权利归发明人所有的规定。文件规定："除了保证重大国家利益、国家安全和社会公共利益为目的，并由科技计划项目主管部门与承担单位在合同中明确约定外，执行国家科技计划项目所形成科技成果的知识产权，可以由承担单位所有"；"执行国家科技计划项目所产生的发明权、发现权及其他科技成果权等精神权利，属于对项目单独或者共同作出创造性贡献的科技人员"。2002 年 3 月 5 日，国务院办公厅转发科技部、财政部《关于国家科技计划项目成果知识产权管理的若干规定》（国办发〔2002〕30 号），明确了国家科研计划项目研究成果的知识产权归属。文件规定："除涉及国家安全、国家利益和重大社会公共利益的以外，科研项目研究成果形成的知识产权，国家授予项目承担单位"；而且规定"承担单位可以依法自主决定实施、许可他人实施、转让、作价入股等，并取得相应的收益"。

二是要求加强科技计划的知识产权管理。2003 年 4 月 4 日，科技部发布了《关于加强国家科技计划知识产权管理工作的规定》（国科发政字〔2003〕94 号），要求国家科技计划项目的申请、立项、执行、验收及监督管理中应全面落实专利战略。科技计划指南编制需要进行知识产权调查；将知识产权状况作为项目申请和立项的必要条件；加强项目执行和验收的知识产权管理情况监督；项目承担单位应加强相关知识产权管理工作；允许列支知识产权事务费。2011 年 9 月 14 日，财政部和科技部发布了《关于调整国家科技计划和公益性行业科研专项经费管理办法若干规定的通知》（财教〔2011〕434 号），将课题经费分为直接费用和间接费用。直接费用是指在课题研究开发过程中发生的与之直接相关的费用，主要包括设备费、材料费、测试化验加工费、燃料动力费、差旅费、会议费、国际合作与交流费、出版/文献/信息传播/知识产权事务费、劳务费、专家咨询费和其他支出等。

2014 年 9 月 26 日，财政部、科技部和国家知识产权局联合发布了《关于开展深化中央级事业单位科技成果使用、处置和收益管理改革试点的通知》（财教〔2014〕233），要求试点单位建立科技成果转移转化年度报告制度，建立健全有利于科技成果转移转化的管理制度。

3.2 科技法规知识产权规定

3.2.1 《中华人民共和国科技进步法》

全国人大常委会于 2007 年 12 月 29 日通过的新《中华人民共和国科技进步法》关于知识产权的规定主要有四个方面。一是制定实施知识产权战略。第 7 条规定："国家制定和实施知识产权战略，建立和完善知识产权制度，营造尊重知识产权的社会环境，依法保护知识产权，激励自主创新。企业事业组织和科学技术人员应当增强知识产权意识，增强自主创新能力，提高运用、保护和管理知识产权的能力。"

二是鼓励知识产权质押贷款。第 18 条规定："国家鼓励金融机构开展知识产权质押业务，鼓励和引导金融机构在信贷等方面支持科学技术应用和高新技术产业发展，鼓励保险机构根据高新技术产业发展的需要开发保险品种。"

三是将知识产权下放给承担单位和国家行驶介入权。第 20 条规定："利用财政性资金设立的科学技术基金项目或者科学技术计划项目所形成的发明专利权、计算机软件著作权、集成电路布图设计专有权和植物新品种权，除涉及国家安全、国家利益和重大社会公共利益的除外，授权项目承担者依法取得。"项目承担者获得知识产权在合理期限内没有实施的，国家可以无偿实施，也可以许可他人有偿实施或者无偿实施，国家为了国家安全、国家利益和重大社会公共利益的需要，可以无偿实施，也可以许可他人有偿实施或者无偿实施。

四是要求企业知识产权加强保护和管理。第 38 条规定："国家依法保护企业研究开发所取得的知识产权"；"企业应当不断提高运用、保护和管理知识产权的能力，增强自主创新能力和市场竞争能力"。

3.2.2 《中华人民共和国促进科技成果转化法》

1996 年 5 月 15 日，我国通过《中华人民共和国促进科技成果转化法》，该法是促进专利技术等科技成果转化的综合立法。1999 年 3 月 30 日，国务院办公厅转发了科技部、教育部、人事部、财政部、中国人民银行、国家税务总局、国家工商行政管理局联合颁布的《关于促进科技成果转化的若干规定》（国办发〔1999〕29 号）。2015 年 8 月 29 日，全国人大常委会通过了新修正的《中华人民共和国促进科技成果转化法》，该法主要包括六个方面的规定：一是明确界定职务科技成果含义；二是国家建立完善科技报告制度；三是完善科技成果收益分配制度；四是大幅提高科技人员等奖励标准；五是完善企业参与科研组织制度；六是支持建设公共研究开发平台。

《中华人民共和国促进科技成果转化法》中涉及知识产权的内容主要有三个方面。一是明确下放科技成果权益或知识产权。第 18 条规定："国家设立的研究开发机构、高等院校对其持有的科技成果，可以自主决定转让、许可或者作价投资。"二是促进知识产权创造运用。第 10 条规定，"利用财政资金设立应用类科技项目和其他相关科技项目，有关行政部门、管理机构应当改进和完善科研组织管理方式，在制订相关科技规划、计划和编制项目指南时应当听取相关行业、企业的意见"；"在组织实施应用类科技项目时，应当明确项目承担者的科技成果转化义务，加强知识产权管理，并将科技成果转化和知识产权创造、运用作为立项和验收的重要内容和依据"。三是建立知识产权科技成果报告制度。第 11 条规定："国家建立、完善科技报告制度和科技成果信息系统，向社会公布科技项目实施情况以及科技成果和相关知识产权信息，提供科技成果信息查询、筛选等公益服务。公布有关信息不得泄露国家秘密和商业秘密。对不予公布的信息，有关部门应当及时告知相关科技项目承担者。利用财政资金设立的科技项目的承担者应当按照规定及时提交相关科技报告，并将科技成果和相关知识产权信息汇交到科技成果信息系统。"四是明确转化中知识产权权利归属。第 40 条规定："科技成果完成单位与其他单位合作进行科技成果转化的，应当依法由合同约定该科技成果有关权益的归属。合同未作约定的，按照下列原则办理：（1）在合作转化中无新的发明创造的，该科技成果的权益归该科技成果完成单位；（2）在合作转化中产生新的发明创造的，该新发明创造的权益归合作各方共有；（3）对合作转化中产生的科技成果，各方都有实施该项科技成果的权利，转让该科技成果应经合作各方同意。"

2016 年 2 月 26 日，国务院印发《实施〈中华人民共和国促进科技成果转化法〉若干规定》（国发〔2016〕16 号），主要有四个方面的规定，每个方面都涉及知识产权。一是明确高校科研机构知识产权转化的职责。鼓励研究开发机构及高等院校通过转让、许可或者作价投资等方式，向企业或者其他组织转移科技成果。国家设立的研究开发机构、高等院校应当建立健全技术转移工作体系和机制，其持有的科技成果，可以自主决定转让、许可或者作价投资，除涉及国家秘密、国家安全外，不需审批或者备案。二是加大对科技人员科技成果转化的激励。明确对在研究开发和科技成果转化中作出主要贡献的人员，要从科技成果转化奖励总额中拿出不低于 50% 的比例，实施中不低于 5% 的营业利润对其给予奖励。国家设立的研究开发机构、高等院校科技人员在履行岗位职责、完成本职工作的前提下，经单位同意，可以到企业等兼职从事科技成果转化活动；或者离岗创业，在原则上不超过 3 年时间内保留人事关系，从事科技成果转化活动。三是规范担任领导职务的科技人员如何进行科技成果转化活动。担任正职领导职务的科技人员可以按照促进科技成果转化法的规定获得现金奖励，原则上不得获取股权激励。通过技术交易市场挂牌交易、拍卖等方式确定价格的，或者通过协议定价并在本单位及技术交易市场公示拟交易价格的，单位领导在履行勤勉尽责义务、没有牟取非法利益的前提下，免除其在科技成果定价中因科技成果转化后续价值变化产生的决策责任。四是营造科技成果转移转化良好环境。将科技成果转化情况作为高校科研机构绩效考评的评价指标，并加大激励力度。加大税收政策对科技成果转化的激励力度。

2016 年 4 月 9 日，国务院办公厅发布了《促进科技成果转移转化行动方案》（国办发〔2016〕28 号），明确提出了"十三五"科技成果转移转化发展目标，并提出了一系列促进科技成果转移转化的具体措施和科技成果转化的方法论、路线图与时间表。这 26 项重点任务中有 10 项涉及知识产权,主要有四个方面。一是建立知识产权转移转化的机构和网络。主要包括中科院知识产权运营、高校科研院所科技成果转移转化机构和科技成果转移转化与知识产权管理的职责、科技成果转移转化有效机制与模式、产业技术创新联盟建设。二是建设知识产权交易平台基地。主要包括技术产权交易与知识产权交易等各类平台建设、科技成果评价方法、国家科技成果转移转化试验示范区建设。三是培养知识产权转移转化人才。主要包括建设技术转移人才培养基地、设立科技成果转化相关课程、培养科技成果转移转化领军人才、建设专业化技术经纪人队伍、联合培养国际化技术转移人才。四是建立包含知识产权的转化基金。主要包括发挥国家科技成果转化引导基金作用,引导和鼓励地方设立创业投资引导、科技成果转化、知识产权运营等专项资金(基金)等。

3.3 科技成果"三权"改革

2014 年 9 月 26 日,财政部、科技部和国家知识产权局联合发布《关于开展深化中央级事业单位科技成果使用、处置和收益管理改革试点的通知》(财教〔2014〕233 号),选择全国 20 个中央级事业单位开展试点。该政策取消了财政部门和单位主管部门所有审批和备案要求,将科技成果转化的权利完全授予试点单位,试点单位可以自主决定对其持有的科技成果采取转让、许可、作价入股等方式开展转移转化活动,使用、处置和收益分配不再审批或备案;试点单位应建立符合科技成果转移转化规律的市场定价机制,试点单位可通过协议定价、技术市场挂牌交易、拍卖等方式确定成果交易、作价入股的价格,实行协议定价的,应当在本单位公示;试点单位科技成果转移转化所获得的收入全部留归单位,纳入单位预算,实行统一管理,处置收入不上缴国库。2015 年 3 月 13 日,中共中央国务院发布的《关于深化体制机制改革加快实施创新驱动发展战略的若干意见》(中发〔2015〕8 号)提出,"加快下放科技成果使用、处置和收益权",要求"不断总结试点经验,结合事业单位分类改革要求,尽快将财政资金支持形成的,不涉及国防、国家安全、国家利益、重大社会公共利益的科技成果的使用权、处置权和收益权,全部下放给符合条件的项目承担单位"。2015 年 8 月 29 日,全国人大常委会通过的新《促进科技成果转化法》从法律上对"三权"下放进行了规定。第 18 条规定:"国家设立的研究开发机构、高等院校对其持有的科技成果,可以自主决定转让、许可或者作价投资,但应当通过协议定价、在技术交易市场挂牌交易、拍卖等方式确定价格。"

2015 年年底,中共中央国务院又下发了《深化科技体制改革实施方案》,更明确提出深入推进科技成果使用、处置和收益管理改革,强化对科技成果转化的激励。该方案提出:"结合事业单位分类改革要求,尽快将财政资金支持形成的,不涉及国防、国家安全、国家利益、重大社会公共利益的科技成果的使用权、处置权和收益权,全部下放给符合条件的项目承担单位。单位主管部门和财政部门对科技成果在境内的使用、处置不再审批或备案,科技成果转移转化所得收入全部留归单位,纳入单位预算,实行统一管理,处置收入不上缴国库。"

3.4　科技法规政策与知识产权政策分析

梳理分析我国科技法规政策中的知识产权政策可以发现，现有科技创新政策中的知识产权政策规定主要存在以下几个问题。

第一，知识产权的权利归属规定不一致。《中华人民共和国科技进步法》第 20 条规定：将自然科学基金和科技计划项目形成的知识产权授权承担者依法取得，这种国际上通行的下放知识产权极大地促进了技术的转移，将发明的权利授予承担单位是最重要的商业化的措施（Cogr，1999）。美国拜杜法案（现为专利法的一部分）的实施，以及支持技术转移的内部资源配置等共同刺激了专利申请增长活动（Albert N. Link，Donald S. Siegel，David D. Van Fleet，2011）。但将政府财政性科技计划项目形成的知识产权完全赋予大学所有的制度，在经济效率、促进技术快速商业化和鼓励创业以提高社会利益方面都并非是最优选择，美国拜杜法案对于科研机构刚开始的激励作用比长远的作用要大（David C. Mowery，Arvids A. Ziedonis，2002）。我国并未明确规定财政性资金形成的科技成果知识产权全部归承担单位所有。由于国立高校科研机构的科技成果是国有资产，把知识产权授权承担单位依法取得主要是为了更好地将科技成果创造和转化的责、权、利统一起来，促进科技成果转化。《促进科技成果转化法》第 18 条也规定国家设立的研究开发机构和高等院校对财政性资金性成分的科技成果是："持有"而非所有。这就充分证明，对财政性资金形成和自有资金形成的科技成果知识产权的国有性质，高校科研机构的处置、使用和收益就会受到一定的限制。正是由于科技成果知识产权的国有性质，高校科研机构在科技成果处置、使用和收益中受到较多限制，《促进科技成果转化法》又进一步规定，国立高校科研机构可以自主决定转让、许可或者作价投资，收入留归单位不再上缴国库。

为落实《促进科技成果转化法》，很多省、市出台了相应的促进科技成果转化的法规和政策。但一些地方对《促进科技成果转化法》进行了"过度"突破，如允许实行财政性项目形成科技成果的混合所有制，允许将单位未在合理期限内转化或拟放弃的科技成果知识产权授予职务成果完成人。这些法规政策不仅与《促进科技成果转化法》精神不一致，而且也与国有资产管理法规不一致。

第二，知识产权政策制定的基本原理不清晰。在落实《促进科技成果转化法》过程中，学术界对是否要通过知识产权政策进行干预并没有形成统一的意见。一些人认为知识产权是私权，政府不应当制定政策进行干预；而一些人认为财政性资金形成的科技成果是国有资产，政府必须制定相应的政策进行干预。在制定科技法规和政策的过程中，也存在同样两种矛盾性的意见，从而导致我国的科技成果转化的知识产权政策出现干预不足和干预过度同时存在的问题。落实《促进科技成果转化法》，制定知识产权政策必须坚持两个原则，一是进行必要干预原则。不能简单地把这种财政性资金形成的科技成果知识产权作为一种私权，认为国家不能干预。由于科技成果知识产权还有公共品属性，国家干预是必要的和合理的。为了避免由财政性资金支持完成的研发成果被闲置或不合理使用情况发生，维护国家利益和社会公共利益，国家应保留介入权、非独占无偿使用权、推广应用和收益分配权（朱雪忠，乔永忠，2009）。如涉及强制性国家标准或产业共性技术标准的科技计划应制定知识产权相互许可和不付费的规定等。二是减少不当干预原则。一些地方的法规政策规定，政府可以对单位未在一定期限实施的科技成果自行实施或者交由特定机构实施，或者许可他人实施，这种干预可能有些过度。

第三，知识产权政策简单。主要体现在四个方面。一是科技计划知识产权政策只是考核知识产权数量。虽然提出"将知识产权状况作为项目申请和立项的必要条件"，但缺乏对知识产权高质量专利和专利组合创造的考核。如我国以前的"863计划"要求有300项发明专利申请，支撑计划项目验收要求有18项发明专利申请等。这种简单的知识产权政策是导致我国专利申请数量大而不强、多而不优的重要原因。现行政策也没有要求承担单位必须将取得的知识产权向其他项目承担方进行非独占、非可撤销、非可再转让、不用付费的许可，这是造成我国很多项目科技成果转化难和产学研合作效率低的根本性原因之一。二是允许列支知识产权事务费。我国科技计划经费管理允许列支知识产权事务费，所以承担科技计划项目的负责人就将知识产权的各种费用在科技经费中列支。这对科技成果申请知识产权保护具有重要作用，但是由于我国目前绝大多数高校科研机构没有建立专门的具有知识产权管理、技术转移和投资职能的技术转移与知识产权管理机构及专业人才团队，知识产权申请大多数是项目负责人自己负责。这种方式是一种比较落后的管理方式。从长期来看，不仅不利于专业化知识产权管理机构和人才团队的建设，而且也不利于知识产权质量的提高和转移转化。三是缺乏对专业化技术转移机构的支持。要促进科技成果转化，就必须解决信息不对称和风险不对称的问题，而中介模式却很难解决这些问题。《〈促进科技成果转化法〉若干规定》第17条规定，"国家设立的研究开发机构、高等院校应当加强对科技成果转化的管理、组织和协调，促进科技成果转化队伍建设，优化科技成果转化流程，通过本单位负责技术转移工作的机构或者委托独立的科技成果转化服务机构开展技术转移"。《促进科技成果转移转化行动方案》提出"引导有条件的高校和科研院所建立健全专业化科技成果转移转化机构，明确统筹科技成果转移转化与知识产权管理的职责，加强市场化运营能力"；"在部分高校和科研院所试点探索科技成果转移转化的有效机制与模式，建立职务科技成果披露与管理制度，实行技术经理人市场化聘用制，建设一批运营机制灵活、专业人才集聚、服务能力突出、具有国际影响力的国家技术转移机构"，但并没有明确支持像国外高校科研机构的内部技术转移办公室那样的具有知识产权管理、技术转移和投资职能的专业化机构的建设。尤其是在建设资金、贷款担保和二次开发方面缺乏明确的财政性经费支持政策。四是缺乏对专业化知识产权与技术转移人才团队建设的支持。国务院办公厅发布的《促进科技成果转移转化行动方案》虽然提出要建立专业化技术经纪人队伍，但仍然坚持的是技术中介模式思维。国内外经验已经证明，技术转移的中介模式很难成功。虽然"提出建设一批技术转移人才培养基地。高校设立科技成果转化相关课程，打造一支高水平的师资队伍。加快培养科技成果转移转化领军人才，纳入各类创新创业人才引进培养计划。推动建设专业化技术经纪人队伍。与国际技术转移组织联合培养国际化技术转移人才"等，但并没有提出要培养具有技术背景并具有法律与投资能力的复合型技术转移人才，没有提出要在技术转移机构建设相互支持和相互约束的包含技术专家、法律专家、投资专家的技术转移人才团队。

3.5　科技成果知识产权实施权❶

3.5.1　实施权制度建立的意义

从 2007 年颁布的新《科技进步法》到 2015 年的新《促进科技成果转化法》可以发现，为促进财政性科技成果知识产权的转移转化，我国与美国等多数国家一样，都经历了由知识产权"收权政策"到"放权政策"的发展过程（乔永忠，朱雪忠，万小丽，黄光辉，2008）。科技成果处置权、使用权和收益权"三权"实际涉及科技成果知识产权实施中的权益问题，与国外的"实施权"很相近。为了促进科技成果转化和知识产权实施，日本、韩国、英国明文规定了专利实施权，而且规定专利实施权可以出质，美国也很早就有了允许专利实施权入股的先例（杨明娟，2005）。

日本《特许法》将专利实施权分为专用实施权、临时专用实施权和通常实施权、临时通常实施权，并且规定"专利权、专用实施权或以通常实施权为目的的质权，可以设立、转让、变更、消失或处理，但需向特许厅登记"。实施权可以出让、转让、变更、继承、出质等。韩国《专利法》规定了专利权（**특허권**，patent right）（第 87 条）、独占实施权（**전용실시권**，exclusive license）（第 100 条）、非独占实施权（**통상실시권**，non‑exclusive license）（第 102 条），均使用"权利（right）"一词。日本《特许法》《实用新案法》都规定了具有明确权利范围的法定权利"实施权（实施権，license）"（国家知识产权局条法司，2015）。日本和韩国实施权具有使用价值和交换价值，已成为交易的客体。专利相关权利的细分与明确可以规范市场行为，减少法律漏洞，增强市场参与者的信心。投融资是科技成果转化的重要要素，日本、韩国和英国等很多国家都已明文规定专利实施权可以出质，美国也很早就有了允许专利实施权入股的先例（杨明娟，2005）。实施权的转让与质押增大了知识产权的流通性。当一个实施权权利人无法有效实施专利时，经专利权人同意后可将专利实施权再次转让，这将极大增加专利的市场活力，提高专利的实施效率。

但我国法律和政策上并没有专利实施权的规定，《专利法》《合同法》等虽已规定了专利实施许可，但没有规定专利实施权，对被许可人是否有权对其专利实施权进行转让并无规定（漆苏，杨为国，2008）。这显然与市场经济体制的要求不相适应（杨明娟，2005），也不适应深入实施创新驱动发展战略和知识产权强国建设的要求。深化"三权"制度改革，必须解决科技成果转让许可和投资中实际实施人的权益问题。实施权制度是调动被许可人积极性的重要制度，也是解决知识产权权属分散问题的重要制度，相同主题专利许可集中后更有利于专利对外许可（Clark J.，Critharis M.，Kunin S.，2000）。

建立科技成果知识产权实施权制度具有重要意义。一是有助于解决当前科技成果转化过程中一些法律概念冲突，以及权责不明所带来的混乱局面，避免了科技成果知识产权所有权纷争问题。在所有权不变的情况下，建立实施权制度对于盘活财政性资金支持完成的科技成果，对于科技成果集中整合和高效许可有着重要意义。二是有助于解决科技成果转

---

❶　本部分发表于《科学学研究》2016 年第 9 期，并有修改。

化中的障碍问题。主要是解决科技成果实施中的障碍和低效率问题,包括信息不对称问题,高校科研机构内部技术转移办公室(OTT、OTL)对科技成果处置权限不足问题,科技成果所有人与投资人的风险不对称问题,科技成果知识产权权属分散带来的高交易成本问题。三是有助于建立长效激励制度。权属激励比政策激励更有效。仅对做出重要贡献的人员加大奖励报酬力度效力是不够的,权利激励才是最有效的激励。四是简化和统一相关法律概念。解决相关知识产权权利法律概念不明、范围界定不清对科技成果转化和知识产权运用造成的障碍,使知识产权实施权与实施行为相统一。实施权作为一项独立的财产性权利,具有高流转性,有助于分担转化运用过程中的风险,有利于引入外界资本。五是有助于将实施人的实施行为与权利义务绑定在一起。我国目前的法律和政策不断对科研单位科技成果进行放权让利,但科研单位并非一定是科技成果的实际实施者。科技成果的实施行为应当与实施权紧密相关,只有如此才能提高科技成果转化的效率。当实施权权利人怠于实施时,实施权随之消灭,所有权人有权收回实施权并配置给有效的实际实施者。

3.5.2 实施权取得与行使

科技成果的知识产权实施权基于科技成果知识产权的实施而产生,因此实施权的产生必须依赖于知识产权的所有权。第一种取得方式是指获得知识产权权利人独占许可、普通许可的被许可人获得独占实施权和普通实施权。独占实施权权利人经所有权人同意后可设立普通实施权。

第二种方式是指财政性科技成果知识产权所有权所在单位怠于实施科技成果,职务成果完成人或职务发明人取得的实施权,或者职务成果完成人根据与单位的协议可优先实施获得的实施权。这种实施权是普通实施权,职务成果完成人或职务发明人获得普通实施权,并享有相应收益的权利。但知识产权所有权单位拥有自行实施的权利,也拥有向他人进行普通许可的权利,但向他人颁发独占实施许可必须征得获得普通实施权的职务成果完成人或职务发明人的同意。

第三种方式是基于知识产权先用权取得的实施权。设立专利制度的国家大部分规定了先用权制度,但各国先用权制度在先用权的获取上对于主体、行为、时间、地点要件上却不尽相同。先用权制度的内容应体现法律的效率理念,实现私人利益与公共利益之间的平衡(宁立志,2013)。但我国对专利先用权的限制较大。而日本《特许法》规定:"已经实施或做好准备实施的业务目的的范围内"拥有通常实施权,即在先实施单位在原计划实施业务的目的下,可以在原有规模上有所扩张、改进或增加设备。但这种实施权的转让受到一定限制。

第四种方式是基于公益性集中管理知识产权需要的实施权。我国科技成果存在严重的知识产权分散化、碎片化问题,阻碍了科技成果的转化实施。国际经验证明,面向技术标准或产品与服务的专利池或专利组合集中管理与联合许可是知识产权转化实施的有效模式。赋予包括企业和中介机构的公益性技术标准专利池或专利组合构建机构普通实施权,一方面可以避开财政性科技成果专利权归属不清的问题;另一方面又可以将分散的专利权进行集中,并进行"一站式"许可,将极大地提高专利许可的效率和科技成果转化的效率,也可极大提高知识产权对产业发展的支撑作用。

第五种方式是强制许可被许可人的普通实施权。《专利法》规定了强制许可的情形。如果赋予未充分实施专利强制许可被许可人普通实施权，如果允许被许可人实施权可以许可、质押、入股、继承、承继，将会对专利限制行为产生更大的压力，也将极大地提高专利的实施率。但这种实施权只能是普通实施权，只有在支付了足够的合理使用费后才能进行转让、质押、入股及承继继承。

第六种方式是国家介入权的实施权。虽然法律规定了国家可以无偿实施，但国家是无法实施的。由于实施者处于较低的地位，由国家介入权的指定实施效果一直不好。如果赋予实施者的实施权，则将较好地保障实施者的利益，也会促进涉及国家安全、国家利益和重大社会公共利益知识产权产品的供给。但这种实施权是普通实施权，其许可、质押、入股、继承承继必须征得国家有关主管部门的同意。

实施权的行使主要有以下四种方式。一是转让。在转让方式上，实施权人根据与知识产权所有权单位的合理对价，对科技成果的实施权可以进行有期限转让，也可以永久性转让。所获的对价可以一次性付清也可以依协定定期支付。独占实施权权利人在经过所有权人同意后可对独占实施权进行普通实施权许可。经所有权单位同意后可以将实施权再次转让或向其他单位或个人授予普通实施权的许可。实施权的普通许可可以转让但应得到科技成果知识产权所有权人的同意。

二是质押。仅限于经所有权人同意的情况下，可设定科技成果知识产权实施权为目的的质权。以实施权为目的的质权设定、转移、变更、消灭、处分限制应向国务院知识产权主管部门进行登记备案。对于质押的独占实施权，在实施单位正在实施且市场前景良好的情况下，可允许对此实施权实行再质押。

三是入股。实施权也是一种财产性权利，与知识产权一样同样可以用货币估价。将独占实施权以及普通实施权作价入股可避开国有资产管理的清产核资、保值增值等限制问题。

四是继承、承继。科技成果知识产权独占实施权和普通实施权可以继承、承继。实施权的继承和承继行为发生后，权利人应及时向知识产权管理部门进行登记。无人主张继承时，则权利消灭。

3.6　小　结

本章系统梳理了我国科技计划政策中的知识产权政策和科技法规中的知识产权政策，研究了我国科技创新政策知识产权创造和运用的困境，从科技成果处置、使用、收益管理改革出发，研究提出了科技成果知识产权实施权制度。

科技成果及知识产权转化率长期很低一直是制约我国创新发展的突出问题。建设成为创新型国家，为建设知识产权强国奠定基础，必须坚定不移地把促进科技成果转化和知识产权运用作为一项长远战略任务，必须完善科技创新法律政策的制定思路，从个人激励转向系统激励，从放权让利转向制度构建，必须从知识产权政策角度研究科技创新政策的问题和不足，提出科技创新政策改革发展的思路。

为提高科技创新效率，促进科技成果有效转化，我国应将知识产权政策从科技创新政策中分离出来，制定边界相对清晰的科技创新政策和知识产权政策。为解决当前科技成果转化中法律概念冲突、权责不明、知识产权归属纷争、知识产权碎片化等问题，我国有必要借鉴农村土地改革和国有企业改革的成功经验，建立科技成果知识产权实施权制度。在科技创新和知识产权法规政策中明确规定科技成果知识产权实施权的概念、属性、类型、权利行使方式和救济途径。为保障实施权制度实施效果，还要先行开展试点，在总结经验基础上进行推广。

第4章 知识产权强国建设任务措施

建设成为知识产权强国是我国深入实施创新驱动发展战略，实现世界科技创新强国建设目标的根本前提和战略选择。但知识产权强国建设并不仅仅是一个战略宣示，而更应当是我国知识产权事业发展的中长期战略。我国应当研究制定面向2035年的新的国家知识产权战略纲要，明确新形势下知识产权强国建设的战略任务与措施，制定有效的配套政策和实施文件。❶

4.1 知识产权强国建设的内涵特征

国务院2015年12月22日印发的《关于新形势下加快知识产权强国建设的若干意见》（国发〔2015〕71号）是继国务院2008年发布的《国家知识产权战略纲要（2008～2020年)》后，我国知识产权事业发展的纲领性文件，对指导我国奠定建设知识产权强国基础具有重大战略意义。国发〔2015〕71号文确定的任务主要面向2020年，而知识产权强国建设是一项长远任务，我国初步确定在2035年建设成为世界知识产权强国的目标。

知识产权强国是指就知识产权国际比较而言，具有强大知识产权综合能力的国家；是知识产权制度优越、知识产权相关产业发达、企业知识产权竞争力强，对国际知识产权制度变革具有强势话语权和决定性影响力的国家（申长雨等，2015）；是指在知识产权国际竞争中具有强大知识产权实力的国家，知识产权强国的实力在全球竞争中具有优势地位，在知识产权国际事务中具有引领作用和重要影响（国家知识产权局知识产权发展研究中心，2015）；是指在知识产权国际竞争中具有强大知识产权实力的国家（国家知识产权局知识产权发展研究中心，2015）。

建设知识产权强国，是我国经济社会发展的客观需要，也是我国知识产权事业发展的必然选择（李克强，2014）；既是我国知识产权事业发展到现阶段的一个必然选择，也是我国转变经济发展方式，全面建成小康社会，实现中华民族伟大复兴中国梦的必然要求（申长雨，2014a）。建设知识产权强国是建设经济强国的必由之路（单晓光，2014）；既是建设创新型国家的基本条件和必要条件，也是我国提升国际竞争力、实现可持续发展的必由之路（许春明，2014）。

但我国知识产权发展面临着许多突出问题和重大挑战，知识产权本身大而不强、多而

---

❶ 本章部分内容发表于2016年第8期的《中国科学院院刊》和2017年6月知识产权出版社出版的《迈向强国之路——知识产权强国建设基本问题》（第二辑），并有修改。

不优的矛盾比较突出，相对缺少核心专利、知名品牌和版权精品，国际知识产权领域的话语权影响力也不够（申长雨，2014）；知识产权保护能力不足与机制不健全，知识产权运用水平亟待提高（李顺德，2014）；知识产权尚达不到"质"方面的要求，知识产权总体质量和运用效益不高，企业运用知识产权能力还不强，侵权现象时有发生，政府知识产权管理和服务水平也需加快提升（李娟，杨文静，2015）。

知识产权强国具有"知识产权能力强""知识产权绩效高""知识产权环境优"三个主要特征（国家知识产权局知识产权发展研究中心，2015）。具有强大的知识产权实力是知识产权强国的内涵和本质特征（知识产权强国研究课题组，2015）。建设知识产权强国要坚持"点线面"结合推进（申长雨，2014），要完善国家创新体系、完善法规和体制机制、提升治理能力、发展知识产权密集型产业、提升国际合作水平，要完善和加强体制改革、实施"三航三升"重大工程、强化保障条件（申长雨等，2014）；要在创造、保护知识产权的基础上，通过市场化机制，更为灵活、高效地管理、运用知识产权（李娟，杨文静，2015）。要制定包括创造、运用、保护和管理政策在内的知识产权政策体系（宋河发，2016）。知识产权政策体系主要包括知识产权创造政策、知识产权运用政策、知识产权保护政策和知识产权管理政策四类政策，主要的政策应有 51 项（宋河发，沙开青，2016）。要以知识产权政策法规为手段，要全面搭建知识产权制度与产业政策手段互促互进的产业生态体系（姜江，2015）。

能力是能胜任某项任务的条件或才能（《辞海》，2011），是完成某件事情的力量或技能（《韦伯辞典》，2017）；强国是对他人或组织有控制能力的国家，包括强大的国家或使国家强大两种含义。我国虽然提出了在 2030 年建设成为知识产权强国的宏伟目标，并提出了知识产权强国建设的方向和思路，但关于知识产权强国的内涵特征，知识产权强国建设的重大任务的研究还很不足，针对知识产权强国建设的知识产权政策的研究更是缺乏。因此，必须深入研究知识产权强国的内涵特征和战略任务，提出知识产权政策体系建设的思路。

本书作者认为，知识产权强国应当是知识产权能力强的国家，也应当是运用知识产权增强国家综合实力和国际竞争力的国家。知识产权强国具有以下特征。

第一，知识产权强国是各种知识产权能力都强的国家。知识产权能力是一个体系，包括知识产权的创造能力、运用能力、保护能力、管理能力，治理能力、环境能力，以及支撑经济社会发展的能力。知识产权能力既包括知识产权实力，也包括知识产权效力（中国科学院创新发展研究中心，2009）。建设知识产权强国必须加强知识产权各方面能力的建设，不能出现短板，必须同时重视知识产权的质量效率和数量规模。评价知识产权强国建设也要同时重视两个方面，不能偏废。

第二，知识产权强国的核心是知识产权创造和运用能力强国。知识产权创造是基础，知识产权运用是目的，知识产权支撑经济社会发展是根本。知识产权创造能力和运用能力建设是知识产权强国建设的主线，知识产权治理能力、保护能力、环境能力是知识产权创造和运用能力建设的基础和条件。

第三，知识产权强国是知识产权有效支撑经济社会发展的国家。发展知识产权事业的根本目的是经济社会发展，是为了满足人民日益增长的美好生活需要。知识产权治理能力、环境能力建设要服务于知识产权创造、运用、保护和管理能力建设的需要，但都应当服务于知识产权对经济社会发展支撑能力建设的需要。

第四，知识产权强国是利用知识产权增强国家综合实力和国际竞争力的国家。知识产权体系具有相对独立性，但知识产权又具有工具性。知识产权强国建设必须将知识产权的法律制度、政策工具、管理方法运用于科技创新和经济社会发展的各个方面，不断增强渗透力和融合性。建设知识产权强国不仅仅是一个战略宣示，还应制定有效的财税配套政策和相应的实施措施。

综合分析当前世界主要知识产权强国，可以发现，建设知识产权强国必须建设以下七个方面的能力。

（1）知识产权治理能力。体现在体制机制高效、法律制度完善、审查质量高等方面。其中，在体制机制上应当建立高效一致的知识产权行政管理体制和司法保护体制，知识产权和产业、行政管理、技术行政管理职能统一，工业产权审查和行政管理职能统一，知识产权司法体系统一。在法律制度上建立相互衔接的知识产权法律体系和科技创新法律体系，知识产权法包括最基本的制度，如信息公开制度、强制许可制度、职务发明激励制度、权利救济制度、中小企业优惠制度、惩罚性侵权赔偿制度、发明人保护制度。在知识产权审查上，审查质量高，审查速度快，在推动国际知识产权组织和条约变革中具有主导权或重要发言权。

（2）知识产权创造能力。能创造出适应创新发展需要的足够数量的高水平、高质量的知识产权。一是创造和拥有足够数量的产业关键核心知识产权。二是创造的知识产权质量高，能支撑区域、企业、产业和国家创新发展的需要。

（3）知识产权运用能力。知识产权能有效转化为生产力。首先表现为知识产权商业化运用的商业模式先进，工科类高校和科研机构普遍建立内部技术转移机构，专利池运营公司成为企业和中介机构重要的运营模式。其次表现为商业化运用效益好，高效科研机构和高校有效知识产权转移转化率高，国家知识产权使用费对外依存度低。此外，知识产权对产业发展具有影响力和控制力，专利与技术标准结合较好。

（4）知识产权保护能力。知识产权保护水平能有效激励创新发展。一是建立统一高效、标准一致知识产权法院体制，知识产权行政执法至少要包括边境保护、调查处理和贸易保护职能。二是实际保护效果好，反映在专利侵权平均实际赔偿标准较高，对知识产权侵权具有强大威慑力，知识产权保护水平较高。

（5）知识产权管理能力。政府知识产权管理能力强主要体现在政府制定知识产权战略规划与政策和完善的知识产权行政管理职能上。战略规划主要是指中长期的发展战略规划，政策主要涵盖知识产权财政投入政策、税收政策和金融政策，财政投入政策主要指是否具有支持知识产权创造和运用的引导基金、优先支持资金，财政收费政策是指有否能有效支撑知识产权申请质量提升的收费政策、支持运用的费用减免政策、支持市场失灵主体的费用减免政策。税收优惠政策包括支持知识产权创造和运用的增值税政策、研发支出税前加计扣除政策、技术转移企业所得税政策、个人奖励股权所得税优惠政策、创投企业知识产权投资抵免政策等。金融政策包括支持知识产权创造运用的银行贷款、创业投资、保险和担保政策。知识产权行政管理职能主要包括行政执法、公共信息服务、人才培养、商业化促进、外交职能等。

（6）知识产权环境能力。知识产权发展环境优，建立起公平竞争的市场机制，市场化程度高，企业家精神得到充分发挥，并建立起"崇尚创造、积极运用、守法诚信、科学管理"的知识产权文化。

（7）知识产权支撑能力。知识产权有效支撑经济社会发展，知识产权产业发达，知识产权经济对经济贡献率高，通过知识产权人均劳动生产率得到显著提高，知识产权能有效促进就业、环境保护、文化发展，工业企业万元 GDP 能耗和排放较低。本书作者提出的知识产权强国建设监测指标体系如表4-1所示。

表4-1　知识产权强国建设监测指标体系

序号	主要指标		目标性指标	测度性指标
1	治理能力	体制机制高效	建立高效一致的知识产权行政管理体制	知识产权与产业和技术行政管理职能是否紧密结合
				工业产权审查管理职能是否统一
		法律制度完善	知识产权法建立主要的基本制度	是否建立职务发明制度、信息公开制度、强制许可制度、权利救济制度、中小企业优惠制度、惩罚性侵权赔偿制度、发明人保护制度、实用新型制度、外观设计制度、植物品种保护制度
		审查水平高	审查速度快、质量高	专利审查周期
				发明专利审查质量得分
		国际知识产权规则作用大	主导或重要参与国际条约组织规则建立完善	参与和推动主要国际知识产权规则变革
2	创造能力	创造规模大	有足够数量产业关键核心知识产权	企业研发经费产出发明专利数
				企均商标数
				高校科研机构平均 SCI 论文数
		创造质量高	知识产权质量高	每万人口发明专利拥有量
				每万人口商标拥有量
				每万人口版权获得量
3	运用能力	运用模式先进	高校科研机构普遍建立内部技术转移机构	建立内部技术转移办公室的高校科研机构所占比例
			专利池运营公司成为重要运营模式	运用专利池或组合经营的中介机构的数量
		运用收益高	专利商业化率高	有效专利转移转化率
			知识产权对外依存度低	知识产权对外依存度
4	保护能力	行政司法保护水平高	行政保护体系健全	是否包括边境、调查、贸易保护职能
			司法保护体系健全	是否建立知识产权中级法院和高级法院
		保护效果好	专利侵权平均实际赔偿标准较高	专利侵权平均实际赔偿标准
			知识产权行政保护有力	知识产权保护水平调查

续表

序号	主要指标		目标性指标	测度性指标
5	管理能力	管理水平高管理效果好	知识产权战略规划明确	是否有中长期知识产权战略或规划
			知识产权行政管理职能完善	是否具有行政执法、公共信息服务、人才培养、商业化促进、外交职能
			知识产权政策体系完善	是否具有支持知识产权创造运用的引导基金、财政补贴、财政收费和政府采购等财政政策
				是否具有支持知识产权创造运用的增值税、研发加计扣除、所得税、投资税收抵免、个人所得税等税收优惠政策
6	环境能力	发展环境优	建立起公平竞争的市场机制	知识产权从业律师和代理人占人口的比例
			知识产权文化发达	是否建立起"崇尚创造、积极运用、守法诚信、科学管理"的知识产权文化
7	支撑能力	支撑产业升级	知识产权产业发达	知识产权产业占 GDP 比重
			人均劳动生产率高	人均劳动生产率
		引领发展方式转变	能耗和排放低	万元 GDP 能耗
				万元 GDP CO_2 排放量

4.2　知识产权强国建设的重大意义

创新驱动发展战略是促进我国经济社会发展的根本战略，也是实现中华民族伟大复兴中国梦的基本战略。知识产权强国建设是我国深入实施创新驱动发展战略，实现科技创新强国目标的重大战略选择，具有极为重要的理论和实践意义。

第一，知识产权强国建设是实现技术跨越，占据价值链高端的根本途径。近年来，我国创新能力有了显著提升，但我国创新能力指数在全球的排名仍然较落后，与我国第二大经济体和第一知识产权大国地位不相符合。中国科学技术发展战略研究院研究 2017 年发布的《国家创新指数报告 2016～2017》显示我国国家创新指数排名提升至第 17 位。世界知识产权组织、美国康奈尔大学和英士国际商学院 2017 年 6 月 15 日发布的《2017 年全球创新指数》报告显示，我国创新指数排名居第 22 位。虽然我国已成为世界第一知识产权大国，但我国有效技术和知识产权供给不足，企业创新水平还不高。我国产业自主创新能力仍然较低，根据国家统计局统计，我国 2016 年规模以上工业企业开展研发活动企业占比仅有 22.96%，研发强度仅为 0.94%，企均发明专利申请量和拥有量分别仅为 0.76 件和 2.03 件。知识产权对产业发展还没有起到有效支撑作用。我国虽然已成为世界第一知识产权大国，但只有很少的专利能够进入国际技术标准，并对产业产生影响力和控制力。

另外，我国在全球分工体系中仍处于价值链的低端。高技术产业两头在外的发展模式很难获取主要的价值，高技术产业利润率一直较低。统计数据显示，我国高新技术产业利润率不仅较低，而且还呈下降趋势。全国 2016 年高新技术企业利润率为 6.7%，仅略高于同期中国制造业平均 6.04%的水平，航空航天、电子与信息通信和计算机及办公设备领域的利润率分别仅有 5.9%、5.52%和 4.15%。

占据价值链的高端，最关键的是将现有的科技成果和知识产权转化为现实生产力。但是，我国科技成果和知识产权转化为生产力的能力还很弱。科技成果及其知识产权不能转化为生产力就很难获取创新的价值，也就不可能占据价值链的高端。

我国要实现技术追赶和技术跨越，占据产业价值链的高端，必须加强知识产权创造运用，努力掌握产业核心技术和知识产权，运用知识产权形成价值链的控制力，除此之外别无他法。建设知识产权强国，最关键的是要强化产业的知识产权创造和运用能力。

第二，知识产权强国建设是优化升级产业结构，实现创新驱动发展的必然选择。发展高技术产业和战略性新兴产业是我国优化和升级产业结构的主要政策手段。但我国高技术产业超过 50%的专利申请、授权和有效发明专利均来自于国外，如果再考虑"三资"企业，我国内资高技术企业专利数量则更少，我国高技术产业呈技术空心化趋势。我国产业发展低端化的主要原因在于自主创新能力弱。高技术产业长期依赖技术引进与仪器设备进口，高技术产业产品主要面向发达国家市场，2016 年"三资"高技术企业占了高技术产业出口交货值的 43.86%左右。2016 年，30798 家高技术企业平均申请发明专利 3.31 件，拥有有效发明专利 1.04 件。战略性新兴产业基本上也沿用了高技术产业发展的传统发展模式，即使不考虑国内"三资"企业，全国战略性新兴产业（企业总体）知识产权占比较低，截至 2016 年，我国战略性新兴产业发明专利拥有量前 100 名专利权人中企业有 69 个，其中，国外企业有 50 个，其余 31 个均为中国高校和科研机构（国家知识产权局规划发展司，2017）。

知识密集型产业比重是衡量产业结构是否高级的重要指标。2010～2014 年，我国专利密集型产业增加值合计为 26.7 万亿元，占 GDP 的比重为 11.0%，但与美、欧相比差距较大。美国 2014 年知识产权密集型产业创造经济附加值为 6.6 万亿美元，占当年美国 GDP 总量的 38.2%（Economics & Statistics Administration and US States Patent and Trademark Office，2012）。欧盟 2013 年知识密集型产业创造的产值约为 4.7 万亿欧元，对欧洲国内生产总值的贡献率达 39%，占总就业的 35%（Joint Project of Europe Patent Office and the Office for Harmonization in the Internal Market，2013）。

当前，我国产业发展结构低端化，关键是产业知识产权密集度低，知识产权对经济发展和就业的贡献率还不高。在此形势下，如何实现从要素驱动、投资驱动为主向创新驱动为主的转变，对知识产权强国建设提出了新的要求。创新驱动发展的核心是高水平、大规模知识产权的创造和有效运用，知识产权驱动已成为创新驱动的主要动力。实现创新驱动发展必须实现知识产权驱动型发展，必须加快知识产权强国建设。

第三，知识产权强国建设是营造良好制度环境，有效激励大众创业万众创新的根本保障。国务院办公厅于 2015 年 3 月 11 日印发的《关于发展众创空间推进大众创新创业的指导意见（国办发〔2015〕9 号)》，提出以营造良好创新创业生态环境为目标，以激发全社会创新创业活力为主线，以构建众创空间等创业服务平台为载体，有效整合资源，集成落实政策，完善服务模式，培育创新文化，加快形成大众创业、万众创新的生动局面。大众创业万众创新已成为当前和今后我国实施创新驱动发展战略的重大举措。

但是，我国还没有形成有效推动知识产权创造运用的公平、开放、透明的市场，中小企业知识产权创造和运用中的市场失灵还普遍存在。还没有形成严格的知识产权保护制度，创新积极性还没有得到充分激发。知识产权转化运用的模式落后，各种法规政策缺陷与冲突并存，转化运用收益分配制度还存在很多不足。

创新创业最关键的是要有创新创业的技术和模式，而技术主要是具有创造类知识产权的技术。高质量的具有市场价值和无风险的知识产权是创新创业成功的基本前提，这就需要创造高质量和有价值的知识产权，尤其是核心知识产权。同时，促进创新创业的顺利开展，必须加强知识产权保护。缺乏知识产权保护，就会造成低水平重复和简单模仿，侵害创新者的权益，最终导致创新创业失败。建设知识产权强国不仅是创新创业源头知识产权供给的制度保障，也是顺利推进创新创业快速发展并形成良好局面的制度保障。推动形成大众创业万众创新的良好局面，必须加快知识产权强国建设。

第四，知识产权强国建设是引领中国跨越"中等收入陷阱"，实现伟大复兴中国梦的根本要求。"中等收入陷阱"指在经济发展初期，低收入国家在某一段时间内通过较快的经济增长进入中等收入国家行列，而在进入中等收入区间以后，失去经济增长动力，被锁定在中等收入区间的现象。世界上最早陷入"中等收入陷阱"的国家主要集中在拉美地区。从 19 世纪 70 年代开始，拉美国家先后进入工业化起步阶段，20 世纪 50 年代开始起飞，在经过连续 20 年保持年均 6% ~7% 的增长速度之后，于 20 世纪 60 年代末和 70 年代初陆续达到中等收入水平，从此出现经济增长乏力，并在其后数十年内年基本维持在 1% ~2% 的低速增长阶段。

在不同的经济发展阶段，经济增长的动力机制是不同的，能否在中等收入阶段转换增长动力机制，是一个国家能否避开"中等收入陷阱"的关键。日本、韩国跨越"中等收入陷阱"的成功经验，主要有三个方面。一是产业结构不断高级化。制造业比重稳步上升，达到峰值后制造业内部结构趋于优化，逐渐从劳动密集型和轻工业产品转变为资本密集型和技术密集型产品。二是经济发展的动力由投资需求转向消费需求拉动。进入中等收入阶段，人均国民收入大幅度提高，失业率保持较低水平，社会阶层之间收入差距大大缩小，发展模式由投资需求主导转向消费需求主导。三是创新与生产效率的提升。由"要素驱动"增长模式向"效率驱动"和"创新驱动"模式升级，防止了资本边际收益递减导致的经济放缓。

创新驱动发展阶段是跨越"中等收入陷阱"，实现伟大复兴中国梦不可逾越的阶段。建设知识产权强国是支撑进入创新驱动发展阶段的根本途径。通过知识产权强国建设，完善知识产权制度，加强知识产权保护和运用，建立价值为导向的收益分配机制，使创新者得到合理回报，通过应用体现创新价值，通过转化创造财富，从而优化消费结构，推动内需升级，不断形成经济发展的新动力。通过知识产权强国建设和创新驱动发展，不断为经济社会发展提供原动力，推动生产效率的提升，改变由要素驱动导致红利逐渐消失、生产效率下降等可能带来的"中等收入陷阱"。

4.3　知识产权强国建设的需求分析

第一，全面深化改革和推进依法治国要求改革知识产权体制机制。党的十八大提出实施创新驱动发展战略，并特别强调要实施知识产权战略。党的十八届三中全会作出了全面深化改革的战略部署，明确要求"加强知识产权运用和保护"。党的十八届四中全会着重解决推进依法治国问题，强调要"完善激励创新的产权制度、知识产权保护制度和促进科技成果转化的体制机制"。中共中央国务院 2014 年发布的《关于深化体制机制改革加快实施创新驱动发展战略的若干意见》，特别提出"实行严格的知识产权保护制度"，为我国知识产权体制机制改革指明了方向。推进知识产权强国建设，是全面深化改革和推进依法治国的重大举措，必须改革和完善知识产权创造和运用的政府管理体制、法律制度与机制，构建知识产权创造和运用为主的政策体系。

第二，深入实施创新驱动发展战略要求加强知识产权创造和运用能力建设。虽然我国已成为知识产权大国，但我国经济社会发展急需的知识产权并不足，尤其是产业关键核心知识产权还很缺乏，总体知识产权质量还不高，企事业单位运用知识产权提升竞争力的能力不强，知识产权转化为现实生产力的能力较低。建设知识产权强国是实现创新驱动发展的必由之路，必须着力解决知识产权质量不高、数量不足、核心知识产权缺乏等问题，必须着力解决知识产权转化为现实生产力和提高竞争力的基础条件问题，必须强化知识产权创造和运用能力建设。

第三，经济发展新常态要求从重视知识产权数量转变为数量和质量并重。当前和今后相当长一段时期内，世界经济将保持缓慢增长态势。为刺激经济发展，各国会继续普遍使用通货膨胀手段，世界经济滞涨的态势将持续较长时间。在世界经济疲软的大环境下，我国出口对经济增长的贡献将持续降低，通过积极货币政策进行大规模投资的可能性虽然存在但并不会有较大幅度的增长，基本饱和的消费也很难在较短时间内有大幅提升。我国经济进入中低速增长甚至低速增长的新常态将会是一个较长的过程。因此，研发经费投入增速也将进入新常态。在此情况下，我国必须更加注重经济增长的质量，产业结构优化升级的压力会不断增大。建设知识产权强国，必须创造满足经济社会发展需要的足够数量的知识产权，必须改变粗放的管理方式，着力掌握一大批高质量核心知识产权和知识产权组合。

第四，新科技革命和产业革命要求必须加强知识产权基础条件建设。以人工智能、机器人、量子通信、基因计算机等为代表的信息通信技术已取得显著进展，大数据和互联网的快速发展将显著改变生产和生活方式，以基因工程、干细胞等生命科学为代表的科学技术已呈群体突破态势。2030 年前后，世界有可能迎来以生命科学和人工智能为代表的新科技革命和产业革命。新科技革命和产业革命将带来经济范式和世界经济版图的重大调整，将对中国经济发展带来重大的历史性机遇。科技革命的产生依赖于科技创新基础条件的建设，产业革命的产生则有赖于知识产权基础设施条件的发展。建设知识产权强国，抓住新科技革命和产业革命的历史机遇，必须加强知识产权信息、代理、法律、咨询、培训、商用化服务业和知识产权园区等基础条件的建设。

第五，激励大众创业万众创新要求建立良好的知识产权发展环境。推动形成大众创业万众创新的良好局面，要求未来一段时期，必须充分重视制度环境的营造。完善的知识产权管理体制，各具特色和优势互补的知识产权司法保护与行政执法两条途径是保障"双创"的必要条件。建立知识产权质量、效益和价值识别体系，完善知识产权价值发现的方法和机制，是促进"双创"的重要条件。拓宽知识产权质押融资渠道，大力发展创投和风投是促进"双创"发展的客观要求。还要充分发挥行政管理的作用，通过监测发布区域知识产权保护水平指数和将知识产权保护列为地方国民经济和社会发展考核指标，积极引导全社会"崇尚创造、积极运用、守法诚信、科学管理的知识产权文化"建设，推动"双创"环境的不断改善优化。

4.4　知识产权强国建设的问题分析

知识产权是国家竞争力的核心，是国家的核心战略资源。知识产权是我国参与国际竞争和实现创新驱动发展最关键的因素。当前和今后一段时间内，我国知识产权事业发展面临和仍将面临以下突出的问题。

第一，关键核心知识产权不足是影响知识产权强国建设的核心问题。我国虽然已成为知识产权大国，但有效、核心知识产权不足。我国工业企业研究开发投入强度很低，国内发明专利拥有量不足，每万人口发明专利拥有量与发达国家相比差距还较大。我国 2017 年 PCT 国际阶段发明专利申请量占国内居民发明专利申请量比例只有 3.69%，排在全球前 30 位国家的倒数第二位。

自主知识产权是企业核心竞争力。企业核心竞争力不仅表现在知识产权数量的多少，而且更表现在知识产权是否能够为企业在国际竞争中争得竞争优势。当前，我国在数字通信、家电和半导体领域均有不错的表现，专利申请量已居世界前列。但我国在生物医药、医疗器械、材料技术、新能源等高技术领域的原创性专利申请仍以发达国家跨国公司为主。我国在许多高技术领域的对外依存度仍然较高，没有形成可以支撑经济结构调整和产业转型升级的技术体系，缺少拥有自主知识产权的核心技术。

我国产业核心技术和核心知识产权均受制于人，高技术产品进出口长期逆差，2016 年和 2017 年知识产权使用费逆差均超过 200 亿美元❶，2013 年仅芯片进口一项就高达 2313 亿美元。大型飞机和舰船发动机、高性能纤维、智能机器人等均没有取得重大突破，通用 CPU、通用操作系统、高端数控机床等仍严重依赖进口。关键技术领域自主知识产权的缺乏使得我国在全球经济格局中经常处于被动地位，技术创新空间受到挤压，缺乏在世界范围内的产业主导权。

我国知识产权对产业发展还没有起到有效支撑作用，我国虽然已成为世界第一知识产权大国，但只有很少的专利能够进入国际和国家技术标准，并对产业产生有效的影响力和控制力。

第二，知识产权转化率不高是影响知识产权强国建设的突出问题。当前，我国已成为

---

❶　中国国际服务贸易数据 . http：//www. safe. gov. cn/wps/portal/.

世界专利大国，但我国专利等知识产权转移转化率长期较低。根据 2016 年中国技术市场统计数据，2015 年全国知识产权类技术转让许可 12575 项，收益 2556.53 亿元，平均每项 2004 万元，其中专利转让许可 4002 项，平均每件收益 535.45 万元（科学技术部创新发展司，中国技术市场管理促进中心，2016），如图 4-1 所示。

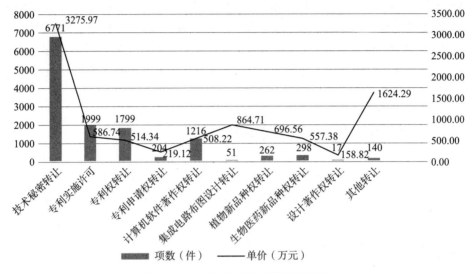

图 4-1 全国知识产权转让许可统计

但据科技统计年鉴的统计，全国 2013 年 3 万项重大成果产出专利 42908 项，其中转让和许可 1095 件，转让许可率仅为 2.55%，取得收益 4.24 亿元，平均每件只有 38.72 万元（科学技术部，2014）。另据国家知识产权局 2015 年的专利数据调查，全国 2014 年有效专利中各类申请人和权利人自行实施和销售产品的比例为 42.9%，其中高校和科研机构分别只有 1.7% 和 20.6%，各类申请人和权利人有效专利转让率只有 5.5%，许可率只有 9.9%（国家知识产权局发展规划司，2015）。而国外大多数高校科研机构有效专利的许可和入股比例在 50% 以上，如斯坦福大学截至 2011 年累计发明披露 8900 项，签订了 3000 件许可合同；马普学会 2012 年发明申请为 126 项，签订许可协议 108 个；弗朗霍夫学会 2011 年申请专利 494 件，总有效专利权和申请达到 6130 件，其中 2860 项专利许可企业应用（宋河发，2014）。

影响和制约知识产权转移转化的主要问题表现在科技成果和知识产权创造没有面向有效需求，没有解决信息和风险不对称问题，缺乏对创业阶段的政策支持，缺乏有效的转化组织机构和人才团队，缺乏有效的知识产权集中管理和许可机制（宋河发，李振兴，2014）。根本原因在于市场作用没有充分发挥出来，各类创新机构功能定位不清，创新资源配置低效，创新动力导向偏离，知识产权运用和科技成果转化的思维僵化，对中介模式过度推崇。

第三，知识产权保护不力是制约知识产权强国建设的根本问题。知识产权是创新的产物，也是创新的保障。知识产权保护不力会严重降低创新收益的预期，从而降低创新的投入和先进技术的引进。我国虽然建立了与世界一致的知识产权法律制度，在北京、上海、广州试点建立了知识产权法院，但由于没有建立知识产权高级法院，我国并没有解决知识产权侵权审判标准不统一问题，也没有解决无效与侵权诉讼循环问题。我国还缺乏高素质的适应创新驱动发展需要的法官队伍，编制员额不足，行政执法缺乏法定处罚手段，而且与司法衔接不够。我国专利侵权赔偿采用"填平原则"，由于提供证据困难，普遍采用法定赔偿，这导致实际赔偿额过低。据华中科技大学的一项统计，2008～2010 年我国专利侵权赔偿额平均只有 8.36 万元，远远低于专利平均许可价格 24.5 万元的水平。即使达到北京知识产权法院公布的 2015 年和 2016 年专利侵权赔偿额提高 46 万元和 138 万元标准，这个标准与美国动辄赔偿 500 万美元的情况相比仍然不高。

第四，低效率知识产权体制机制是影响知识产权强国建设的"瓶颈"问题。我国目前已经形成了包括专利、版权、商标、商业秘密、植物新品种、集成电路布图设计在内的知识产权法律体系。但是由于我国知识产权制度建立较晚，各项法律法规和相关制度还有待完善。这主要表现为知识产权立法分散、在新兴科技领域存在立法空白等。

在行政管理体制上，我国长期是一个知识产权组织体系和职能分散的国家，国家知识产权局并不行使全部知识产权尤其是工业产权的审查和行政管理职能。知识产权审查和管理政出多门，协调成本高，资源利用率低，效率不高。我国还是一个知识产权审查职能与产业、技术、贸易管理职能分开设置的国家，知识产权尤其是专利、商标等工业产权审查与行政管理职能既没有与科学技术管理职能结合，也没有与贸易管理职能结合，更没有与产业管理职能结合。地方政府知识产权部门大多隶属于科技行政管理部门，其主要职能是行政执法，但与其他市场监管部门结合不紧密，而且省、市级知识产权部门编制性质、行政级别五花八门。我国知识产权行政管理职能与相关部门职能设置还存在一定的交叉重复，产业化管理职能、基地建设职能、企业支持职能严重重复，造成资源重复投入，也造成政府对创新市场和知识产权市场的过多和过度干预，影响知识产权创造运用的效果。

法律体系和制度的不足一方面使得知识产权法律在保护创新者利益时力不从心，另一方面也导致国际社会对我国知识产权保护产生不满和怀疑，容易引起知识产权纷争，极大地影响了知识产权国际交流与合作。

第五，缺乏知识产权基础条件体系是影响知识产权强国建设的基本问题。当前，我国知识产权基础条件体系还很不完善。许多高校和企业尚未建立专门知识产权管理运营机构。信息检索分析机构水平低，科技中介机构大多数不成功，知识产权运营机构普遍缺乏有效模式，产业化基地缺乏内容。更缺乏专利熟化、二次开发和有效组合的知识产权运用机构。由于知识产权管理长期条块分割和分散，知识产权缺乏有效集成和共享，知识产权信息服务、工程化开发服务、代理服务、运营服务和投融资服务体系运行存在较大困难，服务效率不高。

相比发达国家，我国还没有形成在市场上有较大规模和较高信誉的知识产权服务机构，市场上充斥着大量小规模的知识产权中介机构，在市场竞争中囿于规模和人员的专业水平，无法提供高层次的知识产权服务，只能在低层次相互竞争杀价生存，对整个行业发展非常不利。

第六，知识产权国际竞争力相对较弱是影响知识产权强国建设的重要问题。在科技经济全球化背景下，发达国家将知识产权作为核心资源，利用知识产权维护其竞争优势地位，还纷纷加大高技术研究开发与技术储备，并利用知识产权优势和对自己有利的国际贸易规则，控制下一轮产业竞争的制高点。在这一形势下，美国、欧洲、日本等发达国家力图主导新一轮知识产权国际规则的竞争愈演愈烈，在知识产权战略与政策制定中表现出更加突出的主导型特征，旗帜鲜明地为本国和本地区企业征战国际市场服务。发展中国家也愈发利用知识产权参与国际竞争，保护自身优势。例如，印度不遗余力地建立和推广知识产权防御性公开数据库等，努力捍卫在传统文化传统知识方面的知识产权利益。

与世界主要国家相比，我国知识产权国际化程度还相对较低，尚未形成较为系统、完善的知识产权国际化战略，缺乏统一高效的知识产权外交政策体系和工作机制，知识产权国际影响力和话语权不强，对国际规则制定的影响力小，对企业的维权援助力度还较小，知识产权国际布局能力较弱。以美国"337调查"为例，我国企业2017年遭遇"337调查"案件数量高达51起，连续16年居世界第一。涉案领域主要是高科技产业。美国"337调查"动辄上亿美元的赔偿金额，让国内企业面临高额的赔偿压力，部分企业被逼到了生死边缘。

4.5 知识产权强国建设的思路对策

我国应当制定面向2035年的新的国家知识产权战略，战略目标应当是建设成为中国特色和引领世界的知识产权强国。新战略应根据党的十八大和党的十九大关于创新驱动发展、创新型国家建设的要求，把知识产权创造和运用能力建设作为主线，不断完善知识产权司法行政体制、法律制度和政策体系，下大力气提升知识产权保护水平，构建知识产权基础设施体系，积极发展知识产权文化，加强知识产权人才队伍建设，培育企业知识产权创造运用主体地位，创造和掌握符合国家发展需要的核心技术及其知识产权，建立有效的知识产权运用体系，发展知识产权产业和经济，提升知识产权国际影响力和话语权。

为解决上述问题，建设知识产权强国，需要制定相应的战略任务。本书作者提出的战略任务主要有九项。第一项任务是深化体制机制改革，提升知识产权治理能力。一是深化行政管理体制改革。为迈向知识经济，实现创新驱动发展，在市场监管体制下，我国应将知识产权审查、行政管理职能与产业、技术、贸易管理职能有机衔接。增加地方知识产权行政部门知识产权商业化、知识产权教育培训等产业发展职能。二是完善知识产权法律制度。改革完善知识产权信息公开制度、实施运用制度、中小企业优惠制度、强制许可制度、优先审查制度、损害赔偿制度等知识产权基本制度，完善专利创造性与实用性审查基准，规定政府、高校、科研机构和国有企业知识产权商业化的职责。制定科技创新基本法和知识产权基本法，从法律体系建设出发完善科技创新与知识产权法律制度。三是构建知识产权政策体系。制定和完善面向需求的知识产权研发创造政策、高质量创造政策和知识产权组合创造政策，落实和完善知识产权费用加计扣除政策，实行无形资产加速摊销政策和自主研发无形资产按市场价值摊销政策。建立以自主知识产权产品认定为基础的普惠型企业增值税和高新技术企业所得税优惠政策。制定单位和个人知识产权转让、许可和入股的增值税和所得税优惠政策。制定促进知识产权运用的保险和担保政策。构建符合国际规则的促进知识产权运用的政府采购政策。改革完善知识产权收费政策、奖励政策和费用减缴政策。

第二项任务是强化知识产权战略布局，提升知识产权创造能力。一是深入实施科研项目知识产权全过程管理。制定《重大科技项目知识产权全过程管理办法》，建立科技计划项目知识产权全过程管理专项资金，开展培训和试点示范，并建立考核机制。二是提升产业知识产权战略布局能力。深入实施"专利导航工程"，完善专利战略布局方法，推进产业技术标准中知识产权战略布局，强化知识产权国外布局。引导和支持开展技术预见和预研活动，引导企业开展共性和关键核心技术知识产权战略布局和储备。三是深入实施重大经济活动知识产权分析评议制度。完善知识产权分析评议方法，针对重要产业规划、重大投资活动开展知识产权分析评议，推动重大经济项目制定并实施知识产权战略。四是提高知识产权创造质量。引导地方政府将资助和奖励政策重点转向高水平、可转化和可形成组合的知识产权。改革完善知识产权考核政策，技术研发类科技计划等要增加知识产权质量和效益指标并提高权重。改革高新技术企业、创新型企业等各类认定政策，建立申请人和审查员必须将检索报告写入专利文件并公开制度。制定知识产权审查质量手册或指南，完善知识产权审查质量管理体系，适时发布知识产权审查质量指数。

第三项任务是构建知识产权运营体系，提升知识产权运用能力。一是发展新型知识产权运营机构。将全国知识产权运营公共服务平台建设成为具有知识产权集中、财政性知识产权标识与集中管理交易、引导地方与社会运营机构发展功能的基础性、公共性、服务性平台。推动理工类高校和科研机构建立具有知识产权管理、技术转移和投资功能的内部知识产权与技术转移机构。推动全国专利展示交易中心、知识产权交易所等发展为具有第三方支付等功能的知识产权交易机构。培育发展以专利池、专利组合为主营业务的知识产权运营机构。推动知识产权投资公司的建立和发展。支持知识产权交易机构建立网上实时评估系统和竞价系统，推动以知识产权为核心的股权、债券交易。支持证券交易所发展知识产权证券化。二是加大知识产权运用引导。在知识产权股权基金基础上建立"知识产权运用引导资金"，扩大财政资金投入规模，通过财政投入、财政补贴、政府采购、股权投资等方式，支持各类新型知识产权运营机构的建设与发展。建立国家知识产权主权基金，支持专利集中、国外诉讼应对和联合许可。三是建立知识产权运用新机制。制订重大科技计划和产学研合作项目知识产权非独占、非可撤销、非可再转让和不用付费的许可规则，促进科技成果转化。制定面向投资的知识产权价值评估方法，完善知识产权拍卖流程。建立国防知识产权定期解密评估制度和激励制度，推进军工知识产权和技术向民用领域转移。四是发展知识产权运用投融资。改革知识产权质押贷款制度，支持开展社会化知识产权质押借款和投贷评联动、投贷保联动等新业务。通过税收优惠政策引导社会创投和风投机构投资知识产权商业化，引导保险担保机构支持创投和风投企业投资知识产权商业化。

第四项任务是培育知识产权密集产业，发展知识产权经济。一是建立知识产权经济国民经济统计核算体系。完善专利国际分类与国民经济行业分类代码对照体系，建立知识产权产品、知识产权企业认定制度，规范知识产权产品和企业认定政策与税收优惠政策。建立知识产权产业和知识产权经济统计制度，制定知识产权经济发展政策。二是发展知识产权密集型产业。完善优化知识产权密集型产业目录，制定知识产权密集型产业优先发展的准入政策、产业投资政策和税收优惠政策。三是发展知识产权密集型产业集聚区。选择有条件地区建立知识产权密集型产业集聚区并进行改革试验。支持知识产权密集型产品推广、密集型企业培育、密集型产业公共服务平台建设和密集型产业发展试验区建设。四是推动知识产权与产业融合。强化高端制造业知识产权储备，构建一批重要专利池和专利组合。加强植物新品种、地理标志、农产品商标、农业专利技术与农业发展的紧密结合。发展"互联网+"产业商业模式，掌握"互联网+"产业知识产权。五是培育优势品牌产业。加快推进制造业和战略性新兴产业品牌建设，依托品牌提升附加值和软实力。支持企业提升品牌经营能力，形成"品牌聚合效应"。加快品牌开发和建设，增强商标密集型产业竞争力。

第五项任务是打造知识产权强势企业，培育企业主体地位。一是培育知识产权强势企业。实施"知识产权强企培育工程"，在知识产权试点示范企业基础上培育形成一批知识产权强势企业。建立省级和国家级知识产权强企申报认定制度，建立强企知识产权能力建设专项。二是推动企业知识产权管理标准化。指导推进《企业知识产权管理规范》落实，培育一批知识产权管理规范化企业。研究制定《企业知识产权高级管理指引》，提高企业实际知识产权管理水平。三是引导知识产权和创新要素向企业集聚。推动各类政府创新资源向企业倾斜，各类可形成核心专利和专利组合及技术标准的应用类、开发类科技创新计划和项目应主要由企业牵头实施。完善有利于企业知识产权引进和转移转化的财税政策和会计制度。四是构建企业"互联网+知识产权"发展新模式。强化"互联网+知识产权"关键共性技术开发，建立"互联网+知识产权"标准体系。引导企业依托"互联网+"布局知识产权，建立知识产权联盟。

第六项任务是严格知识产权保护，营造创新驱动发展良好环境。一是加强知识产权司法保护。建立司法保护主导制度与规则的知识产权保护体系。完善区域中级知识产权法院或者知识产权法庭体系建设。建立知识产权高级法院，统一知识产权侵权审判标准。全面推行知识产权行政、民事、刑事案件"三审合一"。建立跨区域知识产权案件异地审理机制。建立商业秘密保护法律制度。建立专利故意侵权惩罚性赔偿制度。二是加强知识产权行政执法。建立专利、商标、版权统一的地方综合行政执法体系。加强执法条件建设，严格行政执法人员资格管理。完善执法维权绩效考核评价制度、举报投诉奖励与维权援助制度、执法管理监督制度等。建立地方知识产权保护水平监测体系并发布年度报告。强化行政执法与司法衔接，健全知识产权维权援助体系，将侵权行为信息与社会信用挂钩。三是发展知识产权文化。完善知识产权宣传工作体系，广泛开展知识产权宣传教育，引导和支持各类媒体普及知识产权知识，宣传典型案例。在九年制义务教育阶段推广普及知识产权教育计划，将知识产权内容纳入素质教育课程体系，在重点高等院校开设知识产权经济学、管理学、政策学相关课程。建设和完善一批知识产权科普设施场馆和知识产权示范基地，将知识产权相关内容纳入全民科学素质行动计划。打造若干国际知识产权论坛品牌，搭建一批自主知识产权展览展示平台。组织和支持企事业单位广泛开展知识产权培训。

第七项任务是完善知识产权基础设施体系，提升知识产权基础能力。一是完善知识产权信息服务体系。完善国家知识产权基础信息数据库和分析系统。在国民经济重点领域建立知识产权预警体系。引导高水平知识产权检索分析服务机构发展。二是建设知识产权工程化开发体系。依托产业联盟推进知识产权孵化机构建设，开展知识产权规避设计和权利强化设计等。依托国家和地方工程实验室、工程（技术）研究中心等培育一批知识产权二次开发机构，提高知识产权产品熟化度。依托知识产权联盟发展知识产权集中和工程化开发机构，开展知识产权储备、集中和产品设计。三是完善知识产权代理服务体系。推进知识产权代理标准化体系建设，培育一批标准化示范机构和示范区。引导代理机构规范化、品牌化、国际化发展。完善全国专利代理人资格考试制度，严格代理人报考资格，解决专利代理人执业限制问题。强化知识产权代理质量监测和监督管理。四是建设知识产权运营体系。以全国知识产权运营公共服务平台和西安、珠海特色试点平台为基础，构建高校科研机构内部知识产权与技术转移机构、企业知识产权管理运营机构、专利池运营机构、知识产权投资机构、知识产权保险担保机构等在内的多层次知识产权运营体系。引导全国和区域性知识产权运营机构建立新机制，探索新模式，建立高水平运营人才队伍。推动现有中介机构转型升级。五是建设知识产权投融资体系。引导投资知识产权的创投和风投企业发展。引导更多商业银行开展知识产权质押贷款业务。支持建设一批知识产权运用保险和担保机构。发展一批知识产权股权期权投资、质押贷款、保险担保的高水平服务机构。六是建设知识产权园区体系。依托国家创新发展试验区、自主创新示范（试验区）和知识产权强省试点者建设一批专利导航、知识产权强企、专利密集型产业、高端知识产权服务业、知识产权体制机制改革、知识产权政策先行先试等类型知识产权园区，探索知识产权支撑创新驱动发展新模式和新路径。

第八项任务是构建知识产权人才体系，造就宏大知识产权人才队伍。一是构建知识产权高层次人才体系。制定中长期知识产权人才发展规划，建设包括知识产权领导人才、审查人才、行政管理人才、研究人才、管理人才和运营人才的人才体系。实施知识产权人才能力提升工程，编制各类人才知识和能力培训课程体系，有序开展教育培训。大力引进各类国际化人才，推动将知识产权运营高端人才纳入"百人计划"和"千人计划"。二是创新知识产权人才培养模式。支持各类高校开设以理工科为基础的知识产权学位学历教育，开设实务型课程。建设知识产权人才实践基地，支持通过"干中学""用中学""互动中学"等方式培养各类知识产权人才。三是建立知识产权人才评价发现机制。建立知识产权职业分类体系，建立各类人才能力素质标准和考核评价制度，引导知识产权人才测评机构发展。四是完善知识产权人才激励机制。尽快出台《职务发明条例》，明确规定兼顾单位、职务发明人和转化机构利益的知识产权收益分配政策。引导市场主体建立，同时遵循劳动合同与兼顾各方利益的职务发明人收益分配政策。研究制定科技成果完成人知识产权实施权相关政策。改革知识产权入股的企业和个人所得税政策。

第九项任务是打造新型知识产权网络，增强知识产权国际化能力。一是积极参与国际贸易知识产权规则制定。牵头研究制定"一带一路"知识产权规则。推动建立自贸区商品转运规则和知识产权案件处理机制。二是培育知识产权为核心国际贸易新优势。强化服务和指导，支持出口企业提升产品知识产权含量，提升制造业和劳动密集型出口产品自主知识产权覆盖面。三是创新知识产权国际合作模式。恢复和优化向国外申请专利资助政策，支持市场主体获取国外知识产权。鼓励企业通过兼并收购掌握先进技术与知识产权，鼓励通过投资带动产品、技术和服务出口。四是进一步提高外资知识产权含量。促进引资与引智相结合，鼓励跨国公司在华设立研发中心。实行准入前国民待遇加负面清单管理模式，积极引导外资投向战略性新兴产业、高技术产业和现代农业等领域。五是加快完善知识产权海外维权机制。建立驻外使馆知识产权专员制度，建立主要国际展会知识产权维权服务常设机构，构建海外知识产权保护服务网络。加大培训力度，提高企业知识产权保护意识和海外维权能力。

4.6 小 结

深入实施创新驱动发展战略，建设成为世界科技创新强国，应首先成为知识产权强国。建设知识产权强国也是我国进入新常态、发展新经济、跨越"中等收入陷阱"、实现中等发达国家目标的必由之路。本章分析了知识产权强国的内涵特征，研究了我国知识产权强国建设的意义和需要解决的重大问题，提出了知识产权强国建设的战略任务和措施的思路。

建设知识产权强国不是一个口号，也不是一个战略宣誓。建设知识产权强国是一个系统工程，需要调动各部门和全社会各方面的力量，尤其是要形成建设知识产权强国的统一意志和强大力量。在现有研究和工作基础上，我国应成立国家层面知识产权强国建设领导机构，并成立知识产权强国建设推进工作组，工作组主要负责协调相关部门的工作推进和监督检查，要搞好协作分工和监督落实，必要时要开展考核工作。建设知识产权强国，还需要充分激发全社会知识产权创造和运用的热情和动力。建设知识产权强国，还需要制定有效的配套政策和落实措施，构建以知识产权战略纲要为核心、知识产权战略任务为方向，知识产权配套政策切实可行，实施文件有效支撑的知识产权政策体系。

第5章　知识产权政策体系

深入实施创新驱动发展战略，建设知识产权强国，必须构建有效的知识产权政策体系。构建知识产权政策体系，必须深入研究知识产权政策体系的基本框架、政策机制、分析框架和分析方法；构建知识产权政策体系，必须以知识产权创造和运用能力建设为主线，重点制定和实施有效的财政投入、税收优惠、政府采购、投融资和基础条件建设政策。❶

5.1　知识产权政策体系框架

2010 年 10 月 26 日，国家知识产权局印发《全国专利事业发展战略（2011～2020年)》，提出："充分运用财政、税收、金融等政策，激励更多核心专利的创造与运用。"2012 年 12 月 12 日，国家知识产权局等单位联合发布《关于加快培育和发展知识产权服务业的指导意见》，提出："要研究推动 2012 年知识产权服务机构享受相关税收优惠政策。"2015 年 12 月 22 日，国务院发布《关于新形势下加快知识产权强国建设的若干意见》，提出了 2020 年 "为建设中国特色世界水平的知识产权强国奠定基础" 的目标，并提出了知识产权强国建设的指导思想、基本原则和深化知识产权领域改革等五条重要举措。尤为重要的是，国家知识产权局组织起草，国务院于 2017 年 1 月 13 日发布的国家专项规划《"十三五" 国家知识产权保护和运用规划》明确提出，全面贯彻落实《国务院关于新形势下加快知识产权强国建设的若干意见》，研究建设知识产权强国政策体系。但我国一直没有制定和发布知识产权的具体财税政策，知识产权政策体系尚未建立起来。

2006 年年初，我国颁布了《国家中长期科学和技术发展规划纲要（2006～2020 年)》（以下简称《纲要》）及其配套政策。为贯彻落实《纲要》提出的知识产权政策，我国有关部门出台了与知识产权有关的多项实施细则。在《纲要》及其配套政策，以及有关部门颁布的实施细则中，有许多政策措施进入了新颁布的《科技进步法》《专利法》《企业所得税法》等法律法规中。《纲要》及其配套政策采用两种政策分类体系，一是按照政策工具进行分类，二是按照科技创新活动进行分类，并将知识产权作为工具类政策。但是其中的知识产权政策只涵盖了知识产权创造和保护的一部分，没有涵盖知识产权创造、运用、保护和管理的全部环节，尤其是在知识产权运用方面做得很不够。此外，《纲要》中的知识产权政策和知识产权战略纲要提出的政策多是思路性和原则性的政策，只是明确了知识

---

❶ 本章部分内容发表于 2016 年第 2 期《知识产权》，并有修改。

产权的政策方向，可操作性还很不足。

知识产权一般包括知识产权创造、知识产权申请与审查、知识产权行政与司法保护、知识产权转移转化四个环节，具有自身的逻辑和特点。与科技创新政策相比，知识产权政策具有完整性和相对的独立性。从知识产权类型来看，现有的科学政策、技术政策、产业政策、创新政策和贸易政策大多涉及知识产权创造运用，但这些政策中知识产权创造运用的政策又有较多缺失。由于知识产权管理也是政府的重要职能，且知识产权与产业的创新发展紧密结合需要，有必要理顺现有科技政策、产业政策和知识产权政策的关系，构建涵盖知识产权创造、运用、保护和管理的知识产权政策体系。

知识产权创造是知识产权保护和运用的起点，主要包括知识产权研发创造、知识产权权利获取和知识产权保护范围拓展三个方面。知识产权研发创造政策主要包括形成知识产权的经费投入与研究开发政策、知识产权审查授权政策和知识产权保护范围拓展促进政策。知识产权研发创造政策是面向科学前沿和市场需求创造高水平、高质量的知识产权及知识产权组合的研究开发活动和知识产权创造过程的政策，政策工具主要是研发经费投入、税收优惠政策和人才支持政策。知识产权权利获取政策主要包括权利归属政策、审查授权政策、收费政策、资助政策、费用减缴政策。知识产权保护范围拓展政策主要是知识产权国际申请资助政策。

知识产权运用政策包括知识产权强化创新能力与竞争力的运用政策和知识产权商业化运用政策。前者主要是将专利与技术标准结合的政策，后者又包括知识产权转移扩散政策、知识产权创业政策和知识产权产业化政策三个方面的政策。技术标准政策主要是与知识产权相关的国家技术标准战略和相关标准化政策，而专利池政策主要是一些重大技术标准和标准化组织的专利池许可支持政策。促进知识产权扩散的政策主要有以知识产权为核心的技术市场政策、产权交易所政策、技术转移中心政策、工程（技术）研究中心政策等。促进知识产权创业的政策主要有知识产权评估政策与质押贷款政策，针对知识产权的科技型中小企业创新基金与创业引导基金、科技成果转化引导基金政策。促进知识产权产业化的政策主要有以知识产权为表现形式或重要条件的科技成果产业化及"火炬计划"政策、高技术产业化项目与基地建设政策、专利产业化项目与基地建设政策、产业结构优化升级政策、技术标准创新基地政策及投融资政策等。知识产权商业化运用的基础是必须拥有一批有效的知识产权。目前，政策是影响知识产权有效性的重要因素，如知识产权考核政策和知识产权收费标准、知识产权费用减缴办法、知识产权申请资助政策等。

知识产权保护主要包括司法保护和行政执法保护两个方面。知识产权保护政策主要分三类：一是知识产权法律法规；二是知识产权司法解释和行政保护规章，如最高人民法院《关于审理侵犯专利权纠纷案件应用法律若干问题的解释》、国家知识产权局的《专利行政执法办法》等；三是知识产权保护专项行动，主要有知识产权"雷电行动""天网行动""反盗版天天行动""打击假冒，保护名优"活动、打击利用互联网侵犯知识产权专项行动等常态化保护行动。

知识产权管理政策主要包括国家和地方政府的知识产权行政管理政策和企事业单位知识产权管理政策两个方面。前者主要包括知识产权发展计划管理政策、知识产权中介机构管理政策、知识产权人才教育培养政策、知识产权国际交流合作政策等。企事业单位知识产权管理政策主要包括知识产权管理制度与战略、知识产权组织机构建设与人才队伍建设政策、科技创新活动知识产权管理政策、知识产权自我保护管理等政策。知识产权管理政策可以是政府出台的指导性管理政策，也可以是企事业单位自己制定的管理措施，如科技创新项目知识产权管理措施。

在知识产权政策体系中，知识产权法规处于核心地位，是稳定的知识产权政策，对其他知识产权政策具有指导作用，是知识产权政策体系的元政策。知识产权创造、运用、保护和管理政策必须通过财政投入、税收优惠、政府采购、投融资等政策工具才能发挥作用，离开这些政策工具，知识产权政策将无法落实。知识产权政策的落实还体现在知识产权创造运用的基地条件、人才教育文化、合作与交流和标准化等综合性政策中，只有这些综合性政策才能将各种基本政策工具进行组合并有效发挥作用。面向知识产权强国建设的知识产权政策体系如图 5 - 1 所示。

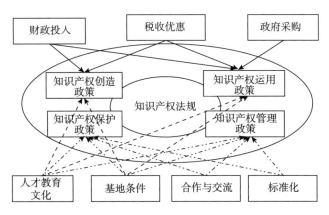

图 5 - 1　面向知识产权强国建设的知识产权政策体系

5.2　知识产权政策优化

最优化是经济学的基本方法之一，是最常用和最有价值的定量方法之一，也是政策研究的常用方法之一。最优化方法是求解最优决策的方法，即在复杂环境和条件下，从许多可能的决策方案中，挑选"最好或最佳"的决策方案。最优化方法的一个突出优点就是它能够提供各种措施，而其最优性又能用数学方法加以证明。在进行最优化计算时，一般的做法是努力使既定的成本带来最高的利益，或者反过来，在固定收益的情况下将成本降到最低。数学上的最优化要求有一个"目标函数"及"约束条件"的限定。对于知识产权政策来说，"目标函数"的经济含义是指知识产权政策实施的效果，也是知识产权政策实施的成本。"约束条件"是在考虑选择某一方法时必须遵循的数学上的限制，如知识产权政策工具必须与可用的财政、人力资源、基础条件相适应。最优化法就是从大量的可能的决策方案中找出最优的决策或政策的一种方法，如禁忌搜索、模拟退火、遗传算法、神经网络、最小路径、最大值法等。"最优决策"要充分考虑约束条件，并根据当时的情况使目标函数取最大值或最小值，作为最优化问题的最优解，用来确定最优解的方法称为最优化法。根据最优解，可以进行知识产权政策制定和实施，进行资源分配等。

结构性优化是最优化、最重要的内容。对于知识产权政策来说，结构性优化是指以国务院 2008 年发布的《国家知识产权战略纲要》、2015 年发布的《关于新形势下建设知识产权强国的若干意见》等重要战略规划和政策确定的目标和措施为指引，系统分析现有知识产权政策和实施措施的总体结构、知识产权政策工具与措施之间的关系、知识产权政策工具与实施措施的比例，在目标函数取最大值或最小值的情况下，调整各种知识产权政策工具与实施措施的资源投入量、政策强度、政策过程和执行措施，以使各项知识产权政策和实施措施实施效果都达到最佳状态的过程。

系统论也是政策研究的常用方法之一。系统是由若干要素以一定结构形式联结成的具有某种功能的有机整体。系统论的核心思想是系统的整体观念。系统论定义了系统、要素、结构、功能四个概念，主要研究要素与要素、要素与系统、系统与环境三方面的关系。整体性、关联性、等级结构性、动态平衡性、时序性是所有系统共同的基本特征。系统中各要素不是孤立存在的，每个要素在系统中都处于一定的位置，都起着特定的作用。要素是整体中的要素，如果将要素从系统整体中割离出来，它将失去应有的作用。任何系统都是一个有机的整体，它不是各个部分的机械组合或简单相加，而是相互作用的结果。要素之间相互关联，构成一个不可分割的整体。在《国家知识产权战略纲要》和《关于新形势下建设知识产权强国的若干意见》精神的指导下，知识产权政策也构成一个完整的系统，财政经费投入、税收优惠、政府采购、金融支持、加强保护、文化建设、人才队伍建设、基础设施布局等政策是该系统的构成要素，实施措施是知识产权政策系统构成要素的细化和具体体现。

5.3　知识产权政策作用机制

作用机制是指一个主体对另一个主体发生作用，以达到期望结果的机理和方式。一般而言，公共政策发挥作用的机理是解决市场经济中的公共产品配置问题，为微观经济主体创造良好的发展环境。

5.3.1　"自动稳定器"和"相机抉择"机制

从基本作用机制来看，一部分知识产权政策工具属于财税政策，而财税政策具有"自动稳定器"和"相机抉择"两个作用机制。"自动稳定器"作用机制是指当经济出现不均衡时，政府不需要采取任何行动，财政政策工具会自动发挥作用，减缓经济的衰退或者膨胀，稳定经济。"自动稳定器"主要包括超额累进税率的所得税和有明确条件规定的转移支付，它们都有自动稳定经济、缓和经济波动的功能。在经济的扩张期，税收会自动增加、政府的转移支付会自动减少，减少可支配收入，直接和间接投入相对平稳，从而达到缓和经济扩张的目的。而在经济的萧条时期，税收会自动减少，政府转移支付会自动增加，知识产权和科技创新直接和间接投入加大，从而增加可支配收入，使经济衰退减缓。

"相机抉择"是指为了使经济达到预定的总需求和就业水平，政府根据不同的情况相机决定采取不同的财政政策手段，进而影响企业和居民的可支配收入，调节社会总需求。"相机抉择"财税政策可以分扩张、紧缩和中性财政政策。当经济衰退时，政府通过降低税率、实行免税或退税等方法，在减少税收规模的同时增加政府公共支出，包括知识产权与科技创新支出，通过乘数作用达到刺激经济增长的目的。

5.3.2　知识产权政策作用机制

上述两个作用机制是知识产权政策与公共政策相同的基本作用机制。在知识产权政策领域，作用机制主要是弥补知识产权市场失灵，增加知识产权有效供给，改善知识产权环境，刺激市场对知识产权的需求。其基本手段是投入、购买、协调，主要通过知识产权领域的直接投资、提供知识产权创造运用风险补贴、降低私人知识产权创造运用成本、提供知识产权保护及反垄断规制政策四种方式来弥补知识产权市场的失灵和弊端，增加知识产权有效供给，提高生产要素利用率和生产率，从而推动经济增长。

"知识产权领域直接投资"是指政府直接用于知识产权的研究开发投资、知识产权基础设施建设投资、基于知识产权的技术改造投资、企事业单位知识产权能力建设资助等，向知识产权领域进行投入，引导资本、人力、技术、信息等资源向企业集聚，促进知识产权与创新要素结合，将科技创新投入转变为创新产出，将创新产出知识产权化，将知识产权转化为生产力，从而促进经济增长和社会发展。

"提供知识产权风险补贴"是指政府通过财政补贴及政府采购的方式，降低知识产权高风险环节的风险。例如，在知识产权权利获取、知识产权质押融资、知识产权国外布局等环节直接给予一定比例的补贴，对知识产权诉讼、运用转化环节的保险给予一定比例的补贴；对产业共性技术类知识产权实行政府采购，采购后免费或低价许可企业使用。

"降低私人成本"主要是通过减免税负方式引导私人投资知识产权创造运用活动，促进知识产权供给增加，主要包括增值税优惠、所得税优惠、个人所得税优惠。常用的方式是对自主知识产权产品生产流转实行增值税税收优惠，对具有自主知识产权产品的高新技术企业实行所得税优惠政策，将知识产权事务费纳入企业所得税税前加计扣除范围，降低知识产权转移转化的所得税税率等。

"提供知识产权保护及反垄断规制"是指通过保护知识产权和反知识产权滥用，促进市场机制作用的发挥。一方面要严格知识产权的司法保护和行政执法保护，充分保护科技创新和知识产权创造活动；另一方面要反对知识产权滥用，反对利用知识产权等市场优势地位排除和限制竞争，建立既保护知识产权又防止知识产权滥用的公平竞争市场环境。

5.4　知识产权政策问题分析

公共政策分析要分析其一致性、不一致性、冲突性和缺陷性（宋河发，穆荣平，任中保，2009）。实际上，知识产权政策分析主要包括四个方面：一是政策体系性分析，主要分析知识产权政策是否符合创新驱动发展和知识产权强国建设的要求，政策体系是否完整，是否有缺失的政策；二是政策缺陷性分析，主要是从各项知识产权政策本身出发，分析政策存在的主要缺陷和问题；三是政策协调性分析，主要分析各项知识产权政策之间是否存在交叉重复和冲突问题；四是政策有效性分析，主要分析知识产权政策实施的效果，是否对政策对象产生预期的作用和影响。

由此方法分析，可以发现我国现有的知识产权政策存在很多不足。

第一，我国知识产权政策体系不完整。从现有知识产权政策可以看出，我国现有知识产权政策主要集中在保护和管理上，创造政策和运用政策相对比较缺乏，知识产权创造和运用政策应当是未来我国知识产权政策体系建设的重点。知识产权政策体系如图5－2所示。借鉴知识产权政策体系，按照科技成果创造、运用、保护和管理的过程，科技创新政策体系如图5－3所示。科技创新体系中的知识产权政策主要集中在知识产权收费与资助奖励政策和知识产权保护法律法规上，这与知识产权政策体系差异很大。

政策数量（项）

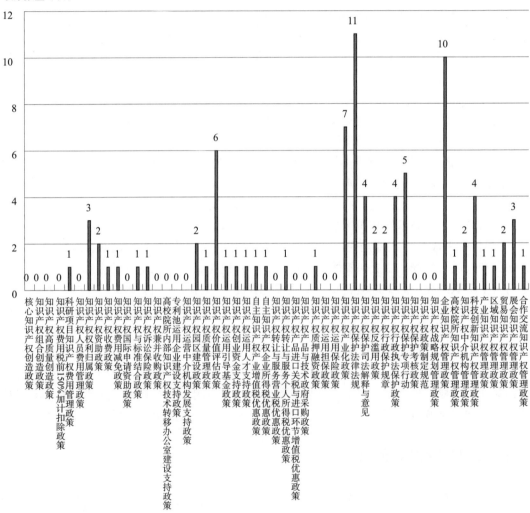

图5－2 知识产权政策体系

第二，多数知识产权政策存在缺陷。现有知识产权创造和运用政策实际上被科技创新政策所包含，由于知识产权的特殊性，现有科技创新政策又存在很多缺陷，主要表现在知识产权创造的目标和运用的模式存在不足。

（1）科技政策的知识产权政策没有有效面向运用，这是科技创新政策中知识产权创造

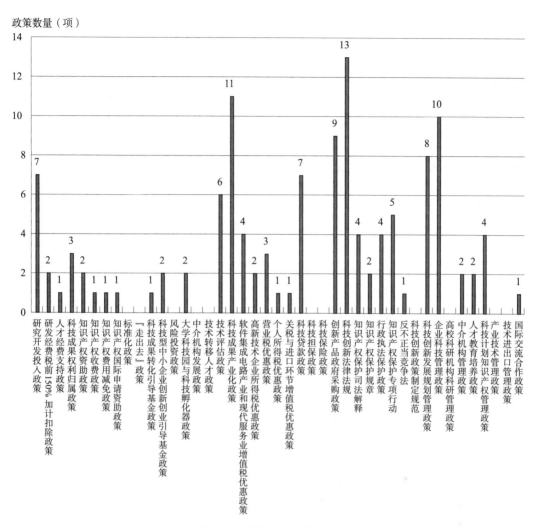

图 5-3　科技创新政策体系

政策存在的突出问题。在创造政策上主要缺乏关键核心知识产权研究开发投入政策，以及包括知识产权事务费的研发经费税前 150% 加计扣除政策、创造人才经费支持政策。从知识产权角度来看，现有科技创新政策存在着七个方面的问题。一是缺乏促进科技创新活动形成知识产权有效组合的政策，知识产权碎片化现象严重。二是缺乏科技创新项目立项、验收的知识产权高质量创造政策，这已成为导致科技成果转化难的突出问题。三是缺乏需求导向的高校、科研机构知识产权创造政策，造成大量知识产权和研发经费浪费。四是产学研合作缺乏科技创新和知识产权的有机结合政策，产学研合作效果长期不佳。五是科技经费管理激励知识产权创造存在缺陷，允许在课题中支出知识产权事务费导致了简单化管理模式，不利于知识产权人才团队建设和转移转化。六是现行税收政策限制了知识产权创造和运用。专利法规规定的现金奖励报酬、形成无形资产前的知识产权费用、知识产权保险费等费用均不能列入税前 150% 加计扣除的 10 类范围，形成无形资产的知识产权费用需要进行分年摊销，影响了知识产权的创造运用。七是科技经费管理政策对人员的激励不足，科技人员劳务费的比例过低，而每个项目都允许列支购置仪器设备费、会议费等又造成重复投入。

现行知识产权审查授权政策存在五个方面的问题。一是法律政策关于专利质量的规定存在缺陷，知识产权法规关于"创造性""清楚、完整""清楚、简要""技术问题""实用性"等重要概念的规定较为缺乏。二是专利代理市场存在问题。专利代理市场形成"逆向选择"，影响了专利申请文件质量。三是知识产权审查机制有待改善，实施例审查不足，实用性审查基本缺位。四是专利费用标准多年没有变化，甚至下降，不利于提升专利审查质量。五是企事业单位知识产权管理水平不高，缺乏人才团队，管理能力低下。

在知识产权国际创造上，很多重大国际技术标准尤其是信息通信技术标准很少有来自我国的知识产权。这一方面是由于我国国外知识产权创造意识与能力弱，另一方面是由于国际知识产权费用较高，而我国国外知识产权申请财政资助政策却废止了。

（2）知识产权应用政策缺乏对有效知识产权运用模式的政策支持，这是知识产权运用政策存在的突出问题。知识产权运用政策力度弱，没有体现知识产权的特性。在知识产权商业化运用上，一是长期推崇的科技中介机构发展模式存在严重缺陷。现有技术转移中心、技术交易所等远离科技创新第一线，远离企业第一线，大多数是"二传手"。美国斯坦福大学技术许可办公室的经验已经证明，技术转移的中介模式不可能成功。二是知识产权运用法规建设滞后。全国人民代表大会于2015年通过的《促进科技成果转化法》仍然是一个供给型和可操作性还不足的法律，没能有效解决知识产权创造面向需求的问题，没有解决知识产权转化中的信息和风险不对称问题，缺乏明确的支持科技成果及其知识产权转化组织机构与人才团队、能力建设的政策，没有规定知识产权创业和知识产权集成，仍然支持中介机构的发展。现有法律对中介机构的虚假甚至欺骗行为缺乏有效规制，虚假和欺骗转移行为严重损害了我国科技成果及知识产权的转移转化。三是税收政策支持不力。我国对当前急需发展的战略性新兴产业、高技术产业、高技术服务业没有实行低增值税率优惠政策。科研机构和大学技术转移低于500万元的不需要缴纳所得税，而超过500万元的单位反而要缴税，形成了负激励。职务科技成果知识产权发明人，非职务科技成果知识产权转化获得股权的个人所得税仍然存在模糊不清的问题，影响了知识产权创造和运用的积极性。四是知识产权运用政策存在不足。知识产权质押贷款由于缺乏知识产权质押处理机制和风险分担机制一直发展缓慢。缺乏知识产权转化的保险和再保险政策。创业引导基金设定的门槛过高，对引导中小企业转化实施知识产权的风投企业引导不够。我国一直缺乏对非职务知识产权转化实施的财政资金支持。五是知识产权审查对知识产权运用的引导不够。知识产权质量不高，专利审查对实用性审查严重不足都会影响知识产权商业化。

在运用知识产权提升竞争力上，我国很多自主技术标准与专利布局关系不大，大部分专利根本没有与技术标准产生实质性关联，没有成为标准必要专利，知识产权对产业发展的影响力、控制力和贡献度一直很低。我国企事业单位利用专利池和技术标准提升产业竞争力的能力亟待提高，而我国一直缺乏这方面的支持政策。

（3）知识产权保护政策缺乏知识产权保护的有力措施，这是知识产权保护政策的突出问题。我国知识产权保护法律相对完善，而政策相对较为缺乏。知识产权保护是多年来我国在国际上受到诟病较多的问题。从国内看，一是理论界对适合我国当前发展需要的知识产权保护水平存在争议，一些人缺乏对知识产权保护与创新关系的清楚认识，认为加强知识产权保护会阻碍创新。二是知识产权法律政策对创新的保障不足，尤其是专利法没有建立惩罚性赔偿条款，实际的专利侵权赔偿较低，严重挫伤了创新者的积极性。三是知识产权司法保护能力较弱。知识产权侵权缺乏统一判定标准，侵权案件审判在不同地方输赢结果不同，赔偿额度不同。知识产权法官人才不足，知识产权审判能力亟待提高。四是知识产权行政执法与司法保护衔接不够，行政执法缺乏相应职权。五是行政保护多为被动保护，执法力度较弱，实效有待提高。六是缺乏投资和兼并收购中的知识产权保护政策。

（4）现有知识产权管理政策可操作性不足，这是知识产权管理政策的突出问题。一是现有的知识产权管理政策很多比较宏观，多是倡导性措施，可操作性不足。二是知识产权战略规划缺乏有效的配套财税政策工具，尤其是知识产权的转化运用亟待建立稳定的专项资金，知识产权信息管理亟待制定基础信息公开政策。地方的知识产权战略规划大同小异，实质性措施不多。三是知识产权行政管理较为重视行政执法保护和专利申请资助，而在促进知识产权转化运用、培育知识产权文化、引导中介机构转型发展、培养知识产权人才等方面做得还很不够。四是重知识产权代理机构审批管理而轻监管，对代理机构专业化发展支持不足，知识产权代理水平与发达国家相比还有较大差距。五是企事业单位知识产权管理政策存在不足。现行政策对高校、科研机构和企业科技项目、创新活动的知识产权管理指导不足，一些政策规定的具体措施较少，缺乏指导企事业单位将知识产权管理纳入科技创新全过程的指导性意见、手册或者指南等。

5.5　知识产权政策体系构建

推动知识产权政策发展，必须坚持统筹谋划、面向运用、主动引导、突出重点的原则，研究知识产权创造和运用的规律，针对影响、制约创新驱动发展和知识产权强国建设的突出问题，加强多部门合作，推进知识产权政策体系建设和相关政策的制定。

第一，以知识产权运用为目标制定、完善知识产权创造政策。一是制定促进科技创新活动形成有效知识产权组合的政策。制定科技创新项目知识产权组合布局政策，引导开展科研项目知识产权战略布局，引导培育核心专利，要形成有效的专利池或专利组合。二是制定知识产权高质量创造政策。建立适应发展需求的知识产权考核指标体系，技术研发类国家科技计划等要增加知识产权质量、知识产权效益指标并提高权重。高新技术企业认定、创新型企业认定等各类认定政策要增加知识产权与企业主营业务关系、知识产权实施收益对主营业务贡献等指标。三是制定产学研合作知识产权政策。以专利池或专利组合为目标和运行机制，明确产学研合作知识产权声明、许可、收益分配和反垄断的规则和程序。尤其是要制定参与各方非独占、非可再转让、非可撤销和不用付费的知识产权许可政策。四是强化税收政策对知识产权创造的激励。应允许各类科技创新项目发生的知识产权费用在税前列入成本，允许将形成的各种知识产权费用，包括职务发明人现金奖励报酬、知识产权转化保险费用，无论是否形成无形资产，一次性列入管理费科目的当期费用，并实行150%所得税税前加计扣除。五是完善科技经费管理政策。要发布全国通用的各类科技创新项目预算科目管理指导意见。要改变科技经费管理政策中允许列支知识产权事务费的简单化规定，只允许列支知识产权分析、知识产权咨询服务费，申请、维持、年费和代理费用应由单位统一收取支付。要允许知识产权管理人员列支绩效费，并提高劳务绩效费标准上限。要把政府购买合格研发服务和知识产权作为基本原则，竞争制的科技创新项目应推行招标制和知识产权后采购制度。六是完善、提升专利申请质量政策。制定《专利质量手册》，明确专利质量管理的组织机构和程序。完善《审查指南》，进一步详细解释涉及专利质量的有关核心概念。修改专利法规，应明确规定申请人必须对专利申请的实用性进行客观声明。建立专利当然许可制度，提出当然许可的专利申请人应当声明许可方式、许可费及其收取方式，并提交国家知识产权局出具的独立的专利权评价报告和独立第三方提供的技术项目可行性论证报告，接受当然许可的单位应当与专利权人签订书面合同并支付许可费；国家知识产权可以应申请人或专利权人的申请重新公告当然许可的许可费和许可条件，因专利存在缺陷而导致被许可人损失的，权利人应当赔偿，因恶意造成损失的，赔偿标准提高至 2～3 倍。加强专利代理人报考条件实践经历和实际技能的要求，建立终身学习制度、专业技术分类制度和职称晋升制度，建立专利代理质量评价指标体系，制定专利代理机构管理规范。七是完善、提高知识产权审查质量政策。建立中国专利审查质量监测指标体系，建立专利质量申诉处理机制。修改专利法规，规定专利申请人和审查员必须将检索报告写入专利文件现有技术之中，向全社会公开，并作为授权的条件之一。开发建立自动翻译系统，扩大专利检索的范围。加强审查员业务培训，扩大到科研机构和高校学习科学技术的审查员的规模。八是恢复知识产权国外布局的引导和支持政策。恢复并完善海外知识产权资助政策，支持我国企事业单位通过 PCT 等途径在海外布局知识产权，尤其是高技术产业和战略性新兴产业知识产权。拓宽海外知识产权资助范围，允许对驰名商标、重要植物新品种、重要软件著作权的国际申请和国外费用给予一定比例的资助。将总额资助模式转变为比例资助模式。向主要国家和地区派驻知识产权专员，加强知识产权国际协调保护。

第二，以知识产权有效商业化为原则制定完善知识产权运用政策。一是要完善外商投资政策，增加外商投资和兼并收购中知识产权及其对自主创新影响评估的规定，加强对影响产业安全的知识产权的审查。二是制定支持知识产权运用机构建设发展的政策。重点支持市场化的知识产权管理运营机构建设，重点支持中介机构转型为专利池或专利组合运营企业，重点支持高校科研机构内部技术转移机构建设。支持区域知识产权交易中心建设，支持建立知识产权网上实时评估系统和竞价系统，支持中介机构转型和发展第三方支付模式。三是优化知识产权费用政策。根据审查成本和物价水平改革知识产权财政收费政策，及时提高知识产权收费标准。在提高收费标准的基础上建立知识产权费用转移支付制度，重点支持地方政府知识产权商业化。引导地方政府将资助的重点转向知识产权实施运用、知识产权综合能力建设、知识产权管理标准化等。四是完善知识产权运用的税收政策。要建立自主知识产权产业低增值税税率政策。完善高新技术企业所得税政策，只有获得与主导产品和主营业务相关知识产权的企业才能被认定为高新技术企业，并享有所得税优惠政策。应进一步优化企事业单位技术与知识产权转让、许可服务收入的所得税和增值税政策。对开展知识产权质押贷款业务的商业银行、开展知识产权商业化保险业务的保险公司实行最低或减免营业税或增值税的优惠政策。应允许非职务知识产权转化收入扣除研发成本、知识产权等合理费用后按研发周期缴纳个人所得税。允许知识产权入股股东未分配利润转增股本递延缴纳个人所得税。五是充分发挥政府采购政策对知识产权运用的作用。恢复并完善自主创新产品政府采购政策，恢复推行首台（套）采购和订购政策，用新产品政策替代自主创新产品政策，新产品必须具有与企业主营业务有实质性贡献的自主知识产权，重点是中小企业创新、绿色创新（宋河发，2011）。六是发展知识产权投融资政策。建立知识产权运用引导基金，除直接资助支持各类转化运用机构建设和运用政府采购政策采购运营机构的服务外，还要通过股权投入、贷款贴息、后补助等方式支持有关部门和地方政府建立市场化的知识产权投资基金或资金。完善科技型中小企业创新和创业引导基金政策，扩大支持额度和降低享受该政策的门槛。改革知识产权质押融资政策，支持"投贷保""委托贷"模式探索，试点社会资本质押借款模式。加快和完善创业板发展，促进有利于知识产权商业化的股权、债权投资发展。七是制定知识产权密集型产业发展政策。完善专利国际分类与国民经济行业分类代码对照体系，建立我国知识产权经济统计制度。制定知识产权经济发展政策，引导专利密集型产业发展（国家知识产权局规划发展司，2014）。

第三，以提升知识产权保护水平为重点完善知识产权保护政策。一是完善知识产权法律法规，增加对故意侵权的惩罚性规定，建立专利当然许可制度。二是完善行政执法保护政策。完善反滥用知识产权排除、限制竞争行为政策，将知识产权行政执法部门同反垄断审查部门、市场监管部门的行政职能进行整合。制定网络知识产权侵权执法政策，建立互联网平台对知识产权侵权的应知明知规定，建立覆盖全国的知识产权维权援助与举报投诉网络。完善知识产权行政执法政策和知识产权保护专项行动，统一行政执法程序、处罚标准与处罚力度。三是建立知识产权保护水平监测指标体系。建立全国和区域知识产权保护水平监测指标体系，并逐步纳入国民经济和社会发展规划考核指标体系，引导各地改善知识产权保护环境。

第四，以提升知识产权效率为导向完善知识产权管理政策。一是制定知识产权政策制定和发布的政策，出台知识产权政策研究、制定、征求意见、评估、报批、实施和废止的规则。二是落实企事业单位知识产权管理标准化。重点支持企事业单位知识产权检索分析能力、知识产权战略布局能力建设。三是制定科技创新项目知识产权全过程管理政策。改革国家科技计划知识产权管理政策，国家科技计划项目立项、验收必须实行知识产权全过程管理，开展立项、验收和验收后阶段独立的知识产权分析工作。制定《重大科技项目知识产权全过程管理办法》，明确知识产权全过程管理的环节、任务和考核要求，指导高校和科研机构开展科技创新项目知识产权全过程管理，提升科技创新效率。四是制定知识产权服务机构管理政策。明确知识产权服务机构的成立条件，明确虚假和欺骗转移行为的惩罚性处罚措施。建立知识产权代理机构质量和信誉档案，引导服务机构优胜劣汰。五是优化企事业单位知识产权管理政策。制定企事业单位知识产权保护指南，发布各类知识产权合同模板，指导企事业单位在签订劳动合同时保护知识产权，在签订知识产权合同时维护自身权益。六是制定知识产权文化发展政策。建设一批知识产权文化设施，树立知识产权保护典型，推进知识产权学历教育，广泛开展知识产权培训，提升全社会的知识产权保护意识和能力，培育发展全社会的知识产权文化。

5.6　小　结

本章从知识产权创造运用的过程构建了面向创新驱动发展和知识产权强国建设的知识产权政策体系，提出了知识产权政策体系优化的方法，分析了我国知识产权政策体系建设和现有知识产权政策存在的主要问题，提出了知识产权政策体系建设和知识产权创造、运用、保护和管理政策制定与发展的思路。

构建面向创新驱动发展和知识产权强国建设的知识产权政策体系，必须依据创新驱动发展战略提出的知识产权强国建设任务，必须面向当今和今后知识产权事业发展存在的突出问题，必须遵守知识产权科学发展的规律。构建知识产权政策体系，最关键的是要改变过去自发、分散、被动的知识产权政策制定模式，统筹各部门和中央与地方知识产权政策的研究制定，制定知识产权政策发展的路线图。构建知识产权政策体系，必须制定知识产权政策制定发布规范，使知识产权政策制定科学化、规范化，要及时调整和清理落后的知识产权政策，要将稳定性的政策及时上升为法律，要明确知识产权政策发展的重点，尤其是知识产权法律法规建设，制定和完善面向需求的知识产权创造政策和商业化为主的知识产权运用政策，充分利用好财政税收和政府采购工具，提升知识产权基础能力，加快知识产权环境建设。

第6章　知识产权研发创造政策

知识产权研发创造是知识产权运用的基础。实现创新驱动发展，建设知识产权强国，必须创造出足够数量的高水平、高质量关键核心知识产权。要创造高水平和高质量关键核心知识产权，必须面向知识产权运用系统优化科技创新政策及知识产权政策，重点是优化知识产权费用税前加计扣除政策，制定核心知识产权创造政策、知识产权组合创造政策和高质量知识产权创造政策。❶

6.1　研发税收政策与知识产权创造

创新是发展的第一动力。建设知识产权强国，关键是提升知识产权创造和运用能力，必须创造大规模的高水平、高质量的关键核心知识产权，并将知识产权转化为现实生产力。近年来，随着国际政治经济格局的剧烈变化，知识产权经济快速发展，知识资本已成为一国经济发展的主要资本。知识资本主要包括软件数据库在内的可计算信息，主要包括研发、著作权、许可、财务新产品、新建筑架构和工程设计在内的创新产权，以及包括品牌广告、市场研究、工人培训、管理咨询、组织资本在内的竞争经济力，其中最重要的是研究开发活动和知识产权（Catalina Cozmei，Margareta Rusu，2015）。税收是政府影响研究开发和创新创业决策的一个重要政策工具，许多国家制定了促进研究开发（R&D）的税收激励政策，以提升国家竞争力和创新吸引力，促进科技成果和知识产权的创造和转化运用。

研究开发税收激励有多种形式，有以支出为基础的税收抵免、税收补贴和研发工资税收抵免，有以收入为基础的基于知识产权的应税所得优惠（Catalina Cozmei，Margareta Rusu，2015）。美国主要实行研发支出税收抵免政策，英国对不同类型的企业分别实行研发支出所得税免除政策、抵免政策和加计扣除政策。与其他生产要素相比，知识产权更容易受到税收激励的影响。实行税收优惠政策会增加无形资产数量，平均税收优惠1%，则会增加1.6%的无形资产数量。在研发税收激励政策中，激励研发活动的重要政策之一是研究开发支出企业所得税加计扣除政策，该政策具有客体明确、激励手段间接、激励力度大、具有普适性等特点，因此为许多国家所采用（宋河发，2009）。

从创新过程看，许多国家采取的研发支出加计扣除政策主要针对的是基础研究、技术开发和工程化环节，该政策是激励可商业化的高水平研发成果创造的重要政策。研发成果

---

❶ 本章部分内容发表于 2017 年第 8 期《知识产权》，并有修改。

创造和商业化的实质是创造类知识产权的创造和运用。从保护角度看，知识产权是研发活动顺利进行的基本条件，是研发成果创造和转化的根本保障。获取和拥有知识产权，加强知识产权保护和管理，不仅有利于提高研发活动的效率，而且有利于提高研发成果转化的效率；不仅有利于对研发成果的高水平创造，而且有利于研发成果的顺利转化。

知识产权事务费是知识产权权利获取和维持的成本，涵盖从研究开发到成果转化应用的全过程。1999 年以来，我国不断完善研究开发支出加计扣除政策和法规，开始将知识产权费用列入加计扣除范围。但是我国目前的研究开发加计扣除政策主要是将知识产权作为研发活动的保护手段，只将很少部分知识产权事务费列入了加计扣除政策范围，而忽略了知识产权创造、运用、保护和管理是一个与科技创新活动密不可分的完整过程，在知识产权引进和激励知识产权创造运用上还存在很多不足。

6.2 知识产权创造加计扣除政策

涉及知识产权的企业研发创造税收政策法规主要是《中华人民共和国企业所得税法》和《中华人民共和国企业所得税法实施条例》❶（以下简称《税法实施条例》）。税法规定，企业所得税的税率为 25%，非居民企业适用税率为 20%。企业开发新技术、新产品、新工艺发生的研究开发费用等支出可以在计算应纳税所得额时加计扣除。在计算应纳税所得额时，企业按照规定计算的无形资产摊销费用，准予扣除，但自行开发的支出已在计算应纳税所得额时扣除的无形资产，自创商誉等不得计算摊销费用扣除。企业的固定资产由于技术进步等原因确需加速折旧的，可以缩短折旧年限或者采取加速折旧的方法。

《税法实施条例》规定，企业所得税法所称研究开发费用的加计扣除，是指企业为开发新技术、新产品、新工艺发生的研究开发费用，未形成无形资产计入当期损益的，在按照规定据实扣除的基础上，按照研究开发费用的 50% 加计扣除；形成无形资产的，按照无形资产成本的 150% 摊销。无形资产按照直线法计算的摊销费用，准予扣除，无形资产的摊销年限不得低于 10 年。除国务院财政、税务主管部门另有规定外，企业发生的职工教育经费支出，不超过工资薪金总额 2.5% 的部分准予扣除，超过部分准予在以后纳税年度结转扣除。固定资产计算折旧的最低年限：房屋、建筑物为 20 年，飞机、火车、轮船、机器、机械和其他生产设备为 10 年，与生产经营活动有关的器具、工具、家具等为 5 年，飞机、火车、轮船以外的运输工具为 4 年，电子设备为 3 年。可以采取缩短折旧年限或者采取加速折旧方法的固定资产，包括由于技术进步，产品更新换代较快的固定资产。采取缩短折旧年限方法的，最低折旧年限不得低于规定折旧年限的 60%；采取加速折旧方法的，可以采取双倍余额递减法或者年数总和法。

6.2.1 国际经验

许多国家参考《弗拉斯卡蒂手册》规定了 R&D 费用支出范围，包括日常支出和资产支出，日常支出包括 R&D 人员劳务费、实施 R&D 项目非生产性材料物资设备费用、图书

---

❶ 《中华人民共和国企业所得税法实施条例》于 2007 年 3 月 16 日颁布，2008 年 1 月 1 日施行。

资料费、协会会费、制作样品或模型费、实验室材料费、行政与间接费用（如利息、电信、保险费等）、研究设施租金、R&D 人员社会保险和养老金、R&D 费用中的增值税、折旧费。资产支出是执行 R&D 在固定资产方面的支出，包括土地和建筑物、大型仪器设备等（经济合作与发展组织，2000）。

由于各种科技成果都可以表达为知识产权，科技成果也是知识产权的保护对象，因此可以说，科技创新的核心是知识产权的创造和运用。知识产权与研究开发紧密相关，知识产权费用支出是研究开发支出的重要科目。但知识产权费用又具有不同于其他研发支出的新特点。根据德勤（2015）的调查，主要国家研发支出加计扣除政策中主要有三个方面的知识产权费用政策。

一是享受加计扣除政策的研发支出符合本国知识产权要求。许多国家要求研究研发活动必须有知识产权才能享受税收优惠政策，一些还要求有本国知识产权。如比利时 125% 研发加计扣除政策允许发生在国外的研发支出列入加计扣除范围，但应在比利时有相应的知识产权，自创专利或者改进他人专利都可以申请税收优惠政策。印度要求有本国知识产权才能享受 200% 加计扣除政策。拉脱维亚要求可享受政策的研发支出必须有三年本国的专利权，包括获得许可的专利。爱沙尼亚规定享受 300% 加计扣除政策的企业必须拥有知识产权或部分权利。荷兰 160% 加计扣除政策要求符合条件的无形资产必须为本国企业拥有，如果是本国企业知识产权，签订的海外分合同也可以享受政策。荷兰于 2007 年开始实行的专利盒子政策认定的符合条件的无形资产包括纳税人在荷兰或国外授权的专利形成的无形资产和经济事务部承认的研发活动产生的无形资产。俄罗斯 150% 加计扣除政策规定如果纳税人有知识产权，则相关支出乘以 1.5 的系数。一些国家要求知识产权不一定是本国的，如巴西要求享受加计扣除政策的企业必须获得知识产权授权，但知识产权不一定是本国的。英国专利盒子政策还将人类和兽医药品、植物育种和作物品种作为知识产权，并将"符合要求的知识产权"等同于"符合条件的开发活动"，开发活动可以是对申请专利发明的创造或有显著贡献的创造，也可以是对申请专利发明的大力开发，申请专利的发明应嵌入产品或方法❶。

二是知识产权获取成本列入加计扣除范围。美国没有实行加计扣除政策，但允许获得专利和软件开发的成本列入研发支出扣除范围。意大利企业可列支购买知识产权成本的150%。英国对中小企业实行 175% 的税前扣除，并放宽了专利、商誉等无形资产的费用扣除的限制。希腊对专利成本、工业设计成本实行 130% 加计扣除政策。匈牙利允许对在国外获得知识产权的成本享受 200% 税前扣除政策。斯洛伐克 125% ~150% 加计扣除政策的支出成本包括专利成本。

三是允许对外购知识产权成本实行摊销或加计摊销政策。如巴西、土耳其允许对研发中使用的无形资产摊销。美国规定外购或被许可的知识产权应在 15 年内摊销。捷克斯洛伐克允许研发中购买的专利实行 150% ~225% 的加计摊销政策。一些国家还实行快速摊销政策，如丹麦无形资产摊销期为 7 年。俄罗斯 150% 加计扣除政策规定知识产权相关支出

---

❶　https：//www.gov.uk/hmrc - internal - manuals/corporate - intangibles - research - and - development - manual/cird210170.

可在两年摊销完。荷兰专利盒子政策规定符合条件的无形资产包括荷兰或国外授权的专利形成的无形资产，经济事务部承认的研发活动产生的无形资产；软件相关无形资产和商业秘密也可以作为研发活动的无形资产；但是纳税人必须是至少30%专利收入或预期相关无形资产收入的拥有者，其他知识产权贡献必须不低于70%，市场无形资产或品牌不能列入（Baker and McKenzie，2015）。

6.2.2　中国知识产权费加计扣除政策

我国现行所得税税前加计扣除政策研究主要集中于研发经费的加计扣除。研发经费加计扣除政策最早是国家税务总局1999年印发的《企业技术开发费税前扣除管理办法》（国税发〔1999〕49号）。该办法第3条规定，技术开发费是指纳税人在一个纳税年度生产经营中发生的用于研究开发新产品、新技术、新工艺的各项费用，包括：新产品设计费，工艺规程制定费，设备调整费，原材料和半成品的试制费，技术图书资料费，未纳入国家计划的中间试验费，研究机构人员的工资，研究设备的折旧，与新产品的试制和技术研究有关的其他经费，委托其他单位进行科研试制的费用。2006年年初，我国颁布《国家中长期科学和技术发展规划纲要（2006~2020年)》及其配套政策后，财政部和国家税务总局于2006年9月8日联合下发了财税〔2006〕88号文《关于企业技术创新有关企业所得税优惠政策的通知》（已废止），扩大了技术开发费的范围，将研究设备的折旧调整为用于研究开发的仪器、设备的折旧，并增加了与新产品的试制和技术研究直接相关的其他费用。2007年新修订的《中华人民共和国企业所得税法实施条例》第95条规定，研究开发费用的加计扣除，是指企业为开发新技术、新产品、新工艺发生的研究开发费用。2006年12月28日，中国保险业监督管理委员会和科技部联合下发《关于加强和改善对高新技术企业保险服务有关问题的通知》（保监会发〔2006〕129号），提出大力推动科技保险创新发展，逐步建立高新技术企业创新产品研发、科技成果转让的保险保障机制。科技保险的险种由保监会和科技部共同分批组织开发并确定，第一批险种包括高新技术企业产品研发责任保险、关键研发设备保险、营业中断保险、出口信用保险、高管人员和关键研发人员团体健康保险和意外保险等六个险种。政策性出口信用保险由中国出口信用保险公司经营，其他险种初期由华泰财产保险股份有限公司进行试点经营，期限一年。

2008年1月31日，中国保险监督管理委员会、科学技术部印发《关于中国人民财产保险股份有限公司试点经营科技保险业务的批复》（保监发改〔2008〕190号），同意该公司试点经营科技保险业务，高新技术企业参与科技保险保费支出纳入企业技术开发费用，享受国家规定的税收优惠政策。经营险种包括：高新技术企业产品研发责任保险、高新技术企业关键研发设备保险、高新技术企业营业中断保险、高新技术企业财产保险、高新技术企业产品责任保险、高新技术企业产品质量保证保险、高新技术企业董事会监事会高级管理人员职业责任保险、高新技术企业雇主责任保险、高新技术企业高管人员和关键研发人员团体健康保险、高新技术企业高管人员和关键研发人员团体意外保险、高新技术企业环境污染责任保险、高新技术企业专利保险、高新技术企业小额贷款保证保险、高新技术企业项目投资损失保险。

但我国知识产权创造政策与研究开发政策长期没有结合，造成研发活动知识产权导向弱，研发成果形成的知识产权保护，也导致企事业单位知识产权管理能力弱。我国激励知识产权创造主要采取地方政府资助和费用或减缴的方式，而非税收优惠方式，财政政策不仅会造成重复资助，也会造成选择性资助，引起不公平竞争。税收优惠政策是激励知识产权创造的最为有效的普适性政策，但我国一直没有出台关于激励知识产权创造的税前加计扣除政策，学术研究也很不足，因此笔者和其他学者（2009）提出，应统一研究开发费内容，《会计准则》和税法，应将知识产权申请费、代理费、维持费与摊销列入加计扣除范围。

长期以来，我国 150% 税前加计扣除政策没有激励研发成果知识产权创造和保护的内容。只有《企业技术开发费税前抵扣申请审批表》包含了"专利权和执照费等的摊销"，而不包括知识产权的事务费，摊销范围不明确。

由于此前的政策割裂了研发成果和知识产权保护的关系，不利于激励企业加强知识产权管理，不利于知识产权质量提升，不利于科技创新效率提升，财政部、国家税务总局、科技部于 2015 年 11 月 3 日印发了《关于完善研究开发费用税前加计扣除政策的通知》（财税〔2015〕119 号）（以下简称《通知》）。《通知》首先明确了研发活动及研发费用归集范围："研发活动，是指企业为获得科学与技术新知识，创造性运用科学技术新知识，或实质性改进技术、产品（服务）、工艺而持续进行的具有明确目标的系统性活动。"其次，《通知》规定了允许加计扣除的研发费用；包括（1）人员人工费用，即直接从事研发活动人员的工资薪金、基本养老保险费、基本医疗保险费、失业保险费、工伤保险费、生育保险费和住房公积金，以及外聘研发人员的劳务费用；（2）直接投入费用，包括研发活动直接消耗的材料、燃料和动力费用，用于中间试验和产品试制的模具、工艺装备开发及制造费，不构成固定资产的样品、样机及一般测试手段购置费，试制产品的检验费，用于研发活动的仪器、设备的运行维护、调整、检验、维修等费用，以及通过经营租赁方式租入的用于研发活动的仪器、设备租赁费；（3）折旧费用，即用于研发活动的仪器、设备的折旧费；（4）无形资产摊销。即用于研发活动的软件、专利权、非专利技术（包括许可证、专有技术、设计和计算方法等）的摊销费用；（5）新产品设计费、新工艺规程制定费、新药研制的临床试验费、勘探开发技术的现场试验费；（6）其他相关费用，即与研发活动直接相关的其他费用，如技术图书资料费、资料翻译费、专家咨询费、高新科技研发保险费，研发成果的检索、分析、评议、论证、鉴定、评审、评估、验收费用，知识产权的申请费、注册费、代理费，差旅费、会议费等，此项费用总额不得超过可加计扣除研发费用总额的 10%。

6.2.2.1　知识产权费用范围

财税〔2015〕119 号文件扩大了研发费用支出加计扣除范围，但总体来看，该政策还存在一些突出问题和不足。从专利、商标、著作权和集成电路布图设计各项收费来看，知识产权事务费主要包括以下九项费用。一是申请阶段费用，包括申请费、申请审查或评审费、申请审查维持费、宽限费、异议费、优先权要求费，还包括国际和外国阶段知识产权的申请费、检索费、审查费、翻译费、传送费、手续费等。将申请阶段知识产权费用列入加计扣除范围，有利于激励企业将研发成果进行国内外知识产权布局，扩大保护范围，也有利于提升研究开发活动的针对性和效率。二是权利获取阶段费用，包括年费、登记或注册费、证书费、续展费、认定费、延长期限请求费。将授权阶段知识产权费用列入加计扣除范围，有利于企业获得知识产权，有利于企业利用知识产权保护研发成果，形成竞争优势。三是权利救济费用，包括复审费、无效请求费、撤销费、权利恢复费、诉讼费。将救济阶段费用列入加计扣除范围，既有利于激励企事业单位维护自身知识产权权益，也有利于提高知识产权质量。四是许可转让阶段费用，包括转让或许可费及请求费。将转让许可阶段费用列入加计扣除范围，有利于激励企事业单位转化运用知识产权的积极性，搞活知识产权交易，促进知识产权产业的快速发展。五是变更手续费用，包括著录项目变更费。六是附加费，主要指专利说明书页数和权利要求数超项附加的费用。将附加费用列入加计扣除范围有利于激励企业撰写更加充分公开的说明书和更多权项的权利要求书，企业不仅可以更好地公开和保护各种技术方案从而形成垄断优势，而且有利于促进专利信息的扩散。七是服务费，主要包括知识产权检索分析费、代理费、咨询论证鉴定费等。将知识产权检索分析费、代理费、咨询服务费等列入加计扣除范围有利于企事业单位提升知识产权的质量，有利于服务业提高服务能力和水平。八是职务发明人法定现金奖励与报酬。将奖励报酬列入加计扣除范围，有利于企业加大对科研人员的激励，提升企业的自主创新能力。九是转化保险担保费，包括知识产权质押贷款利息、知识产权保险费、知识产权转化担保费等费用。保险费包括知识产权侵权保险费、知识产权执行保险费、知识产权代理保险费、知识产权转移转化保险费。将这些费用列入加计扣除范围，有列于企业更好的运营知识产权，提高我国知识产权对经济发展的贡献度。知识产权事务费的组成如图 6－1 所示。

现行政策的主要问题是知识产权事务费列举不全，没有包括知识产权的申请审查费、申请审查维持费、复审费、著录项目变更手续费、优先权要求费、恢复权利要求费、无效宣告请求费、强制许可请求费、登记费、印刷费、附加费、年费和诉讼费用、诉讼律师费、现金奖励报酬、知识产权转移转化贷款利息、保险担保费等费用，不利于企业知识产权综合能力的提升。在目前我国科研创新效率不高，还存在低水平重复研究，企事业单位知识产权管理水平普遍较低，知识产权质量不高，知识产权转化运用较困难的情况下，将知识产权事务费列入加计扣除范围具有极为重要的意义。除知识产权变更手续费外，对每一项知识产权费用实行加计扣除都有利于研发成果的知识产权创造和保护，有利于企事业单位提升知识产权管理能力，有利于提升知识产权质量。

6.2.2.2 知识产权费用加计摊销

将企业取得的知识产权等无形资产进行加计摊销是激励企业引进和创造知识产权的重要政策之一。2000 年 12 月发布的《企业会计制度》规定了无形资产的概念、成本核算和摊销，如《企业会计制度》第 43 条规定："无形资产分为可辨认无形资产和不可辨认无形资产。可辨认无形资产包括专利权、非专利技术、商标权、著作权、土地使用权等；不可辨认无形资产是指商誉。""企业自创的商誉，以及未满足无形资产确认条件的其他项目，不能作为无形资产。"《企业会计制度》第 44 条规定，企业的无形资产在取得时，应按实际成本计量。取得时的实际成本应按以下方法确定：（1）购入的无形资产，按实际支付的价款作为实际成本；（2）投资者投入的无形资产，按投资各方确认的价值作为实际成本。但是，为首次发行股票而接受投资者投入的无形资产，应按该无形资产在投资方的账面价

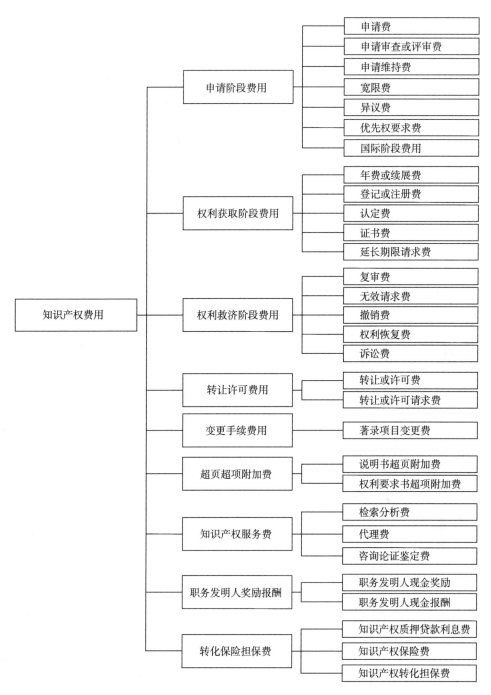

图 6-1 知识产权事务费

值作为实际成本；（3）企业接受的债务人以非现金资产抵偿债务方式取得的无形资产，或以应收债权换入无形资产的，按应收债权的账面价值加上应支付的相关税费，作为实际成本。《企业会计制度》第 45 条规定："自行开发并按法律程序申请取得的无形资产，按依法取得时发生的注册费、聘请律师费等费用，作为无形资产的实际成本。在研究与开发过程中发生的材料费用、直接参与开发人员的工资及福利费、开发过程中发生的租金、借款费用等，直接计入当期损益。已经计入各期费用的研究与开发费用，在该项无形资产获得成功并依法申请取得权利时，不得再将原已计入费用的研究与开发费用资本化。"《企业会计制度》第 46 条规定："无形资产应当自取得当月起在预计使用年限内分期平均摊销，计入损益。如预计使用年限超过了相关合同规定的受益年限或法律规定的有效年限，该无形资产的摊销年限按如下原则确定：（1）合同规定受益年限但法律没有规定有效年限的，摊销年限不应超过合同规定的受益年限；（2）合同没有规定受益年限但法律规定有效年限的，摊销年限不应超过法律规定的有效年限；（3）合同规定了受益年限，法律也规定了有效年限的，摊销年限不应超过受益年限和有效年限两者之中较短者。如果合同没有规定受益年限，法律也没有规定有效年限，摊销年限不应超过 10 年。"

2007 年我国颁布的新《企业所得税法实施条例》对涉及知识产权的无形资产摊销进行了进一步规定。《企业所得税法实施条例》第 65 条规定了无形资产的范围："无形资产是指企业为生产产品、提供劳务、出租或者经营管理而持有的、没有实物形态的非货币性长期资产，包括专利权、商标权、著作权、土地使用权、非专利技术、商誉等。"由此可以看出，无形资产主要是知识产权。第 66 条规定了知识产权类无形资产的三种计税基础：（1）外购的无形资产，以购买价款和支付的相关税费，以及直接归属于使该资产达到预定用途发生的其他支出为计税基础；（2）自行开发的无形资产，以开发过程中该资产符合资本化条件后至达到预定用途前发生的支出为计税基础；（3）通过捐赠、投资、非货币性资产交换、债务重组等方式取得的无形资产，以该资产的公允价值和支付的相关税费为计税基础。第 67 条规定了无形资产摊销的年限：无形资产按照直线法计算的摊销费用准予扣除；无形资产的摊销年限不得低于 10 年；作为投资或者受让的无形资产，有关法律规定或者合同约定了使用年限的，可以按照规定或者约定的使用年限分期摊销。第 95 条规定了无形资产加计摊销：研究开发费用，未形成无形资产计入当期损益的，在按照规定据实扣除的基础上，按照研究开发费用的 50% 加计扣除；形成无形资产的，按照无形资产成本的 150% 摊销。

从上述法规政策分析，可以发现，我国对知识产权无形资产的规定存在很多不足。一是相关规定的知识产权费用科目存在冲突。2000 年 12 月发布的《企业会计制度》第 45 条规定，自行开发并按法律程序申请取得的无形资产，按依法取得时发生的注册费、聘请律师费等费用，作为无形资产的实际成本；这些费用应当进行摊销。但财政部、国家税务总局、科技部于 2015 年 11 月 3 日发布的《关于完善研究开发费用税前加计扣除政策的通知》（财税〔2015〕119 号）除了将用于研发活动的软件、专利权、非专利技术（包括许可证、专有技术、设计和计算方法等）的摊销费用列入了加计扣除范围，还将知识产权的申请费、注册费、代理费、差旅费、会议费等列入了加计扣除范围，而注册费显然属于应列入加计扣除范围的费用。

二是无形资产加计摊销政策不利于自主知识产权创造和外部知识产权引进。税法规定，投资或者受让的无形资产，只有有关法律规定或者合同约定了使用年限的，才可以按照规定或者约定的使用年限分期摊销，而自行研发形成、获得许可形成的知识产权类无形资产，以及法律没有规定或者合同没有约定即使是投资或者受让的无形资产，摊销年限不得低于 10 年。由于我国大多数专利等知识产权是通过自行实施和许可方式将技术转化的，这种规定实际上不利于企业的自主创新和技术引进。

三是无形资产摊销的时间过长，不符合技术发展实际。税法规定，无形资产的摊销年限不得低于 10 年，只有有关法律规定或者合同约定了使用年限的作为投资或者受让的无形资产，才可以按照规定或者约定的使用年限分期摊销。无规定或约定的则摊销年限太长，不仅不符合专利有效期和产品技术生命周期的实际，也不利于企业引进专利等知识产权。2016 年，我国国内居民发明专利平均寿命只有 5.01 年，ICT 技术生命周期平均只有 5 年，摊销 10 年的规定显然过长。时间过长，每年只能摊销知识产权引进价格的 1/10，十分不利于企业引进先进的知识产权。

四是不利于企业的自主知识产权创造和自主创新。按照《企业所得税法实施条例》第 66 条的规定，自行开发的无形资产，以开发过程中该资产符合资本化条件后至达到预定用途前发生的支出为计税基础。相对于外购的无形资产按购买费用进行摊销，企业自行开发的知识产权等无形资产的摊销是按照开发成本来进行计算的。如果研究开发成本已列为管理费用，则只能将取得无形资产取得时发生的注册费、律师费等作为实际成本。这样对自主创新企业反而不利，不利于自主知识产权的创造，外购知识产权更有利于企业做大成本。

6.2.2.3　知识产权费用总额

财税〔2015〕119 号文不仅第一次明确将部分知识产权费用作为研究开发支出列入加计扣除范围，而且规定包括知识产权费用在内的"其他相关费用"总额不得超过可加计扣除研发费用总额的 10%。虽然我国包括知识产权费用的研发支出加计扣除政策有了很大进步，但是知识产权相关费用等不得超过可加计扣除研发费用总额的 10% 的规定并不合理。举例来说，一项企业重点新产品计划投入研发经费为 2000 万元，如果申请专利数量为 20 项，根据目前的代理费用标准，知识产权申请阶段官费大约为 18 万元，代理费 18 万 ~40 万元，检索分析费 10 万 ~30 万元，如果要申请 PCT 专利，大约需要 360 万元，各项知识产权费用将大大超出该规定的上限。

由于知识产权费用类型较多，将符合条件的全部知识产权事务费列入研发经费加计扣除范围，知识产权费用一定会超过 10% 规定的上限。根据 10% 的要求，将会有相当一部分知识产权费用等不能列入，从而会影响知识产权创造保护的效果。因此，建议单独制定知识产权事务费加计扣除政策，在允许扣除实际知识产权事务费的基础上，另给予 50% 的加计扣除。

6.2.3　知识产权费用加计扣除政策建议

本书梳理了主要国家知识产权要求、知识产权费用加计扣除政策、知识产权加计摊销政策和占比问题，研究了我国研究开发加计扣除政策中知识产权费用加计扣除政策存在的主要问题。为激励知识产权创造和保护，笔者提出如下政策建议。

一是扩大知识产权费用范围，除了将知识产权检索分析费、代理费、咨询费等在内的服务费等列入加计扣除范围外，还应将下列知识产权费用列入加计扣除范围：（1）申请阶段的申请费、申请审查或评审费、申请维持费、宽限费、异议费、优先权要求费，以及国际阶段知识产权的申请费、检索费、审查费、翻译费、传送费、手续费等；（2）权利获取阶段的年费、登记或注册费、证书费、续展费、认定费、延长期限请求费；（3）权利救济阶段的年费、复审费、无效请求费、撤销费、权利恢复费、诉讼费；（4）许可转让阶段的转让或许可费及请求费；（5）专利说明书页数和权利要求数超项的附加费列入加计扣除范围；（6）职务发明人法定现金奖励报酬；（7）质押贷款利息费，包括知识产权代理、执行、侵权和商业化的保险费，担保费等。

二是根据知识产权是否形成无形资产，将形成无形资产的知识产权代理费、年费、登记或注册费、证书费、续展费、认定费、延长期限请求费、复审费、无效请求费、撤销费、权利恢复费、诉讼费、转让或许可费及请求费实行150%加计摊销政策。

三是对知识产权费用形成的无形资产实行加速摊销政策和低于一定额度列入当期费用的政策。无论法律规定或合同约定与否，允许在五年内摊销知识产权费用，允许低于一定数额的知识产权费用，如10万元及以下，一次性摊销，以降低企业实际的负担。

四是对企业自主研发产生的知识产权等无形资产，允许按照公允价值、市场同类知识产权价值或者形成无形资产成本（证书费、年费、律师费、服务费）的合理倍数实行150%加计摊销，但一般不超过同类知识产权市场价格的1.5倍。

五是取消其他费用不超过10%的规定，允许各种知识产权费用据实加计扣除。

6.3 知识产权高质量创造政策

知识产权质量最重要的是专利质量。专利质量是被授权的专利满足法定授权条件的程度，即满足可专利主题、新颖性、创造性、实用性、可实现性和信息的披露程度（Suzanne Andersen Scotchmer，2004），是专利符合法律规定的程度，包括可专利主题、新颖性、非显而易见性和说明书撰写恰当与可实施（Graf，2007），是指专利的一组关于专利独占属性满足要求的程度（黄微，2008），是授权专利满足或超过法定授权标准的程度，最重要的是满足专利的新颖性、非显而易见性和清晰充分的表述（Wagner，2009），是达到或超过专利法定要求，并具有最终能商业化或者转化为促进社会、环境进步的合理前景（European Chamber，2012），是专利法律上符合基本的法定可专利性要求（Giuseppe Scellato，Mario Calderini Federico Caviggioli，Chiara Franzoni，Elisa Ughetto，Evisa Kica1，Victor Rodriguez，2011），是专利局以透明方式授予的专利符合可专利性条件的程度（Bruno van Pottelsberghe de la Potterie，2011）。高质量专利包含几个方面的含义："技术水平高，具有开创性意义，处于同行业领先地位"，以及"专利申请文件撰写水平较高，能够清晰地描述技术现状与权利要求范围"，并且"具有较强的法律稳定性，被无效掉的可能性较小"，或"技术水平不一定很高，但能够带来较大的市场收益"（国家知识产权局，2015）❶。

根据我国《专利法》的规定，专利质量主要包含以下几个方面的要求。第一，专利质量表现为发明创造的专利授权条件。《专利法》第二章规定了授予专利权的条件。第22条规定："授予专利权的发明和实用新型，应当具备新颖性、创造性和实用性。"第23条规

---

❶ 国家知识产权局2014年专利调查问卷. 国统制〔2013〕72号. http：//www.doc88.com/p-7834013230968.html.

定了外观设计的授权条件。这主要是针对申请专利的发明创造而言，只有符合授权条件的发明创造才是有质量的专利申请。

在专利授权条件中，新颖性、创造性和实用性是发明和实用新型专利质量的决定性指标。国家知识产权局于 2012 年做的一项研究收集和整理了所有决定日在 2011 年 6 月 30 日之前、申请日为 2003 年之后的 792 项发明专利无效决定，研究发现全部或部分无效决定中因新颖性和创造性（A22.2 和 A22.3）无效的比率为 84.05%，因权利要求达不到清楚简要要求（A26.4）无效的比率为 4.91%，因实施细则独立权利要求达不到规定（R20.1）无效的比率为 3.68%（金泽俭，2010），因实用性问题（A22.4）无效比率仅为 0.61%。

由于专利新颖性主要依赖检索，专利申请要么有新颖性，要么没有新颖性，存在专利申请有无质量的问题，但不存在专利质量高低的问题。而专利的创造性不同，发明创造与现有技术相比所具有的实质性特点突出程度和进步大小决定了专利质量的高低。因此，可以认为，新颖性是决定专利申请质量的必要条件，创造性是决定专利申请质量的主要指标，实用性是专利申请质量的目的性指标。

由上述研究结果可知，我国专利质量问题主要是由于新颖性和创造性不足造成的，我国很多专利缺乏质量或质量低主要是因为检索不充分，从而导致新颖性存在问题而可能被无效或部分无效。我国相当一部分科技计划项目管理政策只有知识产权数量考核政策而没有高质量知识产权创造考核政策。如我国科技部门的支撑计划、"863" 计划项目均要求有一定数量的发明专利申请，高新技术企业认定要求有一项发明专利授权或者六项其他知识产权。这也是导致我国专利质量总体较低的重要原因。因此，必须进一步加强专利检索，必须进一步加强创造性的凝练。这就需要在政策上支持和引导企事业单位掌握专利检索的能力，不断提升发明创造的水平。在各类科技创新计划和项目中，要制定完善相应的知识产权管理政策，通过专项资金支持和培训等方式，引导承担单位开展知识产权全过程管理，开展项目立项、验收和转移转化阶段独立知识产权分析报告的撰写和考核。

第二，专利质量表现为专利申请的文件质量。《专利法》第三章对专利申请文件的要求作出了明确规定。第 26 条规定："申请发明或者实用新型专利的，应当提交请求书、说明书及其摘要和权利要求书等文件。" 发明和实用新型专利文件的质量主要指说明书和权利要求书的文件质量，"说明书应当对发明或者实用新型作出清楚、完整的说明，以所属技术领域的技术人员能够实现为准；必要的时候，应当有附图。摘要应当简要说明发明或者实用新型的技术要点。权利要求书应当以说明书为依据，清楚、简要地限定要求专利保护的范围"。

目前，知识产权代理质量低是造成知识产权质量低的另一个重要原因。上述研究发现，在 792 项全部或部分无效决定中，因说明书达不到清楚完整要求（A26.3）被无效的比例为 3.68%，因权利要求达不到清楚简要要求（A26.4）被无效的比例为 4.91%，因文件修改不符合规定（A33）无效的比例为 3.37%，因独立权利要求达不到规定（R20.1）无效的比例为 3.68%。

我国发明专利的权利要求项数和说明书页数远远低于国外。上述研究中我国国内申请的权利要求数量国内为 11.59 项，而国外申请为 18.41 项，说明书页数国内申请为 9.06

页，而国外申请为 15.33 页。代理机构在撰写阶段对文献检索的深度和广度上也做得很不够，缺乏对新颖性和创造性的充分判断。审查结论为全部无效的决定（128 件）涉及以新颖性（A22.2，A22.3）无效的决定为 114 件，占绝大部分（114/128＝89%），其余 14 件分别涉及说明书不清楚完整（A26.3）6 件、说明书不支持权利要求书（A26.4）4 件、修改不符合要求（A33）2 件、独立权利要求不符合要求（R20.1）1 件和不符合手续规定（R2.1）1 件。

这就要求我国在代理机构管理政策上要进一步加强管理和指导，必须进一步加强对代理人的培训，使代理人掌握具有新颖性和创造性专利文件撰写的技能。我国有必要引入充分的市场竞争机制以实现优胜劣汰，建立健全专利代理质量评价指标体系和信誉档案，引导代理行业健康发展。

第三，专利质量的保障是审查质量。专利审查质量具有重要的保障和引导作用。审查质量高，会引导专利申请质量提高；而审查质量低，就会带动专利质量降低。我国专利审查质量建设存在的不足主要是审查员检索不充分，实用性基本不审查。上述研究显示，我国专利审查漏检专利文献的比率较高，全部决定中漏检专利文献的比率为 40.56%，其中漏检中文专利文献的比率为 25.5%，漏检外文专利文献的比率为 22.49%。

因此，我国需要完善知识产权审查政策。发明专利实质审查对新颖性和创造性缺陷的审查质量较高，重点需要加强发明专利新颖性和创造性理由的审查。由于在全部决定中很少有因实用性被无效或部分无效的专利，还需要加强专利申请实用性的审查。

6.4　核心知识产权创造政策

我国 2006 年发布的《国家中长期科学和技术发展规划纲要（2006～2020 年）》（以下简称《纲要》）提出，"我国要在激烈的国际竞争中掌握主动权，就必须提高自主创新能力，在若干重要领域掌握一批核心技术，拥有一批自主知识产权，造就一批具有国际竞争力的企业。"《纲要》配套政策的第六部分是创造和保护知识产权政策，该政策提出要掌握关键技术和重要产品的自主知识产权。

国家知识产权局于 2011 年 11 月发布的《全国专利事业发展战略（2011～2020 年）》提出了 12 个方面的战略重点和保障措施，针对"核心专利拥有数量不足，市场主体专利运用能力不强"，提出到 2015 年"企事业单位专利管理制度进一步健全，重点培育一批拥有核心专利、熟练运用专利制度、国际竞争力较强的知识产权优势企业"，并提出"在国家科技重大专项、重点产业振兴规划与战略性新兴产业中，在关键技术领域超前部署，掌握一批核心技术的专利，并进行合理的海内外布局，形成核心竞争力"，还提出"通过税收等优惠政策，积极鼓励企业生产拥有核心专利权的高附加值的产品，促进企业转变发展方式"，"鼓励和支持企业将我国优势领域拥有专利权的核心技术和关键技术上升为国家标准和国际标准"，但并没有提出核心专利的定义、测度方法和支持政策。

我国许多政策也提出要培育核心专利的要求。国务院 2015 年发布的《国务院关于新形势下加快知识产权强国建设的若干意见》提出，加强重点产业知识产权海外布局规划，"研究制定标准必要专利布局指南"，并"实施产业规划类和企业运营类专利导航项目"。

2016 年 7 月 8 日，国务院办公厅印发《国务院关于新形势下加快知识产权强国建设的若干意见》重点任务分工方案（国办函〔2016〕66 号），对标准专利培育和专利导航工作进行了分工。

根据专利的价值及其重要性可以将专利归纳为四个层次：一般专利、重要专利、关键专利和核心专利（肖沪卫，顾震宇，2011）。一般专利是指在结构、技巧等方面进行改进或提高的专利；重要专利是指那些较为独特的、能有效阻止他人非法使用的专利（袁润，钱过，2015）。

根据《现代汉语词典》的定义，"核心"是指"中心""主要部分"，是指事物最主要且赖以生存和发展的那一部分。技术比较先进、本领域不可或缺、一段时间内难以绕开、难以取代的核心专利，能帮助企业直接或间接地降低成本和提高质量，形成持续竞争优势（孙涛涛，唐小利，李越，2012）。核心专利是指在某一技术领域中处于关键地位、对技术发展具有突出贡献、对其他专利或者技术具有重大影响且具有重要经济价值的专利。核心专利是指在某技术领域拥有绝对话语权的数量极少而分量很重的专利，往往是核心技术的标志，通常都具备领域技术核心和产业经济核心两个显著特征，这些特征也是识别核心专利的主要依据（袁润，钱过，2015）。核心专利是真正能使一个企业在某一个领域拥有绝对话语权的专利，是在某一技术领域中占据不可替代的地位，并具有显著的技术特征和效果，能为企业带来丰厚的经济利益和竞争力的专利技术（罗天雨，2012）。

美国司法部反垄断司提供了评价核心专利的两类标准：一是该专利在技术上是核心的，即专利必须与某个产品的生产规格或技术核心要求直接相关；二是该专利在商业上是核心的，即为了避开某项具有核心竞争价值或者基础性专利，需要付出很大的代价或者成本投入才能绕开。Alberta 等（1991）和 Harhoff（1999）等提出将专利被引频次作为确认企业重要专利的指标，专利施引计数越高，说明该发明创造是一项比较核心的技术。

核心专利是设计和制造产品时不可缺少的标准专利，并且权利要求是衡量核心专利的决定因素，权利要求数量在衡量专利价值和确定专利标准中起关键作用（Bekkers 和 Martinelli，2012）。Lee Changyong 等（2012）考虑技术领域对核心专利识别的影响，构建了专利引文矩阵用于识别核心技术。孙涛涛、唐小利、李越（2012）则分析了专利被引频次、权利要求数量和专利族大小这三种核心专利的识别方法的原理和可行性，采用这三种方法来识别核心专利。霍翠婷（2012）构建了包括技术、法律、经济、企业和环境因素的核心专利评价指标体系。袁润、钱过（2015）等构建了包括发明人数量、专利权人数量、专利引用非主流文献数量、施引专利数、专利引用专利文献数、同组专利成员数、权利要求数、同族专利国家或地区数的核心专利识别指标体系。罗天雨（2012）提出了包括被引次数、分类号数量、权利要求数量、专利时长、专利诉讼、专利寿命、技术周期、专利申请地域、专利权人、专利族规模、专利实施、专利有效性的核心专利评价指标体系。

当前，人们使用较多的 Innography 是 Dialog 公司推出的以挖掘核心专利、进行专利质量评估的专利分析工具，Innography 可以提供专利强度分析和相似专利分析。专利强度分析指标包括：专利权利要求数量、引用在先技术文献数量、专利被引用次数、专利及专利申请家族数、专利申请时长、专利年龄、专利诉讼及其他指标。该方法可以从海量专利数据中筛选出核心专利，强度 80 ~ 100 的一般是核心专利，30 ~ 80 的为重要专利，而 0 ~ 30

的为一般专利。

但是，上述研究并没有给出核心专利的清晰定义，甚至将核心专利混同于必要专利或者基础专利，包括 Innography 在内的专利强度指标体系也仅仅局限于专利引用、权利要求数和家族数等一些常用的显性的事后指标，并没有充分考虑专利的时间滞后性和专利的技术特征。一些研究所提出的指标还是错误的指标，如刚申请或者刚授权的专利被引用、专利诉讼、专利转让等数据很少，造成评价指标对专利申请和授权专利评价结果差异较大，而且权利要求数越多并不表明保护范围就越宽，引用专利文献越多不能表明对现有技术的改进越大，而是往往相反。

核心专利是覆盖产业技术的核心产品与服务或产品与服务的核心部分的专利，是对产业技术发展具有控制力和影响力的专利。核心专利不一定都是基础专利。核心专利是核心产品与服务或者产品服务核心部分的专利，是制造产品和提供服务正在使用的专利，有可能是在基础专利基础上改进的专利。

基础专利不一定是核心专利。基础专利是指在产品技术发展中处于基础性地位的专利，对于产业技术发展路线来说，基础专利有可能是技术发展中较早的专利，但产品制造离不开基础专利，如数字音视频技术的编码技术，任何代别的通信技术都离不开。

核心专利一般是必要专利。必要专利是指如果不使用就无法实施标准或制造产品的专利，是标准实施或制造产品必然造成侵权的专利。必要专利可以覆盖产品及其部件或服务的全部或某一方面，是一个技术方案，核心专利也是一个技术方案。

本书提出了核心专利的如下测度方法：

$$C = C1 + C2$$

其中，
$$C1 = \left(0.2 \frac{IPC\,分类号数}{该技术领域\,IPC\,分类号数} + 0.3 \frac{专利权利要求数}{该领域专利平均权利要求数} \right.$$
$$\left. + 0.2 \frac{发明人数量}{该领域专利平均发明人数量} + 0.3 \frac{区别技术特征数量}{技术特征数量} \right) \times 100$$

$$C2 = \left(0.2 \frac{被专利引用次数}{被专利引用次数 + 引用专利次数} + 0.15 \frac{被文献引用次数}{被文献引用次数 + 引用文献次数} \right.$$
$$+ 0.15 \frac{专利家族数}{该领域专利平均家族数} + 0.2 \frac{专利寿命}{该领域专利平均寿命}$$
$$\left. + 0.3 \frac{标准必要专利数}{该领域标准必要专利数} \right) \times 100$$

本公式具有如下特点。一是考虑了 IPC 分类号、权利要求数、引用数、发明人数等基础性指标，也考虑了专利引用、向外布局和维持等指标。二是用占比方式避免了时间滞后性产生的问题。三是采用基础指标和附加指标的计算方法，可以对专利申请和授权专利进行比较。四是核心专利一定是相对于产品中的其他专利而言的，得分为 100 或超过平均水平。要成为核心专利，首先要成为产业技术或产品的必要专利，然后要符合上述公式得分前一定比例的要求，只有如此才能成为核心专利。

在明确了核心专利概念和测度方法后，需要研究制定核心专利的支持政策。本书认为支持政策应包括五个方面。一是开展产业核心专利分析。尤其是对高新技术产业和战略性新兴产业进行专利检索分析，掌握现有专利的分布情况，明确核心专利战略布局的方向和重点。二是加强核心专利研究开发。针对分析出的产业专利战略布局，加大研发资金投入。针对专利少的技术领域进行原始创新，支持企事业单位掌握原创核心专利。针对专利较多的领域支持企事业单位进行再创新，形成改进专利，支持企事业单位进行集成创新，申请组合专利，不断增强竞争优势。三是对于无法绕开的核心专利，支持企业利用税收优惠政策等通过购买、许可或兼并方式掌握核心专利权。四是加强核心专利保护，支持企业将核心技术及时申请专利等知识产权，并通过知识产权资助政策支持企业有目的地向海外布局知识产权。五是加强审查政策对核心专利的支持。鼓励地方政府通过加快审查支持针对拥有核心专利的产业技术领域专利申请的审查。

6.5　高价值知识产权创造政策

与核心专利相关的是高价值专利。高价值专利是专利侵权纠纷时被酌定为高额赔偿的专利（龙华名裕，侯艳姝，2008）。高价值专利是体现创新价值的重要标志（李顺德，2017）。高价值专利至少应当具备以下条件：一是有一个高水平、高技术含量的技术方案；二是由高水平专业人员撰写的高质量专利申请文件，对发明创造作出了充分保护的描述；三是依法严格审查，符合专利的授权条件，权利有较好的稳定性；四是有良好的国内外市场前景，产品市场占有率高，或者有很好的市场控制力，有的可能还没有转化成实实在在的产品，但对于当前或者未来而言能够增强其市场竞争力（韩秀成，2017）。高价值专利就是"经得起考验"的高质量专利，专利文件要经得起实质审查、无效宣告请求、侵权诉讼等一系列行政授权确权和民事诉讼程序的检验和推敲；高价值专利就是"卖得出价钱"的专利，既可能是现在的市场溢价，也可能是未来的坐地收银，要立足于瞬息万变的市场进行动态估值；高价值专利就是"占得住关隘"的专利，如果说专利的数量是跑马圈地的话，那么高价值专利就是占住了易守难攻的关隘，尽显地利之势，其可能是基础性的技术入口专利，也可能是承接性的关键节点专利，还可能是前沿性的技术制高点专利（何炼红，2017）。

首先，高价值专利是高质量专利。高质量专利首先是权利稳定的授权专利或专利申请，专利必须或能满足法定授权条件，能经得起审查、无效和诉讼程序，能使普通技术人员不用花费额外的创造性劳动实施。不符合专利授权条件是造成我国专利质量较低的突出问题。根据国家知识产权局发展规划司 2012 年对 792 项发明专利无效决定的研究，在全部或部分无效决定中因新颖性和创造性问题和权利要求达不到清楚简要要求被无效的比例高达 92.64%。专利质量主要包括发明创造质量、文件撰写质量、审查质量和经济质量，根据 2012 年对中国发明专利质量的监测分析发现，我国国内居民发明专利质量指标体系中专利代理质量得分最低，只有 24.25 分，其次是发明创造质量，只有 29.60 分。

其次，高价值专利是低风险专利。专利风险主要表现在侵权风险和无法有效保护主导产品的风险。侵权风险产生的主要原因在于由于专利的纵向交叉和横向互补关系造成专利在运用中造成对他人专利的侵权。无法保护主导产品的风险主要是专利保护范围过窄，或者专利缺乏足够的实施例，容易被人优选方案改进。根据对工信部和海淀、丰台等地方政府专利商业化资助项目评审的分析，很多中小企业技术先进，企业成长速度很快，但存在核心产品专利保护范围过窄，缺乏创造性，很容易被规避设计，或者很容易被挖洞优选，从而造成无法有效保护产品等问题。

再次，高价值专利是必要专利。必要专利是生产销售产品和提供服务无法避开的专利，是不侵权就无法生产的专利，是没有其他技术解决方案的专利。如果产品或服务是产业的核心技术产品或服务，或者产品、服务的核心部分，必要专利就是核心专利。如果产品和服务为技术标准产品或服务，则必要专利就为标准必要专利。但是我国多数标准专利占比很低，造成大量专利对产业创新发展没有产生控制力和贡献，多数知识产权分析机构也不重视技术标准必要专利的分析。

最后，高价值专利是高于平均价格的专利。价值主要有两层含义：一是以社会必要劳动时间表征的商品价格或交换价格；二是正面或积极的作用。由此出发，专利价值就包括专利的市场价格、专利的积极作用。专利市场价格表现为转让许可和实施获得的收益，积极作用表现在能为企业产生垄断或防御作用，保持竞争优势从而获取高于一般水平企业的利益。从此出发，专利价值主要是专利的经济价值。因此，本书作者认为，高价值专利主要是在产品中经济价值贡献较平均专利价值高的专利。高价值专利主要通过三种途径表征：第一类是在企业生产制造销售中获取以工业增加值和利润为主要表征的收益较平均水平高；第二类是在专利转让许可中获得转让许可费较平均水平高；第三类是在侵权诉讼中获得的经济赔偿额较平均水平高。

高价值专利既可以是现在价值高的专利，也可以是潜在价值高的专利。没有高经济价值或者潜在高经济价值的专利不是高价值专利。不能把高价值专利等同于高质量专利、核心专利、基础专利、标准必要专利。高质量专利、核心专利、基础专利、标准必要专利并不必然是高价值专利。由于受各种因素的影响，这些专利不一定能取得高于平均水平的经济价值。即使高质量专利的价值能够实现，也不一定成为高价值专利。但高质量专利是高价值专利的基础和前提，质量低的专利不可能成为高价值专利。核心专利和基础专利、标准必要专利具有成为高价值专利的较大可能性。

识别高价值专利需要测度该专利在产品全部必要专利中的积极作用大小，即对企业产品利润贡献的大小。在产品利润中，第一步，要区分不同要素的贡献，包括资本、人力、技术和管理。这也是确定技术许可费率的基础，一般用归技术的收益/总收益计算专利和非专利技术的许可费率。第二步，识别产品的全部必要专利，结合产品技术标准和制造工艺，剔除非必要专利和问题专利。第三步，对必要专利和有质量的专利的积极作用的大小进行两两比较。主要比较：（1）专利是否是产品或其核心部件的必要专利或基础专利；（2）核心专利或基础专利在产品形成价值过程中作用的大小。这可以通过专利在产品必要专利技术功效矩阵中的价值得分实现（宋河发，2014）。第四步，计算专利平均价值得分，将高于平均得分的核心或基础专利作为高价值专利。

培育高价值专利，第一，要开展高水平的发明创造，研究开发活动要面向产业关键核心技术问题进行集中投入。最重要的是要充分利用技术预见和技术预测的结果有针对性地进行研究开发和专利的战略布局，使专利布局与研究开发重点和技术预见或技术预测的技术发展方向相一致。第二，要撰写高水平的专利文件，只有符合法定授权条件、保护范围和权利要求体系设计恰当、权利稳定，不容易被规避和挖洞优选的专利才是高水平撰写的专利。为此，要建立代理质量公开制度、代理质量监督制度、代理责任追求制度，要强化专利审查对代理质量的引导。第四，建立科学的专利价值评估系统和方法。基于大数据和技术经济分析，确定底层参数，并选择合适的评估方法，开发多主体的在线知识产权价格评估系统。第五，构件专利组合或专利池。发挥群体优势，构建专利组合，形成高价值专利组合。将专利与产业技术标准或产品技术标准结合，成为标准必要专利或者产品必要专利，并构建专利池。第六，改革科技政策中的知识产权政策。各类科技创新项目立项与验收政策的重点转向专利检索分析、知识产权全过程管理、专利质量、专利实施许可收益等指标。企事业单位创新能力评价政策重点转向发明专利占比、授权率、被引用率、权利要求项数、维持率和实施率等指标。人才评价和职称晋升政策重点转向发明专利数、专利稳定性、专利被引用率、专利实施等指标。

6.6　知识产权组合创造政策

1911 年，德国学者 Klause K. Broekhoff 就提出了专利组合的概念。专利组合理论来自投资组合管理，投资组合管理最早由美国经济学家 Harry Markowitz 在 1952 年提出，他基于投资分散和规避风险理论研究了投资组合管理以减小投资风险。20 世纪 90 年代，Holger Ernst 提出了最早的专利组合模型，他认为专利组合是运用专利数据进行技术投资组合的方法，用来评估企业的专利配置并用于企业的战略及研发规划。专利存在"悖论"问题，所以需要专利组合（Polk Wagner 和 Gideon Parchomovsky，2004）。2005 年，Parchomovsky 和 Wagner 系统地发展了专利组合理论。当今世界，专利的发展趋势正从单项专利竞争的战术竞争转向以专利组合为特征的战略竞争（Hall，Bronwyn H.，2007）。

专利组合是指处于一个共同控制之下、具有明显区别但又相关的单项专利的战略性集合。专利组合的价值远远大于一个个单独的专利价值之和（Wagner，2004）。专利组合无论从权利要求的有效性、保护范围还是侵权的可发现性都远远超出了单项专利（Larry M. Goldstein，2015）。David J. Teece 和 Pet Grind - Ley（2000）研究了专利授权与交叉授权之间的组合。Kevin Rivette（2000）研究了专利组合的要素。

Holger Ernst（1998）推荐了一组专利组合分析指标，许多学者对该指标进行了补充和完善，如 Pilkington 对 Ernst 的方法进行了改进，在公司层面上发展了专利组合分析，建立了一系列指标用以测度专利质量和价值（Pilkington，2004）。一些学者增加了包括技术范围（申请专利 IPC 分类号数量）、国际范围（专利族规模与三方专利份额）指标。但总体来看，现有很多专利组合评价采用的是专利质量或专利价值的评价方法，评价指标主要包括被引次数、引文数量、专利维持年限、权利要求数量、专利族数量、技术生命周期、科学关联度、专利诉讼指标、非专利文献引用、专利技术范围、专利许可情况等，如表6－1所示。

表 6 - 1 专利组合评价指标

专利活动	企业在某技术领域专利申请量	提出者
合作强度	企业在某技术领域合作专利申请量/该领域专利申请量	Ernst
研发重点	某技术领域专利申请量/企业专利申请总量	Ernst
专利授权率	企业在某一技术领域专利授权量	Ernst
技术范围		Ernst
国际范围		Ernst，Wang X. I. 等，Grimaldi 等
引证频率	企业某技术领域专利引证频率	Ernst，Wang X. I. 等，Grimaldi 等
平均专利质量	授权率 + 技术范围 + 国际范围 + 引证频率	Ernst
专利效能	平均专利质量与专利活动的乘积	Ernst
技术相对增长率	企业在某技术领域专利申请量平均增长率/全部企业在该技术领域专利申请量平均增长率	Ernst
技术增长潜力	后 N 年某技术领域专利申请量平均增长率/前 N 年技术领域专利申请量平均增长率	Ernst
技术份额	企业在某技术领域专利申请量/该技术领域全部企业专利申请量	Ernst
相对技术份额	企业在某技术领域专利效能/该技术领域全部企业最高专利效能	Ernst
专利相对位置	企业在某技术领域专利申请量/该技术领域全部企业中最大专利申请量	Ernst
专利组合规模	专利组合包括的专利数	Wang X. I.
专利组合年限	专利组合中授权日到评估日的年限	Wang X. I.
专利族规模	同一发明在不同国家获得专利权的数量	Wang X. I. 等
权利要求数量	专利要求的数量	Wang X. l. 等
战略价值	专利组合在企业战略中的地位作用	Grimaldi
经济回报	专利组合达斯莱德利润回报	Grimaldi

专利组合最常见的是核心专利与外围专利的组合，但通常会包括互补专利、竞争专利、交叉专利，而不应当包括落后专利、前瞻专利。专利组合大致有三种类型：第一种是面向产品的部分必要专利的组合，这一般是一个机构的专利构成的组合；第二种是面向产品的专利组合，在一个大的产品系统中，面向一个可独立销售的产品建立的全部必要专利的组合；第三种是面向技术标准的专利池，基于技术标准，构建标准产品全部必要专利的组合，即专利池。一般情况下，专利池是面向技术标准的某个标准产品的专利池，并非是技术标准全部必要专利的专利池。专利池通过将一组专利权进行组合，不仅可以有效提供某一领域的技术解决方案，而且还消除了基础专利权与从属专利权，以及互补专利权之间的障碍关系，专利池的价值比单个专利权价值或市场价值之和更大（Nielsen，2004）。

评价专利组合，第一，要求评价单个专利的质量，评估该专利是否是技术标准或产品的必要专利，要剔除低质量专利和非必要专利。第二，要评估专利之间的关系，如竞争性专利、互补性专利、落后专利、前瞻专利。要以互补性专利为基础，谨慎解决竞争性专利加入组合问题，要淘汰落后专利，不断评估前瞻专利是否有必要加入专利组合。第三，要评估专利组合经济价值，无论专利组合如何强调 1 + 1 > 2 的效果，专利组合在产品生产、技术转移和侵权诉讼赔偿中仍然是一个整体，需要根据专利组合和其他技术，投资、劳动力和管理的贡献确定其份额和经济价值。

专利组合和专利池构建具有复杂性，由于我国当前的科技计划知识产权政策没有充分注意到专利组合问题，企业在研发过程中也很少注意到以专利组合或专利池构建来引导研究开发，我国很多研究开发项目形成的专利是碎片化的，无法产生 1 + 1 > 2 的价值，这也是导致我国的科研项目形成的科技成果转难的重要原因之一。

为打通科技成果转化的通道，需要完善和改革科技计划项目的知识产权政策，在科技计划知识产权政策中应当明确专利组合的要求，并在知识产权检索分析和专利申请上进行重点支持。知识产权政策要明确规定参加国家科技计划项目的成员必须将在项目期间形成的知识产权授予其他成员和科技计划成果推广服务机构非独占、非可撤销、非可再转让和不用付费的许可，构成专利组合或专利池。

在研发中形成专利组合应当以主导产品或者先进技术标准为依据，主要的步骤有六步。第一，检索分析该主导产品或技术标准的相关专利。第二，对检索出的专利进行评估，确定哪些是必要专利，哪些不是必要专利，哪些是潜在的必要专利。第三，对专利进行分析，找到研究开发的方向、重点，找到专利布局的领域。第四，申请专利，分别申请原创专利、改进专利和组合专利，形成覆盖产品或技术标准的核心专利或外围专利。第五，将专利进行组合，基于产品或技术标准的主体或主要部件或技术方案形成一个或多个专利组合。第六，评估专利组合的价值。

在专利组合构建过程中，要防止知识产权滥用，利用知识产权排除和限制竞争。基于专利组合的专利联盟总体上可能会产生垄断协议、滥用市场支配地位、经营者集中和回授条款四大类违反竞争法或反垄断法的行为。在实践中，美国司法部在对 3C、6C 的审查函中提出，必要专利之间需得互补，并且被认为是"替代"的对应概念（张平，2006）。专利联盟的横向垄断协议中，较为常见的就是禁止单独许可条款。禁止单独许可条款主要是指禁止联盟成员对联盟外第三方将其作为联盟专利组成部分的专利技术进行单独许可，或者以此作为联盟外第三方加入联盟的条件之一。禁止单独许可协议不但排除联盟成员对外单独许可的可能性，而且阻断了联盟外任何第三方获取联盟专利中的单项或部分技术的途径，是一种具有双向限制竞争效果的垄断行为。反垄断法审查不能局限于协议的字面含义，需结合可能所致的实质性后果予以审查（王玉梅，黄勇等，2004）。专利持有人在建立专利联盟时，应当将联盟中专利的信息充分公开，并且形成垄断性意见书，提交专利联盟审查机构进行审查。专利联盟审查机构根据所披露的信息和垄断性意见书，运用知识产权法和反垄断法两个标准，形成分级别的专利垄断认定结论。

6.7　知识产权管理激励政策

知识产权管理人员是保障知识产权高质量创造、高价值创造和知识产权组合创造的重要群体。知识产权管理人员是加强单位知识产权管理、提高科技创新效率的骨干队伍，也是促进科技成果知识产权转移转化的重要组成部分，在企事业单位知识产权创造中具有重要作用。1999 年 8 月 20 日，中共中央、国务院《关于加强技术创新，发展高科技，实现产业化的决定》提出要"完善科技人员管理制度，鼓励转化科技成果"，提出了一系列激励科研人员的政策，包括劳动用工、工资分配、技术职称、户籍、住房、子女入学等，还提出要"造就一批适应市场竞争、善于经营管理、勇于开拓创新的技术和经营管理人才"，"在职务科技成果转化取得的收益中，企业、科研机构或高等学校应提取一定比例，用于奖励项目完成人员和对产业化有贡献的人员"。

目前，我国高校和科研机构科技成果与知识产权转移转化人员属于管理岗位或支撑岗位人员。知识产权管理是引导科研人员高效率从事科研活动的基本手段，是保障知识产权研发创造质量、知识产权代理质量，以及将知识产权进行有效组合，从而促进科技成果转化的基本前提。但我国涉及人员的政策主要是激励科研人员的绩效管理政策和奖励报酬政策，缺乏支持知识产权管理人员加强管理的激励政策。新颁布的《促进科技成果转化法》虽然规定，"职务科技成果转化后，由科技成果完成单位对完成、转化该项科技成果作出重要贡献的人员给予奖励和报酬"，明确包含了知识产权转移转化管理人员，但在实践中，多数单位对知识产权管理人员没有给予激励。通过国际比较研究可以发现，国外高校科研机构技术转移办公室可以收取一定比例的转化收益，收益分配政策主要是针对发明人的奖励报酬政策，转移转化管理人员的激励主要通过劳动合同约定的工资薪金体现。我国出现了一些技术转移机构对转移转化管理人员给予绩效奖励报酬的做法，但仍比较少。对职务成果完成人给予奖励报酬既符合国际惯例也符合我国实际，对转移转化管理人员给予奖励报酬与内部技术转移机构建设并不矛盾。

此外，我国《促进科技成果转化法》规定，只有对完成和转化科技成果作出主要贡献人员才能列入给予奖励报酬的范围。虽然从法律规定上说，知识产权管理运营人员可以给予奖励报酬，但事实上我国许多高校科研机构知识产权管理部门与技术转移部门是分开设置的，知识产权管理部门只负责知识产权申请维持等工作，并不负责知识产权转化运用事项，知识产权转移转化管理人员很难成为奖励报酬政策激励的对象。

财税〔2006〕88 号文件规定了企业为职工缴纳的符合规定和标准的养老保险和职工教育费可以税前扣除政策。《企业所得税法实施条例》也对此进行了明确规定，其中第 35 条规定，企业依照规定的范围和标准为职工缴纳的基本养老保险费、基本医疗保险费、失业保险费、工伤保险费、生育保险费等基本社会保险费和住房公积金，企业为投资者或者职工支付的补充养老保险费、补充医疗保险费，准予扣除；第 42 条规定，企业发生的职工教育经费支出，不超过工资薪金总额 2.5% 的部分准予扣除，超过部分准予在以后纳税年度结转扣除。该政策是对全部工作人员的激励。而财税〔2015〕119 号文件主要是对科研人员的激励，虽然可列入加计扣除范围的支出包括"人员人工费用"，但只能是"直接从事研发活动人员的工资薪金、基本养老保险费、基本医疗保险费、失业保险费、工伤保险费、生育保险费和住房公积金，以及外聘研发人员的劳务费用"，并不包括知识产权转移转化管理人员在内的人员的工资薪金、费用等。

我国企事业单位知识产权管理人员基本上采取固定工资制，虽然他们的工资可以列入企业成本，但是他们很少有绩效工资，更没有股权和期权的激励。现有政策实际上还只重事务而不重管理，我国许多企事业单位知识产权管理水平低，与现有政策激励不足有很大关系。这也是导致我国许多企事业单位对知识产权管理人员吸引力不够，知识产权管理水平不高的主要原因。我国企事业单位还受到编制和工资总额的限制，知识产权转移转化管理人员激励力度很难有较大幅度的增加。知识产权管理人员整体数量少，政策激励不足，也是造成我国多数企事业单位知识产权数量多而不优、大而不强、形不成优势、转移转化少的重要原因。

对其他国家企业、科研机构和高校知识产权管理人才队伍的研究表明，国外先进企业和高校科研机构大多都建立了一支由技术专家、知识产权法律专家和投资专家组成的知识产权管理运营人才团队。大多数知识产权管理运营人员是复合型人才，他们既拥有本领域的技术背景，又拥有知识产权、知识产权法律和经济管理或投资等方面的学位。知识产权管理运营部门人员一般超过 20 人，且经验丰富，实务能力强。知识产权管理运营人员深入科研机构和高校研究开发第一线，发掘可转移的有价值技术，并进行价值评估、市场分析、许可谈判和投资等。技术转移收入一般收取 15% ~ 30% 作为知识产权管理运营机构的成本，包括知识产权申请维持、行政管理成本等。知识产权管理运营人员薪酬待遇主要根据合同约定。

要提高我国企事业单位知识产权的管理水平，提升科技创新的效率，必须充分发挥政策的引导作用，引导企事业单位建立先进的知识产权管理运营机构，建立知识产权管理人才团队，加大对管理人员的激励。一是要充分发挥政府财政资金的引导作用，通过资助和后补助等方式支持企业、高校科研机构建设内部知识产权管理与技术转移机构，通过机构建设带动知识产权管理运营人才的引进和培养。二是要组织开展知识产权管理运营人才培训，重点要加强具有技术背景的管理运营人员知识产权法律和投资方面的培训。三是要研究将专职知识产权管理运营人员、科技管理人员工资薪金等费用列入研发支出加计扣除范围。四是要明确对职务科技成果转化作出重要贡献的知识产权管理运营人员获得奖励报酬的比例和程序。较为合理的收益分配比例如表 6 - 2 所示。

表 6 - 2　合理的收益分配比例

重要贡献人员（%）	发明人（%）	转化人员（运营机构，OTT）（%）	院系实验室（%）	大学研究所（%）
50	30	20	25	25
70	50	20	15	15
80	60	20	10	10

6.8 小 结

知识产权研发创造政策是极为重要的知识产权创造政策，但为科技政策、产业政策甚至知识产权政策所忽视。知识产权费用税前加计扣除政策、高质量知识产权创造政策、高价值知识产权创造政策、核心知识产权创造政策、知识产权组合创造政策、知识产权管理激励政策是促进知识产权创造的核心政策，但是却一直缺乏有效的政策手段。本章研究了知识产权高质量、高价值、核心、组合创造政策和知识产权管理激励政策基本问题，提出了促进知识产权创造的政策建议。

制定有效的知识产权研发创造政策，重点是要进一步完善所得税法规和《企业会计准则》等政策。为全面激励知识产权研发创造，应扩大知识产权费用范围，尤其是有利于科技成果获取知识产权和加强知识产权管理的知识产权权利获取阶段费用、权利救济阶段费用、许可转让阶段费用、超项附加费等。为进一步激励知识产权高水平创造，还应将职务发明人现金奖励报酬、知识产权保险担保费等列入加计扣除范围，形成全环节和全链条的知识产权创造政策。为激励自主创新和自主知识产权创造，应优化无形资产摊销和加计扣除政策，尤其是要加大对自主研发产生的知识产权等无形资产的摊销和加计扣除力度。

为掌握高质量和高价值的知识产权，我国应开展产业核心专利和高价值专利分析，加强核心和高价值知识产权研究开发，支持企业运用税收优惠政策等通过购买、许可或兼并方式掌握核心和高价值的知识产权，引导企事业单位加强核心和高价值知识产权管理。

为充分挖掘知识产权价值，我国还应当制定科技创新项目知识产权构成专利组合的政策，以利于科技成果的实施或"一站式"转让许可，应制定项目各承担方必须同意开展非独占、非可再转让、非可撤销和不用付费许可的政策。应改革各类科技计划和项目的知识产权考核验收政策，增加专利质量第三方评估指标和知识产权授权量、有效量和转移转化量等指标。

第7章 知识产权权利获取政策

知识产权审查授权政策是重要的知识产权权利获取政策，也是重要的知识产权创造政策。审查授权政策不仅关系到科技创新成果的知识产权保护，也关系到科技创新成果知识产权的转化运用。完善知识产权审查政策，需要面向创新型国家和知识产权强国建设的要求，重点完善知识产权审查标准、知识产权审查费用政策和知识产权审查质量管理政策。

7.1 主要国家专利审查政策

近年来，以美国为首的主要发达国家对专利制度和审查体系进行了一系列改革，目的是通过专利制度改革激励和保护创新，促进产业发展和经济增长，以维护社会稳定、经济发展和科技创新的领导地位。

7.1.1 美国专利改革与专利审查

2011 年 6 月，美国通过了名为《美国发明人法案》的专利法改革提案。从专利审查工作的角度来看，该法案主要进行了以下改革。一是调整了获取专利权的条件，实行更公平的知识产权保护。该法案提出将"先发明制"改为"发明人先申请制"，并将美国以外专利申请公布文本与美国专利申请公布文本等同对待。二是调整了美国专利商标局的财务权限和收费标准，从而更好地适应审查资源配置和经济发展需要。该法案提出授予美国专利商标局更大的财政自主权，计划在三年时间内建立至少 3 个卫星局（Satellite offices）。根据新法案，美国专利商标局将专利的收费标准提高 15 个百分点，并对申请实施优先审查程序的申请人收取额外费用。此外，美国专利商标局还计划对申请专利的小型实体和微型实体进行扶持，分别减免 50% 和 75% 的专利费用。三是调整专利诉讼的行政审查程序，降低专利司法诉讼成本。《美国发明人法案》修订了有关专利诉讼的行政审查程序，取消了沿用已久的双方复审程序（inter – parte reexamination），设立授权后异议程序（post – grant review）和双方异议程序（inter – parte review）。其中，启动"授权后异议程序"的时间为专利授权之日起九个月以内，除发明人和专利所有人外的第三人可向美国专利商标局提出异议，以任何无效专利权的理由启动；而启动"双方异议程序"则需在专利授权九个月以后或者"授权后异议程序"终止之后方可提出，并且只能以专利或出版物为证据，以新颖性、非显而易见性为由提出异议。四是强调对产业发展、经济增长和就业的支撑作用。法案指出，美国领先的多个关键产业，如生物技术、医疗器械、高端制造等产业都依赖于"强大而健康"的知识产权制度。为此,法案提出了五条措施以促进商业开发和帮助发明人、企业家。一是面向初创企业提供 12 个月内保证完成授权程序的高速通道;二是投入更多资源以减少专利申请积压;三是缩减根据最佳实施例无效的范围,从而减少企业家面临专利诉讼的概率和成本;四是优化专利授权的质量管理流程,并提供加快的授权后程序;五是协调国际专利制度,推动美国与其他国家专利制度接轨,目的是提高专利保护的效率和确定性,方便企业家实现产品在美国与国外的同步上市。

7.1.1.1 美国专利商标局战略与审查管理

第一,专利商标局的定位和愿景。

2006 年 8 月,美国专利商标局颁布了《2007～2017 年战略计划》,指出 USPTO 的战略定位是"通过高质量和较短时间的专利商标申请审查,指导国内外知识产权政策,向全世界提供知识产权信息和教育,促进创新和竞争力提高",其愿景是"在知识产权保护和政策上领先世界",其战略目标包括提高专利和商标的质量,减少审查时间,促进知识产权保护和国内外执法等,保障措施是"建设高效的文化,变成雇员愿意选择的组织,保证资源管理责任明确",指导原则是"确定性 + 效率 + 可得性 = 质量"。

美国 2014 年发布的《2014～2018 年战略计划》提出了三大战略目标提升审查质量。针对专利质量,提出了多项措施:完善最优的未决期限、根据最优专利未决期提高专利审查能力、加强国际合作与工作分工、继续提高专利质量、确保向用户提供最优惠的信息技术服务、继续扩大利害关系人与公众的范围、提升专利审查和上诉委员会(PTAB)以提高质量和及时确权。提升专利质量的具体措施有四项:一是评估和细化专利质量数据;二是充分利用专利质量数据;三是评估账户系统和绩效评估计划的有效性,并作必要的调整;四是持续提供及时的技术和法律培训。针对商标质量的具体措施是:继续采取保持和改进审查质量措施;持续评估审查质量;针对质量问题提供针对性培训;提供法律培训和教育。

第二,建立专利质量指标体系,加强专利质量控制。

在业务管理方面,美国历来重视专利质量的控制问题。1983 年,美国就建立了专利质量矩阵指标体系。2003 年,美国科学院开始研究专利质量问题,反思低质量专利带来的危害,呼吁多关注专利保护宽度作为政策杠杆的重要作用,而不是创造性(Suzanne Andersen Scotchmer,2004)。2011 年 4 月,美国专利商标局在咨询了专利公众监督委员会(PPAC)后提出了包括六个指标的专利审查质量综合指标体系。2010 年 4 月和 5 月,美国专利商标局分别组织了两次公众圆桌意见征求会。2012 年,美国专利商标局公布了包括七个方面指标的最终专利质量指标体系:(1)申请最终处理的质量;(2)审查过程的质量;(3)对申请人和执业者关于专利处理质量看法的外部调查;(4)审查员初始检索的质量;(5)基于最佳实践价值的一通符合度;(6)专利商标局全球数据精简性和诉讼鲁棒性的程度;(7)通过内部调查审查员关于专利诉讼质量的认识程度。美国专利商标局专利质量指标体系如表 7 – 1 所示。

表 7 - 1　美国专利商标局专利质量指标体系

专利质量指标	指标含义
最终处理错误率	申请最终处理错误比例
处理过程评议错误率	诉讼过程中基于价值的专利局行动的正确程度
一通检索评估	检索符合专利局最佳案例的程度
全部一通价值评估	基于价值的申请一通对最佳案例的符合度
质量指数报告	申请诉讼质量相关事件的统计
外部质量调查	申请人和执业者关于专利局人事和审查问题的看法
内部质量调查	审查员关于内外部互动和有关问题的看法

2015 年，美国专利商标局设立了专利质量委员会副主任职位，之后又建立了一个专门的部门管理专利质量。从 2015 年 10 月 10 日开始，美国专利商标局每月举办一次专利质量聊天活动。2016 年，美国专利商标局制订了专利质量提升计划（EPQI）。该计划包括基于局内外利益相关者反馈的 12 个项目，主要有四类。一是检索与培训提升项目，包括自动化检索前导航，科技信息中心资源使用，对新法规和清晰审查的培训。二是审查提升项目，包括审查清晰导航、会晤专家系统、驳回导航、快速信息公开声明再评估。三是审查后提升项目，包括专利公开质量，授权后现有技术使用。四是评价提升项目。包括数据获取的清晰度和准确性，质量矩阵、案例研究主题选择[1]。其中，质量矩阵包括：（1）产品指标，指产品服务的正确度和清晰度，分别从专利质量保障办公室和导师评价调查表的调查得到，主要涉及 35 USC 102，103，201，112 条款。（2）程序指标，主要用于追踪内部程序的有效性和一致性，又包括授权决定一致性、再工作数量、再开放数量。（3）感知指标，通过对内部审查员和外部利益相关者的调查得出，包括对驳回感到好的比例、审查质量好和优秀所占的比例、现有技术审查好和优秀的比例、一致性[2]。

7.1.1.2　利用外部资源缓解审查检索压力

在全球范围内，各主要国家专利局都面临着专利申请量的高速增长与专利审查人员有限的矛盾，且大部分（约 55%）在专利审查领域人员的工作经验不到两年（Jaffe，Lerner，2011）。虽然美国专利商标局自 2005 年以来引进的审查员达 1200 多名，但在专利申请迅猛增加的背景下，专利积压问题仍然十分严重。

为此，2007 年 6 月 15 日，纽约法学院（New York Law School）与美国专利商标局联合推出了一个名为公众专利评议的网上试验平台（www.peertopatent.org）。该平台首次允许公众在一定程度上参与专利审查过程，其主要宗旨是通过网络连接美国专利商标局与公众，特别是科技人员，以加强专利审查员与社会公众、外部科技人员之间的专利信息交流。这项制度受到了公众的欢迎，在实施仅两年的时间里，就吸引了来自 161 个国家（地区）的 74000 名访问者，其中 2600 多个访问者注册为公众评议员，共对 187 个专利申请提交了 438 条现有技术文献和 411811 页的讨论意见（陈琼娣，余翔，2010）。从人员构成

---

[1] Enhanced Patent Quality Initiative. https：//www.uspto.gov/patent/initiatives/enhanced - patent - quality - initiative - 0.

[2] About Quality Metrics. https：//www.uspto.gov/patent/initiatives/quality - metrics - 1#step1.

来看，主要参与者有工程技术人员、科学家、专利律师、大学生与研究生等。

从动机来看，一方面，专利的利益相关人员出于竞争或者其他原因，会将所掌握的专利信息通过该平台与专利审查人员分享，避免审查人员基于信息偏差所导致的非理性审查和决策；另一方面，专利审查人员通过透明信息，接受公众的建议，不仅减少了工作量，而且也保证了最终所授权专利的质量。还有许多人以此作为参与实践的途径，或借此研究技术问题，建立个人声望等（Allen，Kabir 等，2013）。

此项措施带来了良好效果。一是公众的参与和监督有助于发明人提交更清楚、更完善、质量更高的专利申请。二是平台确实能吸引专家和技术人员参与到专利审查中来；三是公众的参与有利于专利审查员获得更多、更准确的技术信息，特别是在非专利文献方面。有研究指出，公众专利评议网站上 226 项专利申请提交的 602 篇现有文献中，公众评议人员提交的专利文献为 286 篇，占 48%，非专利文献为 316 篇，占 52%❶，而专利审查员引用的非专利文献大约只占全部现有技术参考文献的 10%（Lemley，Lichtman，2005）。

7.1.2 欧洲专利质量建设

近年来，欧洲一直致力于落实"创新 2020 战略"，通过有效的政策措施刺激研发与创新活动。欧盟近年来一直力推专利局一体化建设。2012 年 12 月，欧洲议会通过了"欧盟统一专利体系"的发展规划，其中包括建立统一的专利制度，建立面向统一专利的语言体系，并建立统一的欧洲专利法院。2013 年 2 月，欧盟 27 个成员国中的 24 个在布鲁塞尔签订协议，通过了建立"欧洲统一专利法院"的实施方案。

欧洲统一专利制度可以惠及申请人，降低专利权获取成本，也有利于激励创新，促进欧洲的经济增长，尤其是可以吸引更多创新主体在欧洲获取专利权和投资，一致的专利申请授权程序和异议、侵权审理程序可有效消除欧盟内部市场中因专利法律差异所带来的技术交流与合作的难度和风险，打破欧盟成员国之间新技术获取的壁垒，保障欧盟内部市场创新活动顺利开展，从而在一定程度上刺激欧洲的创新（卫军，任晓玲，2014），还有利于欧盟内部跨国贸易的开展，促进欧盟内部高技术产品的流通。

欧洲专利商标局也十分重视专利质量问题。欧洲专利商标局于 1979 年就成立了"经济与科学咨询委员会"。2012 年 1 月 13 日，欧洲专利商标局专门召开会议研究与专利相关的经济社会问题，尤其是创新和经济增长，来自美国、亚洲和欧洲企业、科研机构和高校等的 30 多名专家参加了会议。2012 年 5 月 7 日，欧洲专利商标局召开第一次经济与科学咨询委员会会议，专门讨论研究专利质量问题。2012 年 9 月 27 日，欧洲专利商标局又在比利时列文召开第三次专家会议，研究了专利质量的解决方案。欧洲专利商标局经济科学咨询委员会认为，高质量的专利应当具备几个条件：满足专利局法定可专利性条件，是授权专利，能经受专利局或法院的无效程序，能使普通技术人员不用花费额外的创造性劳动实施发明（Christian Helmers，2012）。2013 年 3 月，欧洲专利商标局经济科技咨询委员会发布专利质量研讨活动结果，提出专利体系改进的建议。2015 年，欧洲专利商标局获得 ISO 9001 授权后程序和专利信息的认证。欧洲专利商标局通过制定清晰的法律框架、高水

---

❶ 资料来源：Peer to patent 网站。

平训练的审查员、三人审查一个申请和授权后 ISO 9001 认证等方式提升专利质量。《知识产权资产管理》杂志在 2016 年对 600 人的调查中，有 87% 的 NPE、94% 的个人、96% 的企业人员认为欧洲专利商标局授权的专利是优秀、非常好和好的。2017 年 3 月，欧洲专利商标局组织召开了经济科技咨询委员会质量分委员会第一次会议。

欧洲专利商标局的质量政策主要包括七个方面。一是法律稳定性，授予的专利和提供的决策高效而及时，完全符合欧洲专利公约和其他国际条约的法律规定。二是服务，为用户和欧洲社会提供可靠、高效和有效的服务。三是持续改进，不断改进培训、工具、程序和流程，提高产品与服务的完整性、一致性和及时性。四是参与，培育鼓励、授权管理人员和员工参与质量建设的文化。五是明智决策，在可评议、具有挑战性和可行动的事实基础上，改善产品和服务，作出决策。六是开放，与用户一起理顺流程，提高服务的质量与效率。七是承诺，最高管理层致力于积极参与质量改进活动，追求建立在质量和优秀文化基础上的原则。

欧洲专利商标局建立的质量管理系统（QMS）包括检索与审查、异议、限制与撤销、专利信息和授权后等程序等内容。主要包括四个方面内容：（1）制订质量提升计划，高层管理者制定质量政策，确定总体战略，设立优先目标，提供基础条件与资源，使质量管理系统有效。（2）运作实施，实施组织，实施战略，将高层目标和用户需求转换成行动，分配资源。（3）评价质量体系，监测测度服务和进展，评价最高目标和用户需求实现状况，评价 QMS 有效性，向管理层报告评价情况，监测资源利用。（4）行动，完成正确和预防性行动，提出改进措施，开展 QMS 审计，开展管理评价。❶

欧洲专利商标局开发的专利审查质量指标包括：（1）客户满意度，包括检索与审查满意度、行政管理服务满意度。（2）授权程序及时性，包括检索、审查、异议、国际检索、加速审查的及时性。（3）客户服务满意度，包括电话询问反应和处理的及时性。（4）投诉，主要是注册的投诉、对检索审查等产品终端服务的投诉、投诉注册率、投诉 20 天内回答率。❷

7.1.3　日本的特许法修改与质量管理

日本现行特许法规定，发明保护期为 20 年，在一定的条件下，有关化学和医药领域的发明可以申请延长 5 年；实用新型的保护期为 6 年，2005 年 4 月 1 日更改为 10 年；外观设计的保护期为 15 年。发明和实用新型的保护期从申请之日算起，而外观设计的保护期从登录日算起。申请人可以在授权以后主动申请对申请文件进行修改，即使未发生无效请求。如果满足一定的条件并且在某一时间段，日本发明、实用新型和外观设计之间可以相互转换，这一程序可以让申请人既可以在申请之前选择保护类型，也可以在申请之后选择或者改变保护类型，为申请人提供了灵活的保护手段。在日本，任何人都可以提出实审要求。如果是申请人之外的人提出实审请求，请求的费用由请求人负担。实审请求的期限是三年。公众可以对已经被日本特许厅认可的专利权的延长保护提出无效审查的延长保护

---

❶　http：//blog. epo. org/quality－2/.

❷　Annual Report 2016－Quality Indicators.

无效请求，该程序以及复审和无效程序在"日本特许厅审判部"进行。

近年来，日本特许厅主要从三个方面提升审查质量。首先是特许厅内部制定质量控制措施。其次是申请人或代理人配合特许厅改进说明书和权利要求书的质量，或者进行高质量的修改。第三是通过公众努力改进专利质量。日本也开展了类似美国的公众评议专利的改革试验。

早在 2007 年 4 月，日本特许厅就在其行政事务部下建立了质量管理办公室，建立了跨部门的质量管理委员会，通过这两个机构维持质量管理系统的运行。2010 年 4 月，日本特许厅又建立了质量管理部。日本主要通过两个途径维持和提高专利审查质量。一是对每个专利申请的审查质量进行控制。按每个技术单元，特许厅通过统一审查员的审查决定标准，根据审查指南对每个案件实施正确审查，这项工作主要通过几个审查员相互咨询和负责人检查实现。近年来，审查员之间的咨询数量增长很快，2010 年达到了 6500 项。二是交叉部门质量管理。日本特许厅有内部的第三方机构对审查结果进行事后分析的评议，收集用户意见，分析相关统计信息。这些分析结果用于建立有关部门专利审查过程质量的措施；反馈到每个技术单元，以支持其质量控制；内部评议是通过对审查审结的案件和 PCT 案件检查来判断案件是否符合法律和指南，检查审查是否有效做出，申请人或指定专利局是否可得到或者使用国际检索报告与国际初审报告。2010 年，日本共对 288 个专利审查案件和 240 个 PCT 案件进行了评议。

2014 年，日本通商产业省产业机构理事会知识产权委员会成立了审查质量管理分委员会，包括企业、法律和学界专家，主要是评估专利质量管理目标实现情况和提出改进建议。委员会主任和副主任负责审查质量建设，在专利、设计、商标审查中指导质量建设，制定和修改质量政策与手册；策划行动计划，改进质量管理体系，通过通知方式了解质量政策；识别质量问题；开展审计和分析原因，分析客户满意度调查结果。该委员会还实施了保持和改进审查质量提升行动计划、专利正确性提升行动计划。❶

7.1.4 韩国的专利质量管理

韩国知识产权局较早建立了审查质量办公室主任 EQAO 职位，其主要任务是制订专利质量管理综合计划；规划、诊断和分析审查质量并提出改进的方向；进行公平和有目的审查，评估改进审查质量，增强客户信任；根据审查评估结果，通过分享典型和缺陷案子来培训审查员；指导开展专利质量客户调查并分析其意义。

在知识产权局副局长的直接监督下，韩国主要通过审查质量办公室评估人员开展审查评估来保证专利审查质量。该办公室有员工 19 人，包括 12 个专利和实用新型评估员，其中 3 人负责机械、金属和建筑领域，3 人负责化学和生物技术领域，3 人负责电学和电子领域，3 人负责信息和通信领域，另有 4 个评估员负责商标和外观设计的评估工作。大多数评估员都有审查员或高级审查员等的经历。

EQAO 一般是以半年为基准，首先对已完成审查的案子进行抽样，抽样是随机的。一

---

❶ Report of the Subcommittee on Examination Quality Management（FY2015）. http：//www. jpo. go. jp/seido_e/quality_mgt/pdf/quality_mgt/subcom_report 2015. pdf.

般是抽取每个审查员的 3 个专利或实用新型案子，每个商标或外观设计审查员的 20 个案子。韩国知识产权局在 2011 年专利和新型的抽样比例是 2.6%，商标与设计是 2.3%，PCT 是 6.7%。然后，根据审查评估指南进行评估，给出优秀、良好、鼓励、正常和缺陷几个级别，并用记分卡打分。这些分析和打分至少需要 3 个评估员的一致同意。2011 年，专利和实用新型的审查错误率是 0.9%，商标与设计错误率是 0.8%。一旦确定了级别，审查员就会撰写审查评估报告，并将评估结果反馈给负责的审查员。为了防止争议，审查员可以向由 3 名审查员组成的争议委员会提出要求进一步评估的申请。

除此之外，每个审查部门的负责人也要评估审查的案子，并且也是以半年为基准，对已完成审查的案子进行抽样。他们根据《审查评估指南》进行评估，并将评估结果反馈给负责的审查员。EQAO 的审查评估结果要与绩效评估结果挂钩，这会影响每个审查员的绩效收入，并给予表现优秀的部门和人员以奖励。

韩国也有自己的审查质量指数。该指数包括五个要素：专利审查评估的平均得分、客户调查得分、针对驳回决定提出上诉的撤销发回重审率、与申请相比权利要求减少率、接受驳回理由的比率。通过测算，2011 年韩国审查质量指数为 101.1，超过设定的 100 的目标。韩国知识产权局专利审查质量指标体系如表 7 - 2 所示。

表 7 - 2　韩国知识产权局专利审查质量指标体系

指标	权重	得分（分）	成绩率（achievement rate）
专利审查评估平均分（A）	55	99.63	0.06
客户调查得分（B）	15	71.43	0.08
针对驳回决定提出上诉的撤销发回重审率（C）	10	28.30	1.11
与申请相比权利要求减少率（D）	10	13.82	− 0.69
接受拒绝理由的比率（E）	10	24.43	2.78
总计	100	—	101.1

计算公式为：综合指数 = 100 + 成就率（A）＋成绩率（B）－成绩率（C）＋成绩率（D）＋成绩率（E）。

为了保证审查质量，EQAO 建立了审查质量预警系统，提供审查质量变化预警的基准和每个阶段的措施。在审查阶段，每月随机抽样 1%～2% 的在审专利，并评估其缺陷性，如果超过上一月的平均值一定水平，就给出警报。

2015 年，韩国知识产权局努力加强五个方面的措施提高审查质量。一是提高审查速度。将专利未决周期降为 10 个月，商标降为 4.7 个月，设计降为 4.4 个月。新雇用了 84 名审查员和 10 名商标审查员。审查质量保障委员会抽查了 2.1% 的专利审查和 2.4% 的商标审查案例。二是实施 4 个基本课程、16 个法律课程、11 个实践审查课程和 20 个能力提升课程，开展审查员培训和 120 个学时的前沿技术培训。开展审查员和审判官的在职培训，建立了公私联合咨询委员改进专利审查质量；召开了两次会议讨论改进审查员能力的方法；与美国专利商标局联合审查，开展管理审查评估；举办专利技术论坛，邀请三星电子、LG 电子和 LG 化学等大申请量企业介绍公司战略和主要前沿技术领域。三是开展定制化审查服务。实施"审查 3.0"计划,将传统审查转向客户导向的审查和获取高质量专利的审查。2014 年建立的预审查在 2015 年得到普遍应用,2015 年建立了预修改评估机制。集体审查除了包括单项产品的专利、设计和商标外还包括研发项目。实施"三轨"专利新型审查,审查周期缩短为 2 ~ 4 个月。实行商标和设计两规制审查,商标加速审查占 2.4%,设计占 6.8%。四是提升无效审判质量。从具有十年以上经验的审查员中选拔审判审查员,通过各种培训项目提升其技能。审判质量评估委员每季度会通过查找可能的错误评估一次无效的审查决定。五是建立知识产权点系统(IP Point System)。对超过 20 项申请的单个发明人将审查费降低至 20% ~ 30%。改进申请注册系统,发布了《专利申请表格指导书》和《审查费减免指导书》,还引入当然系统(Ex officio system),申请人可以纠正笔误以加快审查。

7.1.5 绿色专利加速审查制度

由于全球范围内日益严重的气候变化和环境污染问题,同时面对金融危机的巨大压力,许多国家将绿色技术和相关产业的发展作为复兴本国经济、寻找新经济增长点的重要途径。预计到 2020 年,全球清洁能源产业的产值将达 1.6 万亿欧元,成为继汽车工业和电子工业外的世界第三大工业(Vanden,2009)。为了鼓励绿色创新技术的发展,目前,全球有十余个国家推出了旨在促进绿色创新的绿色专利快速审查制度,包括美国、英国、加拿大、澳大利亚、韩国、日本、以色列、巴西、拉脱维亚和中国等。

围绕绿色专利的政策问题,在《联合国气候变化框架公约》的讨论中,发达国家和发展中国家的立场并不一致。发达国家认为,专利是促进创新与技术传播的工具,因而主张加强知识产权保护,实施强知识产权保护。而发展中国家则认为,专利是技术转移的障碍,因而主张通过政策来弱化甚至消除绿色技术领域的知识产权(陈琼娣,余翔,2013)。发达国家与发展中国家应对气候变化的知识产权之争,实质上是未来低碳经济的国际主导权之争。我国于 2012 年 8 月 1 日起施行《发明专利申请优先审查管理办法》,提出了对涉及低碳技术、节约资源等有助于绿色发展的重要专利申请实行优先审查。李薇薇、郑友德(2014)详细分析了主要国家绿色专利的基本制度框架。

英国是最早开展绿色专利快速审查项目的国家。从 2009 年起英国知识产权局就开辟了专利申请绿色通道(GCP),其目的是"为致力于绿色技术创新的英国企业提供更快地获取高质量专利授权的机会"(Lammy,2009)。申请人只需声明其发明是绿色技术或环境友好技术,即可申请加快审查。英国知识产权局对于何谓绿色技术或环境友好技术并无特别限定,也未规定由专门的审查员对"绿色"技术进行特别审查。除此之外,英国知识产权局对于进入"绿色通道"的申请不设其他条件,也不收取额外费用,并可能在九个月之内获得专利授权。

韩国知识产权局于 2009 年 10 月推出了绿色技术超级加速审查程序(super – accelerated examinations for green technology),将绿色技术的审查期限缩短为一个月左右。绿色技术由政府以财政支持或认证的形式来认定,同时,以《低碳绿色发展基本法》《空气环境保护法》《专利审查指南》等法律政策为申请者提供绿色标准参考和指引。凡请求超级加速审查程序的专利申请,须满足以下三个条件:一是该申请应符合《专利审查指南》明确界定的绿色技术的范围；二是专利申请人应根据《专利法》规定提出现有技术检索，由政府指定的专门检索机构出具权威检索报告；三是申请人须使用电子申请程序。

日本特许厅自 2009 年 11 月起开始将"绿色发明专利申请"纳入专利加速审查和加速复审系统（Accelerated Examination and Accelerated Appeal Examination System）。日本规定，绿色发明是指具有节能效果、有助于减少二氧化碳排放的发明。申请加速审查免费，但申请程序需在日本境内进行。要求提交一份书面说明，公开现有技术文档。申请人还须进行现有技术检索，并说明所要求保护的发明与现有技术之间的差异。个人和中小企业申请人则不需要进行现有技术检索，仅简单披露其所知的任一在先技术即可。该制度将"绿色申请"的实审周期由原平均 29 个月大幅缩减为约 2 个月。

美国也曾开展过绿色专利的快速审查试点。但 USPTO 认为，专利的审查质量和审查速度同样关键，必须保证专利的审查质量，防止垃圾专利横行反而阻碍绿色技术的发展。美国绿色技术试点项目的适用条件非常严格，必须具备七个条件才能申请适用"绿色技术"试点项目。这些条件对适用的专利种类、专利申请的时间、向项目提交申请的时间，以及专利的权利要求项数等都做了严格限制。另外，USPTO 虽然没有对于什么是"绿色技术"作出明确规定，但是列出了绿色技术专利分类号，专利申请必须要落入规定的绿色技术专利分类号才能适用"绿色技术"试点项目（陈琼娣，余翔，2013）。但是，目前美国已经取消了针对绿色专利技术的专项快速审查项目，并提供了更广泛适用的 Track 1 项目。

我国国家知识产权局于 2012 年 6 月 21 日发布了《发明专利申请优先审查管理办法》（第 65 号），并于 2017 年进行了修改。2017 年 8 月 1 日，新修改的《专利申请优先审查管理办法》（第 67 号）正式施行。新办法主要进行了三个方面的修改。一是扩大优先审查的适用范围，包括实质审查阶段的发明专利申请，实用新型和外观设计专利申请，发明、实用新型和外观设计专利申请的复审，发明、实用新型和外观设计专利的无效宣告。二是完善优先审查的适用条件，可申请优先审查的专利申请和复审案件有六类：（1）涉及节能环保、新一代信息技术、生物、高端装备制造、新能源、新材料、新能源汽车和智能制造等国家重点发展产业；（2）涉及各省级和设区的市级人民政府重点鼓励的产业；（3）涉及互联网、大数据、云计算等领域且技术或者产品更新速度快；（4）专利申请人或者复审请求人已经做好实施准备或者已经开始实施，或者有证据证明他人正在实施其发明创造；（5）就相同主题首次在中国提出专利申请，又向其他国家或地区提出申请的该中国首次申请；（6）其他对国家利益或者公共利益具有重大意义需要优先审查。三是简化优先审查办理手续。不再要求提交检索报告，请求人仅需提交现有技术或现有设计信息材料。在某些情况下，不再需要国务院相关部门或者省级知识产权局签署推荐意见。

7.2 我国的知识产权审查政策

7.2.1 审查指南

我国知识产权《审查指南》主要包括《专利审查指南》和《商标审查指南》。《专利审查指南》是《专利法》及其实施细则的具体化，是专利局和专利复审委员会依法行政的依据和标准，也是申请人、审查员和相关当事人在专利申请审查复审无效各个阶段应当遵守的规章。1985 年 4 月 1 日，我国颁布《专利法》及其实施细则，原中国专利局发布了《专利审查指南》。1992 年、2000 年和 2008 年，我国对专利法规进行了三次修改，2015 年启动了第四次修改。为适应新的形势需要，适应我国对专利法规的修改，我国对《审查指南》进行了多次修改。现行《专利审查指南》正文共分五个部分：第一部分是初步审查，第二部分是实质审查，第三部分是进入国家阶段的国际申请的审查，第四部分是复审与无效请求的审查，第五部分是专利申请及事务处理。第一、二、四部分按专利申请的审批流程顺序排列，第三部分为进入国家阶段的国际申请审查的具体规定，第五部分为适用各程序的通用规则。其中第二部分实质审查包括不授予专利权的申请、说明书和权利要求书、新颖性、创造性、实用性、单一性和分案申请、检索等审查、实质审查程序、涉及计算机程序的发明专利申请审查的若干问题、关于化学领域发明专利申请审查的若干规定。

《商标审查准则》是商标评审案件审理的重要依据。1994 年，国家工商总局商标局制定了《商标审查准则》，为商标评审案件审理提供了重要的工作依据。2005 年 12 月，商标局根据《商标审查准则》并结合商标审查实践，在参考美国、法国、丹麦、欧盟等国家或地区的商标审查标准，进行广泛讨论和征求国内外意见的基础上发布了《商标审查与审理标准》。2015 年，面对新常态下的趋势变化和热点，结合新《商标法》、新《商标法实施条例》，以及相关配套法规实施中出现的新情况、新问题，商标评审委员会开展了《商标审查及审理标准》的修订工作，经过征求各方面的意见和建议，召开专家座谈会等，在2016 年形成了新的《商标审查及审理标准》。《商标审查及审理标准》包括七个部分的内容，分别为不得作为商标的标志的审查、商标显著特征的审查、商标相同近似的审查、立体商标的审查、颜色商标的审查、集体商标和证明商标的审查、特殊标志的审查。

7.2.2 审查质量建设

国家知识产权局采取了各种措施提升专利的审查质量。1994 年，原中国专利局成立了审查业务管理部，同时建立了审查指南及质量检查处，全面负责质量管理。1995 年，首次明确了及时发现问题、解决问题、统一审查标准的指导思想，提出了将质量检查与质量评价结合进行管理的理念。同时，成立了局质检组，形成了局、部、处三级质量管理模式，建立了一套科学、合理、具有中国特色的全流程审查质量管理体系。2004 年，国家知识产权局在全局范围内遴选了一批专利审查质量管理专家，首次组建了一支直接对国家知识产权局主管副局长负责的专职局级质量检查组。2005 年 10 月，正式成立审查业务管理部质量控制处，全面负责审查质量管理工作，从此国家知识产权局审查质量管理驶入了科学化和规范化的轨道。2007 年，国家知识产权局建立了一套包括受理、初审、实审、复审等八个流程的专利质量审查指标体系，该指标体系包括时间性、正确性、一致性、安全性、舒适性和经济性六个方面的指标。

中国《发明专利申请实质审查质量检查标准》确定了专利审查质量主要指标，包括：未进行必要检索比率、驳回不符合听证原则比率、XYER 文献漏检率、A 类文献认定错误率、文本错误率、审查意见错误率、审查意见缺陷率、授权严重错误率、授权缺陷率、驳回错误率、驳回缺陷、审查意见不明确性比率、驳回决定不确定性比率、不符合程序节约原则、案卷不完整、电子文档不完整、XYER 文献无效、事务处理错误。此外，《复审请求审查质量检查标准》《无效请求审查质量检查标准》则将文档完整性、审查文本、审查意见、审查决定、程序正当性和事务处理等内容作为质量标准，并按照《专利法》及其实施细则的法律条款详细设置了考察指标❶。2008～2013 年，中国专利审查质量社会公众满意指数逐年上升，2013 年达到 81.8%，优于 2012 年的 81.6%。

国家工商行政管理总局商标局于 2005 年 12 月 31 日颁布了《商标审查及审理标准》，并于 2017 年 1 月 4 日发布了修改后的《商标审查及审理标准》。实施《国家知识产权战略纲要（2008～2020 年）》以来，商标局采取多种措施提升商标注册审查质量。2008 年就将原监督管理处调整为审查质量管理处，具体承办审查质量管理的各项工作；成立了由副局长任组长的审查质量领导小组，还成立了由 22 名审查经验丰富、责任心强的审查员组成的质检组，制定了《商标审查质量管理暂行办法》《商标审查质量检查评价标准》。2016 年，商标局建立了处级干部和业务骨干审查协作中心轮流现场业务指导制度，制定了《商标注册申请实质审查质量抽检管理办法》，组织了对新入职审查员审查业务授课，组织独任审查员资格考试，加大商标审查协作中心的独任审查比例，进一步缩短商标审查周期，不断提高商标审查的质量。

7.3　计算机互联网领域专利审查政策

7.3.1　计算机互联网发明创造

20 世纪以来，以信息技术为代表的第三次科技革命及其引发的产业革命极大地促进了全球经济的发展。1997 年亚洲金融危机后，以计算机、电信、生物、超微和可替代能源五个方面技术为代表的新技术极大地推动了新经济的发展。

表现为互联网经济、大数据经济、生物经济和以金融业为代表的现代服务业经济等的新经济以技术革命和技术集聚为基础，很大程度上是科学技术的群体性突破和科技成果大规模应用的结果。历史发展已经证明，随着此轮新经济的发展，科技成果大量出现，创新型企业总量急剧增加，对知识产权保护不断提出新的要求，具体表现为发明创造的可专利范围不断扩大，商业模式等非实体发明创造作为可专利主题，著作权跨入了电子版权时代，计算机软件被纳入著作权保护范围，以互联网为代表的新媒体著作权保护也日益受到重视。

信息通信技术和互联网技术发展的关键是软件技术开发，软件包括计算机程序及其有关文档，并以计算机程序为核心。授予包含计算机程序的计算机软件有关发明创造专利权是激励发明者进行创新的最有效经济工具，它能够保证发明者在信息通信和互联网技术的研究开发投资得到回报（Mazzoleni，R. and Nelson，R.，1998）。由于信息通信产业企业的产品很容易被复制，传统的著作权保护只是保护了文字表达的形式，不能够保护创意，而专

利保护就较好地保护了计算机软件的创意，因此成为当前世界主要国家最重要的激励手段。

近年来，随着互联网经济和通信技术的快速发展，新商业模式不断涌现，互联网经济已成为我国乃至全球新经济发展的重点。2014 年 3 月 13 日，党中央国务院发布《关于深化体制机制改革加快实施创新驱动发展战略的若干意见》，明确要求"研究商业模式等新形态创新成果的知识产权保护办法"。2015 年 12 月 18 日，国务院发布《关于新形势下加快知识产权强国建设的若干意见》（国发〔2015〕71 号），提出要"研究完善商业模式知识产权保护制度"；"加强互联网、电子商务、大数据等领域的知识产权保护规则研究"。2016 年 6 月 28 日，国务院印发的《"十三五"国家科技创新规划》（国发〔2016〕43 号）提出"研究商业模式等新形态创新成果的知识产权保护办法"。2017 年 1 月 20 日，国务院办公厅发布《关于创新管理优化服务培育壮大经济发展新动能加快新旧动能接续转换的意见》（国办发〔2017〕4 号），也提出"研究完善新模式新业态创新成果保护制度，探索在线创意、研发设计、众创众包等新领域知识产权保护新途径"。但我国一直没有制定和发布商业模式创新知识产权保护的具体政策。

7.3.2 美欧软件与商业方法专利

7.3.2.1 软件专利与审查

1981 年，美国联邦最高法院在对 Diamond V. Diehr 一案作出判决后，美国专利商标局（USPTO）正式公布了有关涉及计算机程序的发明专利申请的审查标准。1989 年，美国专利商标局在《数学计算和计算机程序专利申请 1989》（*Patenting Mathematical Algorithms and Computer Programs* 1989）中公布了助理律师 Lee E. Barrett 关于数学计算和计算机程序相关发明可专利性问题的研究。1995 年 4 月 26 日，因为受 Alappat 一案的直接影响，USPTO 宣布包含在有形载体（如软盘）之上的计算机程序符合美国《专利法》第 101 条关于可专利性的要求，开始将涉及计算机程序的载体或介质纳入可专利主题范围中。1995 年 6 月 2 日，USPTO 制定了《与计算机有关发明的审查指南》。1995 年 10 月 3 日，USPTO 又对新指南进行了相关的法律解释，并于 1996 年 3 月 29 日实施。2000 年 2 月 1 日，USPTO 公布了修改的《专利审查程序手册》（*Mannual of Patent Examinition Procedure*），其中 2106 部分是关于《计算机相关发明专利主题》（*MPEP 2106 - patent subject matter - Computer Related Invention*）的规定。

该部分规定，商业方法专利申请审查不单独规定，与其他涉及计算机程序的软件发明申请一样，采用同样的审查标准和程序。在计算机软件和商业方法创造性标准上，该部分作出了详尽规定，强调了在审查软件专利的创造性时需要遵守的步骤：第一步，审查员应判断申请主题是否是法定的保护对象。要成为法定保护的对象，必须限制在技术领域中关于抽象思想或数学计算的实际应用中，能够产生具体的、有形的和有用的结果，无论是装置或是方法，必须能实际应用。

第二步，审查员应当评价申请主题是否符合 35 U.S.C 112 第一段和第二段的规定，说明书应当充分进行描述和公开。其中权利要求应当具有准确性和独特性，只有手段加功能限制才能够达到这个要求。例如：（1）可编程计算机具有独特的硬件或者硬软件的执行功能；（2）逻辑电路或可编程计算机其他部件在程序控制下执行一系列具体的能识别的操作；

（3）用可执行指令解码的计算机存储器表达计算机程序，能使计算机以特殊方式实现功能。

第三步，审查员应当确定申请主题的权利要求是否符合 35 U. S. C 102 和 35 U. S. C 103 的规定。评价权利要求是否符合 35 U. S. C 102 和 35 U. S. C 103 的规定应当从比较发明申请主题与现有技术开始，如果两者没有差别，则认定缺乏新颖性；如果有差别，还应当根据具有普通技术能力的人员来确定这些不同；如果涉及计算机程序的发明权利要求不是显而易见的，则应认为它符合 35U. S. C 103 的规定。

对于一项软件专利来说，非显而易见性的审查同一般专利申请的审查一样，首先要看是否符合 Graham v. John Deere 测试的要求。1969 年，美国最高法院在 Graham v. John Deere 案中判断显而易见性与非显而易见性时所采用的方法是：（1）确定现有技术的范围和内容；（2）弄清楚现有技术和本申请权利要求的差异；（3）确定相关领域普通技术人员的水平；（4）评价再考虑的证据，需再考虑的证据有意想不到的结果、商业上成功、问题长期没有解决、其他人失败、复制、对专家怀疑、许可等，审查员必须逐案进行研究。之后，最高法院重申并依赖该测试方法确定非显而易见性。在 Sakraida v. Ag Pro 公司案、Anderson´s Black Rock v. Pavement Salvage 案中，最高法院认为在 Graham v. John Deere 测试后还要判断申请主题是否具有"新的和不同的功能"和组合发明是否具有"协同结果"❶。

7.3.2.2 商业方法软件可专利性

1893 年 6 月 29 日，John T. Hicks 获得了美国 500071 号专利，该专利的名称是"现金注册和账户检查的方法和装置"。虽然该专利后来被宣告无效，但它却是最早的商业方法专利。如果一个商业方法能够产生有用的和具体的结果，则该商业方法软件是具有可专利性的，变化过程即使没有有用性也具有可专利性（Wright，2016）。在 Pension Benefit 一案中，欧洲专利委员会指出："在本案中所要回答的问题是权利要求是否表达了从事商业活动的方法本身。如果该方法本身具有技术性或者说具有技术特征，它仍然是从事商业活动的方法，但已经不是商业活动方法本身了。"

商业方法专利应当具有一定的价值，而价值不高的发明不应当授予专利权。例如，1999 年 9 月 29 日，美国 Amazon 公司获得了专利号为 5960411 的美国专利，即一次点击专利技术，该技术是一种在线购物工具，该技术的服务器计算机上存储有客户账户信息，用户在购买时不用每次重新进入，即可实现在线订购。美国专利商标局授予该公司专利权后，即遭到美国 Barnes 和 Noble 公司及几千个自由软件开发者的公开批评。反对者认为，一次点击技术只是用 cookies 来保存客户信息，只是 cookies 的小应用，价值不高，而且这些应用在 1999 年之前就已经存在（Linn A.，2001）。经过多次的攻防，该专利在 2010 年还是被美国联邦最高法院维持了专利的有效性。

除上述要求外，欧美关于商业方法可专利性问题的研究主要使用判例法，比如欧洲专利局认为 EP 771 280 的探测 ABS 控制单元正常性能的发明可以授予专利权，而 EP1139245 的关于纪律控制的方法不能授予专利权。1996 年美国国会的《2001 商业方法促进法案》修正案还排除了外科中实现的商业方法的可专利性。

---

❶ M. P. E. P. Section 2141, 35 U. S. C. 103. The Graham Factual Inquiries. http：//www. bitlaw. com/source/mpep.

美国涉及计算机软件的发明专利保护制度经历了完全不予保护、有条件（从严）保护、State Street Bank 案审查标准放宽、Bilski 案使审查标准重新收紧、Alice 公司诉 CLS 国际银行案后进一步提高审查标准等阶段，标准的严宽完全由经济杠杆操控，均以保障美国经济健康发展为宗旨。2014 年 8 月，美国联邦最高法院对持续多年的 Alice 公司诉 CLS 国际银行一案作出判决，Alice 公司的权利要求不具备可专利性。美高院对 Alice 公司作出终裁，软件专利申请可专利性标准再度收紧，美国专利商标局针对软件专利的严格审查使美国在软件相关专利方面的立场更加接近欧洲。美国对于计算机软件可专利性的从严控制不但打击了"专利流氓"公司，而且使得计算机软件企业可以更加高效、便捷地进行专利诉讼，维护自身权益，大大推动了该类企业的运营与发展。

日本特许厅于 2000 年 2 月发布了商业方法专利政策（Policies Concerning Business Method Patents），这是一个综合性的商业方法专利政策。一是明确了审查标准。规定了可专利的商业方法发明的要求，修改了软件相关发明的审查指南并征求意见。明确判断创造性的标准。对于商业领域相关专利申请相关公知常识和计算机技术知识，通过公知手段和方法组合容易想到的发明不能申请专利。二是商业相关领域更宽范围数据收集。扩大和改进涵盖商业领域的软件数据库作为在先技术信息，以判断商业方法相关发明的新颖性和创造性。1997 年建立的数据库有 96000 份文件，其中 12000 份是商业相关文件。特许厅要求经济组织和企业包括财务保险企业提供在先文件。特许厅与第三边专利局开展了在先技术信息合作。三是为用户提供友好的在先技术检索系统。针对电子商务、银行/保险、财务和支付，以及各种管理操作建立新的分类体系和 IPC 子分类体系。对电子商务技术，包括电商兼容技术和引用，建立使用跨门类分类（ZEC）。四是利用专家和发展审查员。将外部专家作为咨询人员，扩大审查员学习专业课程的机会。五是借鉴美、日、欧三方专利局的实践经验，如开展可专利性判断的国际比较。六是商业方法专利的信息发布与解释。不仅通过其网站和解释会议努力传播商业方法专利的信息，还利用各种机会解释其政策。

7.3.3 中国软件与商业方法专利

7.3.3.1 审查指南

在中国，计算机软件相关发明和商业方法专利的申请、审查除了必须符合中国《专利法》和专利法细则的规定之外，还要符合《专利审查指南》的规定。《专利审查指南》第九章较详细规定了"涉及计算机程序的发明专利申请审查的若干问题"。

随 1985 年中国《专利法》一起诞生的《专利审查指南》对含有计算机软件的发明专利的审查条件做了相当严格的规定，即只有能使计算机结构或电子数据处理设备发生变化，使其硬件技术发生相应变革，并引起机器设备在技术上有新的创造性改进的计算机程序才可以得到专利保护。也就是说，如果软件获得了专利权，那么它一定是作为硬件的附属物随硬件得到的权利，单独的软件是不可能获得专利权的。

在《专利法》第一次修改后，原中国专利局于 1993 年 4 月 1 日颁布了新的《专利审查指南》，对不授予计算机程序相关发明专利权的条件做了相应修改。新《专利审查指南》放宽了对软件获得专利权的条件，但是"技术方案"与"技术效果"两要素的结合仍然是判断是否给予含有计算机程序发明以专利权的标准。这一标准与美国 1981 年颁布的《专利审查指南》的原则基本相似。为了配合《专利法》第二次修改，我国于 2001 年 10 月 18 日发布了修改后的《专利审查指南》。修改后的《专利审查指南》对计算机软件发明的审查标准没有明显改变，基本上保持原来的立场。在可专利主题上仍然强调：当一件涉及计算机程序的发明专利申请是为了解决技术问题、利用了技术手段和能够产生技术效果时，表明该专利申请属于专利保护的主题。2016 年 10 月 26 日，国家知识产权局发布《关于就〈专利审查指南修改草案（征求意见稿）〉公开征求意见的通知》，对《专利审查指南》进行了新修改。2017 年 2 月 28 日，国家知识产权局《关于修改〈专利审查指南〉的决定》（第 74 号）发布了修改后的《专利审查指南》。此次修改主要包括三个方面。一是明确商业方法发明的可专利性，二是放宽商业方法发明专利申请装置类权利要求的撰写要求，程序也可作为组成部分。三是将计算机程序流程步骤对应的装置权利要求的功能模块改为程序模块。

《专利审查指南》第九章规定了"涉及计算机程序的发明专利申请的审查"原则。第九章主要包括四个部分。第一部分给出了涉及计算机程序发明和计算机程序等的定义；第二部分主要是关于涉及计算机程序的发明的可专利性规定；第三部分规定了可授予专利权的涉及计算机程序的发明的主题范围；第四部分是《专利申请说明书》和《权利要求书》的撰写规定。

《专利审查指南》第二部分是涉及计算机程序的发明专利申请的审查规定，2.1 是不属于专利权的涉及计算机程序的发明专利申请的规定，其中计算机程序本身、数学公式、不能解决技术问题和不能产生技术效果的发明主题均不属于可专利主题范围。这些不能授予专利权的规定与举例和美国、欧盟、日本《审查指南》的规定基本相同。

第二部分的 2.2 是属于可授予专利权的涉及计算机程序的发明专利申请的规定，在可专利主题范围上，主要从工业控制、计算机内部性能改善、测量、计算机外部数据处理等部分作出规定。主要有：（1）用于工业过程控制的涉及计算机程序的发明专利申请；（2）涉及计算机内部运行性能改善的发明专利申请；（3）用于测量或测试过程控制的涉及计算机程序的发明专利申请；（4）用于外部数据处理的涉及计算机程序的发明专利申请。这一部分关于可专利主题范围与发达国家也基本相同。

我国《专利审查指南》规定涉及计算机程序的发明必须解决技术问题，利用了技术手段和能产生技术效果。如果一件涉及计算机程序的发明专利申请是为了解决技术问题，利用了技术手段和能够产生技术效果，就不应仅仅因为该发明专利申请涉及计算机程序而否定该发明专利申请属于可给予专利保护的客体。例如，将一个计算机程序输入到一个公知的计算机来控制该计算机的内部操作，从而实现计算机内部性能的改进；或者使用一个计算机程序来控制某一工业过程、测量或者测试过程；或者使用一个计算机程序来实现外部数据处理等，这些发明专利申请的主题符合上述要求时都不应被排除在属于可给予专利保护的客体范围之外。当一件涉及计算机程序的发明专利申请是为了解决技术问题，利用了技术手段和能够产生技术效果时，表明该专利申请属于可专利的主题范围。

7.3.3.2　商业方法专利

商业方法是指为处理或解决经济管理活动或事务所采用的模式或规则，商业方法软件专利是指包含为处理或解决经济管理活动或事务利用计算机软件及网络实现的专利。商业方法专利大多是通过计算机系统实现的（康琳，2004），计算机系统又都是现有计算机硬件和相关设备组成的，商业方法通常以计算机软件的形式表现和实现。所以，一般将这类与经济管理活动有关的通过计算机实现的软件称为商业方法软件。商业方法软件主要包括三种：第一种是适用于政府管理的电子政务软件，第二种是适用于经营管理的电子商务软件，第三种是能够实现商业方法目的的计算机系统软件。

商业方法专利必须具有有用性，应当叙述产生一个不同事物或状态的转变过程。如果一个商业方法能够产生有用的和具体的结果，则该商业方法软件是具有可专利性的，变化过程即使没有有用性也具有可专利性（Bradley Wright，2006）。商业方法软件必须具有技术效果，即能够产生技术效果，没有技术效果或者对现有技术没有技术贡献的商业方法专利不能授予专利权。欧洲专利法审判委员会根据对多个案例的审理实践认为，对现有技术有创造性技术贡献的有技术内容并能够实施的发明具有可专利性，而对现有技术没有技术贡献，或者即使有贡献但该贡献不是新的或具有创造性的商业方法软件不具有可专利性❶。

国家知识产权局发布的《关于修改〈专利审查指南〉的决定》明确了商业方法发明的可专利性。该文件指出："涉及商业模式的权利要求，如果既包含商业规则和方法的内容，又包含技术特征，则不应当依据《专利法》第25条排除其获得专利权的可能性。"将"仅仅记录在载体上的'计算机程序'"之后增加"本身"，明确规定仅仅是"计算机程序本身"不属于专利保护的客体，而"涉及计算机程序的发明"可以获得专利保护。该文件还放宽了商业方法发明专利申请装置类权利要求的撰写要求，程序也可作为组成部分，在第二部分第九章第5.2节第一段第三句中的"并详细描述该计算机程序的各项功能是由哪些组成部分完成以及如何完成这些功能"修改为"所述组成部分不仅可以包括硬件，还可以包括程序"，将第二部分第九章第5.2节第二段中所有的"功能模块"修改为"程序模块"。

与美欧相比，我国关于商业方法专利的相关法律规定和政策还不够深入、具体，可操作性还不是很强，尤其是在计算机程序相关发明涉及的客观技术问题、非显而易见性、功能性描述材料等方面规定仍存在不足。《专利审查指南》对所涉及计算机程序发明的创造性和实用性的规定也十分不够，关于实用性的要求更是不太深入和具体。这次《专利审查指南》修改虽然明确了商业方法类计算机相关发明的可专利性，但将功能模块改为程序模块并不能真正解决目前存在的功能性模块并非实体装置，功能性技术特征通常存在的不"清楚"等问题。从字面上看"程序模块"不是功能模块，但程序模块实现的仍然是功能和效果，而非程序本身，在实践中还得使用功能性技术特征的方式限定权利要求。但对于步骤类的方法发明来说，程序步骤不等于权利要求的步骤，前者是实现发明目的具体程序步骤，而后者应当是实现发明目的简要的技术特征步骤。因此，这种修改的必要性不够，而且可能造成一些不一致，如与实践的不一致，与最高人民法院《关于审理侵犯专利权纠纷案件应用法律若干问题的解释（二）》的关于功能性特征规定的不一致，与多数国家关于功能性限定规定的不一致。

---

❶ Computer implemented Inventions and Patents Law and Practice at the European Patent Office ［R］. http：// cii. european patent office. org/_pdf/cii_brochure_en. pdf.

因此，我国《专利审查指南》应明确规定涉及计算机程序发明的审查步骤、创造性和实用性的判断标准，增加非显而易见性判断标准，功能性描述材料的规定，给予计算机程序存储介质专利保护，明确程序模块的解释原则。为支持互联网产业和软件产业的创新发展，解决上述功能性特征通常存在的不"清楚"等问题，《专利审查指南》应进一步明确"功能性特征"的内涵，在撰写权利要求时，除要写出模块类装置和步骤的功能、效果和用途的技术特征外，还要写出模块类装置和步骤简要的数据处理步骤的技术特征。

7.3.4 商业模式知识产权保护

商业模式知识产权保护主要有专利保护、著作权保护和商业秘密保护三种保护方式。当前，我国虽然对商业方法发明授予专利权，但与美欧相比，以及与我国经济发展的需要相比，涉及商业模式创新的知识产权制度还存在很多不足。

第一，商业模式专利保护存在不足。我国《专利法》及其实施细则和《专利审查指南》对涉及商业方法专利的规定还存在很多不足。一是我国《专利法》关于创造性的规定是指："与现有技术相比，该发明具有突出的实质性特点和显著的进步，该实用新型具有实质性特点和进步。"而美、日、欧等主要发达国家以"非显而易见性"作为创造性判断标准，发明创造对本专业具有一般技术的人员如果是"非显而易见"的，则具有创造性。虽然我国《专利审查指南》的规定和审查实践中采用的是和美、日、欧基本相同的"非显而易见性"判断标准、步骤与方法，但这会造成我国专利法规和《专利审查指南》关于创造性的规定与判断方法形式上的不一致。由现有规定看，我国专利法规关于创造性的内涵规定并不很清晰，何谓实质性特点，何谓进步，实际上无法准确判断，而且这种规定激励的主要是改进创新和改进专利，而对原始创新和原创专利激励不足。此外，我国专利法规和《专利审查指南》也没有明确定义"智力活动的规则和方法"，在实践中，属于"智力活动的规则和方法"的计算机软件发明加上公知计算机，如果能够涉及解决技术问题就可以申请专利，这也显得过于简单化。其原因是：一方面，许多商业方法发明因为属于"智力活动的规则和方法"而无法获得专利；另一方面，却授予了一些创造性不高的商业方法发明专利。二是与计算机软件和商业模式创新有关的图形界面知识产权保护存在不足，电子化图形界面是属于外观设计专利保护客体还是属于著作权保护客体等缺乏明确的法律规定。

第二，缺乏商业模式和商业秘密保护制度。我国没有制定专门商业秘密保护制度，对商业秘密的保护主要适用《反不正当竞争法》。《反不正当竞争法》规定了侵犯商业秘密的行为和处罚措施。如果与美国的《美国统一商业秘密法》相比可以发现❶，我国关于商业秘密保护的内容过于简单，较多使用责令停止违法行为和罚款两种行政处罚手段保护商

---

❶ 美国 1997 年起草，1985 年修改的《美国统一商业秘密法》给出了不正当手段、侵权、商业秘密的定义，列举了商业秘密的类型，规定了禁令救济、赔偿、律师费用、秘密保全、时效限制等。尤其是对损害赔偿的认定"可同时包括侵占造成的实际损失，和不在实际损失之内的侵占导致被告的不当得利"；"替代其他任何损失计算方法，侵占造成的损失可用对侵权者未经允许披露或使用商业秘密课以支付合理使用费义务来决定"；对存在故意或恶意侵占，"法院可责令被告支付不超过上款中任何赔偿二倍的附加赔偿"；"如果侵占的指挥出于恶意，提出取消禁令请求或拒绝执行禁令出于恶意，或存在故意或恶意侵占，法院可责令向胜诉一方支付其律师费用"。

业秘密，而缺乏损害赔偿规定，而且在保持经营者和员工、前员工利益平衡方面坚持得不够，一些经营者制定范围过宽的商业秘密保护和竞业禁止协议，在一定程度上损害了《宪法》赋予公民的"劳动的权利"。

第三，计算机软件著作权保护方式促进创新不足。首先，当前，计算机软件数量呈爆炸式增长，并且依托互联网、新媒体迅速扩散。但根据《计算机软件保护条例》等规定，计算机软件登记只具有公证功能，而在促进软件技术创新方面作用发挥极其有限。其次，信息公开是促进创新的有效手段，但我国计算机软件著作权登记并不公开软件具体信息，这在较大程度上不利于激励软件科技创新。最后，由于判断"可供选用的表达方式有限"比较困难，我国计算机软件著作权保护法规允许特定条件下的模仿❶，也造成许多重复登记和肆意侵权问题，这更造成了对软件创新的损害。

为了深入实施创新驱动发展战略，激励商业模式创新，我国应进一步完善商业模式知识产权制度，制定商业模式创新知识产权保护政策。本书提出如下政策建议。完善计算机软件专利尤其是商业方法专利审查标准和收费政策。改革发明专利创造性标准，建立与发达国家相同的创造性标准，用"非显而易见性"代替"突出的实质性特点和显著的进步"，并进一步明确有关涉及创造性判断的术语定义。稳步提高创造性审查标准。从国情来看，我国商业模式和商业方法创新速度较快，现代服务业发展迅速，对国外模式的吸收、学习都较为迅速，因此不宜将商业方法专利的创造性标准降低，否则将不利于促进原始创新。另外，我国也不易大幅度提高商业模式和商业方法专利的创造性标准，否则会影响合理的学习和模仿。进一步明确"智力活动的规则和方法"的判定原则和方法。如果是计算机软件发明加上公知计算机，解决技术问题不确定，技术效果不明显，则不能申请专利。明确规定给予计算机软件和商业模式创新有关的图形界面外观设计专利保护。改革专利收费政策。在提高收费标准的基础上，完善费用结构，建立申请阶段费用提高，前期年费较低并逐步提高，后期年费适中的收费机制。

第四，制定商业秘密保护法律制度，激励商业模式创新。从欧美等发达国家来看，计算机软件知识产权保护已经告别了依靠著作权保护的单一模式。我国应适时制定《商业秘密法》，明确商业秘密保护的具体客体，明确规定举证责任、诉前禁令及救济措施、损害赔偿、律师与诉讼费用、商业秘密保全、证据保全、诉讼时效等，尤其是要对故意侵权行为建立惩罚性赔偿制度。

第五，增强计算机软件著作权促进创新功能。应建立计算机软件著作权信息公开机制。除涉及国家安全和社会公共利益需要保密的软件著作权外，对计算机软件可仿照专利申请的公开方式予以公开，如计算机软件自在国家版权局登记之日起满六个月即行公布，国家版权局也可根据软件著作权人的请求，早日公布其申请。删除《计算机软件保护条例》第 29 条中"软件开发者开发的软件，由于可供选用的表达方式有限而与已经存在的软件相似的，不构成对已经存在的软件的著作权的侵犯"的规定，对于只是简单改变计算机软件编程语言的不予软件著作权登记。通过软件著作权公开机制，杜绝重复软件和一些

---

❶ 《计算机软件保护条例》第 29 条规定："软件开发者开发的软件，由于可供选用的表达方式有限而与已经存在的软件相似的，不构成对已经存在的软件的著作权的侵犯。"

小幅改进的软件著作权，可以有效促进计算机软件的创新。

7.4　知识产权审查政策改革

知识产权审查是整个知识产权制度的核心，也是知识产权强国建设的基础。2017 年，我国发明专利申请受理量达到 138.2 万件，已连续 8 年居世界第一位，实用新型专利申请量已占据世界总量的 90% 以上。万人口发明专利拥有量从 2007 年的 0.63 件快速提高到 2017 年的 9.8 件。我国商标申请量达到 574.8 万件，有效注册量达到 1492 万件，已连续很多年居世界第一。然而，我国的知识产权审查工作仍然面临着一些与创新驱动发展战略实施和知识产权强国建设不相适应的地方。

首先，专利审查政策还不能很好地适应创新驱动发展的需要。创新驱动发展的核心是知识产权的高水平、大规模创造和有效运用，但目前我国整体的知识产权质量还不高，不能较好地支撑知识产权的高质量创造和有效转化，急需发挥审查政策对知识产权质量建设的引导作用。我国全球创新引领型企业较少，世界知名品牌不多，产业关键核心专利数量不足，知识产权贸易逆差不断拉大，许多重大工程技术和核心设备依赖于进口，专利有效运用效率长期较低，知识产权对经济社会发展的贡献率还不高。

其次，审查能力还不能很好地适应知识产权数量快速增长的需求。我国《国民经济和社会发展第十三个五年计划》确定了在 2020 年每万人口发明专利拥有量达到 12 件的目标。为实现该目标，我国不仅通过任务分解和考核督查促进地方指标的完成，而且还将专利授权后年费减缴的期限由三年扩展为六年。由此推算，至"十三五"末，我国发明专利申请量有可能比 2015 年增加 1~1.5 倍，发明专利申请量极有可能超过 200 万件。按照目前的审查速度，我国需要增加至少一倍甚至两倍的审查员和审查办公设施，但大幅度增加审查员编制和扩大审查设施都存在较大困难。同时，我国目前发明专利审查周期已降低至 2014 年的 21.8 个月，已居世界最快水平，也很难再有大幅度下降的可能。为实现每万人口发明专利拥有量达到 12 件的目标，要么扩大审查队伍，要么提高审查速度，但这两者是矛盾的。

最后，知识产权费用政策还不能很好地适应知识产权强国建设的要求。有效的审查制度一定是在知识产权私权和促进创新扩散之间保持恰当平衡，以及授予支撑社会经济发展需要的合理数量知识产权的制度。有效的知识产权审查制度必须要有合理的知识产权收费政策、费用减免政策等的支撑。弥补审查成本是制定知识产权收费政策的基本原则，费用过低是导致产生低质量知识产权和知识产权转化运用难的重要原因之一。然而，我国于 2001 年颁布的专利收费政策一直没有修改，而且一直采取降低专利、商标、植物品种等申请费和年费的政策。对小微企业、非营利组织等市场失灵主体实行减免政策也是知识产权收费政策的基本原则，而以前实行对经济困难企事业单位采用费用减缓现在实行减缴的政策在执行中存在一定的困难，也不符合支持市场失灵主体和促进专利实施运用的正向激励的目的。地方的资助和奖励政策也在较大程度上扭曲了知识产权费用政策的效果，只重数量、重复资助的情况还普遍存在，这也是导致我国知识产权质量低和转化难的重要原因之一。

为建设知识产权强国，我国应不断完善专利和其他知识产权审查政策。一是完善知识产权审查标准。应完善《专利审查指南》关于专利质量的术语、概念的规定，对说明书"清楚、完整"，权利要求书"清楚、简要"，和"普通技术人员"等概念进行进一步明确，并给出充足的例子。应研究建立我国的专利创造性判断方法，使我国创造性判断标准"突出的实质性特点和显著的进步"与国际上常用的"非显而易见性"一致。应建立申请人和审查员必须将检索报告写入专利文件现有技术，并将检索报告向全社会公开的制度。

二是优化知识产权费用政策。根据审查成本，参考国际经验，应适时提高知识产权收费标准，并优化费用结构。应坚决破除唯数量论的认识误区，建立通过知识产权费用政策调节知识产权数量和质量的机制。应根据知识产权支撑经济社会发展的需要，近阶段提高专利商标等的申请阶段费用，适当降低维持阶段费用。在现在减缴政策基础上，应建立对小企业实际费用减半、微型企业减免幅度加大的知识产权费用减免制度，建立针对企事业单位新型内部知识产权管理运营机构的知识产权费用减免制度，建立针对转化实施知识产权的费用减免制度。应引导优化地方政府完善知识产权资助和奖励政策，将资助和奖励的重点转向高水平、可转化和可形成组合的专利等知识产权。

三是改进知识产权审查质量保障体系。我国应成立跨审查业务部门的专利商标质量保障机构，建立知识产权审查质量两级保障体系。应制定知识产权审查质量手册或指南，建立内部与外部质量抽样制度，建立专利、商标审查质量指标体系，并适时向社会公布审查质量指数。应建立审查员到研究机构或高校定期学习的制度，和与代理人、知识产权法官之间交流学习的制度。应加强对知识产权代理服务机构的指导、监督和奖惩，建立知识产权代理机构和代理人质量管理监测体系，提高知识产权文件的撰写质量。

7.5 小　结

本章梳理了主要国家知识产权审查政策的动向和审查质量管理体系建设进展，研究了我国知识产权审查政策和审查质量建设政策。重点研究了计算机和互联网相关领域发明审查政策，尤其是商业模式创新的知识产权保护政策，提出了知识产权审查政策改革建议。

完善知识产权审查政策，第一，要建立和完善知识产权审查标准，这是知识产权审查政策的基础。在充分借鉴其他主要国家知识产权审查标准和质量体系建设成功经验的基础上，根据我国科技创新和产业发展的实际，优化知识产权审查质量政策，编制知识产权审查质量手册，要明确涉及知识产权质量的有关概念、术语和方法，明确知识产权审查质量管理体系建设，以及审查质量处理的程序和争议处理。

第二，要构建和改进知识产权质量保障体系。在原有工作的基础上，要优化内部知识产权审查质量组织机构和人员队伍，重点加强知识产权审查质量抽查制度、专家评议制度、复议制度建设。还要及时建立合理的知识产权审查质量指标体系，重点指标应包括文献检索、一通、质量抽查、复审等数据，并适时向社会公布知识产权审查质量指数。

第8章 知识产权创造激励政策

创造高质量的知识产权，有效运用知识产权，必须加强对知识产权创造过程中各类参与主体的激励，重点是单位和职务发明人的激励。激励单位和个人的职务知识产权创造，需要制定和完善包括知识产权归属政策、知识产权费用减免政策、发明人奖励报酬政策等。各种创造激励政策必须兼顾国家、单位、个人等各方的利益。

8.1 主要国家知识产权归属政策

8.1.1 主要国家知识产权归属政策

知识产权权利归属政策是最重要的知识产权创造激励政策。许多国家通过在知识产权法、劳动法中规定知识产权归属，或者制定专门职务发明立法保障职务发明人的权益，但都坚持利益平衡和促进创新的原则。许多国家规定，雇员产生的职务发明必须向单位进行披露。如挪威、芬兰、丹麦、瑞典、德国、瑞士、奥地利、匈牙利、捷克、法国、俄罗斯、葡萄牙、斯洛文尼亚、希腊、罗马尼亚、以色列、韩国等都规定了发明披露制度。许多国家规定，雇员产生的职务发明必须向单位让渡，如果单位取得其职务发明，应根据法规或者合同给予雇员补偿。如瑞士发明法案规定，发明人虽然可以在报告之前申请专利，但应将工作中完成的发明授予雇主。在列支敦士登，职务发明人应将发明向雇主报告并将权利让渡给雇主，但发明补偿是强制性的，主要根据发明的价值、雇员的责任与地位、雇员与第三方的贡献，以及内部设备的使用确定（Rebel, 1993）。日本《特许法》也规定，雇员应将发明知识产权的权利让渡给雇主，雇员拥有非排他实施的权利，他并不必然能获得补偿，补偿主要根据实现的合同或者协商确定，雇主如果要获得职务发明的专利权或者独占实施权，必须通过合同约定而且必须向雇员支付合理的报酬，只有在雇主获得独占许可权的情况下，雇员才有获得合理报酬的权利（Yano, 1992）。在美国和加拿大，发明人申请专利然后让渡给雇主。权利让渡给雇主的条件主要是根据合同约定，发明人没有法律权利获得补偿，但补偿也可以根据合同约定。在没有合同约定的情况下，雇主做好了实施发明的工作的，雇主获得的是默示的使用权（Shop Right），作为雇主获得非独占许可的交换，雇主给发明人一美元象征性的许可补偿（Leptien, 1996）。法国工业产权法典规定，单位拥有将职务发明申请和获得工业产权的权利，对于"利用了本单位物质技术条件"但既非本职工作要求，也不是履行单位在本职工作之外分配的任务完成的发明，单位有权利在发明报告给单位后四个月内要求获取该发明的专利所有权或者优先许可权，同时给雇员以"合理的"补偿（Baudras，2013）。德国《雇员发明法》规定，职务发明获得知识产权的权利并不直接属于单位，而是通过披露程序由单位进行选择，单位可以选择对该职务发明拥有无限权利，拥有知识产权，否则职务发明则转化为自由发明，申请知识产权的权利属于发明人。

还有一些国家实行的是职务发明制度、混合发明制度。如英国规定，雇员完成的获得专利的发明创造属于雇主，如果专利对雇主具有显著受益，则雇主应向雇员支付合理的报酬。巴西将发明分为职务发明、自由发明和共有发明三类。除非在合同中明确约定，否则"利用了本单位物质技术条件"的专利权由发明人和单位共同拥有，即分享权利（Baudras，2013）。比利时也将发明分为职务发明、自由发明和混合发明三类，对于"利用了本单位物质技术条件"的发明称为混合发明，但由于是实行判例法，比利时并没有对混合发明的权利归属作出明确规定（Peberdy and Strowel，2009）。

也有部分国家法律规定了显失公平的发明归属条款无效的规定。如西班牙规定，发明前约定放弃非职务发明的协议无效；芬兰规定，限制雇员离职一年以上的发明无效；希腊则规定，限制发明方申请专利和实施的协议无效；日本规定，事先约定使用者对非职务发明设置相关专利权和实施权的协议无效；韩国规定，约定非职务发明的专利权等实现转让给雇主或授予独占许可的条款无效。

8.1.2 职务知识产权归属

知识产权权利包括财产权利和精神权利。在财产性权利方面，我国实行职务发明优先原则，现有法律政策都规定了职务发明权利归单位所有的条款或内容。知识产权财产性权利归属大致分为三类。

第一类是职务知识产权归属。职务知识产权优先归单位。虽然知识产权属于人权的范畴，但创新的主体是企业家而非发明人。因为只有单位才拥有各类资源，能将知识产权和其他要素组合开展有目的性的知识产权研发创造和知识产权运用活动，所以我国采用了职务发明归单位所有的原则。许多国家规定雇员的职务发明需要让渡给单位。我国《专利法》首先坚持的是职务发明原则。现行《专利法》第 6 条规定了职务发明及其权利归属，职务发明的知识产权归承担单位。"执行本单位的任务或者主要是利用本单位的物质技术条件所完成的发明创造为职务发明创造"；"职务发明创造申请专利的权利属于该单位；申请被批准后，该单位为专利权人"。《专利法实施细则》第 12 条还详细规定了职务发明的情形，执行本单位的任务所完成的职务发明创造是指：（1）在本职工作中做出的发明创造；（2）履行本单位交付的本职工作之外的任务所做出的发明创造；（3）退休、调离原单位后或者劳动、人事关系终止后一年内做出的，与其在原单位承担的本职工作或者原单位分配的任务有关的发明创造；本单位包括临时工作单位，本单位的物质技术条件是指本单位的资金、设备、零部件、原材料或者不对外公开的技术资料等。

在坚持职务发明权利归属基本精神不变的情况下，为了促进企事业单位科研条件和基础设施的开放，国务院法制办公布的《专利法修订（草案）》（征求意见稿）完善了职务发明认定的条件，将"执行本单位的任务或者主要是利用本单位的物质技术条件"改为"执行本单位的任务"，因此第 6 条规定，"执行本单位的任务所完成的发明创造为职务发明创造；职务发明创造申请专利的权利属于该单位；申请被批准后，该单位为专利权人"；"申请被批准后，该发明人或者设计人为专利权人"。

国务院法制办公布的《职务发明条例（草案）》（征求意见稿）也体现了职务发明优先的原则。该条例规定："在本职工作中完成的发明"和"履行单位在本职工作之外分配的任务所完成的发明"和"退休、调离原单位后或者劳动、人事关系终止后一年内做出的，与其在原单位承担的本职工作或者原单位分配的任务有关的发明"是职务发明，"主要利用本单位的资金、设备、零部件、原材料或者不对外公开的技术资料等物质技术条件完成的发明"也是职务发明。

在坚持职务发明优先原则的基础上，《专利法》还规定了职务知识产权归属遵从约定原则。《专利法》第 6 条第三款规定"利用本单位的物质技术条件所完成的发明创造"，"单位与发明人或者设计人订有合同，对申请专利的权利和专利权的归属作出约定的，从其约定；没有约定的，申请专利的权利属于发明人或者设计人"。《职务发明条例（草案）》（征求意见稿）也规定："单位与发明人可以就与单位业务有关的发明申请知识产权作为技术秘密保护或者公开的权利归属进行约定。"

第二类是财政性科技计划项目知识产权下放。将财政性科技计划项目形成的知识产权下放给承担单位能有效激励知识产权的创造和运用，因此科技法规政策规定了将财政性知识产权下放给单位的政策。科技部于 2000 年 12 月 13 日发布的《关于加强与科技有关的知识产权保护和管理工作的若干意见》（国科发政字〔2000〕569 号）第一次提出，"承担国家计划项目知识产权归承担单位所有"，"除了保证重大国家利益、国家安全和社会公共利益为目的，并由科技计划项目主管部门与承担单位在合同中明确约定外，执行国家科技计划项目所形成科技成果的知识产权，可以由承担单位所有"。

2002 年 3 月，国务院办公厅转发科技部和财政部《关于国家科技计划项目成果知识产权管理的若干规定》（国办发〔2002〕30 号），进一步明确了国家科研计划项目研究成果的知识产权归属，"除涉及国家安全、国家利益和重大社会公共利益的以外，科研项目研究成果形成的知识产权，国家授予项目承担单位；承担单位可以依法自主决定实施、许可他人实施、转让、作价入股等，并取得相应的收益"。还规定："项目承担单位转让科研项目研究成果知识产权时，成果完成人享有同等条件下优先受让的权利。"

2007 年，我国颁布了新修正的《科技进步法》，第一次从法律上规定了财政性科技计划、自然科学基金项目形成的知识产权的归属。《科技进步法》第 20 条规定："利用财政性资金设立的科学技术基金项目或者科学技术计划项目所形成的发明专利权、计算机软件著作权、集成电路布图设计专有权和植物新品种权，除涉及国家安全、国家利益和重大社会公共利益的以外，授权项目承担者依法取得。"该法排除了涉及国家安全、国家利益和重大社会公共利益的知识产权下放问题。

我国根据 2006 年颁布的《国家科学和技术发展规划纲要（2006—2020 年）》设立的 16 个国家重大科技专项的知识产权政策更进一步明确了哪些知识产权归属承担单位。2010 年 7 月 1 日，科学技术部、国家发展和改革委员会、财政部、国家知识产权局印发了《国家科技重大专项知识产权管理暂行规定》，该规定要求："重大专项产生的知识产权，其权利归属按照下列原则分配：涉及国家安全、国家利益和重大社会公共利益的，属于国家，项目（课题）责任单位有免费使用的权利。除上述情况外，授权项目（课题）责任单位依法取得，为了国家安全、国家利益和重大社会公共利益的需要，国家可以无偿实施，也可以许可他人有偿实施或者无偿实施。项目（课题）任务合同书应当根据上述原则对所产生的知识产权归属作出明确约定。"

第三类是合作产生的知识产权归属。在合作中产生的知识产权一般根据合作各方的约定处理，没有约定的一般归完成方或双方所有。第一种合作是研究开发合作。原国家科委于 1994 年 2 月 8 日发布的《国家高技术研究发展计划知识产权管理办法（试行）》就规定，"'863'计划科技成果，除合同另有约定外，专利申请权属于研究开发方"；"研究开发方对不为公众所知悉、能带来经济利益、具有实用性并经采取保密措施的技术秘密，享有非专利技术的使用权和转让权"；"执行'863'计划项目所完成的工程设计、产品设计图纸及其说明、计算机软件等作品的著作权（版权），属于研究开发方"。1999 年颁布的《合同法》第 339 条规定："委托开发完成的发明创造，除当事人另有约定的以外，申请专利的权利属于研究开发人。"《合同法》第 340 条规定："合作开发完成的发明创造，除当事人另有约定的以外，申请专利的权利属于合作开发的当事人共有。"《专利法》第 8 条也规定了合作完成的发明创造的专利权归属："两个以上单位或者个人合作完成的发明创造、一个单位或者个人接受其他单位或者个人委托所完成的发明创造，除另有协议的以外，申请专利的权利属于完成或者共同完成的单位或者个人；申请被批准后，申请的单位或者个人为专利权人。"2015 年新颁布的《著作权法》第 17 条规定了合作完成的作品的著作权归属，"受委托创作的作品，著作权的归属由委托人和受托人通过合同约定。合同未作明确约定或者没有订立合同的，著作权属于受托人"。

第二种合作是转化实施合作。在科技成果转化中也会产生知识产权，《促进科技成果转化法》第 40 条规定，"科技成果完成单位与其他单位合作进行科技成果转化的，应当依法由合同约定该科技成果有关权益的归属。合同未作约定的，按照下列原则办理：（1）在合作转化中无新的发明创造的，该科技成果的权益归该科技成果完成单位；（2）在合作转化中产生新的发明创造的，该新发明创造的权益归合作各方共有；（3）对合作转化中产生的科技成果，各方都有实施该项科技成果的权利，转让该科技成果应经合作各方同意。"

8.1.3　知识产权精神权利归属

在科技人员知识产权精神权利方面，原国家科委于 1994 年 2 月 8 日发布的《国家高技术研究发展计划知识产权管理办法（试行）》（国家科学技术委员会令〔第 18 号〕）规定，执行"863"计划所产生的发现权、发明权和其他科技成果权等精神权利，属于对该项发现、发明或者其他科技成果单独作出或者共同作出创造性贡献的个人，发现人、发明人和其他科技成果完成人有在相关科技成果文件中写明自己是科技成果完成者的权利和取得荣誉证书、奖励的权利。科学技术部于 2000 年 12 月 13 日印发的《关于加强与科技有关的知识产权保护和管理工作的若干意见》（国科发政字〔2000〕569 号）也规定，"承担国家计划项目知识产权归承担单位所有，精神权利归发明人所有"；"执行国家科技计划项目所产生的发明权、发现权及其他科技成果权等精神权利，属于对项目单独或者共同作出创造性贡献的科技人员"。

　　国务院法制办公布的《专利法（修订草案送审稿）》第 14 条规定："发明人或者设计人有权在专利文件中写明自己是发明人或者设计人；专利权人有权在其专利产品或者该产品的包装上标明专利标识。"国务院法制办正在征求意见的《职务发明条例（草案）》第 5 条更加明确规定，"本条例所称发明人，是指对发明的实质性特点做出创造性贡献的人"；"在完成发明过程中，只负责组织或者管理工作的人、为物质技术条件的利用提供方便的人或者从事其他辅助工作的人，不是发明人"。第 8 条规定，"对于职务发明，单位享有申请知识产权、作为技术秘密保护或者公开的权利，发明人享有署名权和获得奖励、报酬的权利"；"对于非职务发明，发明人享有署名权和申请知识产权、作为技术秘密保护或者公开的权利"。

8.1.4　知识产权权利归属政策分析

　　由上述知识产权归属的法规政策来看，我国在财政性科技计划和自然学科学基金项目知识产权归属规定上还有以下四个方面的不足。

　　一是知识产权归属来源不一致。《科技进步法》只规定将财政性科技计划、自然科学基金项目形成的知识产权下放给承担者，没有包括其他类型的国家计划和项目形成的知识产权，更没有包括财政资金设立的企业、高校科研机构自立计划项目形成的知识产权。而《专利法》等知识产权法规则不存在这个问题，凡是职务发明，知识产权都属于单位；如果是高校科研机构、国有企业的，均应当遵守国有资产管理的政策法规规定。

　　二是财政性科技计划和自然科学基金项目知识产权范围规定不一致。《科技进步法》所规定的知识产权并不包括实用新型、外观设计、技术秘密、商标等类型的知识产权，不包括"国家安全和公共利益"计划和项目形成的知识产权，造成知识产权范围不明确。而《专利法》等知识产权法规规定，凡是属于职务发明的知识产权都属于单位，包括了各类知识产权。

　　三是所授予的对象有争议。《科技进步法》所规定的"项目承担者"容易引起争议。有人认为，项目承担者可以是项目负责人，并且以国外多数国家知识产权是发明人自然权利进行解释。实际上，科技创新法规的立法目的是促进科技创新，制定科技创新政策的目的是提高科技创新的效率。而创新理论已经证明，创新的主体是企业家而非发明人个人，只有企业和单位能够将各种创新要素进行组合，能将发明实现商业化。

　　四是知识产权权利行使方式不同。《物权法》第 39 条规定，所有权人对自己的不动产或者动产，依法享有占有、使用、收益和处分的权利。《科技进步法》既然已经将有关知识产权下放到承担单位，那么单位作为知识产权权利人也依法享有占有、处分、使用和收益的权利。由于财政性科技计划和自然科学基金项目知识产权具有国有资产属性，国家在一定条件下可以行使介入权，但介入权仅限于"合理期限内没有实施的"，以及"为了国家安全、国家利益和重大社会公共利益的需要"的知识产权。财政部、科技部、国家知识产权局于 2014 年 9 月 26 日联合下发的《关于开展深化中央级事业单位科技成果使用、处置和收益管理改革试点的通知》（财教〔2014〕233 号）只提及处置、使用、收益，没有包括"占有"，只是活动，不是权利，是不完整的。新颁布的《促进科技成果转化法》规定"国家设立的研究开发机构、高校对其持有的科技成果",可以处置、使用和收益,而不是拥有处置权、使用权和收益权,更是造成了新的不明确。这不仅与《科技进步法》规定不一致,也与《专利法》等知识产权法规的规定不一致。《专利法》等知识产权法规并不存在这方面的问题,单位对职务知识产权可以有占有权、处置权、使用权和收益权,只是需要按照国有资产管理法规进行管理。

为此,我国应修改完善《科技进步法》。一是明确规定承担者是承担单位,而非发明人个人。二是明确规定知识产权是包括发明、实用新型、外观设计专利权,著作权(包括软件著作权)、技术秘密专有权、商标权、地理标记权等类型的知识产权。三是明确规定财政性资金形成的科技创新计划项目形成的涉及国家安全、国家利益和重大社会公共利益的知识产权授予承担单位,承担单位可以处置、使用和收益,但所有权归国家,国家有介入权。四是应明确规定将国家和地方财政性资金设立的各类科技创新类计划和项目形成的各种符合规定的知识产权下放给承担单位。五是规定允许财政性资金设立的国有企事业单位自立项目形成的各类知识产权下放给承担单位。

8.2 科技成果权利下放政策

将科技成果权利下放给承担单位是激励承担单位积极转化科技成果和运用知识产权的重要政策。近年来,为了促进科技成果转化,我国一直坚持将职务科技成果权利进行下放,但权利下放经历了一个反复的过程。2002 年 3 月 5 日,国务院办公厅转发了财政部、科技部制定的《关于国家科技计划项目成果知识产权管理的若干规定》(国办发〔2002〕30 号)。该规定提出,承担单位可以依法自主决定实施、许可他人实施、转让、作价入股等,并取得相应的收益。但由于 2008 年 3 月 12 日财政部印发《中央级事业单位国有资产管理暂行办法》(财教〔2008〕13 号)要求必须"两报两批"和"收入上缴",上述政策并没有得到执行。由于很多人认为上述国有资产管理的规定影响了科技成果转化,2014 年 9 月 26 日,财政部、科技部、国家知识产权局印发了《关于开展深化中央级事业单位科技成果使用、处置和收益管理改革试点的通知》(财教〔2014〕233 号),选择清华大学、北京大学、华北电力大学等 20 家中央级事业单位进行试点,通知要求取消财政部门和单位主管部门所有审批和备案要求,将科技成果转化的权利完全授予试点单位,试点单位可自主采取转让、许可、作价入股等方式转化科技成果。

从 20 家单位的试点情况看,"三权"改革试点政策受到单位、科研管理部门、科技成果转移转化的专业人员和科研人员的普遍肯定和欢迎,科技成果转化的动力明显增强,服务国家经济社会发展的意识明显增强(宗禾,2015)。但科技成果权属关系仍未完全理顺,科技创新的活力还远未得到充分释放,还不能从根本上改变科技成果权属中对科研人员实际贡献认可不足等问题和局限(徐晓阳,2015)。试点中发现的主要问题有八个方面:内部缺乏专业的科技成果转化机构;不同部门间政策规定存在冲突;缺乏相应税收优惠政策;国有科技成果认定不符合研发活动规律;国有资产投资评估不符合市场运行规律;评价体系缺位;科技成果转化沦为附属;对科研人员股权奖励实际操作困难;领导干部存在兼职任职问题。

　　中共中央国务院于 2015 年 3 月 23 日下发的《关于深化体制机制改革加快实施创新驱动发展战略的若干意见》更明确提出，加快下放科技成果使用、处置和收益权，尽快将财政资金支持形成的、不涉及国防、国家安全、国家利益、重大社会公共利益的科技成果的使用权、处置权和收益权，全部下放给符合条件的项目承担单位；单位主管部门和财政部门对科技成果在境内的使用、处置不再审批或备案；科技成果转移转化所得收入全部留归单位，纳入单位预算，实行统一管理，处置收入不上缴国库。中共中央办公厅、国务院办公厅还于 2015 年 9 月 24 日发布了《深化科技体制改革实施方案》，再次明确提出要下放科技成果的使用权、处置权和收益权。

　　为此，全国人大常委会于 2015 年 8 月 29 日新修改的《促进科技成果转化法》第 18 条规定："国家设立的研究开发机构、高等院校对其持有的科技成果，可以自主决定转让、许可或者作价投资，但应当通过协议定价、在技术交易市场挂牌交易、拍卖等方式确定价格。"2015 年 12 月 23 日，财政部印发的《关于进一步规范和加强行政事业单位国有资产管理的指导意见》（〔2015〕90 号）规定："国家设立的研究开发机构、高等院校科技成果的使用、处置和收益权，按照促进科技成果转化等有关规定执行。"

　　但《促进科技成果转化法》和相关政策仍过于谨慎，没有完全解决权利下放问题，国家设立的研究开发机构、高等院校对科技成果只是"持有"而非"所有"，表明财政性科技计划和自然学科学基金项目形成的科技成果及知识产权仍然属于国家所有，是一种国有资产。在此前提下，国家设立的研究开发机构、高等院校对其持有的科技成果，可以自主决定转让、许可或者作价投资，虽然不用进行审批备案和将收入上缴，但并没有明确可以获得财政性科技成果的使用权、处置权和收益权。既然《科技进步法》已经将财政性科技计划和自然科学基金项目形成的知识产权下放给承担单位，单位自然就依法享有占有、处置、使用和收益的权利，也就无须再将科技成果的处置、使用和收益权下放给承担单位。而且，《中央级事业单位国有资产处置管理暂行办法》（财教〔2008〕495 号）第 3 条也已明确规定，中央级事业单位国有资产处置，是指中央级事业单位对其占有、使用的国有资产，进行产权转让或注销产权的行为。

　　科技法规存在忽视或回避知识产权问题。《促进科技成果转化法》规定的科技成果权利下放允许高校科研机构可以自主决定转让许可和作价投资科技成果，仍然把知识产权当作科技成果的一种表现形式。殊不知，产权清晰才是转移的基本条件，知识产权是一种财产权，没有知识产权的科技成果就没有权利，即使是技术秘密，也是一种知识产权，下放的科技成果权利实际就是知识产权的实施权。

　　在开放式创新环境下，一个单位或个人很难拥有整个产品或服务的技术系统的全部知识产权。科技成果转化的是市场可独立销售的产品技术或服务技术，必然涉及不同创新者所拥有的不同知识产权，尤其是专利权的许可问题，实际上就是科技成果知识产权的处置、使用和收益问题。在科技创新速度越来越快，知识产权越来越分散的情况下，知识产权集成难已成为制约科技成果转化的突出问题（宋河发，李振兴，2014）。但目前的科技法规和专利法规均缺乏对解决此问题的规定，《专利法》在修订时虽然尝试建立标准必要专利默示许可制度，但由于存在强制默示许可问题和无法真正构建专利池构建实现"一站式"许可问题，更由于没有建立科技成果及知识产权的所有权与实施权分离制度，知识产权集中管理运营机构无法获得科技成果知识产权的实施权，实现池内相互交叉许可和对外"一站式许可"。

因此，有必要对科技法规政策进行修改完善，尤其是建立科技成果知识产权的实施权制度，将处置权、使用权和收益权统一归为实施权，实现所有权与实施权的分离。这样就可以避开科技成果所有权的纷争问题，也可以基于实施权解决知识产权不能集中管理和"一站式"许可问题。

8.3 知识产权国家介入权

我国许多法规政策规定了职务知识产权的国家介入权，国家介入权包括对财政性科技计划和自然科学基金项目形成的知识产权的无偿实施权和指定实施权。《科技进步法》规定，"利用财政性资金设立的科学技术基金项目或者科学技术计划项目所形成的发明专利权、计算机软件著作权、集成电路布图设计专有权和植物新品种权"，"在合理期限内没有实施的，国家可以无偿实施，也可以许可他人有偿实施或者无偿实施"；"项目承担者依法取得的规定的知识产权，国家为了国家安全、国家利益和重大社会公共利益的需要，可以无偿实施，也可以许可他人有偿实施或者无偿实施"。《专利法（修订草案送审稿）》第80条也规定："国有企业事业单位的发明专利，对国家利益或者公共利益具有重大意义的，国务院有关主管部门和省、自治区、直辖市人民政府报经国务院批准，可以决定在批准的范围内推广应用，允许指定的单位实施，由实施单位按照国家规定向专利权人支付使用费。"

我国财政性资金支持项目形成的知识产权作为一种特殊的国有资产，必然要受到国有资产管理法规政策的管理，这也是国家行使介入权的具体表现。财政部于2008年通过的《中央级事业单位国有资产处置管理暂行办法》第9条规定了"审批备案"的要求，"中央级事业单位一次性处置单位价值或批量价值在800万元人民币以上（含800万元）的国有资产，经主管部门审核后报财政部审批；在规定限额以下的国有资产，由财政部授权主管部门进行审批，并报财政部备案"。第11条规定了中央级事业单位处置规定限额以上的国有资产的程序：（1）单位申报；（2）主管部门审核；（3）财政部审批；（4）评估备案与核准，中央级事业单位根据财政部的批复，委托具有资产评估资质的评估机构对国有资产进行评估，评估结果报财政部或主管部门备案。评估结果按照国家有关规定须经核准的，报财政部核准；（5）公开处置。同时，第33条规定了收支两条线的要求，中央级事业单位国有资产处置收入，在扣除相关税金、评估费、拍卖佣金等费用后，按照政府非税收入管理和财政国库收缴管理的规定上缴中央国库，实行"收支两条线"管理。科技成果转化（转让）收入，按照《国务院办公厅转发科技部等部门关于促进科技成果转化若干规定的通知》（国办发〔1999〕29号）的有关规定，在扣除奖励资金后上缴中央国库。

上述财政性资金项目形成的知识产权的国有资产管理政策，被很多人认为是影响甚至是阻碍财政性科技成果及其知识产权转化的主要问题，要求松绑甚至废止的呼声一直很高。因此，中共中央、国务院于2015年3月23日发布的《关于深化体制机制改革加快实施创新驱动发展战略的若干意见》提出，"结合事业单位分类改革要求，尽快将财政资金支持形成的，不涉及国防、国家安全、国家利益、重大社会公共利益的科技成果的使用权、处置权和收益权，全部下放给符合条件的项目承担单位。单位主管部门和财政部门对科技成果在境内的使用、处置不再审批或备案，科技成果转移转化所得收入全部留归单位，纳入单位预算，实行统一管理，处置收入不上缴国库。"

为了使上述政策法制化，新通过的《促进科技成果转化法》第 18 条规定，国家设立的研究开发机构、高校对其持有的科技成果，可以自主决定转让、许可或者作价投资。《〈促进科技成果转化法〉若干规定》规定，转化科技成果获得的收入全部留归本单位，在对完成、转化职务科技成果做出重要贡献的人员给予奖励和报酬后，主要用于科学技术研究开发与成果转化等相关工作。

实际上，对财政性科技计划项目形成的知识产权进行国有资产管理是行使国家介入权的具体措施，是完全正确的，只是由于没有完全理顺国有资产管理与科技成果转化的关系，没有充分调动单位的积极性，造成了科技成果转化效果一直不好。加强国有资产管理和促进科技成果转化并不矛盾，现行《促进科技成果转化法》虽然很好地解决了该问题，但在实践中，我国关于包括科技成果知识产权的无形资产清产核资和保值增值规定使得科技成果知识产权权利下放受到了限制，国家介入权在一定程度上影响了科技成果转化和知识产权运用。

为了促进科技成果和知识产权的转移转化，需要修改并完善《中央级事业单位国有资产处置管理暂行办法》等国有资产法规政策，将科技成果及知识产权从国有资产清产核资、保值增值要求的审批备案、登记评估等多种束缚性规定中分离出来，不再受这些影响转移转化的规定的约束。

8.4　职务发明人激励政策

除对单位激励外，知识产权创造激励政策主要是对职务科技成果完成人即职务发明人的激励政策，主要包括优先实施政策、兼职和离岗创业政策，以及奖励报酬政策。

8.4.1　优先实施

全国人大于 1999 年 3 月 15 日通过的《合同法》第 326 条规定："法人或者其他组织订立技术合同转让职务技术成果时，职务技术成果的完成人享有以同等条件优先受让的权利。"科技部于 2000 年 12 月 13 日印发的《关于加强与科技有关的知识产权保护和管理工作的若干意见》（国科发政字〔2000〕569 号）明确了职务成果完成人优先实施的条件，文件规定："对于承担单位无正当理由不采取或者不适当采取知识产权保护措施，以及无正当理由在一定期限内确能转化而不转化应用科技计划项目研究成果的，科技计划项目的行政主管部门可以依法另行决定相关研究成果的知识产权归属，并以完成成果的科技人员为优先受让人。"新颁布的《促进科技成果转化法》对优先实施进行了进一步规范，第 19条规定："国家设立的研究开发机构、高等院校所取得的职务科技成果，完成人和参加人在不变更职务科技成果权属的前提下，可以根据与本单位的协议进行该项科技成果的转化，并享有协议规定的权益。该单位对上述科技成果转化活动应当予以支持。"

《专利法（修订草案送审稿）》在两方面激励职务发明专利的优先实施。一是为充分调动发明人、设计人的积极性，促进技术创新，规定了利用本单位物质技术条件完成的发明创造的权利归属适用职务发明优先原则，并规定了适用约定原则。第 6 条第三款规定："利用本单位的物质技术条件所完成的发明创造，单位与发明人或者设计人订有合同，对申请专利的权利和专利权的归属作出约定的，从其约定；没有约定的，申请专利的权利属于发明人或者设计人。"二是为解决国家设立的研究机构、高等院校专利技术转化率低的问题，允许发明人或者设计人在单位怠于实施职务发明创造的情形下根据与单位的协议自行实施，并获得相应权益。第 81 条规定："国家设立的研究开发机构、高等院校自职务发明创造获得专利权之后，在不变更专利权属的前提下，发明人或者设计人可以与单位协商自行实施或者许可他人实施该专利，并按照协议享有相应的权益。"

通过比较可以发现，上述三部法律规定的优先实施条款并不相同。《合同法》规定的是在订立技术合同转让职务技术成果时，职务完成人有优先受让的权利，没有规定不需要支付转让费，职务成果完成人需要支付全部转让费。《促进科技成果转化法》规定的完成人可以根据与单位的协议实施并享有协议规定的权益，并没有规定必须支付科技成果转让费，职务发明人不需要支付转让费，但不能获得全部权利和收益。而《专利法》则规定没有约定的发明创造的申请专利的权利才归职务发明人或者设计人，没有规定专利权可以归发明人或设计人。这就会造成职务发明人可以申请专利，但无法拥有专利权，只有根据与单位协商自行实施或者许可他人实施该专利，并按照协议享有相应的权益。《专利法》也没有规定必须支付专利权使用费，职务发明人可以不支付使用费，但不能获得全部的权利和收益。

8.4.2 兼职与离岗创业

为了给科研人员"松绑"和促进科技成果转化，国务院于 2016 年 3 月 2 日颁布了《〈中华人民共和国促进科技成果转化法〉若干规定》（国发〔2016〕16 号），该文件规定："国家设立的研究开发机构、高等院校科技人员在履行岗位职责、完成本职工作的前提下，经征得单位同意，可以兼职到企业等从事科技成果转化活动，或者离岗创业，在原则上不超过三年时间内保留人事关系，从事科技成果转化活动。研究开发机构、高等院校应当建立制度规定或者与科技人员约定兼职、离岗从事科技成果转化活动期间和期满后的权利和义务。离岗创业期间，科技人员所承担的国家科技计划和基金项目原则上不得中止，确需中止的应当按照有关管理办法办理手续。"

随后，教育部和科技部又于 2016 年 8 月 3 日联合下发了《关于加强高等学校科技成果转移转化工作的若干意见》（教技〔2016〕3 号），其中规定：高校科技人员在履行岗位职责、完成本职工作的前提下，征得学校同意，可以到企业兼职从事科技成果转化，或者离岗创业在不超过三年时间内保留人事关系；离岗创业期间，科技人员所承担的国家科技计划和基金项目原则上不得中止，确需中止的应当按照有关管理办法办理手续；高校要建立和完善科技人员在岗兼职、离岗创业和返岗任职制度，对在岗兼职的兼职时间和取酬方式、离岗创业期间和期满后的权利和义务及返岗条件作出规定并在校内公示。中国科学院和科技部于 2016 年 8 月 24 日联合印发了《中国科学院关于新时期加快促进科技成果转移转化指导意见》（科发促字〔2016〕97 号），鼓励科技人员带着科技成果离岗创业。科技人员离岗创业的，由所在单位合理确定其离岗创业时限，原则上在不超过三年时间内保留其人事关系；离岗创业期满确需延期的，经所在单位同意可适当延长，最多不超过两年；离岗创业期间，离岗创业人员与人事关系所在单位其他在岗人员同等享有参加岗位等级晋升、社会保险、住房、医疗等方面的权利，所在单位与离岗创业人员签订或变更聘用合同，约定离岗创业时限、工资待遇、社会保险、知识产权、技术秘密保护、研究生培养、返回所在单位工作相关事宜、违约责任处理、发生争议处理方式等；为促进科技要素合理流动，中国科学院属单位应按照相关政策制定本单位的规章制度，允许科技人员在适当条件下兼职从事科技成果转移转化，并在兼职中取得合理报酬；各单位应书面约定兼职人员的权利义务，兼职人员须如实将兼职收入报单位备案，按规定缴纳个人所得税。

2016 年 11 月 7 日，中共中央办公厅、国务院办公厅发布了《关于实行以增加知识价值为导向分配政策的若干意见》。该文件明确要求，允许科研人员从事兼职工作获得合法收入；科研人员在履行好岗位职责、完成本职工作的前提下，经所在单位同意，可以到企业和其他科研机构、高校、社会组织等兼职并取得合法报酬；鼓励科研人员公益性兼职，积极参与决策咨询、扶贫济困、科学普及、法律援助和学术组织等活动；科研机构、高校应当规定或与科研人员约定兼职的权利和义务，实行科研人员兼职公示制度，兼职行为不得泄露本单位技术秘密，损害或侵占本单位合法权益，违反承担的社会责任；兼职取得的报酬原则上归个人，建立兼职获得股权及红利等收入的报告制度；担任领导职务的科研人员兼职及取酬，按中央有关规定执行。经所在单位批准，科研人员可以离岗从事科技成果转化等创新创业活动。兼职或离岗创业收入不受本单位绩效工资总量限制，个人须如实将兼职收入报单位备案，按有关规定缴纳个人所得税。

2017 年 3 月，人社部印发《关于支持和鼓励事业单位专业技术人员创新创业的指导意见》，明确了四项支持政策：高校科研机构专业技术人员到企业挂职或者参与项目合作期间，与原单位在岗人员同等享有参加职称评审、项目申报、岗位竞聘、培训、考核、奖励等方面权利；在兼职单位的工作业绩或者在职创办企业取得的成绩可以作为其职称评审、岗位竞聘、考核等的重要依据；离岗创业人员可在三年内保留人事关系；鼓励事业单位设置创新型岗位，实行灵活、弹性的工作时间。

鼓励兼职和离岗创业是促进科技成果转化的好政策，但是在现有科研任务极为饱满甚至繁重的情况下，科研人员很难有时间进行兼职。兼职还需要经过单位同意并将收入上报单位，科研人员碍于面子而进行兼职的可能性也不大。离岗创业更是需要单位制定政策或与科研人员所在单位签订协议约定有关事项，如果单位不予批准，或制定政策不允许离岗创业，或者单位比较强势，科研人员就难以离岗创业。

8.4.3　奖励报酬

知识产权收益奖励报酬政策对激励发明人创造和运用知识产权具有极为重要的作用。法律的明确规定对发明人的产出起到了实质性作用（Harhoff and Hoisl, 2007）。丹麦、挪威、德国、芬兰、瑞典都有明确的法律和政策规定了对职务发明人的奖励报酬。即使是平均工资收入较高的德国，一项在对 1456 名股权的调查中发现，实行职务发明制度具有显著的积极意义，远远大于其负面影响。在认为有积极作用的 920 人中，认为金钱激励效果最大的占 57.2%，认为得到认可的占 16.6%；在认为有负面影响的 437 人中，认为主要是补偿太少的占 33.6%，认为缺乏透明度的占 32%，认为支付奖励报酬延迟的占 15.3%。从我国来看，知识产权奖励报酬政策主要包括知识产权转化收益的现金奖励与股权奖励政策、报酬政策和优先实施政策。

8.4.3.1 知识产权奖励报酬政策

我国法律政策明确了对职务成果完成人的奖励报酬规定，而且经历了一个不断加大奖励报酬力度的过程。《民法规则》第 123 条还规定："民事主体依法享有知识产权。知识产权是权利人依法就下列客体享有的专有的权利：（一）作品；（二）发明、实用新型、外观设计；（三）商标；（四）地理标志；（五）商业秘密；（六）集成电路布图设计；（七）植物新品种；（八）法律规定的其他客体。"科技部于 2000 年 2 月 13 日印发的《关于加强与科技有关的知识产权保护和管理工作的若干意见》（国科发政字〔2000〕569 号）也明确规定："承担单位应当依法落实并保障科技成果完成人员取得相应的经济利益。"

我国不断加大奖励报酬的力度。原国家科委于 1994 年 2 月 8 日发布的《国家高技术研究发展计划知识产权管理办法（试行）》就规定了知识产权收益分配的激励政策：研究开发方在取得专利权后，应当按照《专利法实施细则》规定，对完成该项技术成果的课题组成员发给奖金。研究开发应当从实施或者转让科技成果所获得的收益中提取一定比例作为报酬，支付参加研究开发的课题组成员，实施技术成果的，每年从所得利润纳税后提取 1%~2.5% 支付，或者参照上述比例一次性支付；转让技术成果的，从所获得的使用费中纳税后提取 10%~15% 支付。

现行《专利法》第 16 条规定："被授予专利权的单位应当对职务发明创造的发明人或者设计人给予奖励；发明创造专利实施后，根据其推广应用的范围和取得的经济效益，对发明人或者设计人给予合理的报酬。"《专利法实施细则》则明确了奖励报酬的比例，其中第 77 条规定了奖励的金额，"被授予专利权的单位未与发明人、设计人约定也未在其依法制定的规章制度中规定《专利法》第 16 条规定的奖励的方式和数额的，应当自专利权公告之日起三个月内发给发明人或者设计人奖金。一项发明专利的奖金最低不少于 3000 元，一项实用新型专利或者外观设计专利的奖金最低不少于 1000 元"；"由于发明人或者设计人的建议被其所属单位采纳而完成的发明创造，被授予专利权的单位应当从优发给奖金"。《专利法实施细则》第 78 条规定了报酬的比例，即"被授予专利权的单位未与发明人、设计人约定也未在其依法制定的规章制度中规定《专利法》第 16 条规定的报酬的方式和数额的，在专利权有效期限内，实施发明创造专利后，每年应当从实施该项发明或者实用新型专利的营业利润中提取不低于 2% 或者从实施该项外观设计专利的营业利润中提取不低于 0.2%，作为报酬给予发明人或者设计人，或者参照上述比例，给予发明人或者设计人一次性报酬；被授予专利权的单位许可其他单位或者个人实施其专利的，应当从收取的使用费中提取不低于 10%，作为报酬给予发明人或者设计人"。

《职务发明条例（征求意见稿）》则详细规定了知识产权收益的奖励报酬比例。其第 17 条规定，"单位就职务发明获得知识产权的，应当及时给予发明人奖励"；"单位转让、许可他人实施或者自行实施获得知识产权的职务发明的，应当根据该发明取得的经济效益、发明人的贡献程度等及时给予发明人合理的报酬"。第 20 条规定，"单位未与发明人约定也未在其依法制定的规章制度中规定对职务发明人的奖励的，对获得发明专利权或者植物新品种权的职务发明，给予全体发明人的奖金总额最低不少于该单位在岗职工月平均工资的两倍；对获得其他知识产权的职务发明，给予全体发明人的奖金总额最低不少于该单位在岗职工的月平均工资"。第 21 条规定："单位未与发明人约定也未在其依法制定的规章制度中规定对职务发明人的报酬的，单位实施获得知识产权的职务发明后，应当向涉及的所有知识产权的全体发明人以下列方式之一支付报酬：（1）在知识产权有效期限内，每年从实施发明专利或者植物新品种的营业利润中提取不低于 5%；实施其他知识产权的，从其营业利润中提取不低于 3%；（2）在知识产权有效期限内，每年从实施发明专利或者植物新品种的销售收入中提取不低于 0.5%；实施其他知识产权的，从其销售收入中提取不低于 0.3%；（3）在知识产权有效期限内，参照前两项计算的数额，根据发明人个人月平均工资的合理倍数确定每年应提取的报酬数额；（4）参照第一、二项计算的数额的合理倍数，确定一次性给予发明人报酬的数额。上述报酬累计不超过实施该知识产权的累计营业利润的 50%。单位未与发明人约定也未在其依法制定的规章制度中规定对职务发明人的报酬的，单位转让或者许可他人实施其知识产权后，应当从转让或者许可所得收入中提取不低于 20% 作为报酬给予发明人。"

为了加速科技成果转化和知识产权运用，必须加大对职务发明成果完成人的激励，必须大幅度提高职务发明人获益的比例。中共中央、国务院于 2014 年 3 月 23 日发布的《关于深化体制机制改革加快实施创新驱动发展战略的若干意见》提出将科技成果转化收益比例从过去的不低于 20% 提高到不低于 50%，"在利用财政资金设立的高等学校和科研院所中，将职务发明成果转让收益在重要贡献人员、所属单位之间合理分配，对用于奖励科研负责人、骨干技术人员等重要贡献人员和团队的收益比例，可以从现行不低于 20% 提高到不低于 50%"。中共中央办公厅、国务院办公厅于 2015 年 9 月 24 日印发的《深化科技体制改革实施方案》也提出："推动修订促进科技成果转化法和相关政策规定，在财政资金设立的科研院所和高等学校中，将职务发明成果转让收益在重要贡献人员、所属单位之间合理分配，对用于奖励科研负责人、骨干技术人员等重要贡献人员和团队的比例，可以从现行不低于 20% 提高到不低于 50%。"

新通过的《促进科技成果转化法》从法律上规定了对职务发明成果完成单位和完成人的激励。第 44 条规定："职务科技成果转化后，由科技成果完成单位对完成、转化该项科技成果做出重要贡献的人员给予奖励和报酬。科技成果完成单位可以规定或者与科技人员约定奖励和报酬的方式、数额和时限。单位制定相关规定，应当充分听取本单位科技人员的意见，并在本单位公开相关规定。"第 45 条规定："科技成果完成单位未规定、也未与科技人员约定奖励和报酬的方式和数额的，按照下列标准对完成、转化职务科技成果做出重要贡献的人员给予奖励和报酬：（1）将该项职务科技成果转让、许可给他人实施的，从该项科技成果转让净收入或者许可净收入中提取不低于 50% 的比例；（2）利用该项职务科技成果作价投资的，从该项科技成果形成的股份或者出资比例中提取不低于 50% 的比例；（3）将该项职务科技成果自行实施或者与他人合作实施的，应当在实施转化成功投产后连续 3 ～ 5 年，每年从实施该项科技成果的营业利润中提取不低于 5% 的比例。国家设立的研究开发机构、高等院校规定或者与科技人员约定奖励和报酬的方式和数额应当符合上述规定的标准。国有企业、事业单位依照本法规定对完成、转化职务科技成果做出重要贡献的人员给予奖励和报酬的支出计入当年本单位工资总额，但不受当年本单位工资总额限制、不纳入本单位工资总额基数。"

为了落实上述政策，一些地方制定了更高比例的奖励报酬政策，例如北京市 2014 年发布的称为"京科九条"的《加快推进科研机构科技成果转化和产业化的若干意见（试行）》和"京校十条"的《加快推进高等学校科技成果转化和科技协同创新若干意见（试行）》，分别规定"建立科研人员成果转化收益分配机制，经职工代表大会同意，科研机构可提取 70% 及以上的转化所得收益，划归科技成果完成人以及对科技成果转化作出重要贡献的人员所有"，"高等学校科技成果转化所获收益可按不少于 70% 的比例，用于对科技成果完成人和为科技成果转化做出重要贡献的人员进行奖励，支持高等学校科学研究、成果转化和教育教学工作"。黑龙江省、江苏省等一些省、市将奖励报酬的比例分别提高到 95% 和 99%，个别省份甚至允许科技成果 100% 作价入股，收益的 100% 奖励给完成人。

8.4.3.2 知识产权奖励报酬法律政策比较

比较《专利法》《职务发明条例》和《促进科技成果转化法》可以发现，有四处不一致。一是获得职务发明成果奖励报酬的对象不一致。《专利法》《职务发明条例》针对的只是职务发明人，不包括为科技成果转化做出贡献的其他人，而《促进科技成果转化法》则包括"对完成、转化职务科技成果做出重要贡献的人员"。二是获得奖励报酬的条件不一致。《专利法》《职务发明条例》规定了职务发明人获得奖励报酬的法定性，并规定了没有约定情况下的奖励报酬的比例。而《促进科技成果转化法》虽然也规定了奖励报酬的法定性，并规定了没有约定情形下的奖励报酬比例，但还规定国家设立的研究开发机构、高等院校规定或者与科技人员约定奖励和报酬的方式和数额应当符合转让许可净收入、作价入股或投资比例不低于 50%，自行实施或与他人合作实施投产成功连续 3 ～ 5 年内不低于营业利润 5% 的规定。三是完成人获得奖励报酬的力度不一致。《专利法》《职务发明条例》规定的报酬显然较低，而《促进科技成果转化法》奖励报酬对象虽然还包括作出重要贡献的非职务发明人，但所规定的奖励报酬显然高于专利法规。四是奖励报酬规定不一致。《专利法》《职务发明条例》的奖励指的是专利授权后的奖金发放，报酬指的是将专利实施许可后一定比例的收益支付给职务发明人，但不包括专利转让和作价入股。《促进科技成果转化法》的奖励报酬没有奖金的奖励，而包含了股权的奖励，但对转让许可规定的是净收入而不是总收入，而且自行实施是在成功投产后连续 3 ～ 5 年内，并非是专利有效期内，如表 8 - 1 所示。

表 8 - 1　未约定及高校科研机构职务科技成果和发明创造奖励报酬比较

法律法规	《专利法》与实施细则	《促进科技成果转化法》	《职务发明条例》
奖励	发明 3000 元，新型或外观设计 1000 元		不低于平均在岗月工资的两倍

法律法规		《专利法》与实施细则	《促进科技成果转化法》	《职务发明条例》
报酬	转让		不低于转让费的 50%	不低于转让或者许可所得净收入的 20%
	许可	不低于许可使用费的 10%	不低于许可费的 50%	不低于转让或者许可所得净收入的 20%
	入股		不低于股份或出资额的 50%	
	实施	发明或实用新型不低于营业利润的 2%，外观设计不低于 0.2%	实施转化成功投产后连续 3~5 年，不低于营业利润的 5%	在知识产权有效期内： （1）发明专利或植物品种，不低于营业利润的 5%，其他不低于 3% （2）发明专利或植物品种，不低于销售收入的 0.5%，其他不低于 0.3% （3）工资的合理倍数，但不超过累计营业利润的 50%

8.4.3.3　知识产权奖励报酬政策制定的原则

实际上，我国在激励科技成果知识产权奖励报酬政策上出现反复，主要的原因在于坚持的基本原则不够清楚。其原则有三个。一是坚持科技成果及知识产权的基本属性原则，即国有资产属性，要防止国有资产流失。我国是社会主义国家，与农村土地所有权归集体、国有企业资产归国家所有一样，财政性资金形成的职务科技成果及知识产权也是国有资产，如果把这种无形资产权利直接授予个人，那么即使是混合权利也不符合社会主义公有制的基本性质。二是坚持促进转移转化原则。任何制度和政策都要解决科技成果及知识产权转移转化中的市场失灵问题，因此要求对职务发明人进行充分的激励，但奖励报酬的比例不是越高越好，科技成果和知识产权转移转化一方面需要发挥职务发明人的积极性，另一方面也要发挥高校科研机构专业技术转移机构的作用。三是坚持利益平衡原则。在激励科技成果和知识产权转移转化过程中，需要兼顾国家、集体和个人的利益，对完成人奖励比例过低显然会导致激励不足，但将收益全部或大部分奖励给个人显然没有兼顾单位和国家的利益。

西南交通大学在混合所有制上进行了探索试点。2016 年 1 月 4 日，西南交通大学发布《西南交通大学专利管理规定》，其中第 4 条规定："执行学校的任务或者主要利用学校物质技术条件完成的发明创造为职务发明创造。依照法律法规及各项政策规定，为实现对职务发明人或职务发明人团队的奖励，学校将奖励前置简化为国有知识产权奖励。对既有专利和专利申请，学校通过专利权人和专利申请人变更的方式实现对职务发明人的奖励；对新的专利申请，学校通过共同申请实现对职务发明人的奖励。"从字面理解，该政策符合《专利法》第 6 条第三款的规定，但《专利法》坚持的是职务发明优先原则，实际上通过约定按份共有的可能性几乎没有，而且《促进科技成果转化法》第 18 条也规定，国家设立的高校科研机构对职务科技成果是"持有"而非所有，高校科研机构可以自主决定转让许可和作价入股，而没有规定可以按份共有职务科技成果的知识产权。

拥有职务科技成果知识产权可以使职务发明人更加明确地获得未来收益的预期，要比奖励股权产生的预期更加确定。职务发明人拥有科技成果知识产权相应比例的权利就能够使其掌握或影响入股企业的决策权和控制权。但实行职务科技成果知识产权"混合所有制",必须要防止国有资产流失。防止职务科技成果国有资产流失必须满足以下三个条件。

第一个条件是职务科技成果知识产权符合国有无形资产的规定。财政部于2000年颁布的《企业会计制度》规定,专利权、非专利技术等知识产权是可辨认无形资产;自行开发并按法律程序申请取得无形资产,按依法取得时发生的注册费、聘请律师费等费用作为无形资产的成本。同时,财政部于2006年2月15日公布后经多次修订的《企业会计准则第6号——无形资产》(财政部令第33号)第3条规定,可辨认无形资产的认定条件包括:(1)能够从企业中分离或者划分出来,并能单独或者与相关合同、资产或负债一起,用于出售、转移、授予许可、租赁或者交换;(2)源自合同性权利或其他法定权利,无论这些权利是否可以从企业或其他权利和义务中转移或者分离。第4条规定,无形资产同时满足下列条件的,才能予以确认:(1)与该无形资产有关的经济利益很可能流入企业;(2)该无形资产的成本能够可靠地计量。第9条规定,企业内部研究开发项目开发阶段的支出,同时满足下列条件的,才能确认为无形资产:(1)完成该无形资产以使其能够使用或出售在技术上具有可行性;(2)具有完成该无形资产并使用或出售的意图;(3)无形资产产生经济利益的方式,包括能够证明运用该无形资产生产的产品存在市场或无形资产自身存在市场,无形资产将在内部使用的,应当证明其有用性;(4)有足够的技术、财务资源和其他资源支持,以完成该无形资产的开发,并有能力使用或出售该无形资产;(5)归属于该无形资产开发阶段的支出能够可靠地计量。

从上述规定来看,职务科技成果知识产权并不能满足上述关于无形资产的规定,或者并不能完全满足上述规定。职务科技成果知识产权虽然表现为专利权、商标权和著作权等知识产权,但这些知识产权与产品和服务是一体的,实际上不可能从企业中分离出来。职务科技成果知识产权有可能产生经济利益,但从我国目前知识产权尤其是专利权转让许可和自行实施率较低的现实看,大多数职务科技成果知识产权很难能产生经济利益,即使在国外,多数高校科研机构近半数专利也没有许可出去或者获得投资入股。职务科技成果知识产权的成本也无法可靠计量。自行研发形成的职务科技成果知识产权无法准确计量其成本。发生的律师费注册费可以准确计算,但是否包括研发投入、如何计算研发投入并没有明确规定。即使是外购的科技成果知识产权也无法计量其成本,目前多数评估机构按实际购买价格评估科技成果及其知识产权价格就充分证明了可靠计量其成本是不可能的。所以,从这一点来看,职务科技成果及其知识产权并不完全符合《企业会计准则第6号——无形资产》规定的认定条件,所以将职务科技成果及其知识产权作为无形资产,并纳入国有资产管理的做法不符合或不完全符合职务科技成果知识产权的实际特点和规律。

职务科技成果知识产权与其他无形资产性质存在较大差异。在大多数情况下,科技成果由于没有权利化,即形成知识产权,则它就是一种潜在的资源而不是无形资产,即使职务科技成果形成知识产权实际也是一种国有的资源而非国有资产。实物资产可以随时变现,而知识产权类无形资产不可能随时变现。与有形资产相比,职务科技成果知识产权最重要的是加入了科技人员的创造性劳动,而创造性劳动难以可靠计量。所以,简单按照其他无形资产对职务科技成果知识产权进行国有资产管理不仅不符合职务科技成果知识产权的属性，也必然产生很多政策问题，这也是导致我国职务科技成果知识产权转化运用难的突出问题之一。

第二个条件是职务科技成果知识产权及其形成的股权上市或交易。西南交通大学虽然对职务科技成果知识产权类无形资产实行了"混合所有制"，但这种"混合所有制"并没有造成实际的损失，只是产生了造成国有资产流失的可能性。只有职务科技成果知识产权及其形成的股权上市或交易即变现时才能认定是否造成了损失。我国高校科研机构知识产权自行实施率和转让许可率极低，即使对职务科技成果知识产权实行了"混合所有制"，但由于没有实施、没有交易变现，没有造成实际的金钱流失，所以就不能简单地说造成了国有资产流失。

第三个条件是在科技成果知识产权及形成的股权转让或上市时造成的国家和单位应得的知识产权（扣除应奖励给职务发明人部分）实现的实际收益与国家和单位应得知识产权应当实现的收益出现差额时才能被认定为国有资产损失。职务发明人用等价的实物如现金或者通过让与等价的国有股权及其未来收益权获得相应的知识产权，如果能够弥补扣除职务发明人应获得的奖励报酬后，国家和单位应当实现收益与应得部分实现的实际收益差额，就不能认定为国有资产流失。

为了防止国有资产流失，在执行法律和政策中，有几个问题需要进一步明确。一是除了转让许可和作价入股外，技术开发和技术服务是否属于科技成果转化范畴问题。《〈中华人民共和国促进科技成果转化法〉若干规定》明确规定，对科技人员在科技成果转化工作中开展技术开发、技术咨询、技术服务等活动给予的奖励，可按照《促进科技成果转化法》和本规定执行。《中国科学院关于新时期加快促进科技成果转移转化指导意见》也规定，对横向课题经费和纵向课题经费实行分类管理，横向课题经费管理实行合同约定优先。科技人员为企业提供技术开发、技术咨询、技术服务、技术培训等服务，是科技成果转化的重要形式；院属单位应依据相关法律法规与合作单位依法签订合同或协议，约定任务分工、资金投入和使用、知识产权归属、权益分配等事项，经费支出按约定执行。但是，需要单位制定本单位的成果转化收益分配政策，明确这些形式产生的收益分配比例与何时进行分配。但在实践中，很多单位对如何制定具体的政策感到很是为难。

二是净收入的计算问题。《中国科学院关于新时期加快促进科技成果转移转化指导意见》提出，在确定"净收入"时，院属单位可以根据转化的科技成果特点作出规定，也可以采用合同收入扣除维护该项科技成果、完成转化交易所产生的费用而不计算前期研发投入的方式进行核算。一般情况下，国外多数国家的高校科研机构是在扣除一定比例的知识产权申请维持和行政管理成本后，再按知识产权转让许可或作价入股取得的实际收益按比例进行分配。实际上，净收入应当是实际收入减去科技成果取得时的原值、应当分摊的期间费用和合理税费后的收入。原值分为外购科技成果的实际价格和自行研发形成科技成果的成本两类。但对于高校科研机构来说，如果扣除前期研发费用、外购科技成果原值和合理税费，则不可能还有剩余，那么科研人员就无法获得实际奖励。对于企业来说，如果不扣除前期研发费用、外购科技成果原值和合理税费，那么科技成果及知识产权转化运用收入的核算显然不科学。

三是事业单位正职领导股权管理问题。领导干部是促进科技成果转化和知识产权运用的组织保障。高校科研机构和企业管理人员中的领导干部在科技成果转化政策制定、知识产权运营、创新资源调度和责任承担上起着重要作用。离开领导干部的支持，科技成果转化和知识产权运用就很难实现。但领导干部在本单位科技成果和知识产权入股的企业任职，或者获得奖励股权，就有可能为所属企业谋取不当利益。但是许多高校科研机构的正职领导既是科技人员又是促进科技成果及知识产权转移转化的重要管理人员，因此就不能按照一般管理人员的办法进行管理。

为了防止领导干部在科技成果转化中产生为企业谋取不正当利益，以及造成国有资产流失等问题，需要对其职务科技成果入股的奖励股权加强管理。国务院于 2016 年 2 月 26 日发布的《〈中华人民共和国促进科技成果转化法〉若干规定》（国发〔2016〕16 号）就明确规定："事业单位（不含内设机构）正职领导，以及事业单位所属具有独立法人资格单位的正职领导可以按照促进科技成果转化法的规定获得现金奖励，原则上不得获取股权激励；其他担任领导职务的科技人员，可以获得现金、股份或者出资比例等奖励和报酬。"

中国科学院、科技部于 2016 年 8 月 24 日印发的《中国科学院关于新时期加快促进科技成果转移转化指导意见》（科发促字〔2016〕97 号）明确规定："担任院属单位正职领导和领导班子成员中属中央管理的干部，所属单位中担任法人代表的正职领导，在担任现职前因科技成果转化获得的股权，可在任职后及时予以转让，转让股权的完成时间原则上不超过三个月；股权非特殊原因逾期未转让的，应在任现职期间限制交易；限制股权交易的，也不得利用职权为所持有股权的企业谋取利益，在本人不担任上述职务一年后解除限制。"教育部与科技部于 2016 年 8 月 17 日发布的《关于加强高等学校科技成果转移转化工作的若干意见》（教技〔2016〕3 号）也规定："担任高校正职领导，以及高校所属具有独立法人资格单位的正职领导，是科技成果的主要完成人或者为成果转移转化做出重要贡献的，可以按照学校制定的成果转移转化奖励和收益分配办法给予现金奖励，原则上不得给予股权激励；其他担任领导职务的科技人员，是科技成果的主要完成人或者为成果转移转化做出重要贡献的，可以按照学校制定的成果转化奖励和收益分配办法给予现金、股份或出资比例等奖励和报酬。对担任领导职务的科技人员的科技成果转化收益分配实行公示和报告制度，明确公示其在成果完成或成果转化过程中的贡献情况及拟分配的奖励、占比情况等。"我国由此从制度上实现了对科研和管理双重身份的领导干部科技成果与知识产权转移转化激励的规范。中共中央办公厅、国务院办公厅于 2016 年 11 月 7 日印发的《关于实行以增加知识价值为导向分配政策的若干意见》（厅字〔2016〕35 号）进一步要求："完善科研机构、高校领导人员科技成果转化股权奖励管理制度。科研机构、高校的正职领导和领导班子成员中属中央管理的干部，所属单位中担任法人代表的正职领导，在担任现职前因科技成果转化获得的股权，任职后应及时予以转让，逾期未转让的，任期内限制交易；限制股权交易的，在本人不担任上述职务一年后解除限制。"

在现实中，许多高校科研机构正职领导所获得的奖励股权一般由其下属国有资产管理公司代持，仍然计入自己名下，但不能交易，或者由职工代持，这并不符合上述政策规定。在不违反《合同法》第 52 条规定的无效情形下，最高人民法院于 2011 年发布的《关于适用〈中华人民共和国公司法〉若干问题的规定（三）》规定，股权代持协议有效，但股权代持并不能保证领导干部"不得利用职权为所持有股权的企业谋取利益"，这是两回事。另外，由于科技成果转化和知识产权运用的复杂性，作为领导干部的科研人员如果不为所持有股权企业提供后续的技术服务和技术咨询，不继续转移新的科技成果和知识产权，那么所持有股权企业的发展肯定会受到影响。

为进一步理顺职务科技成果的激励政策，应将知识产权法规与科技法规中的知识产权规定进行协调和完善。一是在第四次《专利法》修改时，在充分考虑做出重要贡献的职务科技成果完成人和职务发明人的贡献基础上，应当提高职务发明人报酬的比例。参考国外高校科研机构内部技术转移机构的一般做法，奖励报酬的比例可以为扣除一定比例成本如15% ~ 25%后收益的30% ~ 50%。为与《促进科技成果转化法》一致，我国专利法规应完善相关规定，对未约定报酬方式和数额的，在专利权有效期限内，实施职务发明创造的专利后，每年应当从实施该项发明或者实用新型专利的营业利润中提取不低于5%，或者从实施该项外观设计专利的营业利润中提取不低于0.5%，作为报酬给予发明人或者设计人，或者参照上述比例，给予发明人或者设计人一次性报酬；被授予专利权的单位许可其他单位或者个人实施其专利的，应当从收取的使用费中提取不低于50%，作为报酬给予发明人或者设计人。二是在《专利法》奖励报酬有关规定中增加对专利权转让和作价入股股权奖励报酬的规定。对未约定奖励报酬方式和数额的，在专利权有效期限内，被授予专利权的单位通过转让专利权或作价入股方式共同或者由其他单位或者个人实施其专利的，应当从获得转让净收入中或股权或出资比例中提取不低于50%的比例，奖励给职务发明人或者设计人。三是坚持利益平衡原则，完善《专利法》第6条。应将第一款修改为："执行本单位的任务或者利用本单位的物质技术条件所完成的发明创造为职务发明创造。职务发明创造申请专利的权利属于该单位；申请被批准后，该单位为专利权人。职务发明人获得全部或部分专利申请权或专利权的应当提供等价的实务资产、股权或单位实施收益权。"应将第三款修改为："利用本单位的物质技术条件所完成的发明创造，根据单位物质技术条件和职务发明人对发明创造的贡献对申请专利的权利和专利权的归属作出约定的，从其约定。"如果完全利用单位的物质技术条件，或者科研人员没有贡献超过职责范围内的创造性贡献，则发明创造应为职务发明。但是，如果有单位物质技术条件的贡献，也有科技人员超过职责范围的创造性贡献，职务发明人可以成为职务发明专利申请权或专利权的共有人。

8.4.4　股权激励

8.4.4.1　股权奖励

1999年8月20日，中共中央、国务院发布的《关于加强技术创新，发展高科技，实现产业化的决定》最早提出职务成果完成人股权激励政策。该文件提出，"允许和鼓励技术、管理等生产要素参与收益分配。在部分高新技术企业中进行试点，从近年国有净资产增值部分中拿出一定比例作为股份，奖励有贡献的职工特别是科技人员和经营管理人员"；"允许民营科技企业采用股份期权等形式，调动有创新能力的科技人才或经营管理人才的积极性"。

我国首先在国有高新技术企业开展股权激励试点。2002年11月18日，国务院办公厅发布了《关于国有高新技术企业开展股权激励试点工作指导意见》（国办发〔2002〕48

号），提出："国有高新技术企业可以开展股权激励试点，股权激励的对象是对试点企业的发展做出突出贡献的科技人员和经营管理人员，试点企业股权激励方式包括奖励股权（份）、股权（份）出售、技术折股。试点企业根据实际情况选择采用上述股权激励方式，用于奖励股权（份）和以价格系数体现的奖励总额之和，不得超过试点企业近三年税后利润形成的净资产增值额的35%，其中奖励股权（份）的数额不得超过奖励总额之和的一半；要根据试点企业的发展统筹安排留有余量，一般在3～5年内使用。采用技术折股方式时，可以评估作价入股，也可按该技术成果实施转化成功后为企业创造的新增税后利润折价入股，但折股总额应不超过近3年该项技术所创造的税后利润的35%。"

中关村国家自主创新示范区在股权激励上发挥了先行先试的作用。2009年5月8日，中关村国家自主创新示范区领导小组发布《中关村国家自主创新示范区股权激励改革试点单位试点工作指导意见》（中示区组发〔2009〕12号）。意见提出，参加试点的高等院校和科研院所可以采取科技成果入股、科技成果收益分成，以及其他的激励方式，院所转制企业和国有高新技术企业可以采取科技成果入股、科技成果折股、股权奖励、股权出售、股份期权、分红权、科技成果收益分成，以及其他激励方式。采取科技成果入股方式的，可以将不低于20%的科技成果作为出资所获得被投资企业的股权（股份）用于奖励有关人员；采取科技成果折股方式的，折股总额应不超过近三年该项科技成果创造的税后利润的35%；采取股权奖励和股权出售方式的，用于奖励股权（份）和以价格系数体现的奖励总额之和，不得超过试点企业近三年税后利润形成的净资产增值额的35%；采取股份期权方式的，可以设定经营难度系数，科学设置业绩指标和目标水平，根据业绩考核结果分档确定不同的股权行使比例，对有关人员实施股份期权激励；采取科技成果收益分成方式的，可以从转让该项职务科技成果所取得的净收入中，提取不低于20%的比例，或者连续3～5年从实施该科技成果新增留利中提取不低于5%的比例，对有关人员给予奖励；采取分红权激励的，可根据职务科技成果对企业净利润的贡献程度，从企业税后利润中提取一定比例对有关人员进行奖励。

2010年2月1日，财政部、科技部发布《中关村国家自主创新示范区企业股权和分红激励实施办法》（财企〔2010〕8号），该文件规定："辖区内企业可以通过股权奖励、股权出售、股票期权、分红激励四种方式实行股权激励。股权奖励的激励对象，仅限于技术人员，企业用于股权奖励和股权出售的激励总额不得超过近三年税后利润形成的净资产增值额的35%，其中激励总额用于股权奖励的部分不得超过50%；股票期权行权的有效期不得超过五年。"

2011年2月22日，国务院批复国家发改委的《中关村国家自主创新示范区发展规划纲要（2011～2010年）》（国函〔2011〕12号），在职务发明人权益上实现了新突破，该文件提出："对高等院校、科研院所、院所转制企业及国有高新技术企业的职务科技成果发明和转化中做出突出贡献的科技人员和管理人员，由实施科技成果产业化的企业按规定给予股权、分红等多种形式的激励"；"实施重大科技成果转化和产业化的政府股权投资引导和股权激励政策。"

2014年7月2日，国务院召开常务会议，决定在国家自主创新示范区和自主创新综合试验区选择部分中央级事业单位，开展为期一年的科技成果使用、处置和收益管理改革试点，允许试点单位采取转让、许可、作价入股等方式转移转化科技成果，所得收入全部留归单位自主分配，更多激励对科技成果创造做出重要贡献的机构和人员，进一步调动科技人员的创新积极性。2015 年 9 月 24 日，中共中央、国务院印发的《深化科技体制改革实施方案》提出："在财政资金设立的科研院所和高等学校中，将职务发明成果转让收益在重要贡献人员、所属单位之间合理分配，对用于奖励科研负责人、骨干技术人员等重要贡献人员和团队的比例，可以从现行不低于 20% 提高到不低于 50%。"

为加大对科技成果转化的激励力度，全国人大于 2015 年 8 月 29 日通过了新的《促进科技成果转化法》，从法律制度上规定了股权激励制度。法律规定没有约定奖励报酬方式和数额的职务科技成果，国家设立的高等院校和科研机构给予奖励报酬的科技成果：通过转让许可、作价投资方式转化的，对完成和转化科技成果作出重要贡献的人员获得奖励和报酬的比例不低于 50%，对自行或与他人合作实施的获得营业利润不低于 5% 的比例。国务院于 2016 年 2 月 26 日发布的《〈中华人民共和国促进科技成果转化法〉若干规定》进一步规定，国家设立的科研机构高校应当从技术转让或者许可所取得的净收入、作价投资取得的股份或者出资比例中提取不低于 50% 的比例用于奖励。在研究开发和科技成果转化中做出主要贡献的人员，获得奖励的份额不低于奖励总额的 50%；国家鼓励企业充分利用股权出售、股权奖励、股票期权、项目收益分红、岗位分红等方式激励科技人员开展科技成果转化。

尤为重要的是，2016 年 11 月 7 日，中共中央办公厅、国务院办公厅发布《关于实行以增加知识价值为导向分配政策的若干意见》，提出"探索对科研人员实施股权、期权和分红激励，加大在专利权、著作权、植物新品种权、集成电路布图设计专有权等知识产权及科技成果转化形成的股权、岗位分红权等方面的激励力度"；"以科技成果作价入股作为对科技人员的奖励涉及股权注册登记及变更的，无须报科研机构、高校的主管部门审批"。

8.4.4.2　分红权

中关村国家自主创新示范区在分红权上进行了先行先试。分红权主要针对高新技术企业科研人员。中关村国家自主创新示范区领导小组于 2009 年 5 月 8 日发布的《中关村国家自主创新示范区股权激励改革试点单位试点工作指导意见》（中示区组发〔2009〕12 号）就提出，参加试点的院所转制企业和国有高新技术企业可以采取科技成果入股、科技成果折股、股权奖励、股权出售、股份期权、分红权、科技成果收益分成，以及其他激励方式。采取分红权激励的，可根据职务科技成果对企业净利润的贡献程度，从企业税后利润中提取一定比例对有关人员进行奖励。财政部、科技部于 2010 年 2 月 1 日发布的《中关村国家自主创新示范区企业股权和分红激励实施办法》规定"辖区内企业可以通过股权奖励、股权出售、股票期权、分红激励四种方式实行股权激励"，并规定"分红奖励有四种方式：（1）本企业自行投资实施科技成果产业化的，自产业化项目开始盈利的年度起，在 3～5 年内，每年从当年投资项目净收益中，提取不低于 5% 但不高于 30% 用于激励。（2）向本企业以外的单位或者个人转让科技成果所有权、使用权（含许可使用）的，从转让净收益中，提取不低于 20% 但不高于 50% 用于一次性激励。（3）以科技成果作为合作条件与其他单位或者个人共同实施转化的，自合作项目开始盈利的年度起，在 3～5 年内，每年从当年合作净收益中，提取不低于 5% 但不高于 30% 用于激励。（4）以科技成果作价入股其他企业的，自入股企业开始分配利润的年度起，在 3 ~ 5 年内，每年从当年投资收益中，提取不低于 5% 但不高于 30% 用于激励"。

国务院于 2011 年 2 月 22 日批复国家发改委的《中关村国家自主创新示范区发展规划纲要（2011 ~ 2010 年）》（国函〔2011〕12 号）明确提出："对高等院校、科研院所、院所转制企业及国有高新技术企业的职务科技成果发明和转化中做出突出贡献的科技人员和管理人员，由实施科技成果产业化的企业按规定给予股权、分红等多种形式的激励。"

在中关村国家自主创新示范区分红激励政策试点基础上，我国开始在全国推广分红激励政策，并将分红激励改为分红权激励政策，取得了明显成效。2014 年 3 月 23 日，中共中央、国务院发布《关于深化体制机制改革，加快实施创新驱动发展战略的若干意见》，提出："建立促进国有企业创新的激励制度，对在创新中做出重要贡献的技术人员实施股权和分红权激励。"2015 年 9 月 24 日，中共中央、国务院印发《深化科技体制改革实施方案》，提出"制定在全国加快推行股权和分红激励政策的办法"；"建立促进国有企业创新的激励制度，对在创新中做出重要贡献的技术人员实施股权和分红激励政策"。2016 年 2 月 26 日，国务院发布《〈中华人民共和国促进科技成果转化法〉若干规定》，规定国家鼓励企业充分利用股权出售、股权奖励、股票期权、项目收益分红、岗位分红等方式激励科技人员开展科技成果转化。2016 年 11 月 7 日，中共中央办公厅、国务院办公厅发布《关于实行以增加知识价值为导向分配政策的若干意见》，提出："探索对科研人员实施股权、期权和分红激励，加大在专利权、著作权、植物新品种权、集成电路布图设计专有权等知识产权及科技成果转化形成的股权、岗位分红权等方面的激励力度。"

分红权是一种收益权。从职务成果完成人奖励股权不低于 20% 到不低于 50%，从分红激励到分红权激励，我国科技成果及其知识产权转化运用政策不断完善，激励力度不断加大。但是现有股权激励政策还存在一些不足之处。现行法律规定的奖励报酬上不封顶，没有上限。诚然，现阶段我国应加大对科技成果完成人的激励力度，但我国目前的法律和政策只注重对职务成果完成人和职务发明人的激励，而没有兼顾国家、单位和个人之间的利益平衡。由于上述不封顶的规定，一些地方将对科技成果完成人和相关人员奖励报酬的比例提高到 70%，一些省、市甚至提高到 100%。实践证明，过高的奖励报酬比例政策不一定能有效促进科技成果转化，反而会产生一些负面效果，如可能导致科研人员不安心科研工作，影响基础研究和产业关键核心技术研究开发，不利于高校科研机构技术转移机构建设，不利于提高科技成果转化的效率（宋河发，2015）。

8.4.4.3 奖励股权递延纳税

2008 年之前，我国对职务科技成果完成人奖励股权采取暂时免征个人所得税的政策。1999 年 7 月 1 日，国家税务总局发布的《关于促进科技成果转化有关个人所得税问题的通知》（国税发〔1999〕125 号）规定，科研机构、高等学校转化职务科技成果以股份或出资比例等股权形式给予个人奖励，经主管税务机关审核后，暂不征收个人所得税。取得按股份、出资比例分红或转让股权、出资比例所得时，应依法缴纳个人所得税。

国家税务总局于 2007 年 8 月 1 日发布的《关于取消促进科技成果转化暂不征收个人所得税审核权有关问题的通知》（国税函〔2007〕833 号）规定，审核权自 2007 年 8 月 1 日起停止执行。各地开始对科技成果入股的股份或出资比例征收个人所得税。

　　股权是《个人所得税法》规定的应当缴纳个人所得税的客体，但一次性缴纳个税存在较大困难。为解决一次性缴纳个人所得税的困难问题，我国实行了分期缴纳的政策。为激励科技成果和知识产权转化，探索股权激励个人所得税政策，中关村国家自主创新示范区在 2010 年开始实行"1 + 6"试点政策。"1"是指搭建中关村创新平台，"6"是指在科技成果处置权和收益权、股权激励、税收、科研项目经费管理、高新技术企业认定等方面实施六项新政策。该政策规定："以股份或出资比例等股权形式给予本企业相关技术人员的奖励，技术人员一次缴纳税款有困难的，经主管税务机关审核，可分期缴纳个人所得税，但最长不超过 5 年。"

　　中关村国家自主创新示范区政策先行先试取得了明显的示范效果。2013 年 2 月 25 日，财政部、国家税务总局推广中关村改革实验，发布了《关于中关村、东湖、张江国家自主创新示范区和合芜蚌自主创新综合试验区有关股权奖励个人所得税试点政策的通知》，沿用了上述五年内分期缴纳个人所得税的做法，对试点地区内的高新技术企业转化科技成果，以股份或出资比例等股权形式给予本企业相关技术人员的奖励，技术人员一次缴纳税款有困难的，经主管税务机关审核，可分期缴纳个人所得税，但最长不得超过五年。在 2013 年 9 月底，国务院又同意支持中关村开展四项税收政策试点，对中关村符合要求的企业实施税收优惠。一是给予技术人员和管理人员的股权奖励可在五年内分期缴纳个人所得税。二是有限合伙制创投企业投资于未上市中小高新技术企业两年以上的，可享受企业所得税优惠。三是对五年以上非独占许可使用权转让，参照技术转让给予所得税减免优惠。四是对中小高新技术企业向个人股东转增股本应缴纳的个人所得税，允许在五年内分期缴纳。中共中央、国务院于 2014 年 3 月 23 日发布的《关于深化体制机制改革，加快实施创新驱动发展战略的若干意见》提出："高新技术企业和科技型中小企业科研人员通过科技成果转化取得股权奖励收入时，原则上在五年内分期缴纳个人所得税。"2014 年 8 月 30 日，财政部、国家税务总局、科技部发布《关于中关村国家自主创新示范区有关股权奖励个人所得税试点政策的通知》（财税〔2014〕63 号），首次明确提出："股权奖励的计税价格参照获得股权时的公平市场价格确定，但暂不缴纳税款；该部分税款在获得奖励人员取得分红或转让股权时一并缴纳，税款由企业代扣代缴。"但是该文件仅适用于"示范区内、实行查账征收、经北京市高新技术企业认定管理机构认定"的高新技术企业及由北京市制定相关管理办法认定的"科技型中小企业"，而且仅适用于"给予本企业技术人员的奖励"。2014 年 12 月 3 日，国务院召开常务会议，决定把六项中关村先行先试政策推向全国，并且在所有国家自主创新示范区、合芜蚌自主创新综合试验区和绵阳科技城推广实施四项先行先试政策。

　　2015 年 10 月 23 日，财政部、国家税务总局印发《关于将国家自主创新示范区有关税收试点政策推广到全国范围实施的通知》（财税〔2015〕116 号），规定自 2016 年 1 月 1 日起，全国范围内的高新技术企业转化科技成果，给予本企业相关技术人员的股权奖励，个人一次缴纳税款有困难的，可根据实际情况自行制订分期缴税计划，在不超过五个公历年度内（含）分期缴纳；个人获得股权奖励时，按照"工资薪金所得"项目，参照《财政部、国家税务总局关于个人股票期权所得征收个人所得税问题的通知》（财税〔2005〕35 号）有关规定计算确定应纳税额；股权奖励的计税价格参照获得股权时的公平市场价格确定。

根据财税〔2005〕35 号文，取得科技成果入股的股票期权，应按照工资薪金所得分期缴纳个人所得税，但是由于工资薪金和奖励股权累加，应缴个人所得税税率提高，同时由于股权并非现金，单位和个人并没有税收这项资金，科技人员不得不从工资中甚至家庭收入中缴纳个人所得税，反而加重了科技人员的负担，造成了新的障碍。所以，该政策的执行存在较大困难，各方反响很大。由于仍然没有解决除权即缴税问题和由此导致的职务成果完成人负担加重、税率变高等问题，财政部税务总局于 2016 年 9 月 28 日发布了《关于完善股权激励和技术入股有关所得税政策的通知》（财税〔2016〕101 号）。该政策规定，对企业或个人以技术成果投资入股，企业或个人可以选择递延至转让股权时，按股权转让收入减去技术成果原值和合理税费后的差额计算缴纳所得税。同时规定，在转让环节一次性适用 20% 的税率征税，比原来税负降低 10～20 个百分点。至此，我国基本解决了职务科技成果奖励股权个人所得税政策不合理的问题。

此外，我国个人所得税政策还涵盖非职务科技成果知识产权转化。我国《个人所得税法》规定："特许权使用费所得，利息、股息、红利所得，财产租赁所得，财产转让所得，偶然所得和其他所得，适用比例税率，税率为百分之二十。"并且规定："每次收入不超过四千元的，减除费用八百元；四千元以上的，减除百分之二十的费用，其余额为应纳税所得额"。《个人所得税法》虽然规定"财产转让所得，以转让财产的收入额减除财产原值和合理费用后的余额，为应纳税所得额"，但并未包括特许权利使用费所得。而且由于个人科技成果或知识产权转让一次性缴纳个人所得税较多，现有政策没有明确可以分期缴纳个人所得税。财政部、税务总局于 2016 年 9 月 28 日发布的《关于完善股权激励和技术入股有关所得政策的通知》（财税〔2016〕101 号）规定，"对技术成果投资入股实施选择性税收优惠政策"，基本解决了个人科技成果和知识产权入股的个人所得税问题。

8.4.4.4 奖励股权税收优惠政策问题分析

我国对职务发明人的激励经历了从分红到分红权，再到奖励股权等的过程。知识产权法规明确规定了职务发明人奖励报酬，科技法规明确规定了职务成果完成人的现金奖励和股权奖励的比例，但两者关于奖励和报酬的定义不同。知识产权法规的奖励仅限于获得专利权授权后单位的现金奖励，而报酬是单位从专利实施许可收入或盈利中提取一定比例给予发明人的，是对其创造性劳动的报偿。而科技法规的奖励是对职务成果完成人创造性劳动的嘉奖，不仅包括科技成果转化取得的净收入的现金奖励，而且也包括股权奖励或出资比例奖励，还包括营业利润中分得的利润奖励。

与主要发达国家相比，我国采取的是奖励政策。奖励是一个组织对其有贡献成员的嘉奖，而不是对职务发明人创造性劳动的对价性补偿，更不是职务发明人应当具有的权利。多数国家规定或通过合同约定的报酬实际是一种法律权利，这种权利是法定的权利或者合同约定的权利。奖励具有不确定性，而权利可以产生明确的理性预期。我国一些单位允许职务发明人拥有职务发明的部分权利，从而将多年没有转化的专利转化实施，中关村国家自主创新示范区实行分红权并取得成功，都说明科技成果转化和知识产权运用必须要解决职务发明人和成果完成人的法定权利或民事权利问题。

在职务科技成果和知识产权的所有权属于国家的情况下，在不背离国有资产权利法规的情况下，我国法规政策应明确规定，职务发明单位拥有科技成果及知识产权的处置权、使用权和收益权，即实施权，职务发明人和职务科技成果完成人拥有相应的收益权或分红权，而且这种收益权、分红权可以转让、质押、投资入股、继承等。

确定收益权或分红权的比例，应坚持利益平衡原则，应充分考虑职务发明人和单位物质技术条件对职务发明实施收益的贡献，企事业单位也应在与职工签订劳动合同时告知职务发明转化实施的收益权或分红权及其比例，在对职务发明人实施收益权或分红权激励时，也应充分考虑劳动合同薪酬待遇的高低。

8.5 知识产权收费政策

知识产权费用管理政策是促进知识产权创造和运用的重要杠杆。知识产权费用管理政策主要包括知识产权收费政策、费用减免或减缓政策以及知识产权拨款与资助政策。知识产权收费政策主要弥补审查成本，知识产权资助政策和费用减免政策主要面向市场失灵主体，而拨款或资助政策主要面向中小企业和市场需求的知识产权创造活动。

8.5.1 知识产权收费政策

知识产权收费政策是国家及其受托机构收取知识产权申请、审查、维持、复审、无效宣告阶段等各种费用的标准、程序等的规定。早期的专利收费政策很大程度上是为了维持专利局的运行（Gaetan de Rassenfosse，Bruno van Pottelsberghe de la Potterie，2012；Watson，1953）。收取专利年费的主要目的是得到收益，弥补专利局的管理支出（Federico，1954）。近年来，美国、欧洲、日本、韩国等国家和地区专利商标局不断提高知识产权收费标准。欧洲专利商标局分别于 2002 年、2005 年、2007 年、2008 年、2010 年、2012 年、2013 年、2014 年、2016 年调整了收费标准。美国专利商标局分别于 1999 年、2002 年、2004 年、2008 年、2012 年、2013 年、2017 年调整了专利收费标准。日本和韩国总的趋势也是提高专利收费标准。

全国人大于 1985 年 3 月 12 日在通过《专利法》及其实施细则时，原中国专利局就颁布了专利收费标准，后来在 1992 年和 2001 年进行了两次调整。1992 年，原国家物价局、财政部发布了《关于商标注册费收费标准及其使用范围的通知》（价费〔1992〕字 325号）。1995 年，原国家计划委员会、财政部下发了《关于商标业务收费标准的通知》（计价格〔1995〕2404 号），财政部、原国家计委下发了《关于增加商标注册管理收费项目及有关问题的通知》（财综字〔1995〕88 号）；2008 年 9 月 28 日，国家发改委、财政部发布了《关于网上商标注册收费标准及有关问题的通知》（发改价格〔2008〕2579 号），建立了商标收费政策体系。1992 年 4 月 18 日，原机电部计算机软件登记办公室发布了计算机软件著作权登记收费项目和标准，规定了软件著作权登记申请费、权利转移备案费、著作权续展费、著作权登记证书费、复审请求费等费用。2003 年 4 月 15 日，国家发改委、财政部发布了《关于集成电路布图设计登记费等收费标准及有关事项的通知》（发改价格〔2003〕85 号），公布了集成电路布图设计登记收费项目和标准。

知识产权收费政策作为一项重要的政策工具，可以应对知识产权申请数量的快速增长，也是降低知识产权成本的有效手段。最优的知识产权收费政策是在激励创新和防止垄断上保持平衡（Gaetan de Rassenfosse，Bruno van Pottelsberghe de la Potterie，2012），但其前提是专利局能够自负盈亏。激励创新的费用类型主要是专利申请费，而年费用会限制专利寿命。社会的最优费用结构是初始的申请费用尽可能低，理想的是零费用，而年费尽可能高。低申请费可以使得高市场潜力的发明得到保护，高年费可以避免专利保护时间过长。此机制也能使有财务约束的专利局有动力鼓励更多的专利维持，但是问题是，降低年费，从而增加申请人预期收益，而该收益与初始申请费有关，这就会在专利局降低专利申请费和扩大专利保护期限两个方面造成社会福利的损失（Gans et al.，2004）。

但是，我国知识产权收费政策并没有很好地体现弥补审查成本的思路，我国审查队伍却由于知识产权数量的快速增长在不断扩大，如专利审查员从 2005 年的 5000 人左右扩大到目前的 1 万多人，加上七个审查协作中心，审查员队伍近 2 万人。但我国 2001 年制定的专利收费标准一直没有修改，收费标准一直保持不变，这与我国创新驱动发展和知识产权强国建设的需要并不匹配。同时，我国知识产权的收费结构也不尽合理，尤其是年费过高已成为企业的一个重要负担。Harhoff et al.（2009）第一次对专利年费进行了研究。Schankerman and Pakes（1986）发现年费增长 1% 会降低维持率 0.02%。Danguy and van Pottelsberghe de la Potterie（2011）通过对 15 个欧洲国家、美国和日本专利年费对累计维持率的影响研究发现，年费每增长 1000 欧元会导致维持率下降 12%，随着年费增加和维持率下降，两者之间的弹性也在提高，6 年为 -0.03，10 年为 -0.08，15 年为 -0.25，而 20 年为 -0.80。美国 2013～2017 年的收费标准调整的弹性系数是 -0.5，即费率增加 10% 引起专利数量下降 5%，也会引起 4.5% 的收入增加[1]。

此外，过低的专利获取和维持成本，缺乏法律保障的授予和专利无效，其他法律、政策和制度因素会阻碍专利质量（European Chamber，2012；de Saint - Georges and Pottelsberghe de la Potterie，2013）。根据国际专利收费标准进行调整也是制定专利收费政策一个重要的目标，英国观察家认为，美国 20 世纪 80 年代的低专利收费政策是而且仍然是这个国家成功的秘密（Khan，2005）。与世界东西方主要国家相比，我国的知识产权收费政策主要面向经济困难的企业、非营利机构和个人发明人，没有清晰地面向中小企业和以需求为基础的商业化（Prud'homme，2015）。制定知识产权收费政策除了应坚持体现弥补审查成本的原则外，还要体现激励创新的原则和弥补市场失灵的原则。

制定知识产权收费政策还要不断优化知识产权费用结构。专利申请费用降低有利于专利申请量增长（Marco and Prieger，2009），年费标准降低有利于专利维持，而申请费用提高会降低专利申请的积极性，年费标准提高则会促使专利放弃，缩短专利长度（Gaetan de Rassenfosse and Bruno van Pottelsberghe de la Potterie，2012）。最优的专利费用结构主要应根据利润和研发成本的关系确定（Pia Weiss，2011），应该保持知识产权私权与社会公共利益的平衡，按照帕累托最优进行设计（Scotchmer，1999）。从专利申请、维持和救济三个阶段的费用来看，中国 2001 年的三个费用之比为 1∶0.7729∶0.5217，美国 2012 年的费

---

[1] Setting and Adjusting Patent Fees during Fiscal Year 2017—Description of Elasticity Estimates. https：//www.uspto.gov/about - us/performance - and - planning/fee - setting - and - adjusting.

用结构为 1：1.7173：1.0304，欧洲 2012 年的费用结构为 1：0.3793：0.3793，日本为 1：0.8250：0.0513，韩国为 1：0.7477：0.5572，我国申请与复审无效阶段费用之比与欧、日、韩差不多，美国最高（宋河发，2015）。我国专利申请与维持阶段费用之比低于美国而高于欧洲和日本，与韩国差不多。在我国专利申请量已连续多年居世界第一的情况下，现阶段应适当提高申请阶段费用，适当降低维持阶段费用。这样不仅能够提升专利申请的质量，也能够保持有效专利数量不会下降。

8.5.2 知识产权资助政策

自 2000 年加入 WTO 后，我国在研发投入方面总额不断加大；随着企事业单位知识产权意识的不断提高，我国专利等知识产权申请量呈快速上升趋势。目前，我国的知识产权资助政策主要分为两个层次。一个是国家海外知识产权申请资助政策，另一个是地方政府知识产权申请资助政策。为支持我国申请人积极向国外申请专利，保护自主创新成果，中央财政从 2009 年起设立向国外申请专利专项资助资金，并制定了《资助向国外申请专利专项资金管理暂行办法》（财建〔2009〕567 号），2012 年又对该办法做了修改。该文件规定了专利申请资助的条件、资金适用范围与标准、资金分配与拨付和监督管理等事项。但是由于执行中存在单项资助额过高、分配不公平等问题，该政策在 2012 年被停止执行。

我国多数地方政府制定了地方知识产权资助政策。由于考核的压力和主要省份之间的攀比，我国很多地方制定的是知识产权申请资助政策。2007 年，我国有 29 个省、市制定了资助政策（Li，2012）。据统计，2002～2013 年制定资助政策的省份达到 30 个（Song Hefa and LiZhenxing）。如北京 2000 年制定专利资助政策，2002 年开始根据国家知识产权局的收费标准进行资助。北京市财政局和知识产权局于 2006 年发布了《北京市专利申请资助金管理暂行办法》（京财文〔2006〕3101 号），提出了对专利申请资助的政策，规定了资助金的资助范围、优先获得资助条件、国内专利资助、国外专利资助等。2009 年还发布了《〈北京市专利申请资助金管理暂行办法〉补充规定》（京财文〔2009〕850 号）。2013 年，为深入实施创新驱动发展战略，落实国家知识产权局《关于专利资助工作的指导意见》精神，促进北京市知识产权创造运用能力建设，北京市知识产权局启动了《北京市专利申请资助金暂行管理办法》的修改工作，重点转向授权专利、重要专利和能力建设资助。2014 年 9 月 28 日，北京市财政局和北京市知识产权局联合发布了修改后的《北京市专利申请资助金管理办法》。修订后的管理办法主要包括总则、资助范围和标准。专利资助是对授权专利在申请和维持过程中发生的相关费用所给予的部分资助、专利资助等五个方面。

上海是第一个实行专利申请资助的省份，开始于 1999 年。2007 年 2 月 1 日，上海市知识产权局和市财政局联合印发了《上海市专利资助办法》（沪知局〔2007〕13 号）。2012 年 6 月 29 日，上海市财政局和知识产权局发布了修订后的《上海市专利资助办法》（沪财教〔2012〕62 号）。《上海市专利资助办法》将专利资助分为一般资助和专项资助。一般资助是指对资助申请人向中国国家知识产权局，向中国香港、中国澳门、中国台湾地区以及国外有关专利审查机构申请专利的相关费用的资助。专项资助是指对市知识产权局认定的专利工作试点企事业单位和专利工作示范企事业单位，在其开展专利创造、运用、保护和管理工作方面所给予的资助。2012年12月31日，上海市财政局和知识产权局发布了修订后的《上海市专利资助金管理办法》（沪财教〔2012〕106号）。除一般资助和专项资助外，还规定了专利资助标准和开支范围、专利资助资金预算管理、专利资助资金的申报和管理、专利资助资金的监督和检查。

为了规范政府资助知识产权工作，指导地方实施导向正确、程序严谨、监督有力的专利资助政策，国家知识产权局于2008年1月21日发布了《关于专利资助工作的指导意见》（国知发管字〔2008〕11号），提出专利资助工作的目标是促进专利质量的提升和促进自主创新成果的知识产权化，申请资助的原则应当是因地制宜、部分资助、突出重点、避免重复、衔接配套。专利实施、向国外申请、重点项目、获得专利金奖等各项资助的比例一般不超过70%，国家或地方知识产权示范企业、中小企业专利申请资助比例可提高到85%，获得授权发明专利能提供检索报告证明的可提高到95%。将资助重点从申请转向保护、实施和信息利用，一项专利只能获得一级知识产权局的资助，避免非正常专利申请获得资助，各级知识产权局应对单位或个人每年申请数量和额度进行适当限制。

随着我国专利等知识产权申请量的快速增长，国内外出现了许多对我国知识产权质量的批评声音。2010年，美国国际贸易委员会（2010）发布《中国知识产权侵权、自主创新政策及其对美国经济的影响》报告，对中国的自主创新政策以及专利质量提出了疑问。2012年，经济合作组织（OECD）（2012）发布了专利质量测度结果，显示我国的专利质量不高。欧盟中国商会（2011）发布的《创新迷途：中国的专利政策和实践如何阻碍了创新的脚步》认为中国的知识产权政策存在很大问题，尤其是资助政策和考核政策不仅没有促进创新，反而阻碍了中国的自主创新。地方资助政策是专利申请快速增长的重要原因（杨芳娟，刘云，谭龙，2012）。知识产权资助政策激励专利数量，必然会产生负效应，一味追求专利数量，必然引起专利质量的下降，而专利质量差所产生的不确定性，会引起创新激励不足，这将扼杀科技发展、创业、就业，最终扼杀经济增长和消费者福利（Guellec and van Pottelsberghe de la Lotterie，2007；Hall et al.，2003）。资助鼓励了窄权利要求的专利（Dang and Motohashi，2013），导致专利质量的下降（Dang and Motohashi，2013）。专利资助制度在一定程度上对专利质量起到了副作用（Lei et al.，2013）。资助鼓励以质量为代价的专利数量，包括早日申请、发明拆分、公开或未公开的产品专利申请，仅仅为了获得专利号，获得资助的申请（Gao et al.，2011）。中国专利的资助对PCT专利的激增作出了贡献，资助政策达到了PCT国际阶段申请量的34%（Boeing and Mueller，2015）。为了平息国内外的质疑和批评，2013年12月18日，国家知识产权局发布《关于进一步提升专利申请质量的指导意见》，该文件提出了提升专利申请质量的政策导向和建立有利于提升专利申请质量的监管机制，要求优化区域专利评价工作导向，完善专利一般资助政策，推行专利专项资助政策，突出专利奖励政策的质量导向，强化对非正常专利申请的查处，严肃处理套取专利资助和奖励资金的行为，进一步规范专利代理行为，各地要完善地方专利申请资助政策并将结果上报国家知识产权局。

但是，知识产权资助政策也被一些国家用于追赶发展，如韩国制定了部分专利补贴费用政策，以帮助企业追赶（Lee，K. and Kim，Y. K，2010）。De Rassenfosse and Pottelsberghe de la Potterie（2013）研究了专利费用激励和降低专利申请的机制。关于专利授权的经验研究表明，除非授权标准显著降低，政府资助并不必然是专利申请质量的危害因素（Li，2012）。目前，许多国家利用资助政策支持企业国内外知识产权申请、保护、维权和运用。根据德勤（2015）的调查，奥地利为防止企业侵权，给予在欧盟外如中、印、俄申请专利的中小企业知识产权法律咨询服务 50% 的成本补助，给予中小企业专利注册、维持、市场化和实施成本最高 1.8 万欧元的 100% 补助，对知识产权（侵权）违法和实施 50% 最高 1 万欧元的拨款（Grant）。比利时给予在外获取专利申请、维持成本 35%～70% 的资助，如果企业与研究机构合作研发，可额外资助 15% 的成本。克罗地亚可资助国内每件专利 12 万港元最多两件专利的注册成本和国际阶段 18 万港元的成本。芬兰给予大型企业获得发明的知识产权的购买或许可费，或者购买产品或服务的分析与保护费用 50% 的成本资助。

法国针对中小企业购买许可的专利进行支持，给予中小企业专利申请、审查和维持费用 50% 的减免，给予准备并申请第一件专利申请的单位 50% 成本最高 1 万欧元的资助。德国根据 SIGNO 计划，针对超过 250 名雇员，销售收入不超过一定数额，总部在德国或在德国国内生产，过去五年没有注册专利或新型的企业，对其在先技术检索、成本效益分析、德国专利和新型注册、其他国家申请、开发利用知识产权准备的费用给予 50% 的资助，最高每个企业为 8000 欧元。匈牙利给予中小企业最高 90% 的国际专利申请费用的资助。

意大利对注册并在境内运行的微型企业和中小企业，给予包括专利产业化、管理和转移的咨询费 80% 的补助，最高额为 7 万欧元，专利必须是在意大利专利商标局 UIBM、EPO、WIPO 申请并处于实质审查阶段的专利；对于中小微企业，在意大利和欧盟国家的工业设计申请补助 1000 欧元，在非欧盟国家，一个国家补助 1000 欧元，1～5 个非欧盟国家补助 3000 欧元，超过 5 个国家的补助 4000 欧元，对在美国和中国申请的，多补助 1500 欧元；对注册并在境内运行的微型企业和中小企业，其专利是在 UIBM 申请和在 EPO、WIPO 延伸申请，并处于实质审查阶段的专利，奖励其专利申请，一个奖励类型超过 5 个申请，总奖励可达到 3 万欧元；对自主开发专利或获得专利许可并在境内运行的微型企业和股份制中小企业，从国家创新基金风险资本中给予每个企业超过 12 个月期限最高达 150 万欧元的投资；给予商标创造、优先权检索成本，PCT 途径的商标获取与许可成本，WIPO 申请与注册费资助，最高指定一国的一件申请 4000 欧元，两个或更多国家 5000 欧元，如果指定国为俄罗斯或中国，额外资助 10% 并加 1000 欧元；对于集体商标，在欧盟内部市场，可补助 80% 的成本，最高一件申请可获资助 4000 欧元，一个企业最高可获 1.5 万欧元资助；成本包括新商标设计费，协助商标检索，申请、获取或注册费，许可支持费和申请官费。

爱尔兰对境内企业尤其是中小企业，可拨款支持研发项目成本的 50%，标准项目最高 6.5 万欧元，小项目最高 1.5 万欧元，其中专利成本不超过符合条件项目成本的 20%。专利成本包括专利准备、申请、检索、维持有效、翻译等费用，专利必须是国内或国外的授权专利。爱尔兰对指定境内高校科研机构拥有项目产生的知识产权，如果商业上可行，可拨款 1 万～1.5 万欧元。高等教育机构专利资助资金，对第二阶段专利申请的初始成本可资助最多 2 万欧元。

西班牙针对中小企业给予每年专利或实用新型 80% 的成本资助，最高达到 6 万欧元，对于个人和中小企业，可达 90%，最高可达 6.5 万欧元，符合条件的成本包括欧洲专利商标局或 PCT 申请的申请费、翻译费，以及现有技术检索费。波兰针对中小企业给予专利、实用新型和工业设计 35%～75% 的成本资助，资助金额从 2000 欧元到 40 万欧元，知识产权成本包括准备和申请费用。针对中小企业、高校和科研机构的 EPC 和 PCT 途经知识产权，"Patents＋"项目给予最高 90% 成本的资助，最高一个项目资助可达 80 万欧元，成本包括专利申请、市场化研究、工资、分合同成本等运行成本。英国对从事研发活动的中小企业，其"创新英国"计划可资助的成本包括专利申请和维持费，资助对象是符合条件项目产生的知识产权，主要是专利，最高每个项目 7500 英镑。维持费资助最高额度取决于项目类别，市场验证 2.5 万英镑，最高资助成本的 60%；概念验证 10 万英镑，最高资助成本的 60%；原型开发 25 万英镑，最高资助额度中型企业成本 35%，小微企业 45%。

知识产权资助政策是激励知识产权创造的一项重要政策，已被许多国家所使用。知识产权资助政策并不必然是导致知识产权质量降低的原因，不能简单地将我国专利质量低和运用效果差主要归罪于资助政策。我国是一个发展中国家，追赶发展和实现跨域追赶的任务艰巨，不能简单地认为知识产权数量已成为第一而应废止知识产权资助政策，尤其是海外申请的资助政策。相反，我国应恢复中央财政对海外重要知识产权申请的资助政策。同时，还要对现有政策进行优化。我国不仅要优化海外知识产权申请资助的额度和程序，将资助额度限定为不超过一件知识产权申请成本的 50%，而且还要推动重复、低效的地方各类资助政策优化，一件申请一般只能获得一项资助，获得多项资助的比例不能超过实际发生费用的 50%。

8.5.3　知识产权费用减免政策

2006 年 9 月 1 日，国家知识产权局废止了以第 39 号令发布的《专利费用减缓办法》，开始实施《专利费用减缓办法》（国家知识产权局令第 72 号）。办法规定了专利费用申请减缓条件、减缓范围、减缓政策和补缴减缓费用等事项。2015 年 9 月 1 日，国家发改委、财政部印发了《关于降低房屋转让手续费受理商标注册费等部分行政事业性收费标准的通知》（发改价格〔2015〕2136 号），要求从 2016 年 1 月 1 日起，延长国家知识产权部门专利年费减缴时限，对符合《专利费用减缓办法》规定、经专利局批准减缓专利费的，专利年费减缴时限由现行授予专利权后三年延长为前六年。

2016 年 7 月 27 日，财政部、国家发改委印发新的《专利收费减缴办法》（财税〔2016〕78 号），并于 2016 年 9 月 1 日起施行。该办法调整了可以申请减缴的费用范围，取消了发明专利审查维持费减免优惠，申请费（不包括公布印刷费、申请附加费）、发明专利申请实质审查费、自授予专利权当年起六年内的年费、复审费等四种专利收费可以申请减缴。将专利年费减缴期限由授权后三年调整至六年。将个人减缴标准由年度收入低于 2.5 万元提高至低于 4.2 万元。量化了企业经济困难的标准，企业应纳税所得额低于 30 万元的才能减缴费用。事业单位、社会团体、非营利性科研机构等单位提出费减请求时，无须出具经济困难证明。新办法还提高了减缴额度，简化了费用减缴的计算方法。符合条件的单个申请人（个人或单位）可申请减缴规定收费的 85%；符合条件的共同专利申请人或者共有专利权人（两个或者两个以上的个人或者单位）可申请减缴规定收费的 70%，如表 8 - 2 所示。

表 8 - 2　知识产权费用减缴政策

项目 对象	申请费（%）	发明专利申请审查费 （%）	年费（授权后六年） （%）	复审费（%）
个人或单位	85	85	85	85
两个或两个以上单位或个人	70	70	70	70

我国将费用减缓政策改为费用减缴政策，不仅符合我国创新驱动发展的现实要求，而且也与国际通行的做法一致。2006～2016 年，我国实行的是费用减缓政策，专利实施还需要补交缓交的费用，许可实施专利反而需要缴纳缓交的费用，显然与促进专利实施运用的目标不一致。而美国、欧洲、日本、韩国等多数国家专利商标局实行的都是面向市场失灵主体的费用减免政策。如欧洲专利商标局对小企业实行收费优惠一半的政策。美国专利商标局对小实体收费优惠一半，对微型实体和大学优惠 75%。日本除了对企业实行费用减半政策外，还对 PCT 专利国内阶段审查费实行差别化收费政策，对国内居民优惠大约 30%。与发达国家相比，我国的知识产权费用减缴政策还存在一定的导向准确性问题，没有面向中小企业和小微企业等市场失灵主体，而是把经济困难证明作为条件，市场风险大但经济不一定困难的中小微企业和个人可能就很难获得政策优惠。要求提供经济困难证明也会造成政策门槛高，条件多，手续复杂，政策落实会存在一定的偏差，还会造成不必要的知识产权收费的流失。

我国将费用减缴的期限由授权后的 3 年变为 6 年对延长专利平均维持年限起到了重要作用。我国国内发明专利维持年限基本与费用减缓政策作用年限一致。2016 年我国国内发明专利从申请到授权的平均时间为 22 个月，加上授权后 3 年的费用减缓时间，时间基本上为 5 年，我国国内居民发明专利平均正好 5.01 年。但专利平均维持年限的长短根本上取决于市场主体专利转化实施、技术生命周期和竞争战略的需要。专利既有实施转化获取经济价值的作用，也有防御他人维护企业竞争优势的作用，但转化实施是申请专利和维持专利的主要动机。国家一系列激励专利转化实施的政策措施和企事业单位为获取专利转化实施利益的需要，使得市场主体有动力维持专利的有效性。随着我国加入 WTO，充分竞争的市场环境迫使市场主体必须拥有更多的专利才能在竞争中生存，缺乏有效专利的企业很难在激烈的国际市场中生存。此外，迅速发展的科学技术缩短了创新产品的生命周期，从而引致专利实际保护年限缩短。例如，ICT 产品的寿命基本上为 5 年左右，2016 年国外主要国家在华发明专利的平均维持年限也并不是很长，仅为 8.28 年。因此，该政策实施的效果将是一个逐步发生作用的过程。基于对 2011～2016 年我国发明专利平均寿命由 5.14 年到 5.88 年逐步增长的情况判断，如果按过去规律每年增加 0.15 年，政策实施效果滞后 1.5～2 年计算，2020 年我国发明专利平均寿命有可能提高到 8 年左右。即使乐观估计发明专利的平均寿命也不可能达到目前外国在华发明专利寿命的 9 年。所以，笔者建议，专利平均寿命 2020 年的目标设定为 8 年较为合适。

专利质量问题近年来一直受到了国内外的广泛关注。我国在《"十三五"国家知识产权保护和运用规划》中专门制定了专利质量提升工程。为了应对外部的质疑，国家知识产权局近年来加强了专利审查质量管理，不但出台了一系列加强质量管理的政策，而且也在实际中降低了专利的授权率。我国 2014 年第三季度和第四季度，2016 年 9 月的专利授权率显著降低，申请量增幅也出现了一定的下降。我国虽然制定了《专利审查指南》，建立了两级质量管理体系，但审查的规范性和审查标准的一致性还存在一些不足。科技项目验收、职称评定、奖励、考核政策虽然是重要的影响因素，但不是影响专利质量的根本性因素。影响专利质量的根本性因素是研究开发的质量和撰写的质量，专利审查质量也与之密切相关。

知识产权数量和质量是研究开发投入政策、知识产权收费政策、费用减缴政策和资助政策共同作用的结果。在研究开发投入保持基本平稳的情况下，保持数量平稳增长，促进知识产权质量明显提升，需要充分发挥知识产权各类费用政策的协同效应。欧专局、美专局的经验证明，专利收费高是保持专利质量高的主要标杆因素。在我国专利收费标准长期没有提高的前提下，延长专利费用减缴年限，提高减缴额度，虽然有利于降低企业和个人发明者的负担，但反而可能更不利于提升专利的质量。

因此，本书作者提出如下政策建议：一是综合研究各类知识产权费用政策的相互作用，不能简单地只调整某一方面的政策，在加大费用减缴力度的同时，还要制定与审查相适应的收费政策，理顺各类资助政策。尤其是要提高专利收费的标准，清理地方的重复资助政策。改变现在重复和小额的资助政策，集中优势资源资助重要产业和面向海外重点市场的知识产权。二是要进一步完善知识产权费用减缴政策。将经济困难证明改为针对中小微企业、个人和非营利组织等市场失灵主体，简化政策执行成本。

8.5.4　知识产权费用列支政策

2003 年 4 月 4 日，科技部发布了《关于加强国家科技计划知识产权管理工作的规定》（国科发政字〔2003〕94 号），第一次明确提出："国家科技计划项目经费中可以列支知识产权事务经费，用于专利申请和维持等费用。经财政部门批准，在国家有关科研计划经费中可以开支知识产权事务费，用于补助负担上述费用确有困难的项目承担单位，和具有抢占国际专利竞争制高点意义的重大专利的国外专利申请和维持费。"科技部于 2010 年 7 月 1 日发布的《国家科技重大专项知识产权管理暂行规定》（国科发专〔2010〕264 号）规定："项目（课题）责任单位可以在项目（课题）知识产权事务经费中列支知识产权保护、维护、维权、评估等事务费。项目（课题）验收结题后，项目（课题）责任单位应当根据需要对重大专项产生的知识产权的申请、维持等给予必要的经费支持。"

允许在国家和地方科技计划项目和课题经费中列支知识产权事务费的政策初衷是好的，政策本身也没有什么问题。但由于我国科研总体上呈单兵作战或学科带头人带领团队的科研组织方式，该政策就成为一种相对落后的政策。在国外多数高校科研机构，知识产权费用主要由其内部技术转移办公室负担。技术转移办公室负担知识产权成本，因此它就必然要对发明创造是否值得申请知识产权保护进行有效的评估，只有能转移出去的技术才申请知识产权保护，申请的知识产权质量也比较高，实施许可的可能性就较大。我国现阶段这种允许列支知识产权事务费的政策规定不仅没有坚持公平原则，也不利于高校科研机构内部知识产权管理运营机构和人才团队的建设。

8.6　小　结

完善的制度是知识产权有效创造和运用的基本前提，也是制定知识产权创造政策的根本出发点。本章研究了职务科技成果知识产权的权利归属政策、职务发明人奖励报酬政策、知识产权费用政策、知识产权事务费政策的发展过程和存在问题，提出了相应的政策建议。

为促进职务科技成果知识产权运用，我国必须着力修改完善知识产权创造激励的基本制度。一是建立职务科技成果知识产权的实施权制度，应将处置权、使用权和收益权统一归为实施权，职务科技成果及知识产权属于国家，承担单位拥有实施权。职务发明人和职务科技成果完成人拥有相应的实施权非简单的奖励报酬，实施权可以转让、质押、入股、继承等。二是建立科技成果知识产权类无形资产单独管理制度。将此类无形资产与其他无形资产分开管理，不受国有资产清产核资、保值增值要求的审批备案、登记评估等规定的约束。三是利益平衡制度。在《专利法》奖励报酬规定中增加对专利作价入股股权奖励报酬的规定。企事业单位也应在与职工签订劳动合同时告知职务发明转化实施的收益权或分红权及其比例，在对职务发明人实施收益权或分红权激励时，也应充分考虑劳动合同薪酬待遇的高低。

还要优化知识产权费用政策，完善科技创新政策中的知识产权政策。要统筹知识产权收费、费用减缴和地方资助政策，费用减缴应主要面向市场失灵主体，地方资助政策应主要针对海外授权知识产权申请和高价值、核心知识产权与知识产权组合，要切实转变知识产权收费标准越低越好的观念，充分发挥知识产权费用政策的杠杆作用，保持知识产权私权与社会利益之间的平衡。应取消在科技经费中允许职务发明人报销知识产权事务费的落后政策，承担单位应统筹知识产权事务费的使用，支持高质量、高价值、核心知识产权组合创造。

第 9 章 知识产权价值评估政策

识别和确定知识产权价值是知识产权商业化运用的前提，要有效运用知识产权就必须进行科学的价值评估。但目前的知识产权评估政策和评估机制还不完善，知识产权价值评估方法还不够科学，评估过程还存在较多不确定性，这在很大程度上影响了知识产权的转移转化。为了促进知识产权的商业化运用，必须完善知识产权评估政策，改进知识产权评估方法，完善知识产权评估机制。

9.1 知识产权价值评估政策梳理

知识产权价值评估是确定知识产权转让、许可价格或入股作价份额或比例的前提。评估知识产权的价值，就要分析知识产权的市场价值与许可实施的可能性。Damodoran（1994）、Smith and Parr（1998）都较早开展了知识产权价值评估的研究。知识产权价值评估必须考虑技术和权利两个因素（Razgaitis，2002）。知识产权的评估内容和方法包括工业标准、收益分成率、排序、折现率等（Petr Hanel，2006）。目前的知识产权价值评估主要包括知识产权转移转让许可、知识产权作价入股、知识产权投融资、知识产权处置和知识产权侵权赔偿中知识产权价格的评估。

9.1.1 知识产权与无形资产

无形资产是指企事业单位或个人拥有或者控制的没有实物形态但可以辨认的非货币性资产，具有无形性、分离性、交易性和价值性、不确定性等特征。无形资产没有实物形态、能够从企事业单位中分离或划分，并能够单独或者与相关合同、资产或负债一起，被出售、转移、许可、租赁或者交换，能在较长时间内提供经济利益，而且提供的经济利益具有高度不确定性。从广义来看，无形资产包括货币资金、应收账款、金融资产、长期股权投资、专利权、商标权等。而从狭义的会计上来看，无形资产主要指具有确定价格的可入账的专利权、商标权等知识产权。

根据知识产权分类，知识产权属于社会类无形资产，属于知识产权的无形资产主要有专利权、技术秘密专有权、商标权、著作权、集成电路布图设计专有权、植物新品种权等。商誉也属于一种与知识产权有关的无形资产，但由于不能从企事业单位中单独分离出来，所以不能单独认定为无形资产。根据财政部于 2006 年颁布的《企业会计准则》规定，在会计处理上，知识产权类无形资产提供的经济利益能够流入企业，而且要能可靠地计量，计量的方法一般是取得的实际成本。由于知识产权提供的经济利益是通过企业生产产品或其他资产如服务、知识产权等实现的，所以无形资产应当按法定期限、合同约定或者产品生命周期等进行摊销，摊销一般是取得成本减去残值和减值准备金的累计金额。摊销金额应当计入当期损益。外购的知识产权必须通过评估才能计量其成本，知识产权评估价格是企业外购知识产权的重要依据，是企业经营核算的重要资产，也是知识产权转让许可和作价入股的前提。

9.1.2　资产评估管理政策

1991 年 11 月 16 日，国务院发布了《国有资产评估管理办法》（国务院令第 91 号，以下简称《办法》），这是我国最早的包括知识产权在内的资产评估管理政策。该《办法》规定了国有单位国有资产评估的职责、国有资产评估范围、国有资产评估方法和计入成本的方法。1992 年 7 月 18 日，原国家国有资产管理局发布了《国有资产评估管理办法施行细则》（国资办发〔1992〕36 号），该文件从组织管理、评估程序、评估方法、中外合资合作资产评估、股份制企业资产评估、法律责任等几个方面对《办法》进行了详细规定。2001 年 12 月 31 日，财政部发布了《国有资产评估管理若干问题的规定》（财政部令第 14 号），该文件第 2 条特别规定本规定适用于各类占有国有资产的企业和事业单位。2005 年 8 月 25 日，国务院国有资产监督管理委员会发布了《企业国有资产评估管理暂行办法》（国务院国有资产监督管理委员会令第 12 号），主要目的是规范企业国有资产评估行为，维护国有资产出资人合法权益，促进企业国有产权有序流转，防止国有资产流失，主要包括总则、资产评估、核准与备案、监督检查、罚则等。2016 年 7 月 2 日，全国人大常委会通过《资产评估法》并于 2016 年 12 月 1 日起施行。《资产评估法》分总则、评估专业人员、评估机构、评估程序、行业协会、监督管理、法律责任、附则八个部分。

根据《资产评估法》，资产评估是指评估机构及其评估专业人员根据委托对不动产、动产、无形资产、企业价值、资产损失或者其他经济权益进行评定、估算，并出具评估报告的专业服务行为。评估机构及其评估专业人员开展业务应当遵守法律、行政法规和评估准则，遵循独立、客观、公正的原则。该法规定了评估机构的禁止行为与评估程序，规定了法律责任，包括"评估专业人员违反本法规定，签署虚假评估报告的，由有关评估行政管理部门责令停止从业两年以上五年以下；有违法所得的，没收违法所得；情节严重的，责令停止从业五年以上十年以下；构成犯罪的，依法追究刑事责任，终身不得从事评估业务"。

9.1.3　知识产权评估管理政策

1996 年 10 月 18 日，原国家国有资产管理局和原中国专利局发布了《关于加强专利资产评估管理工作若干问题的通知》（国资办发〔1996〕49 号）。通知要求，国有专利资产占有单位转让专利申请权、专利权的，国有企业和事业单位作为法人在变更或终止前需要对专利资产作价的，以国有专利资产与外国公司、企业、其他经济组织或个人合资、合作实施的，或者许可外国公司、企业、其他经济组织或个人合资、合作实施的，以专利资产作价出资成立有限责任公司或股份有限公司等情形的，应当依法进行专利资产的评估。1997 年 4 月 20 日，原国家国有资产管理局和原中国专利局又发布了《专利资产评估管理暂行办法》（国专发管字〔1997〕第 67 号，以下简称《暂行办法》）。该《暂行办法》规定，专利资产是指专利权、专利申请权以及与之相关的资产其中规定了申请设立专利资产专职评估机构和专利资产评估人员的条件，规定了处罚措施。

2006 年 4 月 19 日，财政部和国家知识产权局发布《关于加强知识产权资产评估管理工作若干问题的通知》（财企〔2006〕109 号），明确了进行知识产权评估的要求。该文件要求知识产权占有单位，以知识产权资产作价出资成立有限责任公司或股份有限公司的；以知识产权质押，市场没有参照价格，质权人要求评估的；行政单位拍卖、转让、置换知识产权的；国有事业单位改制、合并、分立、清算、投资、转让、置换、拍卖涉及知识产权的；国有企业改制、上市、合并、分立、清算、投资、转让、置换、拍卖、偿还债务涉及知识产权的；国有企业收购或通过置换取得非国有单位的知识产权，或接受非国有单位以知识产权出资的；国有企业以知识产权许可外国公司、企业、其他经济组织或个人使用，市场没有参照价格的；确定涉及知识产权诉讼价值，人民法院、仲裁机关或当事人要求评估的；法律、行政法规规定的其他需要进行资产评估的事项，应当进行资产评估。知识产权评估应当依法委托经财政部门批准设立的资产评估机构进行评估。资产评估机构必须坚持独立、客观、公正的原则，不得以迎合委托方对评估结果高估或者低估的要求、给予"回扣"、恶性压价等不正当方式承揽知识产权评估业务。

2010 年 8 月 12 日，财政部等部门发布《关于加强知识产权质押融资与评估管理支持中小企业发展的通知》（财企〔2010〕199 号），明确了知识产权质押融资中的知识产权评估内容。该文件要求，各地和有关部门要建立促进知识产权质押融资的协同推进机制，创新知识产权质押融资的服务机制，建立完善知识产权质押融资风险管理机制，完善知识产权质押融资评估管理体系，建立有利于知识产权流转的管理机制。特别提出，各有关部门"要引导商业银行、融资性担保机构充分利用资产评估在知识产权质押中的作用"；"要鼓励商业银行、融资性担保机构、中小企业充分利用专业评估服务，由经财政部门批准设立的具有知识产权评估专业胜任能力的资产评估机构，对需要评估的质押知识产权进行评估。要指导商业银行、融资性担保机构、中小企业等评估业务委托方，针对知识产权质押融资的评估行为，充分关注评估报告披露事项，按照约定合理使用评估报告"。

9.1.4 知识产权资产评估政策

我国知识产权评估政策是以《资产评估准则——无形资产》为核心的无形资产评估政策。我国知识产权资产评估政策主要有以下五项，如表 9 - 1 所示。

表 9 - 1 知识产权评估政策

政策文件	发布时间	文号
资产评估准则——无形资产	2001 年 7 月 23 日	财会〔2001〕1051 号
专利资产评估指导意见	2008 年 11 月 28 日	中评协〔2008〕217 号
著作权资产评估指导意见	2010 年 12 月 18 日	中评协〔2010〕215 号
商标资产评估指导意见	2011 年 12 月 30 日	〔2011〕228 号
知识产权资产评估指南	2015 年 12 月 31 日	中评协〔2015〕82 号

（1）无形资产评估准则。2001 年 7 月 23 日，财政部印发了《〈资产评估准则——无

形资产〉的通知》（财会〔2001〕1051 号），并于 2009 年进行了修订。该准则共规定了五个方面的内容。一是规定了无形资产和无形资产评估的概念。无形资产是指特定主体所拥有或者控制的，不具有实物形态，能持续发挥作用且能带来经济利益的资源。无形资产评估是指注册资产评估师依据相关法律、法规和资产评估准则，对无形资产的价值进行分析、估算并发表专业意见的行为和过程。二是对注册评估师提出基本要求。执行无形资产评估业务应当恪守独立、客观、公正的原则，保持应有的职业谨慎，不得以预先设定的价值作为评估结论。三是分析评估对象。注册资产评估师应当要求委托方明确评估对象，应当关注评估对象的权利状况及法律、经济、技术等具体特征。注册资产评估师执行无形资产评估业务，应当关注评估对象的产权因素、获利能力、成本因素、市场因素、有效期限、法律保护、风险因素等相关因素。四是提出操作要求。应当明确评估对象、评估目的、评估基准日、评估范围、价值类型和评估报告使用者。五是选择评估方法。应当根据评估目的、评估对象、价值类型、资料收集情况等相关条件，分析收益法、市场法和成本法三种资产评估基本方法的适用性，恰当选择一种或者多种资产评估方法。六是提出披露要求。应当在履行必要的评估程序后，根据《资产评估准则——评估报告》要求编制评估报告，并进行恰当披露。执行无形资产评估业务，应当在评估报告中披露必要信息，使评估报告使用者能够合理理解评估结论。

（2）知识产权专项资产评估意见。主要有以下三项：一是中国资产评估协会于 2008 年 11 月 28 日发布的《专利资产评估指导意见》（中评协〔2008〕217 号），二是中国资产评估协会于 2010 年 12 月 18 日发布的《著作权资产评估指导意见》（中评协〔2010〕215 号），三是中国资产评估协会于 2011 年 12 月 30 日发布的《商标资产评估指导意见》（中评协〔2011〕228 号）。这些专项评估政策除了要求遵守《资产评估准则——无形资产》外，还明确了专利权、商标权、著作权资产等相关概念，对资产评估机构和评估师提出了具体要求，进一步明确了评估对象、操作要求和披露规范。

（3）《知识产权资产评估指南》。2015 年 12 月 31 日，中国资产评估协会印发《知识产权资产评估指南》（中评协〔2015〕82 号），统一了上述专项资产评估政策。《知识产权资产评估指南》主要包括五个方面的内容。第一，明确知识产权资产、知识产权资产评估等有关概念。知识产权资产包括专利资产、商标资产、著作权资产、集成电路布图、植物新品种、商业秘密。第二，提出资产评估师和评估机构基本要求。资产评估师执行知识产权资产评估业务，应当关注宏观经济政策、行业政策、经营条件、生产能力、市场状况、产品生命周期等各项因素对知识产权资产效能发挥的作用，关注其对知识产权资产价值产生的影响，应当关注知识产权资产的基本情况，应当要求委托方明确评估对象，应当关注评估对象的权利状况，以及法律、经济、技术等具体特征。第三，提出和选择评估方法，编制评估报告。应当根据评估目的、评估对象、价值类型、资料收集情况等相关条件，分析收益法、市场法和成本法三种资产评估基本方法的适用性，恰当选择一种或者多种资产评估方法。应当在履行必要的评估程序后，根据《资产评估准则——评估报告》编制评估报告，并进行恰当披露，使评估报告使用者能够合理理解评估结论。第四，提出不同目的知识产权资产评估要求：一是以转让或者许可使用为目的的知识产权资产评估，二是执行以出资为目的的知识产权资产评估业务，三是执行以质押为目的的知识产权资产评估业务，四是执行以诉讼为目的的知识产权资产评估业务，五是执行以财务报告为目的的知识产权资产评估业务。

从上述政策可以看出，我国知识产权评估政策存在许多重复。出于实际工作需要，中国资产评估协会发布了专利、商标、著作权资产评估指导意见，这些不同类型知识产权资产评估政策体例相同，方法相同。后来又发布了统一的《知识产权资产评估指南》，但与前述政策仍存在较多重复。《知识产权资产评估指南》与财政部发布的《无形资产评估——无形资产》和全国人大通过的《资产评估法》也存在诸多重复。知识产权具有不同于其他无形资产的特殊性，更与固定资产性质不同，知识产权资产不可能快速变现，知识产权价值必须通过转让许可、实施、作价投资、侵权赔偿等途径实现，而这些途径极其复杂。在现实中能够实现经济价值的知识产权属于少数，证明了知识产权的特殊性。我国《资产评估法》对知识产权和其他资产实行同样的规定，都要求在特定条件下进行法定评估。知识产权评估管理政策要求在特定条件下知识产权资产必须评估，而且知识产权评估政策所提出的评估方法和评估程序与其他资产评估方法和程序没有差别。

《资产评估法》具有最高的法律效力，我国应当以该法为基本法，对包括无形资产在内的各类资产评估管理政策进行优化、细化，制定统一的政策评估法规和细则。由于知识产权资产不同于其他资产尤其是无形资产的特殊性，我国应在法定评估中将知识产权资产评估从资产评估或者无形资产评估中分离出来，不再要求法定评估。

9.2 知识产权价值评估方法

确定知识产权的价值和价格是知识资产评估的基本目的。知识产权的价值是价格的潜在形态，不仅受自身的技术、经济、法律特征，以及由此产生的使用效能的影响，而且也受市场供求关系的影响。知识产权价值首先是由科研人员花费的创造性劳动决定的，这可以用科研人员花费的科研必要劳动时间和单位时间价值计算，但是知识产权的价值实现又受市场供求关系的影响，供需对接和交易市场是重要的影响因素。由于受众多因素的影响，要准确测度知识产权的价值和价格是不可能的。目前，第三方评估机构做出的评估是价值的评估，表现为价格的高低。知识产权价值评估基本上沿用有形资产的评估方法，即市场法、成本法和收益法，而没有专门适用于知识产权价值评估的理论和方法。

Gordon Smith 和 Russell Parr 在其 *Valuation of Intellectual Property and Intangible Assets* 一书中最早研究了知识产权价值评估理论。在技术成果的价值评估方法上，联合国颁布的《技术转让协议评估指引》提出了成本法、市价法和收益法三种方法。美国评估基金会发布的《专业评估实践统一标准》阐述了三种技术成果价值评估方法。但是，传统的三种评估方法越来越难以适应日益复杂的无形资产估值需要（Ted Hagelin，2005）。会计利润是企业资产价值很好的表现，应利用企业未来盈利的能力来评估资产的价值（Stephen Penman，2007）。在三种主要无形资产价值评估方法的基础上，应整合收入法和成本法优势并克服其劣势开展价值评估（Chung Ryan, et al.，2013）。由于知识产权资产的特殊性，知识产权评估方法又有许多不同于其他资产评估方法的特点，虽然有很多人尝试了各种方法，但准确评估的目的并没有达到。

9.2.1 成本法

成本法是一种通过趋近原始成本可计算得到再生产新资产复制品成本的方法，又称重置成本法，它以重新建造或购置与被评估资产具有相同用途和功效的资产时需要的成本作为计价标准。成本法依评估依据不同可分为两种。一是重置复原成本法，又称历史成本法，以被评估的资产历史的、实际的开发条件作为依据，再以现行市价进行折算，求得评估值。使用重置复原成本法，不能简单将历史成本加总作为初始成本，而应当以计算年份为基点考虑平减指数，尤其是工业品出厂价格指数。二是复原重置成本法。以新的开发条件为依据，重置与评估和知识产权资产具有相同功能和效果的全新资产的重置成本，这种成本也叫替代成本。例如开发一件软件专利，需要计算不同项目的用时，并确定单位时间的价格，由此确定直接成本。还要确定间接成本与利润的比率，由此才可以计算出每个项目的总价值，加总的价值就是该软件专利的价值。

成本法的优点是有基本的价格起点，历史数据准确可查，符合会计标准，评估简单、快捷。但还需要考虑贬值问题。贬值包括三类：一是物理贬值，主要是物理磨损带来的服务价值的减少；二是功能折旧，主要是由于设计缺陷或操作困难等造成价值贬值；三是经济贬值，随着科学技术进步和时间发展，知识产权资产的盈利能力会变小，造成经济贬值。因此，成本法总的计算公式如下：

$$FMV = CRN - PD - FO - EO$$

式中，FMV 为评估值，CRN 为复原成本或替代成本，PD 为物理贬值，FO 为功能折旧，EO 为经济折旧。

成本法对高度专业化的资产评估特别有用，对某些无形资产如软件也很有用。但是成本法没有考虑未来的经济收益，也没有考虑开发的风险，而研究开发的风险是评估知识产权价值时必须要考虑的重要因素之一。

9.2.2 市场法

市场法又名市场参照物法，是通过市场调查，选择与被评估知识产权相同或相似的已成交知识产权作为参照物，并将被评估知识产权与已成交知识产权进行比较，在必要时进行适当调整从而确定知识产权价值的方法。在发达国家，市场法是主流的科技成果价值评估方法（刘运华，2014）。一些知识产权价值评估权威机构如美国 Damodaran、Ibbotson Associate 为市场法评估方法参数的估算提供了大量权威数据。

市场法适用的条件有两个。第一，存在活跃的知识产权交易市场，从市场中可以找到同类的知识产权做参考。第二，在知识产权交易市场上存在可比较的知识产权及其交易活动。如中国 2011 年和 2012 年平均登记的专利许可价格为 24.5 万元人民币。美国 2014 年专利市场平均价格为 25.1 万美元，其中每件自然语言专利达到 166.3 万美元，每件移动技术专利达到 29.08 万美元，如图 9 – 1 所示。在移动通信领域，企业购买的专利许可少则几十件，多的则可达上百项甚至上千件，确定一批专利的价格不可能对每个专利的成本或未来收益进行评估，应该主要是根据市场中转让或许可的同类专利价格确定成交价。

但由于知识产权具有的独特性，尤其是专利技术具有新颖性和创造性，很难在市场中找到相同或相似的专利，市场法确定的知识产权价格也不很准确。这种方法适用于大宗知识产权转让许可的价值评估。

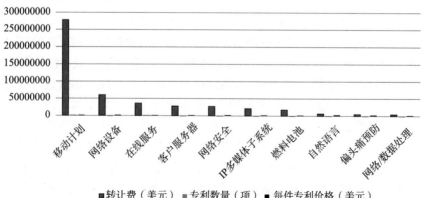

图 9 - 1　美国市场专利交易价格

9.2.3　收益法

收益现值法是一种比较常用的方法。在采用收益现值法对知识产权价值进行评估时，将资本、劳动力、组织、技术（及知识产权）四要素在经济寿命期内产生的年净收益和期末资产余值按一定的折现率折成现值，该现值即为在此收益率下资本、技术和知识产权的总价值，总价值乘以技术（及知识产权）超额利润分成率即为技术（及知识产权）的价值。其计算公式为

$$V = \theta \sum_{i=1}^{n} \frac{p_i}{(1+r)^i}$$

$$V = \theta \sum_{i=1}^{n} \left(\frac{-IN}{(1+r)^o} + \frac{p_i}{(1+r)^i} + \frac{F_n}{(1+r)^n} \right)$$

式中，V 为技术（及知识产权）的价值；θ 为知识产权的超额利润分成率；$-IN$ 为建设期投资，包括固定资本投资和无形资本投资；F_n 为期末资产残值；p_i 为第 i 年技术（及知识产权）和资本产生的净收益，p_i = 销售收入 - 经营成本 - 管理费 - 财务费用 - 固定资产折旧费 - 无形资产摊销费 - 销售费用 - 增值税 - 所得税 - 公积金 - 公益金；r 为资金折现率；n 为项目计算期。如果需要前期建设期投入，则需要将累计净现值减去投资额，剩余部分乘以分成率则为技术（及知识产权）的价格。该式中最重要的是生命周期、销售收入、折现率和技术分成率的确定。

根据收益现值法，技术（及知识产权）价值就是"知识产权的未来经济收益的现值"。使用收益现值法，应确定技术（及知识产权）的经济生命周期的起点和终点。确定经济生命周期的方法主要有两个。一是对技术（及知识产权）相关市场的预期。结合所在行业的情况，如通过历史数据推算等方法，估测知识产权能够产生经济价值的时间范围。二是法定/合同生命周期，取决于法律和相关合同的规定情况。许多无形资产尤其是知识产权有明确的生命周期，此类无形资产包括专利、商标、授权许可协议、版权、租赁、供应或分销合同、抵押贷款或其他贷款协议、特许经营协议。法定生命是指其保护期限，合同期限是签订合同时知识产权的剩余保护期限。但是，评估技术（及知识产权）的价值主

要应分析技术（及知识产权）投资项目的计算期。这个计算期比普通项目的计算期要短，一般为五年左右。计算期不同于技术生命周期和法定合同周期，它是基于技术（及知识产权）应用超过行业平均利润获得超额利润的项目运行周期。

技术（及知识产权）未来的收入预测应充分考虑经济环境、盈利性、竞争性和资本投资的变化。经济环境要考虑知识产权实施所处的商业周期、相关行业和经济部门状况、预期通货膨胀趋势、预期产品或服务的需求、预期产品或服务的价格等。盈利性要考虑所有与知识产权相关的收入。竞争性要考虑通过知识产权提高产品竞争力所采取的策略，如限制数量、使用年限和未来收入变化趋势等。资本增加要考虑知识产权转化所需要的投资、厂房、设备、生产线等。收入预测应考虑未来收入的绝对量、未来收入流的增长率或减少率、未来收入流的时间（赖利，2006）。预测的方法有趋势外推法、曲线外推法、多元回归外推法、白板法、生命周期分析法、灵敏度分析法、仿真分析法、经验法。目前的预测方法在做预测时都假定达产后的销售收入和价格不变，但产品售价会受到通货膨胀、技术进步和竞争关系的影响而发生变化。

折现率亦称贴现率、现值率、收益资本化率，是将未来有限期的预期收益换算成现值的比率，本质上讲是一种期望投资报酬率，是投资者在投资风险一定的情况下对投资所期望的回报率。一般认为折现率由基本收益率和风险报酬率构成。前者是无风险报酬率，亦称安全利率，一般参照同期国库券利率或行业平均投资报酬率确定。行业平均投资报酬率计算公式为

行业平均投资报酬率 = 总资产获利率 = 全行业净利润/全行业资产总额

常用资产定价模型来估算折现率，此时：

折现率 = 基本收益率 + β（风险报酬率）

式中，β 是股权风险溢价系数，是对整个市场风险的一种度量，它有多个来源，一般为有知识产权的上市公司确定的系数。

由于知识产权的不确定性，所以涉及知识产权的资产定价模型为

折现率 = 基本收益率 + β（风险报酬率） + 与知识产权有关的额外风险溢价

知识产权的风险溢价要考虑其受保护的情况，以及有无竞争的压力。2017 年年初，我国的五年国债利率为年息 5.32%，加入某公司上报的股权风险溢价系数为 1.1，股权风险溢价为 7%，与知识产权有关的特有风险溢价 2%，则其折现率为 15.04%。运用积累模型计算折现率的公式为

折现率 = 无风险回报率 + 交易所在市场的风险溢价 +

与规模相关的风险溢价 + 知识产权有关的特有风险溢价

如一项产品的商标在市场中有很重要的地位，在行业内存在了很多年，而且一直被看好，其规模风险溢价可以定为 1%。目前的折现率计算由于累加了基本收益率、风险报酬率和溢价，导致折现率偏高，从而导致行业平均投资报酬率的评估价格偏低。

由于投资必须与其他有形资产有机结合才能创造实际价值，在知识产权价值评估过程中，知识产权尤其是专利技术带来的超额利润一般无法单独测算，通常采用从专利技术运作后企业总净利润分成的办法进行测算。根据国际上通行的 LSLP 原则，企业获利由资金、组织、劳动和技术这四个要素综合形成，获利比重一般各为 1/4。联合国工业发展组织对

发展中国家引进专利技术的价格进行分析后，认为专利技术的超额利润分成率的取值一般为16%～33%较为合理。超额利润分成率的多少取决于知识产权实施的众多具体因素，如产品对该项技术（及知识产权）的依赖程度、市场上对该项技术（及知识产权）的需求程度、对使用该技术（及知识产权）的限制等。

收益现值法的优点是能够比较真实、准确地反映技术（及知识产权）资产的价值，在交易中，得出的评估价值较容易被买卖双方接受。其缺点是考虑的因素相对简单，缺乏对未来不确定性的反映，假设技术及知识产权全部都能转化为市场上可顺利销售的产品与服务，主观性较强，容易造成对技术（及知识产权）的价值高估。影响贴现率的因素很多，如项目自带的风险性、投资者所要求的风险回报率、未来现金流的不确定性等。贴现率往往确定得较高，又造成技术（及知识产权）价值低估。收益现值法比较适用于工程技术简单、各项技术经济指标已经形成定额、有过成功经验的类似项目。

9.2.4 概率树法

概率树评估法是通过预测知识产权每种可能的实施情形及其概率和收益，并对各种可能的收益进行加权得到知识产权价值的方法。该方法要求预测到知识产权实施后各种可能的情形，包括成功的概率、取得的收益，然后通过概率加权的方式得到知识产权的价格，如图9－2所示[1]。如一项知识产权产品成功推入市场的概率是90%，失败的概率是10%，三个商业成功的情形的收益和概率是：（1）1亿元，概率20%；（2）7000万元，概率为70%；（3）3000万元，概率为10%。则三个商业成功结果的知识产权价值为

成功情形评估价值 = $0.2 \times 10000 + 0.7 \times 7000 + 0.1 \times 3000 = 7200$（万元）

同样，失败情形评估价值 = $0.4 \times 2000 + 0.6 \times 1000 = 1400$（万元）

最后，可评估知识产权的价值。

评估价值 = $0.9 \times 7200 + 0.1 \times 1400 = 6620$（万元）。

但是，概率树法应用的基础是拥有详细项目组成的大型组合，项目都有跟踪记录，而历史记录可用于知识产权实施各种情形的评估。如果按知识产权分成率25%计算，则该知识产权的价值为1655万元。

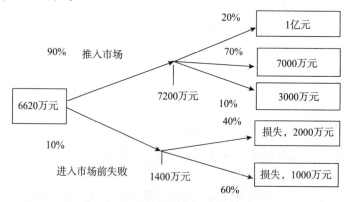

图9－2 概率树法评估知识产权价值

❶ 理查德·瑞兹盖提斯. 企业知识产权估价与定价［M］. 金珺，傅年烽，陈劲，译，北京：知识产权出版社，2008.

9.2.5　实物期权法

实物期权的概念是由 Myers 在 1977 年首次提出的。他认为，一个投资项目所产生的现金流创造的利润应来自于目前所拥有资产的使用，再加上一个对未来投资机会的选择。这种增长机会可以看作实物资产的看涨期权。到期时期权的价值依赖于资产未来价值，也依赖于投资者是否执行这一期权。也就是说，投资者拥有一种权利，即在未来以一定的价格取得或出售一项实物资产的权利。同时，又因为其标的物为实物资产，相对于金融期权而言，此类期权称为实物期权。根据实物期权模型，知识产权项目的价值 V = 知识产权项目 NPV + 灵活性价值（期权价值）。

实物期权法主要用来创立投资的套期保值，解决了收益现值法的不足。一个长期知识产权实施项目，如果折现率较高，就会使得后面年份的现金流现值很小，尤其是专利新药开发项目。收益现值法还假定所有的投资都会转化，而不管风险和后果。对于知识产权商业化的项目，如果风险较大，项目被终止的可能性就较大。

知识产权实物期权法是近几年发展起来的一种新的知识产权评估方法。该方法考虑了决策者在知识产权投资、生产以及产品研究开发等决策中的选择权，能充分反映实施知识产权时决策的选择权价值，更为合理、准确地评估知识产权的价值。

例如，参照理查德·瑞兹盖提斯（2008）的方法，买方有机会以 300 万元购买一个专利技术的许可，购买后还需要花费 800 万元进行新的研究开发。买方经研究后认为，在不同假设条件下，进行专利技术实施的支出成本分别为：（1）5000 万元；（2）9000 万元；（3）1.3 亿元。成功实施该项目的收益为：（1）6000 万元；（2）1.2 亿元，如表 9 - 2 所示。

表 9 - 2　实物期权法的收益与成本组合

支出成本 （万元）		C1 5000		C2 9000		C3 13000	
收益额 （万元）	A6000	1000	- 100	- 3000	- 1100	- 7000	- 1100
	B12000	70000	5900	3000	1900	- 1000	- 100

假定六种结果发生的可能性相同，则期权的价值 = 1/6（ - 100 - 1100 - 1100 + 5900 + 1900 - 100）= 900（万元）。

如果 NPV 为 6620 万元，期权价值为 900 万元，则知识产权项目的总价值为 7520 万元，如果以知识产权的分成率为 25% 计算，则知识产权的价值为 1880 万元。

9.3　知识产权价值评估机制

由于知识产权类无形资产的不确定性，知识产权评估的价格基本上是根据客户的要求倒推评估的，很多知识产权评估的真实性难以保障。所以，很多人认为知识产权价值评估没有必要。受此影响，新通过的《促进科技成果转化法》取消了科技成果国有无形资产必须评估的要求。该法第 18 条规定，国家设立的研究开发机构、高等院校对其持有的科技成果，可以自主决定转让、许可或者作价投资，但应当通过协议定价、在技术交易市场挂牌交易、拍卖等方式确定价格。知识产权价值评估方法也受到了很多诟病。有人认为是无形资产采用有形资产评估方法造成的，成本法、收益现值法、市场法等无法适应无形资产的复杂性和多样性，简单采用有形资产的评估方法得出的结果不适应知识产权价值评估的要求。也有人认为是现有评估方法存在问题，认为是由于缺乏准确的价值评估方法造成的，应致力于开发准确的价值评估方法。还有一些人认为是由于评估的参数不确定，没有确定的参数造成评估方法存在问题的，因此要致力于制定许可费率等参数表。

其实，科技成果及知识产权可以通过协议定价、在技术交易市场挂牌交易、拍卖等方式确定价格，但协议定价、挂牌交易和拍卖方式定价的基础仍然是评估，只不过这种评估的价格是不同方法或者各种方法综合得出的价格。现在，在科技成果和知识产权转让许可谈判中，双方还不得不通过价值评估确定知识产权的价格。一些技术市场挂牌的知识产权没有价格，或者价格随意填写，一些技术拍卖会搞了几次以后就再也搞不起来了，原因就在于知识产权价格无法确定。所以，简单废除评估并不能解决根本问题。

和有形资产一样的知识产权类无形资产具有价值，这种价值是能够带来比购买价值或自行开发价值更大价值的价值。同时，知识产权也会随着技术进步和市场变化而贬值。与有形资产相比，无形资产还具有无形性、复制的低成本性等特征，但主要的特点是知识产权存在严重的信息不透明问题。在知识产权价值评估过程中，评估者无法准确知道知识产权的技术、经济、法律价值。诚然，评估方法和参数不确定的确会造成知识产权价值评估价格的不确定，但方法和参数的不确定并不是知识产权价值评估难的主要问题，而主要原因在于知识产权价值评估机制存在不足，第三方评估无法解决知识产权技术、经济和法律价值问题和参数透明问题。如果评估者或者甲、乙双方能够了解或知道知识产权的技术、经济和法律价值，知识产权价值评估就容易得多，知识产权价值评估结论的可接受性就高得多。

知识产权技术上的可行并不意味着法律上的可行。同样，技术和法律上的可行并不意味着经济上的可行。只有技术、法律和经济上同时可行的知识产权才有价值，才可以进行价值评估，三类价值实现的顺序是不同的，技术可行是法律和经济可行的前提，技术和法律可行是经济可行的前提，只有三者都可行，才能评估出知识产权的价值。因此，评估知识产权价值必须充分评估知识产权的技术价值、法律价值和经济价值，并评估技术到法律再到经济上可行的可能性或概率。根据中国技术交易所（2011）开发的专利价值度评价指标体系，技术价值度指标包括先进性、行业发展趋势、适用范围、配套技术依存度、可替代性、成熟度六个方面的指标，其中前五个为基本指标。经济价值度包括市场应用、市场规模、市场占有率、竞争情况、政策适应性、市场准入六个指标，其中前三个为基本指标。法律价值度分析从法律的维度评价一项专利的价值，主要提供专利的全面法律状态信息及专业解读，包括专利稳定性、实施可规避性、实施依赖性、专利侵权可判定性、有效期、多国申请、专利许可状态等。其计算公式如下：

$$V = 40\% \, LVD + 40\% \, TVD + 20\% \, EVD$$

但是该公式通过简单加总法得到总的价值度，没有考虑到技术到法律再到经济上可行性或概率，而且权重设置也不太合理。计算公式应当采用指数连乘法。一个成功的技术实施，技术和市场价值是最重要的，而且是同等重要的。因此本书作者认为，价值度评价应按下述步骤进行。

第一步，评估技术价值度。如果技术价值度低于某个门槛值，如 9 分，评估停止。

$$TVD = \begin{cases} TVD, & TVD \geq TVD_0 \\ 0, & TVD < TVD_0 \end{cases}$$

第二步，评估法律价值度。只有技术价值度评估达到上述门槛值，如 9 分，才能进行法律价值度的评估。

$$LVD = \begin{cases} LVD, & TVD \geq TVD_0 \\ 0, & TVD < TVD_0 \end{cases}$$

第三步，评估经济价值度。只有法律价值度也超过某个门槛值，如 9 分，才可以评估经济价值度。

$$EVD = \begin{cases} LVD, & LVD \geq LVD_0 \\ 0, & LVD < LVD_0 \end{cases}$$

第四步，评估总的价值度。总的价值度是技术、法律和经济价值度的指数连乘积。任何一个指数高并不能导致总指数必然高，但某个指数低必然导致总指数低；只有三个指数都高，总指数才可能高。

$$V = TVD^{0.35} \times LVD^{0.3} \times EVD^{0.35}$$

其次，应解决知识产权价格评估结果的信任问题。现有的第三方评估机制没有解决甲、乙双方的信任问题，其主要原因在于，这种评估是第三方评估，而非甲、乙双方或甲、乙、丙三方同时参与的评估。知识产权的价格是通过市场实现的，而知识产权市场实现价值的方式是通过交易双方实现或者合作各方达成一致实现的，所以知识产权价格的评估必须有各方的充分参与。只有各方充分参与，充分了解和掌握知识产权的技术、经济和法律的可行性和各种评估方法的参数并达成一致，才能最终评估出知识产权的价格。因此，评估知识产权的价格应建立在甲、乙、丙三方都参加的评估机制上。

9.4 小 结

开展知识产权商业化运用首先要评估知识产权价值。本章梳理了我国主要的知识产权评估政策，分析了成本法、市场法、收益法、概率树法和实物期权法等主要的知识产权价值评估方法，提出了相应的完善知识产权价值评估政策的建议。

完善知识产权价值评估政策，第一，要完善知识产权价值评估方法，加强对评估师的培训，充分发挥评估师的能动性，尽量避免因主观和时间短造成的评估随意性问题。第二，要掌握不同类型知识产权适宜的价值评估方法。如专利和技术、商标和品牌、著作权、产品软件、特许经营权比较适合使用收益现值法，而管理软件等适合于成本法。第三，要完善知识产权价值评估机制，尤其是评估知识产权价格时，要建立交易双方和第三方共同参与评估的机制或制度，在第三方的帮助支持下，让甲、乙双方都能掌握评估的方法，对每个参数进行谈判，再通过第三方的方法评估后对评估结果进行谈判，从而确定价格。因此，要支持评估机构建立多主体参与评估的符合评估规律和规则的在线知识产权价值价格评估系统。

现有的知识产权价值评估几乎都是可以成功实施的评估。实际上，知识产权价值评估是一个综合性评估过程，不仅包括知识产权价格的评估，也包括知识产权质量和风险的评估。因此，应完善知识产权评估政策，明确要求知识产权价值评估必须是基于知识产权质量和知识产权风险评估后的评估。如果出现知识产权质量问题和存在知识产权风险，就不能开展知识产权价格评估。

第 10 章　知识产权运营政策

知识产权运营是知识产权商业化运用的重要途径，近几年受到知识产权界和全社会的高度关注。但是，由于对知识产权运营认识不深入，我国绝大多数知识产权运营机构存在运营模式问题，我国知识产权运营发展还存在不足。发展知识产权运营最关键的是要构建布局合理的知识产权运营体系，建立一大批具有盈利模式的知识产权运营机构，培养具有运营能力的知识产权运营人才队伍。

10.1　知识产权运营

专利运营可以被认为是专利的商业化应用（Griliches，1998），是专利所有人采取手段获取专利产生经济价值的（Svensson，2007）。知识产权运营是指实现企业知识产权价值最大化的目的，在知识产权创造、知识产权保护和知识产权资本经营等阶段完成知识产权价值创造、价值提取和价值实现的过程，配合企业知识产权运营策略，提高企业的经济效益（黄春花，2012）。企业知识产权运营是指企业利用知识产权创造价值，实现知识产权保值增值的过程，是企业在面临的技术环境、市场环境和社会环境的基础上，充分利用企业内部的人力资源、财务资源和外部市场资源，谋求知识产权增值与价值实现的方式（冯晓青，2013）。知识产权运营是指企业或其他专门组织，通过知识产权转移、许可、质押融资、管理咨询等方式，借助市场交易来实现知识产权的经济价值的过程（何耀琴，2013）。知识产权运营是指企业或组织等法律主体基于市场机制，为实现知识产权经济价值而提供的许可交易、质押融资、技术孵化、管理咨询、法律诉讼等各种知识产权服务（李黎明，2014）。专利运营主要包括许可与转让、构建"专利池"、专利的二次开发、专利产业化投融资、专利权质押融资、专利的协同运用（国家知识产权局，2013）。❶

现有研究中一些观点认为知识产权运营仅指知识产权交易，一些观点则认为知识产权运营泛指与知识产权运用有关的一切商业活动。由于现有研究的不足和一些研究观点的混乱，我国知识产权运营政策的针对性和有效性存在一定不足。本书作者认为，知识产权运营是以实现知识产权经济价值为直接目的的商业性活动，主要包括知识产权交易、转让、许可、作价入股、投资收益、技术服务、诉讼赔偿等直接经济价值获取活动，也包括支撑直接经济价值获取活动需要的知识产权检索分析、价值评估、知识产权与股权质押、托管和集中管理等间接活动。

---

❶　国家知识产权局《关于实施专利导航试点工程的通知》。

知识产权运用主要包括利用知识产权提升创新能力与竞争力的竞争性运用，和知识产权转化为生产力的商业化运用两个方面。知识产权运营相当于有策略的知识产权商业化运用。竞争性运用主要包括知识产权引进与学习、研发自主知识产权产品、专利与标准结合、知识产权交叉许可，知识产权防御，以谋取竞争优势。商业化运用则主要是将知识产权及其产品（服务）变为更经济价值的活动。

专利运营的特点是把专利作为商品进行经营并获取商业利润或实现商业价值（国家知识产权局，2013）。本书作者认为，知识产权运营具有以下特征：（1）以实现经济价值为直接目的。不能实现经济价值的活动不是知识产权运营。（2）能否识别可转化的知识产权及其价值是知识产权运营的基本前提。识别内容包括知识产权的质量、风险和价格。（3）技术、市场和法律风险问题是知识产权运营的主要障碍。要进行知识产权运营必须解决此三类障碍。（4）有效的运营模式是开展知识产权运营的必要条件。缺乏有效的运营模式或盈利模式，不可能运营好知识产权。（5）人才队伍是知识产权运营的基本保障。尤其要有懂技术、法律和投资的运营人才团队。

影响和制约知识产权运营、科技成果及其转化的因素主要有三类。一是供需矛盾，知识产权供需不对接，或者供给不能满足需求，或者有效需求不足。二是市场失灵。在市场失灵中，信息不对称和由此导致的风险不对称是制约知识产权运用同时也是制约科技成果转化的客观问题，创业阶段难是制约知识产权运营的"瓶颈"问题，知识产权权利分散是制约知识产权运营的根本问题，缺乏有效的运营机构和模式是影响知识产权运营的突出问题，知识产权不能共享是影响产学研合作转化的核心问题，发明人参与是知识产权和成果转化的必要条件。三是政府失灵。我国的法律和政策并没有真正解决影响制约知识产权运用和科技成果转化的根本性问题，而且还存在交叉重复、缺失缺陷、可操作性不足等问题（宋河发，李振兴，2013）。

知识产权运营的要素包括管理、资金、人才和模式，知识产权运营要成功，就必须建立健全的运营机构、有效的运营模式和合格的运营人才队伍，必须建立支持运营的投资基金，其中最重要的是建立知识产权能否运营的识别能力和能够盈利的商业模式。能否有效识别出能够转化的知识产权及其价值是知识产权运营的核心和关键，更是知识产权运营能否成功的前提。知识产权识别方法和运营模式必须解决信息和风险不对称与知识产权分散问题，必须建立有效的知识产权价格评估系统与方法，建立内部知识产权运营模式及专利池运营模式。

不同生命周期阶段的知识产权运营模式是不同的。专利技术一般经历萌芽、成长、成熟和衰退四个阶段。专利运营对象涵盖技术—产品（样品）—企业（小企业到龙头企业到跨国企业）—产业（小产业—战略产业）的整个阶段。在技术阶段，知识产权运营的方式主要是知识产权战略布局、知识产权转让许可、知识产权拍卖等。在产品阶段，需要构建专利组合、专利池，进行工程化资金投入。在企业阶段，需要进行专利组合、知识产权质押融资、知识产权股权投资、知识产权股权债权转让等。在产业化阶段，需要以知识产权为核心的产业投资、以专利池为核心的产业联盟建设、知识产权转让许可拍卖等。

10.2 知识产权运营政策梳理

我国一直很重视知识产权的运用和运营。2008 年国务院发布的《国家知识产权战略规划纲要（2008—2020 年）》就提出了"激励创造、有效运用、依法保护、科学管理"的方针，并特别提出"促进自主创新成果的知识产权化、商品化、产业化，引导企业采取知识产权转让、许可、质押等方式实现知识产权的市场价值"，明确将知识产权转让、许可、质押作为知识产权实现市场价值的重要方式，而价值实现是知识产权运营主要方式的转让、许可、股权投资等的主要目的。

2012 年 11 月 13 日，国家知识产权局、国家发展和改革委员会、科学技术部等部门联合印发了《关于加快培育和发展知识产权服务业的指导意见》（国知发规字〔2012〕110号），提出知识产权商用化服务等六大重点发展领域，特别强调"发展知识产权评估、价值分析、交易、转化、质押、投融资、运营、托管等商用化服务"；"建立健全知识产权运营工作体系"，第一次提出建立健全知识产权运营体系的要求。2013 年 4 月 2 日，国家知识产权局发布《关于实施专利导航试点工程的通知》（国知发管字〔2013〕27 号），明确将知识产权运营纳入专利导航试点工程，并将专利引进、集成和二次开发、转移转化，以及专利储备、形成专利组合、质押融资、对外许可、投资入股、标准制定及海外维权活动等作为专利运营的主要内容。

我国从 2014 年开始利用财政资金在北京布局建设全国知识产权运营公共服务平台，在西安布局建设国家知识产权运营公共服务平台军民融合创新（西安）试点平台，在珠海布局建设国家知识产权运营公共服务平台金融创新（横琴）试点平台。2014 年 12 月，财政部办公厅、国家知识产权局办公室印发《关于开展市场化方式促进知识产权运营服务工作的通知》（财办建〔2014〕92 号），提出"2014 年支持在北京等 11 个知识产权运营机构较为集中的省份开展试点，采取股权投资方式支持知识产权运营机构"。

为了推进知识产权运营体系建设，国家知识产权局于 2015 年年初发布了《2015 全国专利事业发展战略推进计划》，提出："高标准建设知识产权运营体系。通过财政资金引导，探索建立公益性与市场化互补互促的知识产权运营体系。按照'1+2+20+n'的建设思路，建设一家全国性知识产权运营公共服务平台和二家特色试点平台，在部分试点省份以股权投资的方式支持一批知识产权运营机构。各地探索建立地区知识产权运营引导基金，鼓励推动社会资本设立知识产权运营产业基金，支持知识产权运营机构开展专利的托管、收购、组合、转化、交易、产业化和投融资等业务。"通过评审，国家知识产权局选择北京智谷睿拓技术服务有限公司等 20 家企业开展股权投资试点。

建设高水平的知识产权运营体系是建设知识产权强国的重要内容。国务院于 2015 年12 月 28 日发布的《关于新形势下加快知识产权强国建设的若干意见》（国发〔2015〕71号）提出"构建知识产权运营服务体系，加快建设全国知识产权运营公共服务平台"，并将知识产权投融资、知识产权证券化、知识产权信用担保机制、知识产权众筹、众包模式等作为知识产权运营的重要内容。尤为重要的是，知识产权运营已成为我国产权制度改革的重要内容。2016 年 3 月 17 日发布的《中华人民共和国国民经济和社会发展第十三个五年规划纲要》第十二章明确提出："建立现代产权制度。实施严格的知识产权保护制度，完善有利于激励创新的知识产权归属制度，建设知识产权运营交易和服务平台，建设知识产权强国。"2016 年 11 月 4 日，中共中央、国务院发布《关于完善产权保护制度依法保护产权的意见》要求"加大知识产权保护力度"；"将知识产权保护和运用相结合，加强机制和平台建设，加快知识产权转移转化"。

2016 年 8 月 5 日，工业和信息化部、国家知识产权局联合印发《关于做好军民融合和电子信息领域高价值知识产权培育运营工作的通知》（工信部联财〔2016〕259 号），中央财政安排 14 亿元资金，引导重庆等 10 个城市开展重点产业专利运营服务试点，联合工业和信息化部开展高价值知识产权培育和运营工作。

2017 年 5 月 31 日，国家知识产权局会同财政部开展了知识产权运营服务体系建设重点城市的遴选工作。2017 年 7 月 17 日，国家知识产权局和财政部批准苏州、宁波、成都、长沙、西安、厦门、郑州等城市作为知识产权运营服务体系建设重点城市，每个城市财政投入知识产权运营体系建设资金 2 亿元。

10.3　国内外知识产权运营机构

10.3.1　国外知识产权运营机构

当前，世界经济发展的主要动力是科技创新，在全球资本贸易、技术贸易和货物贸易中，技术贸易增长速度最快。技术贸易的快速增长在很大程度上是与发达国家高水平的知识产权运营分不开的。

10.3.1.1　美国

美国是知识产权运营最活跃的国家，知识产权运营机构类型较多，知识产权运营成效明显。美国的知识产权运营主要分为五种类型：一是斯坦福大学、国立健康院为代表的高校科研机构内部技术转移办公室等知识产权运营机构；二是以 IBM、高通公司为代表的骨干企业的知识产权运营机构；三是以高智为代表的非生产实体性知识产权运营机构；四是以 YET2. COM 为代表的互联网知识产权运营机构；五是以 MEP - LA 为代表的专利池运营机构。

（1）高校科研机构内部技术转移机构。斯坦福大学是最早设立内部技术转移办公室进行知识产权运营的大学。1970 年，斯坦福大学成立了技术许可办公室（OTL），首任主任是 Niels Reimers。该办公室下设许可经理与许可专员办公室、产业合同办公室、会计办公室、协调办公室、行政职员办公室、专利申请办公室和信息系统办公室等部门。斯坦福大学 OTL 办公室主要通过对发明披露评估、申请专利、对外专利许可，以及与种子基金投资创办衍生企业进行知识产权运营。2010 年 3 月，斯坦福大学成立了一个有 104 家企业参加的许可协议团体。斯坦福大学知识产权运营和技术转移管理主要经过五个阶段：发明披露—发明技术评估—许可战略（申请专利—市场许可）—市场战略（许可谈判）—维持关系。到 20 世纪 90 年代初，多数大学都抛弃了技术转移的第三方模式，转而采用 OTL 模式。OTL 模式现已成为当代美国大学技术转移及知识产权管理的标准模式（宋河发，

2013）。

　　美国国立健康研究院（NIH）知识产权运营主要由技术转移办公室（OTT）负责。OTT 下设政策部和技术开发与转移部，技术开发与转移部包括癌症科、传染性疾病和医疗工程科、普通内科、监控实施科，以及技术转移服务中心❶。OTT 主要开展针对 NIH 和食品药品监督管理局（FDA）的发现和发明创造评估、保护、市场化、许可、监控、管理等活动。OTT 位于 NIH 总部，在 27 个下属研究所和中心均设立有"技术开发协调员"，各研究所和中心的技术开发协调员与技术转移办公室构成互补关系。它们分别负责不同的工作。OTT 的主要职责包括：评估和保护发明，制定合适的专利管理战略；决定对新兴技术的价值提议，是否有医药或科学实用性，吸引资金或合作伙伴能力，以及市场化的能力；实施市场化战略，将技术直接转移到最适合商业化的相关者手中；许可发明；识别合作伙伴；协商协议，管理研究资源包括药物、生物、研究工具和研发合作的交流；评估规制和政策环境，决定技术转移的影响❷。

　　（2）企业知识产权运营机构。IBM 公司实行的是集中式管理的知识产权运营模式，权利高度集权，层层细分，职权明确。在公司总部设有知识产权管理总部，副总裁出任知识产权部部长，其职责是负责处理所有与 IBM 公司业务有关的知识产权事务。知识产权管理总部内设法务部和专利部两大部。法务部负责法律相关的知识产权事务，专利部负责专利事务。专利部下设 5 个技术领域，每一个领域由一名专利律师担任专利经理。在员工入职时，员工须与 IBM 公司签署一份"有关信息、发明及作品同意书"，规定员工工作期间产生的知识产权归 IBM 公司所有。为加大知识产权创造和转化的力度，IBM 规定发明公开的计 1 点，申请专利的计 3 点，累积到 12 点则奖励 3600 美元。如果第一次被采用申请专利则另外奖励 1500 美元，第二次被采用则再奖励 500 美元。总公司与子公司之间会签署一份《综合技术协助合同》，子公司取得的知识产权归 IBM 所有，IBM 通过再许可的方式授权给子公司使用。IBM 专门委托 Delphion 公司为 IBM 提供以专利为主的知识产权信息检索、调查、分析、跟踪、许可等服务，把从发明的提出到实现专利申请的管理过程缩短到三个月，而一般企业为一年，使专利实施率达到 30 %，而一般企业为 20%。

　　高通（Qualcomm）公司是一家美国无线电通信技术研发公司，以在多码分址 CDMA 技术方面处于领先地位而闻名，其通用移动通信系统长期演进技术 LTE 技术已成为世界上发展最快的无线技术。高通公司拥有三千多项 CDMA 及其他技术的专利及专利申请，已经向全球 125 家以上电信设备制造商发放了 CDMA 专利许可证，涉及世界上所有电信设备和消费电子设备的品牌。首先，高通公司通过投资研发与战略收购掌握新技术专利，以及通过广泛的专利许可开展运营。其次，高通公司为客户提供集成了公司技术的芯片和软件，帮助他们轻松、快速地开发并推出产品。此外，高通公司还利用从众多主要专利权人手中获得交叉许可，以降低客户的知识产权成本，最大限度减少知识产权纠纷。2014 年，高通公司在华实现运营收入达到 760 亿元人民币。

　　（3）非生产实体（Non - Practicing Entities，NPE）。高智公司是全球最大的专业从事

---

❶　http：//www.ott.nih.gov/about_nih/about.aspx.

❷　http：//ott.od.nih.gov/.

发明投资的知识产权运营公司，总部设在美国华盛顿，在中国等八个国家设有分支机构。员工总数八百多人，其中技术专家、法律专家、经济专家各占 1/3。高智公司目前管理着科学基金 ISF、投资基金 IIF 和开发基金 IDF 三支营利性基金和一支非营利性基金，以及一个新创企业。现在有三十多位投资人，基金规模达 57 亿美元。2003～2010 年，公司基金实际投入不到 30 亿美元，实现许可收入超过 45 亿美元。高智公司的盈利模式主要是组建顶尖团队以寻找最佳投资机会，指导旗下基金通过自创、购买、合作三种方式创建具有完全经营权和面向全球市场经营的专利池或专利组合，通过许可从大公司获得专利许可费。其服务类型有两大类：一是为遭受专利诉讼的大企业提供专利风险解决方案，收取专利许可费；二是为未遭受专利诉讼的大企业提供技术支持和保险，收取专利许可费。高智还与中国高校开展合作，首先跟大学的科研机构签订合作协议，选择发明团队加入高智公司全球发明网络体系；其次，向网络体系中的发明家发送"发明请求"，列出具有挑战性的技术需求，并指出研究路径；最后，发明家提交发明建议以供审核。审核分三个层次。一是当地商业化价值审核，通过后放入高智公司专利数据库中，由分布在全球的专家进行技术打分，2 分以上的再接受专家和高智公司市场方面的考核，看是否有市场前景，是否能与高智公司目标布局互补。通过考核接受的专利，高智公司一般会支付 1 万～2 万美元，以确定合作关系。二是高智公司团队会与发明人深入讨论如何让专利保护范围更广、更细致。三是进入申请专利阶段，同时考虑如何商业化。高智公司对于申请专利的发明附加资助 1 万美元。申请专利国家主要是美国、欧盟和日本，每件专利的平均成本大约为 20 万美元。

（4）互联网集中型运营机构。Yet2. com 是全球利用网络进行虚拟技术交易的先驱，也是目前全球最大的网络技术交易平台。其业务主要涉及技术转让、知识产权交易以及知识产权许可。1992 年 2 月，Yet2. com 由 3M、Boeing、Dow、DuPont、Ford、Honeywell 等十余家国际知名企业投资成立，之后又陆续扩增到近 60 家。其总部设于美国马萨诸塞州，在英国赫特福德、日本东京皆设有分部。2002 年 12 月，该平台被在英国伦敦证券交易所上市的 Scipher 公司并购。2004 年 2 月 2 日，Phillip Stern 和 Benjamin duPont 领导的经营团队取回经营主导权，Scipher 仍保留 20% 的股权。Yet2. com 技术交易平台的基本功能有两个。一是全球技术许可业务。Yet2. com 目前拥有 3M、Bayer、Dupont、Boeing、P&G、Philips、NTT－AT、Ford 等八千余位使用者，以及上千项的技术与技术需求，并配合 Derwent、Arthur、D. Littl、NASA 等战略合作伙伴，拓展技术信息与知识产权服务。二是知识产权专业服务，包括技术的取得与授权、知识产权顾问咨询、知识产权组合分析、专利维护、评估与诉讼支持、资金核查等。Yet2. com 通过评估客户知识产权的投资组合为其提供咨询服务，并为其选出最适合的对外许可技术；帮助客户鉴别其技术需求，并找到满足这些技术需求的解决办法；还帮助客户为其技术成果的交易做好前期准备，并在整个交易决策的过程中提供帮助❶。

（5）MPEG－LA❷。MPEG LA（Motion Picture Experts Group License Administrator Limit-

---

❶ http：//www. yet2. com/. （2016 年 12 月 20 日访问）

❷ http：//www. mpegla. com/main/pid/CRISPR/default. aspx#. （2017 年 9 月 17 日访问）

ed Liability Company）是一家专门的专利池管理机构。由于国际标准组织移动图像专家组（ISO MPEG）和国际电子技术委员会（IEC）1995 年制定的 MPEG - 2 标准在执行中遇到了专利丛林问题，富士通、朗讯、索尼等 8 家企业加上美国哥伦比亚大学发起成立了 MPEG - LA。该公司采取专利池方式把 27 项标准必要专利一揽子打包许可给用户，向被许可人收取许可费用，并按照专利池中各个权利人所持有有效专利数量进行分配。目前，MPEG - 2 标准（ISO/IEC 13818）有 MPEG - 2、MPEG - 2AAC、MPEG - 2Systems 三个专利池。到 2013 年 4 月，MPEG LA 运营的 MPEG - 2 技术在 57 个国家拥有 27 个专利权人，拥有 921 项专利，被许可企业 1408 家。MPEG - LA 专利池许可模式已成为解决专利丛林问题的范式。MPEG - LA 已经运营成功的有 CRISPR、ATSC3.0，正在运营的项目有 EVS、HEVC、DASH、DisplayPort、ATSC、MPEG - 2、AVC/H. 264、MVC、VC - 1MPEG - 4visual、MPEG - 2 systems、Incresent Tx、1394、libassay、MPEG - 4 systems 等标准专利池。目前，MPEG LA 运营着 80 个国家、200 个许可人和 600 个被许可人的超过 1100 项专利。

10.3.1.2　欧洲

欧洲的知识产权运营机构主要有中介服务型机构如德国的史太白促进基金会、高校科研机构内部运营机构、专利池运营机构、互联网运营机构和企业知识产权运营机构。

（1）德国史太白促进基金会（STW）[1]。STW 是民办官助的全国性技术转移组织，成立于 1971 年。STW 在四十多个国家设有分公司，已成为全世界最活跃的技术转移组织之一，拥有 6000 名技术专家和 1000 个中心。STW 技术转移中心的任务有五个。一是为企业提供咨询服务，包括设立技术转移中心和创新网络、与产业协会设立创新中心、建立运营孵化中心，协助技术认证、太阳能与可再生能源系统设计与工程、工艺与产品升级。二是绿色和清洁能源国际技术探查、市场化和技术转移合作。三是技术应用研发和产业技术方案。量身定制制造业技术解决方案，在材料科学、高分子化学、电化学、机械工程、电气工程和绿色技术方面成为技术转移中心和创新集群。四是技术合作生产可行性评估。包括国际技术初步审查、全球实验室样机创新技术评估、产业领先和政府机构项目技术可行性研究。五是培训与继续教育。

（2）德国马普学会创新公司[2]。马普学会创新公司负责马普学会知识产权运营。该公司下设 6 个部门，2012 年有员工 27 人。其中，专利与许可管理团队 8 人，大部分具有技术背景，有生命科学专利与许可经理 4 人，物理、化学、技术和软件专利许可经理 4 人，技术知识产权分析 1 人。创业经理团队 5 人，大部分具有商业和技术学习背景。合同和财务管理团队 3 人，他们都有律师资格。专利管理团队 4 人，主要职能包括处理马普学会发明主张，联系专利律师，与专利律师一起完成正式文件，监视期限，核对专利收费票据，披露发明等。专利法与专利管理部门 1 人，主要负责知识产权合同的起草、检查和谈判。还有行政管理有 4 人。该公司根据每一个技术转移项目属性的要求临时建立项目工作团队并确定项目经理。工作团队通常由一名科学家、一名经济专家和一名法律或专利专家组成。其主要业务包括向马普学会科学家提供日常的技术转移信息；向马普学会科学家提供

---

[1]　http：//www. steinbeis. cn/stw/about. php？cat = 010202.（2017 年 5 月 21 日访问）

[2]　http：//www. max - planck - innovation. de/en/.

知识产权问题咨询；审查马普学会提交发明申请是否可以进行专利申请；评估马普学会提交的发明申请是否具有潜在商业价值；委托和指导外部专利代理机构进行专利申请事务工作；在世界范围内与工业界接触以建立伙伴关系；与投资家、职业经理和企业家建立合作关系；寻找合适的开发基金和风险投资；承担马普学会对外的意向性协议、许可协议谈判和协议签署；为马普学会发明家和工业界的合作提供指导性意见和政策文件；制定马普学会专利和许可战略的制定和开拓策略；评估创业公司的创建理念，并协助与辅导制订经营计划和融资方案❶。

（3）英国牛津大学 ISIS 创新公司❷。1988 年成立的 ISIS 创新有限公司是牛津大学全资拥有的技术转移和知识产权运营机构，主要业务包括知识产权许可、新公司成立、咨询顾问及服务合同。ISIS 公司下设四个部门。一是负责技术转移的部门，主要职责是知识产权、专利、许可、衍生公司创建、天使投资人网络、牛津发明基金、牛津挑战种子资金、ISIS 软件孵化器。二是管理咨询部门。ISIS 管理咨询部门帮助牛津大学科研人员识别和管理咨询机会，帮助客户联系世界一流的牛津大学跨学科研究团队。三是牛津创新团体。这是一个将企业、投资人、政府和大学科研人员与发明家结合在一起的领先创新网络，为企业了解牛津科研创新工作开辟了一个窗口。其创新团体于 1990 年成立，2010 年有 175 家企业加入，每家需缴年费 6800 英镑。会员有三个月的优先选择期，过了选择期，其他人员才可以选择考察技术和谈判。四是企业部门。ISIS 向企业提供全球范围公共与私有部门技术转移和创新管理专家的意见和建议。

（4）意大利 SISVEL 公司❸。成立于 1982 年的意大利 SISVEL 公司是一家典型的专利池运营公司。SISVEL 通过提供一揽子知识产权许可的方法帮助企业将其利益最大化：发布必要专利初次参加联合许可安排的号召；在必要专利拥有人之间进行广泛讨论；开发多方许可协议；执行和管理许可；收集和分配许可费。SISVEL 已成功开发了 MPEG 音频、DVB－T（数字视频广播－地面传输技术）等多个消费电子领域技术标准的必要专利池或组合。2012 年，SISVEL 发起了 4G LTE 技术专利池的构建。截至 2017 年 8 月，该专利池拥有来自美国、日本、欧洲、芬兰、加拿大、韩国、澳大利亚等国的 678 项必要专利，其中中国专利 55 项。专利权人包括 Airbus DS SAS、法国电信（ORANGE）、中国电信科学研究院电子通信研究所、TDF、KPN，以及 SISVEL（获得 NOKIA2011 年和 ORINGE2015 年申请的专利）、Bräu Verwaltungsgesellschaft MBH。每台产品每年许可费为：对于消费者，数量 10 万台以下 0.99 欧元，10 万～200 万台 0.80 欧元，201 万～500 万台 0.7 欧元，501 万～2000 万台 0.6 欧元，2001 万～5000 万台 0.5 欧元，5000 万台及以上的 0.4 欧元。对于生产者，10 万台以下 0.60 欧元，10 万～200 万台 0.48 欧元，201 万～500 万台 0.42 欧元，501 万～2000 万台 0.36 欧元，2001 万～5000 万台 0.3 欧元，5000 万台以上 0.24 欧元。此外，SISVEL 还建立了 WIFI 专利池，包括 Fraunhofer IIS, Hera, Orange, KPN, Nokia, 中国电信科学研究院电子通信研究所。电信科学研究院电子通信研究所拥有 267 项专利中的 108 项中外专利。

---

❶ http：//www. mpg. de/7300665/Annual_Report_2012. pdf.（2013 年 3 月最后访问）

❷ https：//innovation. ox. ac. uk/.

❸ http：//www. sisvel. com/english/aboutus/labs.（2017 年 8 月 18 日访问）

（5）英国 IPEX Capital❶。IPEX 于 1996 年创建，是一个进行在线知识产权和技术交易的机构，其交易涉及化学、计算机、通信、食品等多个领域。IPEX 交易主要包括非拍卖方式和拍卖方式。非拍卖方式与普通的技术交易平台相似，通过搜索引擎和宣传邮件（Push mail）来帮助拟转移或许可的技术找到一个合适的技术需求者。有明确用途的知识产权和技术的拥有者更愿意通过拍卖的方式来进行许可或转让，尤其是在技术为突破性技术（Disruptive）或者其价值难以确定的情况下。2016 年，IPEX 售给辉瑞的专利组合 Meridica 价格为 1.25 亿美元，售给 Cambridge Silicon Radio 和 Aeroflex 的专利组合价格为 1.325 亿美元，售给 Basware 的专利组合价格为 2600 万美元。

10.3.1.3　日本

日本的运营机构主要包括以东京大学为代表的高校科研机构知识产权运营机构和国家专利主权基金 IP Bridge 等。

（1）高校科研机构技术许可办公室。日本于 1998 年 5 月制定了《促进大学技术转移法》，其核心是推进将大学科技成果向企业转移机构即 TLO 的建设，政府从政策与资金方面对 TLO 予以支持。此后，日本建立了近 50 个 TLO，其中多数归属于大学，一部分属于国立研究机构。1999 年 10 月，日本政府颁布《产业复兴特别措施法》，对承认的 TLO 实行专利费和专利审查费三年减半收费的政策。2000 年，日本颁布《强化产业技术法》，进一步支持大学 TLO 的发展，TLO 可以免费使用大学的研究实验设备和设施。东京大学技术许可办公室具有典型性，其知识产权运营主要由产学合作总部（DUCR）、东京大学技术转移机构（TOUDAITLO）和东京大学优势资本株式会社（简称 UTEC）三部分负责。其中 DUCR 负责知识产权政策和收益分配，TOUDAI TLO 负责专利申请和技术转移，UTEC 负责风险投资和支持新创公司。UTEC 股东大部分为东京大学的教授。东京大学 TOUDAI TLO 主要通过专利许可、签订材料转移协议、软件开发等产业可用的著作权许可、技术咨询等将科研成果转化到企业，既转移大学的专利，也转移发明人的专利，还转移共有权利的专利。在接到大学的发明报告后，选择有商业化前景的发明，然后将这些有市场前景的发明许可到企业，企业提升早期阶段的发明价值并进行进一步的商业化开发。2013 年，TOUDAI TLO 共有员工 21 人，其中顾问 2 人，主任 1 人，第一组 4 人，第二组 5 人，运营支撑组 4 人，联络组 3 人，办公自动化组 2 人❷。

（2）IP Bridge。2013 年 7 月，有日本政府背景的创新网络公司等 26 家大公司和政府出资组建成立了日本专利主权基金 IP Bridge，其中日本创新网络公司投资 2780 万美元。IP Bridge 的目标不是诉讼，而是通过建立快速、低成本的投资组合知识产权，支持国内产业发展。IP Bridge 掌握的知识产权和创新投资基金已达 3 亿美元，所拥有的高质量专利组合已达到 3500 件专利。IP Bridge 主要任务是支持企事业单位制定知识产权战略；支持大企业、中小型企业、大学和研究机构知识产权商业化。其创新模式包括以知识产权为基础的孵化、知识产权许可和知识产权咨询。2014 年 12 月 2 日，日本 NEC 电气公司向 IP Bridge 转让了 200 项半导体设备技术专利，尤其是 CMOS 相关技术。2015 年 5 月 29 日，IP

---

❶　http：//www.ipex.com/.

❷　http：//www.casti.co.jp/en.（2013 年 3 月 20 日最后访问）

Bridge 从日本松下公司转让了 857 件用于电视、蓝光碟片、智能手机、桌面等领域的视频编解码技术专利，从而成为 MPEG – LA 的许可方。同时，IP Bridge 还从一家日本电子公司购买了五百多项智能手机的专利组合。2016 年 6 月 1 日，IP Bridge 从富耐电子公司购买了智能手机界面和电子设备的专利组合。2016 年 7 月 18 日，IP Bridge 从精工爱普生公司购买了电子设备马达技术的 200 项专利的专利组合。2016 年 9 月 26 日，IP Bridge 还与奈良科学技术研究院联合开展 AR 和不可视制造技术的联合研究，开展知识产权许可和商业化。为激励发明人，IP Bridge 将超过一半的许可收益返还给原始知识产权拥有人。❶

10.3.1.4 韩国

韩国知识产权运营机构主要包括网上专利交易市场 IP – Mart、高校科研机构内部技术转移办公室和韩国国家专利主权基金。

（1）IP – Mart❷。韩国知识产权局（KIPO）于 2000 年成立网上专利交易市场（IP – Mart），旨在向个人发明人、中小企业、风投公司、创业者和投资人等提供技术转移和产业化信息。为了方便用户使用，IP – Mart 于 2007 年 1 月 31 日重新更新上线。在更新后的 IP – Mart 中，主要包括以下四个新增服务。一是匹配技术检索。当潜在交易者在 IP – Mart 上登记欲售出或购进的专利技术时，系统就会自动检出与用户输入的交易条件，如技术名称、预期价格等相匹配的专利技术，并提供匹配的精准度，使用户了解检索结果与其检索要求的相关度。二是技术拍卖。主要是网上专利技术转让和交易。用户可通过 IP – Mart 在网上决定技术交易类型以及交易量，但实际合同要离线签订。三是技术评估。IP – Mart 对专利技术进行技术和商业机会评估。四是技术融资检索。IP – Mart 检索分布于各个政府部门和机构资金的商业化信息。

（2）创智公司。韩国知识产权管理公司 Intelletual Discovery 于 2010 年 7 月 23 日成立，是一家应对专利钓饵公司和专利许可公司的国家主权基金性质的知识产权运营机构。该公司初期投资 5000 亿韩元，其中政府出资 2000 亿韩元，民间投资 3000 亿韩元。该公司的业务分为三类。一是知识产权孵化，建立核心专利组合和专利池。二是许可销售，向需要知识产权的新创企业、风投企业、投资知识产权的企业、大中规模知识产权组合的企业、拥有优秀知识产权的全球研发型企业等进行知识产权许可。三是定制化知识产权服务，通过建立支撑各领域交易与商业化的知识产权组合满足企业需求。目前，韩国三星电子、LG 电子公司和现代汽车公司都已加入到该公司中。该公司最大的股东是三星电子，拥有该公司 25% 的股份，LG 集团控制 20% 的股份。其他股东包括浦项制铁、韩电、KT 和 WOORI 银行。现代汽车公司已投资 500 亿韩元，占据该公司 2.5% 的股份。2014 年该公司获得了国内和国外价值 2.5 亿美元约 3800 项专利，这些专利覆盖移动网络、云计算和电池等技术领域❸。

---

❶ http：//ipbridge. co. jp/eng.

❷ http：//www. dpeng. com. cn/introduction/111127. htm.

❸ http：//www. i – discovery. com/.

10.3.2　国内知识产权运营机构

近年来，我国知识产权申请和授权数量快速增长，知识产权转化运用的重要程度日见突出，尤其是专利技术在战略性新兴产业发展中的作用越发重要，各种技术交易和知识产权运营服务平台应运而生，为创新主体、投资主体和服务主体提供了各种类型的服务。在知识产权运营服务机构雨后春笋般出现的过程中，出现了一批具有代表性的机构，这些机构主要分为以下四类。

10.3.2.1　知识产权和技术转移中介机构

目前，我国正在建设一大批中介型技术转移和知识产权服务机构，如中国技术交易所、大学国家技术转移中心，华北、华南知识产权运营中心，国家专利展示交易中心等。这些机构大多数属于第三方机构，而且大多数都建立了在线交易平台，如中技所知识产权综合服务平台（技 E 网）、中外知识产权网（汇桔网）、中关村技术转移与知识产权服务平台等。2015 年 14 家技术交易所、9 家技术产权交易所等 23 家产权或技术交易机构共促成技术交易 11998 项，成交金额达 712.85 亿元（科学技术部创新发展司，中国技术市场管理促进中心，2016）。

10.3.2.2　知识产权运营信息服务平台

我国建立了一批以提供知识产权信息服务为主要内容的机构和平台，如中国专利网、中国知识产权网、中国专利信息网等，汇集全国和国外专利信息资源，推荐优质专利技术和产品，提供专利技术和产品的信息发布。虽然很多在业务介绍中也提出知识产权交易、许可，但大多数只提供知识产权信息服务和分析服务，开展专利的交易转让、鉴定认证及价值评估等服务的较少。

10.3.2.3　商业化知识产权运营机构

近年来，我国已经出现了一批具有代表性的知识产权运营机构，这些机构基本都是市场化的运营机构，如北京智谷睿拓信息技术有限公司专注于为企业买卖专利许可，后来虽然并入了小米科技公司，但知识产权转让许可仍然是主要业务。以知识产权交易为核心业务的厦门中开信息技术有限公司开发的科易网建立了第三方支付模式，极大地降低了技术转移和知识产权运营中的信息不对称和风险不对称问题。上海盛知华知识产权服务有限公司按照国外先进模式建设和发展，虽然已从内部机构转变为外部机构，但已成为高水平的专业化知识产权运营服务机构。

10.3.2.4　政府参与建设的地方性知识产权服务平台

目前，我国许多地方政府在国家知识产权局的引导与支持下，在其所在地区建立了一些知识产权运营服务平台，为本地区提供知识产权信息和运营服务。如北京市知识产权公共信息服务平台、上海知识产权交易中心平台、广东省知识产权信息综合服务平台、宁波市知识产权服务平台，还建立了华北知识产权运营中心、华南知识产权运营中心、深圳南方知识产权运营中心等专门的区域知识产权运营服务机构。但由于各地所建平台的信息化程度不一，其业务系统所支持的服务也不尽相同，业务局限性较大，无法做到知识产权运营服务的全面化和服务的规范化。

10.3.3 中外知识产权运营模式比较

总结国内外知识产权运营和技术转移机构的模式可以发现，国外的技术转移机构大多数属于提供技术和知识产权信息服务的机构，而非从技术转移中盈利的机构，或者说是非知识产权运营的机构。企业、高校和科研机构的知识产权运营机构大多数属于内部机构，而且建立了有效的知识产权管理运营模式。社会运营机构大多以专利池为主营业务。然而，我国大多数所谓的知识产权运营机构并没有建立有效的知识产权运营模式，多数是在信息和法律咨询服务上取得了一些盈利；尽管知识产权运营离不开知识产权检索分析和法律咨询等服务，但检索分析和法律咨询服务并不是知识产权运营本身。我国所谓的知识产权运营机构大多数不能取得成功的主要原因在于其知识产权运营模式存在问题，或者说没有找到有效的盈利模式，具体分析如下。

第一，大多数机构采用简单中介机构模式。简单第三方中介机构模式已被国内外实践证明是不可能取得成功的模式。由于简单第三方中介机构远离技术研发第一线，不了解且难以控制技术和知识产权，无法识别和控制知识产权的质量、风险，尤其是技术、法律和经济的风险，又非生产实体，还缺乏资金投资，没有识别知识产权质量、风险和价值的动力和能力，所以很难将知识产权运营好。

第二，大多数机构缺乏市场化投资模式。我国虽然建立了科技型中小企业创新基金、科技型中小企业创业引导基金、国家科技成果转化引导基金、中科院科技成果转化与知识产权运营基金、财政部知识产权股权投资基金等知识产权运营基金，也成立了中智厚德知识产权运营基金、国知智慧知识产权股权基金、北京市产业知识产权投资基金等产业知识产权投资基金，但现有大多数知识产权资金是政府主导的投资资金。实践证明，政府主导的知识产权运营投资很难取得成功。像北京智谷睿拓公司睿创专利运营基金等市场化的运营投资还较少。

第三，大多数机构缺乏解决知识产权碎片化问题的运营模式。我国的国家和地方科研机构多属于两级法人结构，知识产权实际上存在知识产权权利分散和碎片化问题。在高校系统，承担同一类项目的高校都可拥有承担该项目子课题形成的知识产权，也存在知识产权权利分散和碎片化问题。我国的高校和科研机构虽然成立有科技处管理知识产权，成立有科技成果转化处负责知识产权转让许可，但都不能解决知识产权权利分散和碎片化问题。此外，我国的国家科技计划知识产权政策也没有解决知识产权碎片化问题。这是影响面向科技成果和产品的知识产权运营的一个突出问题。近年来，我国建立了许多产业联盟、知识产权联盟，一些联盟还提出要建立专利池，但大多数联盟并没有很好地开展专利池权运营，其根本原因在于不熟悉、也没有掌握专利池运营模式和相应专利池运营政策。我国也建立过闪联、AVS 等技术标准专利池，但大多数专利池运行困难。其主要原因在于，这些标准联盟所谓的专利池没有与技术标准进行实质性结合，现有技术标准缺乏专利支撑，没有建立专利质量识别和评估机制，没有制定有效的许可收益分配政策。如果不能得到许可收益，拥有专利多的创新主体就有可能退出专利池，导致专利池无法运行。

第四，发明人是知识产权运营的必要条件而非有效模式。我国新的《促进科技成果转化法》出台前后，一些地方不断加大对职务科技成果完成人和职务发明人的奖励报酬力度。西南交大更是允许职务发明人分享 70% 的科技成果知识产权的权利。但实际情况是，我国的科技成果及其知识产权的转化率并没有显著提高。对发明人激励只是促进科技成果转化和进行知识产权运营的一个方面，而非唯一模式或主要的模式。知识产权运营的主导模式是内部机构运营模式和专利池运营模式。我国科技创新法规政策坚持依靠发明人转化而非依靠创新主体内部机构和专利池模式转移转化的思路导致法规政策偏离了正确方向。

10.4　有效知识产权运营模式

在知识产权运营体系中，任何一个知识产权运营机构都要建立有效的、能够盈利的运营模式，有效的运营模式是知识产权有效运营的必要条件。通过梳理，可以发现，国内外最具有代表性的盈利性知识产权运营模式有以下十种。

第一种模式是内部机构运营模式。内部机构知识产权运营模式又可分为企业内部机构运营模式和高校科研机构内部机构运营模式两类。企业内部知识产权运营模式又分为集中模式和分散模式两种。IBM、华为是典型的集中式运营模式，东芝公司是典型的分散式运营模式。高校科研机构内部知识产权运营大致有欧洲的内部技术转移公司运营模式、美国的内部技术转移（许可）办公室运营模式和日本的内部技术转移办公室加外部投资公司运营模式，但无论采用哪种组织模式，他们都具有知识产权管理、技术转移（知识产权许可）和投资基金三个功能，专利是否申请主要面向技术许可，技术许可不需要通过外部的中介机构而是由内部的投资基金先行投资（宋河发，2013）。

第二种模式是专利池运营模式。专利池（Patent Pool）是专利必要权利要求的集合，是两个或多个权利人相互授权或向第三方授权的协议安排。基于标准的专利池特征有五个：（1）有一个明确的、定义清晰的标准；（2）有一套程序或第三方专家来决定哪些专利是必要专利；（3）一份经核心专利权人或持有人起草并批准的专利许可协议，该许可协议至少应遵循合理且非歧视原则（RAND 原则）；（4）专利池管理机构由核心专利权人或持有人共同任命，负责专利池的管理；（5）核心专利持有人保留对专利池外的他人单独许可的权利。专利池可以分为企业主导的专利池和平台型专利池两类。企业主导的专利池如飞利浦的 DVD3C、DVD6C 专利池，以及东芝、三菱电机、汤姆森许可公司和华纳兄弟组成的"蓝光专利许可联盟"等。平台型专利池如 MPEG – LA、SISVEL、Technicolor 等专门经营专利池的企业。

专利池运营的一般流程是：（1）发起人组建基于技术标准的专利池，一般是几个重要的专利持有人先召开一个会议，准备组建专利池。（2）发布公告，召集必要专利。一般由第三方机构发布召集必要专利的号召。（3）开展专利评估。一般由主要专利持有人或者独立第三方执行。主要按照技术标准实施时是否会对专利产生侵权评估，只有侵权的专利或专利申请才能被纳入专利池。第三方在必要专利拥有人之间进行广泛讨论。评估结果并非一成不变，随着专利授权情况和技术的变化，评估机构需要不断地进行技术跟踪和评估。超出有效期的专利会被清除出专利池，新授权的必要专利则会被加入。（4）制定专利许可政策，主要包括专利许可的基本原则、许可费标准以及许可方式等。在专利池内部通常遵循平等原则，专利池成员无论专利数量多少，其地位一律平等。成员间一般相互交叉许可，对外许可收入则主要根据各成员所拥有专利数量按比例分配。专利池对外许可一般遵守合理无歧视原则，即 RAND 原则。专利池对外许可一般执行统一的收费标准。为了确定合理的专利收费标准和专利池成员间的分配比例，专利池需要确定一套专利许可费收取和分配的计算方法。（5）设立知识产权管理机构。专利池通常实行对外"一站式"打包许可。一种是成立专门负责知识产权管理的独立实体，专利池成员首先与该独立实体签署专利许可协议，再由该独立实体统一负责专利许可事务。另一种是由专利池委托其部分成员负责专利许可事务。（6）签订专利池协议。一般来说专利池签订四个方面协议：专利权人之间的相互许可协议、专利权人与专利池管理机构之间的许可管理协议、联合许可协议、专利权分配协议。（7）许可收益分配。通常根据成员必要专利数量的多少分配。在标准化组织越来越强势的今天，专利池的专利许可收费常往往由标准化组织事先确定。

第三种模式是专利投资聚合 NPE 许可模式。这种模式是非生产实体型知识产权管理公司（Non‑Practicing Entities，NPE）运营模式，主要通过投资基金以收购、委托研发等方式获取专利并进行聚合，并通过诉讼、许可等方式获利。NPE 又可以分为进攻型 NPE 和防御型 NPE。典型的进攻型 NPE 是高智公司，它主要靠向其他公司索取专利许可费而生存。亚马逊、苹果、思科、eBay、Google、诺基亚、索尼、雅虎和微软都是它的股东和客户。典型的防御型 NPE 是 RPX 公司，它是由美国最大的风险投资机构 Kleiner Perkins Caufield & Byers（KPCB）、Charles River Venture 和 Index Venture 联合投资组建，自称为专利集成公司、专利保险公司、专利风险管理公司，主要是反 Patent Troll 公司。在成立后的第一年里，RPX Corp. 投资 1 亿美元来收购专利权，近期 RPX 已累计投资 2 亿美元并拥有了 1300 个专利及专利权益，这些专利主要集中在移动通信、互联网搜索以及 FRID 领域。

第四种模式是知识产权证券化和拍卖运营模式。知识产权拍卖模式主要的代表公司有美国 ICAP Ocean Tomo、Yet2. com。ICAP Ocean Tomo 是美国著名的知识产权资本化综合性服务集团，旗下拥有专利拍卖公司 Ocean Tomo Auctions、知识产权交易所 IPX International 以及专利评级机构 Patent Ratings 等。2006 年 4 月，Ocean Tomo 公司举办了历史上第一次现场专利拍卖会。同年，该公司与美国证券交易所联合发布了 Ocean Tomo300^{TM} 指数。指数的构成成分主要从美国股票市场上流动性最强的 1000 只股票中选取，然后再将范围缩小到拥有专利的公司。这些拥有专利的公司按照风格和规模不同被分成 50 个小组，然后通过 Ocean Tomo 专利评级系统计算出每个公司的专利价值占公司财务价值的比例，并根据计算出的比例进行排序，每个小组中排在前六位的股票成为指标股，50 个小组一共 300 只股票。该公司通过 300 指数引导投资人在证券市场投资知识产权，投资成功则收取服务费和收益，投资不成功则将知识产权拍卖，并收取一定比例的服务费。

第五种模式是国家专利主权基金运营模式。目前，日本、法国、韩国等国家相继建立了由政府支持的国家专利主权基金，这些专利基金主要投资于专利，并组建有相当规模的专利组合或专利池。这些专利主权基金具有一定的政治性目的，它们是针对外国竞争者的报复性工具。著名的专利主权基金有法国专利基金（France Brevets）、日本专利基金（IP Bridge）和韩国的 Intellectual Discovery 基金。例如，法国政府在 2011 年 3 月出资建立了专利主权基金 France Brevets。此基金拥有 1 亿欧元的资本用于建立专利池，目的是支持法国的公司、大学和研究机构经营专利资产。其主要任务是与伙伴合作创造战略性和有价值的专利组合，并实现全球的货币化。该公司近年加大了对 TMT（技术、媒体和通信）、空间、物联网、能源、汽车、生命科学的开发力度，通过预测技术趋势，占领主导位置和识别技术领导者，通过合作开发最前沿和最强大的专利组合，利用知识产权帮助产业创造无形资产和长期的经济价值，帮助管理企业知识产权。截至 2014 年，France Brevets 已获得了来自美国、中国、日本、韩国和一些欧盟成员国的专利，专利覆盖范围也相对广泛，如智能手机、平板电脑、台式电脑和电视等。

第六种模式是第三方支付运营模式。第三方支付模式也称为互联网担保运营模式，它不是简单的淘宝模式，而是通过建立第三方评估、合同服务和第三方资金担保平台降低信息不对称及其导致的风险不对称问题的有效模式。厦门中开公司开发的科易网首先建立了技术和知识产权交易双方共同参加的在线技术价值评估机制，在丙方的支持和服务下，甲、乙双方对技术和知识产权价值评估的每个参数进行谈判并达成一致，最后通过在线价值评估系统初步确定技术和知识产权的价格，甲、乙双方以此为依据进行再次谈判并确定技术和知识产权的成交价格。在技术和知识产权交易过程中，丙方协助甲、乙双方拟定交易合同，每个合同步骤明确相应的技术资料交付和技术服务的标准与义务，并明确相应的费用支付金额和支付时间与方式，但技术和知识产权交易资金须交由丙方管理。通过对技术和知识产权转让许可过程进行担保，降低了交易风险，有效地促进了技术和知识产权的交易和运营。

第七种模式是创业导师运营模式。2008 年 1 月，中国科学院与联想控股共建成立了中国科学院联想学院。中国科学院联想学院最核心的"联想之星"创业 CEO 特训班由联想控股主导。创业 CEO 特训班的目标定位于通过企业家培训课程，将寻找产业技术源头、培养有技术背景的 CEO 和风险投资资金三者相结合。培训课程包括知识创新与技术创新、技术转移和科技成果转化、知识产权管理、技术价值评估和产业联盟建设、创业与风险投资、案例研究与商业计划书撰写等。联想学院确定了联想之星"创业培训 + 天使投资"的战略模式，专门设立了天使投资基金。联想之星划分为免费创业培训和天使投资两个业务板块，天使投资包括弘毅投资和君联投资。这种模式可总结为"技术 + 商业计划书 + 投资 + 创业辅导"，通过这种模式已培育具有知识产权的创新项目近 400 项。

第八种模式是知识产权众筹运营模式。知识产权众筹是一种基于网络的"多数人资助少数人"的知识产权募资运营方式。通过 P2P 或 P2B 平台的协议机制来使不同个体之间知识产权融资成为可能。知识产权众筹运营商业模式构建需要有筹资人、出资人和众筹平台。出资人利用在线支付方式对自己感兴趣的包含知识产权的创业项目进行小额投资，投资人以包含知识产权的股权、债权、分红、利息甚至产品等回报出资人。众筹平台是知识产权项目发起人的监督人和辅导人，也是出资人的利益维护者。运营平台要在项目上线之前进行认真的实名审核，要确保知识产权创业项目的知识产权质量高、知识产权风险小，有投资价值。在项目筹资成功后要监督、辅导和监控项目的顺利实施。而当项目无法执行时，平台有责任和义务督促项目筹资人将筹措资金返还给出资人。

第九种模式是知识产权交叉许可模式。专利交叉许可是指交易各方基于谈判将各自拥有的价值相等的专利有条件或无条件相互许可对方使用，相互交换技术的使用权，以顺利生产销售专利涵盖的产品的行为。专利交叉许可的作用是可以消除专利权人的相互阻滞地位，避免昂贵的侵权诉讼费用，将具有知识产权的技术组合起来，减少交易成本。因此，大多数生产相同产品而只拥有部分专利的企业采取交叉许可的方式运营知识产权避免知识产权纠纷。如欧司朗公司与格力公司于 2011 年 4 月 5 日宣布签署全面性全球专利交叉许可协议，涵盖双方在蓝光 LED 芯片技术、白光 LED、荧光粉、封装、LED 灯泡灯具，以及 LED 照明控制系统等领域的专利；华为技术公司宣布与爱立信公司于 2016 年 1 月 14 日续签全球专利交叉许可协议，覆盖包括 GSM、UMTS 及 LTE 蜂窝标准在内的无线通信标准相关基本专利，根据协议，双方都许可对方在全球范围内使用自身持有的标准专利技术。

第十种模式是投贷保联动运营模式。目前很多从事运营的机构知识产权运营不成功，主要原因就在于不能给知识产权交易的双方提供不可或缺的服务。这些服务包括知识产权运营中的价值评估、担保、投资等。如果运营机构能够将知识产权价值评估、担保、投资与运营联合起来，则将极大地推动知识产权运营。这些模式可以分为知识产权运营的投贷联动、投贷保联动、投贷评联动、投贷保评联动。北京知识产权运营管理公司与北京交通银行联合开展的投贷联动取得了较好的效果。

10.5　知识产权运营政策发展

为加快我国知识产权运营体系建设，促进知识产权运营业态发展，第一，要大力推进知识产权运营公共服务平台运营服务系统建设。一是建设基于大数据的知识产权检索分析系统。要具有知识产权质量、风险和价值识别功能。要重点开发技术功效矩阵分析系统、专利技术生命周期分析系统、专利质量评估系统和多主体参加的专利技术价值评估系统。二是培养知识产权运营人才。要制定专利运营人才培养大纲和课程体系，有序培养专利运营人才。三是以"四板"市场为依托，制定专利证券化规则，试点开展股债权可转换定向型专利证券化。四是建立严管的知识产权众筹平台，通过优选，建立定向知识产权筹资模式。

第二，设立政府知识产权运用引导基金。一是政府提供部分资金并进行监管，以股份制成立社会化国家专利主权投资基金，开展产业专利池、专利组合构建和对中小企业"一站式"专利许可。二是投资技术转移办公室知识产权投资基金。政府拿出相应的资金支持高校和科研机构内部技术转移机构和人才团队的建设，每年额度不低于 30 万元，连续支持3~5年，给予 5000 万元的贷款担保额度，并允许其免费使用高校科研机构的实验设施。三是支持社会知识产权运营机构建立有效的运营模式。开展专利池运营、第三方支付、专利证券化、创业辅导投资、网上拍卖，以及知识产权质押贷款、知识产权商业化保险、专利交叉许可等新型运营模式的运营机构，可对其实际收益进行奖励，奖励额度为15%~50%。

第三，支持发展各类有效知识产权运营机构。一是在高校科研机构试点建立技术转移、知识产权管理和投资功能"三合一"的知识产权运营办公室，统一管理运营高校知识产权、技术转移和知识产权投资基金。二是引导和支持以技术标准制定实施为依托，以专利池或专利组合为基本手段的专利运营企业的发展。三是支持有条件的中介机构发展第三方支付和担保功能，支持各类产权和技术交易所建立知识产权在线交易主体价值评估系统和竞价系统，对专利价值评估提供研判参考，开展以知识产权为核心的股权、债券交易。四是发展知识产权证券化业务，支持如武汉或天津知识产权交易所或者某一知识产权运营公司通过中关村代办系统在深圳或上海交易所开设知识产权为核心、股债权可转换的定向投资业务。

第四，建立技术转移资格认证制度和知识产权专员制度。一是试点推进以知识产权为核心的技术转移资格认证制度建设，重点加强知识产权管理、技术转移和投资能力培训。二是推动高校科研机构建立知识产权专员制度，建立课题负责人与知识产权专员"双向选择，双向制约"机制，开展科研项目知识产权全过程管理，提升科技创新的效率。

10.6　小　结

知识产权商业化运营是知识产权运用的重要内容。本章梳理了我国知识产权运营的相关政策，分析了国内外有关知识产权运营机构的模式和特点，研究了我国知识产权运营存在的主要问题，根据实践提出了十类有效的知识产权运营模式，并提出了我国知识产权运营发展的政策建议。

知识产权运营不是简单的知识产权交易和买卖。知识产权运营涉及知识产权创造到运用、转移到生产销售的全过程。在知识产权创造运用的不同阶段，知识产权运营的模式并不相同。知识产权运营是一种创新性活动，不同的主体应找到适合自身特点的有效的知识产权运营模式。我国必须改变知识产权运营和科技成果转化的思维定式，要通过组织机构建设充分调动企业和高校科研机构知识产权运营的积极性，通过改变简单中介机构的业务模式，找到合适的知识产权运营模式，改变单纯依靠发明人的做法，充分发挥知识产权投资对知识产权运营的作用。

搞好知识产权运营需要发挥各种政策的作用，尤其是政府知识产权引导资金的作用，政府资金要支持建立各类知识产权运营机构，支持运营机构设立知识产权投资资金，引导社会知识产权运营投资资金的建立和发展。搞好知识产权运营，最关键的是培养高水平的知识产权运营人才，尤其是具有技术背景、掌握知识产权法律知识，并且具有投资经验的复合型知识产权运营人才和运营团队。

第11章　知识产权转移转化税收优惠政策

知识产权税收优惠政策是知识产权政策体系中最重要和最有效的政策。但目前我国涉及知识产权的税收优惠政策大多分散在科技创新税收优惠政策之中，没有形成独立的体系。建设知识产权强国，促进知识产权创造运用，必须制定和实施知识产权税收优惠政策，并以知识产权为核心完善科技创新、产业和贸易等政策中的税收优惠政策。

11.1　中国税制

税收是国家为了满足社会公共需要，凭借政治权力，按照法律所规定的标准和程序，参与国民收入分配，强制地、无偿地取得财政收入的一种形式。税收最基本的职能是组织财政收入，并发挥调控经济运行、调节收入分配、监督经济活动等职能作用（中华人民共和国财政部税政司，2012）。税收具有强制性、无偿性和固定性的特征。

中华人民共和国成立以来，我国税收制度大致经历了计划经济体制下的税收制度（1950～1978年）、有计划商品经济体制下的税收制度（1980～1994年）和社会主义市场经济体制下的新税制（1994年至今）三个阶段。1994年，我国对工商税制进行了全面性、结构性的改革，统一了内资企业所得税，改革了流转税，合并了个人所得税，开征了土地增值税等，建立了以分税制为基础的税收管理体制，加强了中央的宏观调控能力。2008年，我国开始在上海进行"营改增"试点，2009年开始全面改征消费型增值税。2011年，我国实行营业税改征增值税试点，2013年开始在全国范围实施交通运输业和部分现代服务业"营改增"，标志着我国市场经济税收制度全面建立。

在市场经济体制下，税收制度可以从不同的类型进行分类。第一，按照征税对象，税收大致可以分为五大类：一是流转税类，包括增值税、消费税、营业税、关税；二是所得税类，包括企业所得税、个人所得税；三是财产税类，包括房产税、城市房地产税、车辆购置税、遗产税（尚未立法开征）；四是资源税类，包括资源税、土地增值税、耕地占用税和城镇土地使用税；五是行为税类，包括城市维护建设税、固定资产投资方向调节税、车船使用税、车船使用牌照税、印花税、契税、证券交易税（尚未立法开征）、屠宰税、燃油税❶。第二，按征收管理体系进行分类：一是国税部门征收的增值税、消费税、车辆购置税、中央部门所得税、资源税（海洋石油）、证券交易税；二是地税部门征收的营业税、土地增值税、城市建设维护税、地方所得税、个人所得税、城镇土地税、房产税、车

---

❶　https：//www.baidu.com/s? word＝税种分类及税收分类.

船使用税、车船牌照税、印花税、契税、筵席水、屠宰税；三是财政部门征收的农业税、牧业税和地方附加、契税与耕地占用税；四是海关负责征收的关税、行李和邮递物品进口税，以及负责代征进出口环节增值税和消费税。第三，按计征方式不同，分为从价税和从量税。增值税、营业税、房产税、关税等，都属从价税，可以使税收与商品或劳务的销售额、增值额、营业额以及纳税人的收益额密切相连。从价税又分为价内税和价外税，前者如消费税和关税，后者如增值税。从量税是按照商品的重量、数量、容量、长度和面积等计量单位为标准计征的税收。如部分关税、资源税、消费税、车船税和盐税等。第四，按是否有单独课税对象分为正税和附加税。如现行各税种如增值税、消费税是正税。附加税是指随某种征税按一定比例加征的税。外商投资企业和外国企业在缴纳企业所得税同时，还应按纳税所得额的3%缴纳地方所得税。第五，按税收征收权限分为中央税、地方税和共享税。中央税如关税和消费税等。地方税如个人所得税、屠宰税等。共享税如增值税和企业所得税。

2015年，全国一般公共预算收入达到15.22万亿元，其中国内增值税31109亿元，国内消费税10542亿元，营业税19313亿元，企业所得税27125亿元，其中工业企业所得税7425亿元。个人所得税8618亿元，进口货物增值税、消费税12517亿元，关税2555亿元，出口退税12867亿元，车辆购置税2793亿元，证券交易印花税2553亿元，契税3899亿元，土地增值税3832亿元，耕地占用税2097亿元，城镇土地使用税2142亿元。非税收入27325亿元。如图11-1所示。

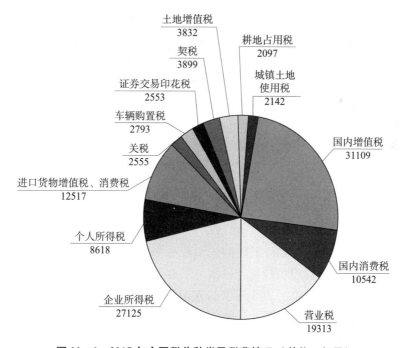

图11-1 2015年全国税收种类及税费情况（单位：亿元）

税收会显著影响企业的财务和投资决策（Kubátová，2010）。合适的所得税率将激励企业更多的经济活动（Širok，2008）。因此，税收政策是欧洲许多国家最常使用的政策工具（Dan Prod'homme，2016）。税收政策应当支持经济增长、就业和竞争力提升，以及环境和能源目标（Ivana Koštuíková，Monika Chobotová，2013）。但不同司法管辖区的税收优惠政策会导致许多国家进行税收规划，这会侵蚀应税收入（OECD，2014；OECD，2015）。

11.2　知识产权运用增值税政策[1]

增值税是对生产和经营中新增加的价值征收的税收。增值税包括企业增值税和进口环节增值税。为鼓励技术创新，我国很早就使用增值税优惠政策工具激励企业创新。1999 年 8 月 20 日，中共中央、国务院在《关于加强技术创新，发展高科技，实现产业化的决定》中提出，对"高新技术产品实行税收扶持政策"；"对高新技术产品的出口，实行增值税零税率政策。对国内没有的先进技术和设备的进口实行税收扶持政策"。

据统计，2014 年，我国工业企业主营业务收入为 110.7033 万亿元，主营业务成本为 94.3367 万亿元，销售费用为 2.800107 万亿元，管理费用为 4.112097 万亿元（其中税金 2108.87 亿元），财务费用为 1.348225 万亿元，主营业务税金及附加为 1.6961 万亿元，应缴增值税 3.3979 万亿元，营业利润为 6.725492 万亿元，所得税 9889.75 亿元，利润总额为 6.8155 万亿元，增值税占销售收入的比例为 3.07%。在贸易自由化条件下，增值税可以减少关税收入损失，提高生产效率，使生产者价格接近世界价格（Michael Keen，Ben Lockwood，2010）。增值税能减少公共产品的边际成本，因此也是必要和有效的，增值税有利于调动急需的应税收入的努力，也有利于政府的管理和合规性（Michael Keen，Ben Lockwood，2010）。理论证明，增值税是很有效率的税种，用增值税代替传统销售税，消费者价格实际是下降的（Smart，Michael and Bird，Richard M.，2009）。但增值税也存在一些问题，如果没有收据，一些企业就无法抵扣进项税；虽然增值税是一种比例税，但穷人作为最终消费者需要支付增值税税负（Singapore Ministry of Finance，2004）。增值税是一个挣钱的机器（President's Advisory Panel on Federal Tax Reform，2006）。由于大多数国家对出口货物和劳务实行零税率，这就会出现循环骗税问题，这是增值税的一个突出问题（O'Grady，Sean，2007）。增值税也会产生低效率问题，假如生产链断裂，就会产生低生产效率问题（Michael Keen，Ben Lockwood，2010）。增值税会遭到旋转木马欺骗式的攻击（Keen，Michael，Syed，Murtaza H，2006）。增值税政策还存在造成不符合 WTO 规则的贸易不公平问题[2]。

将营业税改为增值税，并实行不同的增值税税率是激励不同行业生产经营的有效政策。1984 年我国就颁布了《增值税暂行条例（草案）》及其实施细则并经多次修改。随着 2009 年全面改征消费型增值税，2011 年实行营业税改征增值税试点，2013 年在全国范围实施交通运输业和部分现代服务业"营改增"，我国增值税法规政策日趋健全。

贸易和生产经营活动存在大量与知识产权和创新相关的活动。税收优惠政策是激励知识产权创造和运用的重要政策。当前，知识产权已成为国际贸易的主要客体，知识产权已

---

❶　本部分发表于 2016 年第 12 期的《知识产权》，并有修改。

❷　Border Adjusted Taxation / Value Added Tax（VAT）. Amtacdc.org. Retrieved30 April 2012.

经成为企业生产经营的核心资产。增值税政策是激励知识产权创造和运用最重要政策之一。知识产权增值税政策会加剧这些趋势（Vinod kalloe 和 Garcia）。知识产权增值税税收优惠政策可能会存在压力，引起一个管辖区采取相似或更为优惠的政策，以吸引知识产权资产和留住知识产权资产（Graham et al.，2013；Morin and Gold，2014）。

虽然我国增值税法规政策日趋健全，但我国增值税法规政策在激励知识产权创造运用和科技创新方面还存在较多不足。一是增值税对知识产权发展的作用有限（姚君，2006）。我国的科技税收激励多集中于企业所得税政策上，流转税方面优惠不足（许秋花，杨九铃，2010）。我国仅对软件和集成电路产业实行增值税优惠政策，缺乏普惠性激励自主知识产权创造和运用的产业增值税优惠政策（宋河发，2016）。二是知识产权服务业增值税税负增加，"营改增"以来，小规模纳税人税负显著减轻，但一般纳税人税负却有增加，知识产权代理服务机构存在着代收代缴行政事业性收费无法扣除等问题，使得税负增加明显（王波，刘菊芳，龚亚麟，2014）；我国部分代收的涉外知识产权申请费、代理费等无法实现成本扣除，境外和小规模纳税人提供的服务外包费用无法实现成本扣除（张富强，2015）。

11.2.1　国外增值税激励知识产权和创新借鉴

增值税是许多国家常用的一种消费税，目前已有一百三十多个国家实行增值税政策。澳大利亚、加拿大、新西兰、新加坡称为货物和劳务税，加拿大及其各省统称为统一销售税（Harmonized Sales Tax，HST）。大多数国家增值税法规有四个特点。一是对货物和劳务，包括进口货物和劳务征收增值税，税率在 10%～35%，其中大多数为 15%～20%，但一般要求纳税人在本国有营业场所或居所。二是对出口货物和劳务免税。三是对图书、食品、妇女儿童用品实行低税率。四是将知识产权作为劳务，并实行较低的税率。如芬兰对向国外提供的服务免征增值税，一般的税率是 22%，服务业税率为 8%，在取得增值税发票或海关清算单的情况下可以抵扣进项税[❶]。芬兰应税服务中涉及知识产权的服务包括著作权、专利、许可、商标和其他类似知识产权的转移、信息提供服务、中介服务。英国规定提供货物、劳务和从其他国家进口货物的增值税税率为 20%，对食品、书籍和儿童服装等免征增值税；英国的服务包括著作权、专利、许可、商标和类似权利的转移转让，一般实行 20% 的税率[❷]。法国增值税税率为 20%，对书籍和餐饮业实行 10% 税率，对医保范围内的处方药实行 2.1% 的税率（Le portail，2015）。奥地利增值税税率为 20%，但对艺术作品和书籍实行 10% 的税率。捷克实行 21% 的税率，对医药、书籍实行 10% 的税率。意大利实行 22% 的增值税税率，对杂志出版书籍、植物保护产品实行 10% 的税率。瑞典实行 25% 的税率，对书籍文化艺术活动实行 6% 的税率。以色列实行 17% 的税率，对知识产权服务业实行零税率。韩国特别消费税法规定，特别产品目录内具有科技先导性的高新技术新产品，投放市场一定时期内可享受减免特别消费税的优惠。

美国实行的是销售税，联邦政府对最终消费的有形动产征收销售税，但对不动产、股

---

❶　Value Added Tax Act of 30 December 1993.

❷　Value Added Tax Act 1994（revised in 2015）.

票债券等无形资产不征收销售税。联邦政府和多数州政府都对某些特定的产品和劳务征收销售税，征收环节是制造环节、批发环节或零售环节，州销售税和地方销售税率一般在 6% ~ 10%，平均 5.8% ❶，而一些州不征收销售税。日本 1989 年引入增值税，但统一税率为 3%，而且减免的项目较少，自 2004 年开始，统一税率为 5%，征收门槛降为 5000 万日元（Kazuki Onji，2009）。在世界主要国家和地区，加拿大与我国台湾省属于最低水平。

在对知识产权转移收入增值税优惠政策上，俄罗斯于 2007 年 7 月 19 日通过一项增值税免税的联邦法律，对转让知识产权，包括专利与某些非专利的权利免税，包括创新发明、工业设计、软件、数据库、地形测量的整合、诀窍等知识产权，但不包括如商标、影片、音乐作品等知识产权（吴岂山，2007）。土耳其从 2015 年开始，对租用、转移和销售包括知识产权在内的无形资产符合条件的收入给予增值税优惠政策（Ayse Yigit Sakar，2015）。

11.2.2　我国增值税法规政策分析

科技创新的核心是专利等知识产权的创造和运用。增值税优惠政策是激励以知识产权创造运用为核心和保障自主创新的重要产业政策工具。我国现行增值税优惠政策主要包括产品与服务增值税优惠政策、特定产业增值税优惠政策和进出口环节增值税优惠政策三大类。主要包括国务院发布的《中华人民共和国增值税暂行条例》（国务院令第 538 号，2008 年修改）；财政部、国家税务总局发布的《中华人民共和国增值税暂行条例实施细则》（财政部、国家税务总局令第 65 号，2008 年、2011 年修改）；《关于印发〈营业税改征增值税试点方案〉的通知》（财税〔2011〕110 号）和《交通运输业和部分现代服务业营业税改征增值税试点实施办法》（财税〔2011〕111 号）。

为深入实施增值税政策法规，2016 年 3 月 24 日，财政部、国家税务总局发布《关于全面推开营业税改征增值税试点的通知》（财税〔2016〕36 号），并印发了《营业税改征增值税试点实施办法》《营业税改征增值税试点有关事项的规定》《营业税改征增值税试点过渡政策的规定》和《跨境应税行为适用增值税零税率和免税政策的规定》。同时，废止了《财政部、国家税务总局关于将铁路运输和邮政业纳入营业税改征增值税试点的通知》（财税〔2013〕106 号）、《财政部、国家税务总局关于铁路运输和邮政业营业税改征增值税试点有关政策的补充通知》（财税〔2013〕121 号）、《财政部、国家税务总局关于将电信业纳入营业税改征增值税试点的通知》（财税〔2014〕43 号）、《财政部、国家税务总局关于国际水路运输增值税零税率政策的补充通知》（财税〔2014〕50 号）和《财政部、国家税务总局关于影视等出口服务适用增值税零税率政策的通知》（财税〔2015〕118 号）五个文件。

第一，销售货物和提供劳务增值税政策。

1984 年 9 月，我国颁布了《中华人民共和国增值税暂行条例（草案）》。2016 年 1 月 13 日，新修订的《增值税暂行条例》经国务院第 119 次常务会议通过。《增值税暂行条例》规定了应交增值税的货物、劳务、纳税人、增值税计算和税率。《增值税暂行条例》

---

❶ 美国税制概况. http：//www. ctaxnews. com. cn/guoji/guojifa/UnitedStates/.

（以下简称《条例》）规定，在中华人民共和国境内销售货物或者提供加工、修理修配劳务及进口货物的单位和个人，为增值税的纳税人，应当依照本条例缴纳增值税。纳税人销售或者进口货物，增值税税率为 17%。粮食、食用植物油、自来水、暖气、冷气、热水、煤气、石油液化气、天然气、沼气、居民用煤炭制品、图书、报纸、杂志，饲料、化肥、农药、农机、农膜，国务院规定的其他货物的税率为 13%。纳税人出口货物，税率为零。纳税人提供加工、修理修配劳务税率为 17%。纳税人销售货物或者提供应税劳务应纳税额为当期销项税额抵扣当期进项税额后的余额。销项税额计算公式为销项税额 = 销售额 × 税率。小规模纳税人销售货物或者应税劳务，实行按照销售额和征收率计算应纳税额的简易办法，并不得抵扣进项税额。应纳税额计算公式为应纳税额 = 销售额 × 征收率。小规模纳税人增值税征收率为 3%，不得抵扣进项税额。《条例》第 15 条还规定，对包括"直接用于科学研究、科学试验和教学的进口仪器、设备"免征增值税。

财政部、国家税务总局于 1984 年发布《中华人民共和国增值税暂行条例（草案）实施细则》，并进行了多次修改。2011 年修改后的实施细则规定了销售货物和提供劳务的行为，销项税额和进项税额计算，非增值税应税项目和免征增值税项目，小规模纳税人增值税计算，增值税起征点和销售额时间确定等。

第二，特定产业增值税政策。

我国很早就开始使用增值税优惠政策激励产业技术创新。中共中央、国务院于 1999 年 8 月 20 日发布的《关于加强技术创新，发展高科技，实现产业化的决定》就提出："对开发生产软件产品的企业，其软件产品可按 6% 的征收率计算缴纳增值税。"我国最典型的针对产业的增值税优惠政策主要有两类。一是软件产业和集成电路产业增值税收优惠政策。国务院于 2000 年发布的《鼓励软件产业和集成电路产业发展的若干政策》（国发〔2000〕18 号）第 5 条规定："对增值税一般纳税人销售其自行开发生产的软件产品，2010 年前按 17% 的法定税率征收增值税，对实际税负超过 3% 的部分即征即退，由企业用于研究开发软件产品和扩大再生产。"第 41 条规定："对增值税一般纳税人销售其自产的集成电路产品（含单晶硅片），2010 年前按 17% 的法定税率征收增值税，对实际税负超过 6% 的部分即征即退，由企业用于研究开发新的集成电路和扩大再生产。"为贯彻落实国发〔2000〕18 号文件精神，财政部、税务总局、海关总署于 2000 年又发布《关于鼓励软件产业和集成电路产业发展有关税收政策问题的通知》（财税〔2000〕25 号），规定对增值税一般纳税人销售其自行开发生产的软件产品或集成电路产品，按 17% 的法定税率征收增值税后，对软件企业增值税实际税负超过 3%，集成电路生产企业超过 6% 的部分实行即征即退政策。但是，财政部、国家税务总局于 2016 年发布的《营业税改征增值税试点过渡政策的规定》（财税〔2016〕36 号）并未提及软件集成电路产业增值税超 3%，6% 部分实行即征即退政策，也没有明确提出废止国发〔2000〕18 号文件和财税〔2000〕25 号文件。

二是服务业增值税优惠政策。财税〔2016〕36 号中《营业税改征增值税试点实施办法》提出了试点的主要税率政策。提供有形动产租赁服务，税率为 17%。提供交通运输、邮政、基础电信、建筑、不动产租赁服务，销售不动产，转让土地使用权，税率为 11%。境内单位和个人发生的跨境应税行为，税率为零。其他纳税人发生应税行为税率为 6%。

小规模纳税人增值税征收率为 3%。

以前，我国出售知识产权的大部分是高校、科研机构、企业和中介机构。它们相当一部分不是小规模纳税人，虽然购买知识产权的企业可以通过进项抵扣方式按一般方式计征增值税，但对于出售知识产权的企事业单位和创造自主知识产权的企业，因为没有进项或者进项很少，如果按 6% 的一般计税方式缴纳增值税，则会导致实际税负高于原来的按销售收入 5% 缴纳营业税的税负，而且我国一直对高校科研机构知识产权和技术转移实行免征营业税的政策。创造和运用知识产权的企事业单位税负较"营改增"前不减反增，而且总体上还有较大幅度提高。为解决上述问题，财税〔2016〕36 号中的《营业税改征增值税试点过渡政策的规定》中提出"纳税人提供技术转让、技术开发和与之相关的技术咨询、技术服务"免征增值税。技术转让、技术开发，是指《销售服务、无形资产、不动产注释》中"转让技术""研发服务"范围内的业务活动。技术咨询，是指就特定技术项目提供可行性论证、技术预测、专题技术调查、分析评价报告等业务活动。与技术转让、技术开发相关的技术咨询、技术服务，是指转让方（或者受托方）根据技术转让或者开发合同的规定，为帮助受让方（或者委托方）掌握所转让（或者委托开发）的技术，而提供的技术咨询、技术服务业务，且这部分技术咨询、技术服务的价款与技术转让或者技术开发的价款应当在同一张发票上开具。试点纳税人申请免征增值税时，须持技术转让、开发的书面合同，到纳税人所在地省级科技主管部门进行认定，并持有关的书面合同和科技主管部门审核意见证明文件报主管税务机关备查。

第三，进出口环节增值税优惠政策。

在进口方面，我国进口货物环节增值税优惠政策主要面向特定产业和特定机构。一是鼓励和支持集成电路产业进口。国发〔2000〕18 号规定，投资额超过 80 亿元人民币或集成电路线宽小于 $0.25\mu m$ 的集成电路生产企业，进口自用生产性原材料、消耗品，免征关税和进口环节增值税；对经认定的集成电路生产企业引进集成电路技术和成套生产设备，单项进口的集成电路专用设备与仪器，除规定的以外，免征关税和进口环节增值税。二是鼓励和支持特定研发机构进口。为落实《国家中长期科学和技术发展规划纲要（2006～2020 年）》及其配套政策，财政部、海关总署、国家税务总局于 2007 年发布了《科技开发用品免征进口税收暂行规定》（44 号令）和《科学研究和教学用品免征进口税收规定》（45 号令），针对转制科研院所，具有国家级企业技术中心、工程化（技术）研究中心、国家实验室的企业及其他符合条件的企业与机构，对其进口合理数量范围内、国内不能生产或者性能不能满足需要的科技开发用品等免征进口关税和进口环节增值税和消费税，并列出了免税用品清单。

在出口方面，我国 2011 年的《营业税改征增值税试点方案》规定对服务贸易出口实行零税率或免税制度。财政部于 2011 年 12 月 29 日发布的《关于应税服务适用零税率和免税政策的通知》（财政〔2011〕131 号）规定，向境外单位提供的技术转让服务、技术咨询服务、合同能源管理服务、软件服务、电路设计及测试服务、信息系统服务、业务流程管理服务、商标权和著作权转让服务、知识产权服务、物流辅助服务（仓储服务除外）、认证服务、鉴证服务、咨询服务免征增值税。财税〔2016〕36 号中的《跨境应税行为适用增值税零税率和免税政策的规定》规定，向境外单位提供的完全在境外消费的转让技术服务适用增值税税率，向境外单位提供的完全在境外消费的知识产权服务免征增值税。《营业税改征增值税试点实施办法》规定的"知识产权服务，是指处理知识产权事务的业务活动。包括对专利、商标、著作权、软件、集成电路布图设计的登记、鉴定、评估、认证、检索服务"。

11.2.3　增值税类型

根据增值税进项税额扣除方式，一般将增值税分为生产型增值税、收入型增值税和消费型增值税三种。生产型增值税是指只允许扣除购入的原材料等所含税金，不允许从销售额中扣除购进固定资产每年折旧部分中已缴纳的增值税的税收类型。由于作为增值税课税对象的增值额相当于国民生产总值，这种不允许扣除外购固定资产所含增值税的类型通常称为生产型增值税。收入型增值税则允许分次扣除固定资产每年折旧中上游企业已缴纳的增值税，课税依据相当于国民收入（龚江南，理瑛珊，潘琦华，2008）。而消费型增值税则允许所有外购项目包括原材料、固定资产每年折旧中所含的增值税都一次性扣除的增值税类型，课税对象相当于消费资料。

固定资产主要是仪器设备，而仪器设备对于企业创新和知识产权创造运用具有重要作用。目前实行增值税的国家90%实行的都是消费型增值税。我国在1994年税制改革时实行的是生产型增值税。由于收入型增值税并不能完全消除重复征税，我国从2009年1月1日起对增值税实行全面转型，全面由生产型转向消费型增值税，即允许企业所有外购项目包括原材料、固定资产，尤其是仪器设备所含的进项增值税扣除。与生产型和收入型增值税相比，消费型增值税不仅能较好地体现税收中性原则，而且也更有利于企业技术创新。消费型增值税有利于鼓励投资、优化产业结构、鼓励应用新技术，增加本国竞争力的作用（滕颖，2007）。资本有机构成较高的企业仪器设备价值大，固定资产中先进技术和知识产权含量高。实行消费型增值税，有利于激励企业购买和研制具有知识产权的仪器设备，有利于产业的自主创新能力建设。同时，拥有先进仪器设备等固定资产的企业，更有条件开展研究开发工作，更有条件和能力创造知识产权和运用知识产权。

11.2.4　增值税政策法规问题分析

制定税收政策必须坚持"公平、确定、便利、经济"的原则（亚当·斯密），制定增值税法规政策要有利于资源的合理配置，要避免重复征税。我国现行增值税法规政策主要参照国外做法，针对产品和劳务征收增值税，并根据不同产业属性实行不同的增值税税率，并没有充分体现有利于配置资源尤其是知识产权和科技创新资源的要求。在知识产权创造阶段，我国实行包括知识产权事务费在内的研发支出加计扣除政策，在知识产权流通和转化阶段，我国实行技术转让许可所得税税收优惠政策，在企业利用知识产权生产经营阶段却缺乏相应的税收激励政策，尤其是增值税激励政策。

从自主知识产权创造运用和科技创新的角度分析，我国现有增值税法规政策主要存在三个方面不利于自主知识产权创造运用和自主创新的问题。一是缺乏对生产经营活动中知识产权尤其是自主知识产权创造运用的激励措施。二是产业和特定机构知识产权创造运用增值税政策不完善；三是对知识产权服务业发展支持不足。

在知识产权创造和运用激励上，主要存在两个方面的问题。一是缺乏普惠性激励各类生产经营活动中知识产权创造运用的增值税优惠政策。现行增值税法规政策对所有货物和服务，实行按产品与服务类别征收增值税的政策，无论其是否是创新产品，无论其是否是自主知识产权产品和服务。虽然有对中小企业、不同类型产品和出口商品的增值税优惠政策，但并没有制定针对全部产业的以自主知识产权为基本条件的增值税税收优惠政策。现有增值税优惠政策仅仅限于软件和集成电路设计产业，并没有建立面向全部产业尤其是高新技术、战略性新兴产业、具有自主知识产权产业的增值税优惠政策，即使是创新水平很高，具有高价值专利、驰名商标等知识产权的产品，如果不属于优惠税率范围，仍然需缴纳16%的增值税。二是现行消费型增值税政策没有体现对自主知识产权创造运用和自主创新的激励。根据财政部2006年发布的《企业会计准则第4号——固定资产》规定，固定资产应当按照成本进行初始计量，自行建造固定资产的成本，由建造该项资产达到预定可使用状态前所发生的必要支出构成，而外购固定资产的成本包括购买价款、相关税费、使固定资产达到预定可使用状态前所发生的可归属于该项资产的运输费、装卸费、安装费、专业人员服务费等。虽然消费型增值税允许一次性扣除外购仪器设备等固定资产折旧中的进项税，但由于自行研制的仪器设备形成固定资产按照成本计算，其每年折旧中包含的进项税只是以自行研制仪器设备建造时所使用的原材料和固定资产每年折旧中的进项增值税计算的。相对于外购仪器设备，我国自行研制的具有自主知识产权的仪器设备由于可抵扣的扣进项增值税较小，实际增值税税负提高，这实际上不利于企业研制具有自主知识产权和技术的仪器设备。同时，自行研究开发形成的无形资产每年摊销中也无法包含增值税，相对于外购的知识产权所需缴纳的增值税也较多，这也不利于企业自主知识产权的创造运用，实际上也不利于企业的自主创新。

在特定产业和机构知识产权创造运用激励上，一是针对软件产业和集成电路产业的增值税优惠政策没有起到真正激励自主知识产权创造和运用的作用，"自行开发"生产的软件产品和"自产"的集成电路产品没有明确要求有自主知识产权，这些产品不一定是真正的自主知识产权产品或自主创新产品。那些模仿性开发、低水平开发、重复开发、侵犯他人知识产权开发出的产品都可能存在。这项政策没有以自主知识产权为基本条件，所以与激励产业自主知识产权创造运用和自主创新作用目标不完全一致。二是面向特定机构免征进口环节关税和增值税的政策存在缺陷。虽然该政策在一定程度上会对我国企业自主创新能力建设起到一定作用，但该政策不是普惠性政策，没有面向全部创新主体提升自主创新能力建设的需要，也没有针对国内不能生产的具有国外知识产权的关键技术装备和原材料及科技开发用品。由于无法认定什么是"国内不能生产"，对直接用于科学研究、科学试验和教学的进口仪器、设备免征增值税反而使得我国有限的研发经费用于购买国外仪器设备，反而会影响国产仪器设备的生产和自主创新。拥有国内外知识产权的技术装备、原材料对我国的自主创新具有极为重要的作用，国内不能生产的关键设备、原材料及零部件不一定具有国内外知识产权，而且也有可能会侵犯我国的知识产权。

在支持知识产权服务业发展上，主要是现行增值税不同税率规定不利于知识产权服务业做大做强。在对小规模纳税人实行3%税率而其他一般服务业实行6%税率的情况下，很多服务业企业往往会通过拆分、新设下属企业或关联企业，甚至报假账等方式降低增值税税负，长此以往会在一定程度上影响知识产权服务业的规模化和专业化发展，影响知识产权服务业做大做强。

在促进知识产权流转上，一是现行政策不利于国内中小企业引进国外先进技术和知识产权。现有法规政策对涉及知识产权和创新的技术转让、许可服务等服务出口实行免增值税政策，但却对服务进口实行征收增值税政策，这不利于我国引进国内不能提供的国外先进技术和知识产权，尤其是国内中小企业。我国对出口知识产权实行免增值税优惠政策，有利于激励我国的知识产权出口，但对进口实行征收增值税政策。我国常年保持知识产权进出口的逆差，尤其是 2014 年和 2015 年知识产权使用费逆差高达 200 亿美元以上，如果实行统一的税率，或都不征收增值税，则顺差更大。二是从国外购买的知识产权无法抵扣进项税。增值税以增值额为计税依据。企业从国外购买的知识产权，如果不能取得增值税税票则很难抵扣，这会造成一些企业比"营改增"前的税负增加。三是对于年销售收入500 万元以下的小规模纳税人，以销售收入 3% 简单计税方式缴纳增值税，而对于超过 500万元的企业，则以 6% 一般计税方式缴纳增值税，一般纳税人采用凭票抵扣的方式抵扣进项税额。对于我国大多数生产型企业来说，如果从低于 500 万元销售收入的小规模纳税人企业购买知识产权则很难获得增值税税票，这将导致无法抵扣进项税。而我国很多知识产权转让和许可方是一些中小企业、高校，甚至是个人。四是高校科研机构知识产权服务无法抵扣进项增值税。下游企业购买高校科研机构知识产权时，需要开具增值税发票，但高校科研机构大多是项目制，购进的原材料、固定资产折旧和无形资产摊销中的进项税，由于程序复杂往往无法分解到具体的项目上，实际上无法抵扣进项增值税。

现行增值税法规政策没有完全体现对知识产权创造运用和科技创新的激励，其主要原因在于增值税税收优惠的依据不清，缺乏对知识产权产品和自主知识产权产品的认定措施。

11.2.5　增值税改革政策建议

与发达国家创新能力较高不同，我国还是一个自主知识产权创造运用能力不足和自主创新能力较弱的国家。建设知识产权强国和世界科技创新强国，我国需要充分激励企业利用知识产权发展生产经营，需要发挥各类政策尤其是增值税激励自主知识产权创造运用和自主创新的作用。为建立普惠型激励自主知识产权创造运用和自主创新的产业增值税优惠政策，建议可实行如下政策。

第一，制定激励知识产权创造运用和自主创新的产业增值税政策。一是建立知识产权产品和自主知识产权产品认定制度。知识产权产品是"拥有不侵权就无法实施的专利等（技术类）知识产权"和"拥有不侵权就无法实施的商品注册商标专有权"的产品。自主知识产权产品是"拥有绝对多数或相对多数不侵权就无法实施的专利等（技术类）知识产权"和"拥有不侵权就无法实施的商品注册商标专有权"的产品。同时，知识产权产品或自主知识产权产品还应符合"质量可靠""市场前景好""知识产权权利关系清晰""能促进当地就业"等条件。判断产品是否是知识产权产品和自主知识产权产品，首先必须判断该产品是否对一项或几项专利权、商标权等知识产权产生了侵权，只有产生侵权的产品才能被认定为知识产权产品，只有自有专利和商标同时在创新产品的专利或商标中占据绝对多数或相对多数才能被认定为自主知识产权产品。在实践中，知识产权产品和自主知识产权产品认定应由有资格的第三方鉴定机构认定。还应建立公开、异议、复议和救济程序，以保障认定工作的合法性。故意将非自主知识产权产品认定为自主知识产权产品，将非知识产权产品认定为知识产权产品的服务机构应列入"黑名单"或者诚信档案。二是对经过认定的知识产权产品和自主知识产权产品实行增值税税收优惠政策。只有经过认定的知识产权产品才能享受增值税税收优惠政策，只有经过认定的自主知识产权产品才能享受较高幅度的增值税税收优惠政策。如在现有四档增值税税率和小规模纳税人实行3%低税率政策的基础上，实行比现行税率低2~3个百分点的增值税税收优惠政策。如果是小规模纳税人，其知识产权产品或服务的增值税税率可以设定为3%，自主知识产权产品的增值税税率可以设定为2%。知识产权产品和自主知识产权产品的增值税计税方法应单独计算。这样不仅可以避免知识产权与产品没有实质性关联的问题，而且也可以避免现有增值税政策没有真正激励知识产权创造运用的问题，还可以解决税收政策缺乏普惠性的问题。

第二，强化增值税对自主知识产权和自主创新的激励作用。一是完善现行消费型增值税政策。经过第三方的价值评估或认定，允许自行研制仪器设备等固定资产和自主研发形成的知识产权等无形资产按照市场价格或公允价格计算折旧或摊销，并按增值税率计算企业进项税。二是允许合理抵扣进项增值税。凡是提供知识产权产品的企事业单位，如果是一般纳税人，允许按知识产权产品生产11%税率、知识产权服务6%的税率，据实抵扣增值税票进项税，也允许按11%或6%的税率计算营业税票或普通发票的进项税。对于高校科研机构，应根据其取得知识产权服务收入的多少，分摊本单位购买原材料、固定资产折旧和无形资产摊销中所包含的进项增值税。同时，为了进一步激励企事业单位知识产权创造和运用，应实行企业知识产权产品生产企业或服务业的增值税税率按照超过销售收入3%即征即退，自主知识产权产品与服务的增值税税率按照超过2%部分即征即退的政策。三是完善特定产业和机构增值税政策。针对软件产业和集成电路产业的增值税优惠政策，应增加自主知识产权和无知识产权纠纷的要求。针对享受免征进口环节增值税和关税的各类机构，应增加必须提供国内不能生产或提供充分理由证明材料的要求。

第三，增强增值税对知识产权流转和转化的促进作用。一是降低知识产权服务业一般纳税人的增值税税率。对于转移自主知识产权的企业，应进一步降低增值税税率，使增值税税率与小规模纳税人基本相同，促进知识产权服务业做大做强。为激励知识产权运营，我国应建立从生产经营之日起三年内实行增值税零税率的优惠政策。二是制定引进国外先进技术知识产权目录和增值税优惠政策。通过增值税优惠政策，降低国外向境内单位进行国内不能提供的技术转移、技术服务、商标权、著作权转让服务、知识产权服务的增值税税率。允许从国外购买知识产权和从小企业或个人购买知识产权的企业，按收据或普通发票6%计算和抵扣进项增值税。

11.3　知识产权运用所得税政策

所得税是国家重要的经济调节杠杆，是指对以所得额为课税对象的税收总称，以企业为课税对象的称作企业所得税或公司税。企业所得税通常以纯所得为征税对象，即以经过计算得出的应纳税所得额为计税依据，应纳税税额的计算涉及纳税人的成本、费用的各个方面。由拉弗曲线税收与税基不相容原理可知，税收与税基二者不能同时达到最大化（付广军，刘洋，2013），所得税税率降低有助于税收收入增加，尤其是在经济增长乏力时，降低税率有利于企业增加投资，见图 11 - 2。

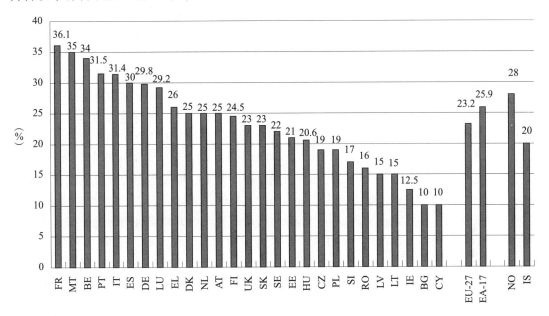

图 11 - 2 2013 年主要国家企业所得税率

11.3.1 所得税法规

《中华人民共和国企业所得税暂行条例》和《企业所得税法实施条例》于 1993 年 12 月 13 日经国务院常务会议通过并于 1994 年 4 月 1 日开始实施。《中华人民共和国企业所得税法》和《企业所得税法实施条例》于 2007 年 3 月 16 日经全国人大通过并于 2008 年 1 月 1 日起正式实施。

我国所得税法规促进知识产权商业化运用和技术转移转化。第一，规定了知识产权转让的纳税人和税率。《企业所得税法》第 1 条 ~ 第 4 条规定了所得税应税收入和税率。第 1 条规定：“在中华人民共和国境内，企业和其他取得收入的组织为企业所得税的纳税人，依照本法的规定缴纳企业所得税。”根据此条规定，转让知识产权和技术的任何单位只要取得收入就应当缴纳所得税。第 4 条规定：“企业所得税的税率为 25%。非居民企业取得本法第 3 条第 3 款规定的所得，适用税率为 20%。”

第二，规定了涉及知识产权的固定资产折旧和无形资产摊销事项。《企业所得税法》第 5 条 ~ 第 20 条规定了应税所得额。第 5 条规定了应纳税所得额：“企业每一纳税年度的收入总额，减除不征税收入、免税收入、各项扣除以及允许弥补的以前年度亏损后的余额，为应纳税所得额。”第 8 条规定了扣除项目，“企业实际发生的与取得收入有关的、合理的支出，包括成本、费用、税金、损失和其他支出，准予在计算应纳税所得额时扣除”。

《企业所得税法》第 10 条和第 11 条规定了固定资产折旧和无形资产摊销。但（1）房屋、建筑物以外未投入使用的固定资产；（2）以经营租赁方式租入的固定资产；（3）以融资租赁方式租出的固定资产；（4）已足额提取折旧仍继续使用的固定资产；（5）与经营活动无关的固定资产；（6）单独估价作为固定资产入账的土地；（7）其他不得计算折旧扣除的固定资产不得折旧。自行开发的支出已在计算应纳税所得额时扣除的无形资产，自创商誉，与经营活动无关的无形资产和其他不得计算摊销费用扣除的无形资产不得摊销。

《企业所得税法实施条例》第 57 条规定："固定资产，是指企业为生产产品、提供劳务、出租或者经营管理而持有的、使用时间超过 12 个月的非货币性资产，包括房屋、建筑物、机器、机械、运输工具，以及其他与生产经营活动有关的设备、器具、工具等。"第 58 条规定了固定资产计税基础。外购的固定资产以购买价款和支付的相关税费，以及直接归属于使该资产达到预定用途发生的其他支出为计税基础；自行建造的固定资产，以竣工结算前发生的支出为计税基础；融资租入的固定资产，以租赁合同约定的付款总额和承租人在签订租赁合同过程中发生的相关费用为计税基础，租赁合同未约定付款总额的，以该资产的公允价值和承租人在签订租赁合同过程中发生的相关费用为计税基础；盘盈的固定资产，以同类固定资产的重置完全价值为计税基础；通过捐赠、投资、非货币性资产交换、债务重组等方式取得的固定资产，以该资产的公允价值和支付的相关税费为计税基础；改建的固定资产，以改建过程中发生的改建支出作为计税基础。第 60 条规定了折旧年限，"房屋、建筑物为 20 年；飞机、火车、轮船、机器、机械和其他生产设备为 10 年；与生产经营活动有关的器具、工具、家具等为 5 年；飞机、火车、轮船以外的运输工具为 4 年；电子设备为 3 年"。

《企业所得税法实施条例》第 65 条、第 66 条和第 67 条规定了无形资产和摊销事项。第 65 条规定："企业所得税法第 12 条所称无形资产，是指企业为生产产品、提供劳务、出租或者经营管理而持有的、没有实物形态的非货币性长期资产，包括专利权、商标权、著作权、土地使用权、非专利技术、商誉等。"第 66 条规定："无形资产按照以下方法确定计税基础：（1）外购的无形资产，以购买价款和支付的相关税费，以及直接归属于使该资产达到预定用途发生的其他支出为计税基础；（2）自行开发的无形资产，以开发过程中该资产符合资本化条件后至达到预定用途前发生的支出为计税基础；（3）通过捐赠、投资、非货币性资产交换、债务重组等方式取得的无形资产，以该资产的公允价值和支付的相关税费为计税基础。"第 67 条规定："无形资产按照直线法计算的摊销费用，准予扣除。无形资产的摊销年限不得低于 10 年。作为投资或者受让的无形资产，有关法律规定或者合同约定了使用年限的，可以按照规定或者约定的使用年限分期摊销。外购商誉的支出，在企业整体转让或者清算时，准予扣除。"

由上述规定，可以将涉及知识产权的企业所得税分为生产销售知识产权产品服务所得税、知识产权转让许可所得税和知识产权投资所得税三类。

11.3.2 生产销售知识产权产品企业所得税

11.3.2.1 国际经验借鉴

当前，许多国家通过降低税率或税收减免方式激励创新或吸引跨国公司，大多数发达国家对国内企业实行更为优惠的所得税税率。美国跨国公司税率为 28%，本土企业税率中位数为 23%。日本本土企业实际税率为 37%，而大型跨国公司实际税率为 38%。英国本土企业的总税收负担是 20%，而跨国公司则为 24% 左右。德国实际税率中位数分别为 16% 和 24%。法国本土企业实际税率中位数为 25%，跨国公司为 23%。澳大利亚实际税率中位数为 22%。加拿大跨国公司税率中位数仅 21%，本土企业为 14%。瑞典跨国公司实际税率为 18%，本土企业实际税率仅为 10%。瑞士本土企业实际税率中位数为 17%，而跨国公司为 19%。印度跨国公司实际税率中位数仅为 17%，本土企业为 22%。百慕大跨国公司的实际税率平均 12%。开曼群岛对跨国公司征收约 13% 的税率。

许多国家企业所得税优惠政策要求必须拥有本国知识产权。如意大利对于许可者直接开发出专利、植物品种、商标、法律保护的模型或设计、著作权保护的软件，以及商业、产业或科学信息，技术秘密等知识产权的企业，都给予企业所得税或地方税 50% 的减免，有效税率为 15.7%，免税额度 2015 年和 2016 年分别为 30% 和 40%。这些企业可以是个体从事商业活动的企业，可以是意大利居民企业，也可以是外国企业在意大利的下属企业。荷兰和瑞士实行减免专利新产品税收的政策（European Commission，2005）。荷兰通过转移定价规则和预约定价安排对包含专利的产品或服务的收入确定适用专利盒子（创新盒子）的收入比例，除了对许可费和专利出售获得收益实行所得税优惠政策外，如果使用专利对利润的贡献不低于 30%，也可以享受专利盒子政策，即使没有产生专利的创新活动收益也可享受专利盒子政策。

在知识产权产品税收优惠上，欧洲一些国家要求知识产权是"自己研发"，或者"内部研发"，知识产权的研发、注册或利用应发生在国内，如法国、匈牙利、卢森堡、荷兰、英国（OECD，2014；OECD，2015；Vinod Kalloe and Garcia et al. ❶）。英国专利盒子政策允许对企业专利产品产生的利润征收 10% 的税率。企业在申报税收优惠政策时，需要确定产品组合中专利产生的收益，还应识别专利与科学、高技术研发与创新的直接联系。专利应当是授权专利，不包括著作权和商标权。享受该政策的程序是：（1）建立收益与专利产品的联系；（2）开发增强商业化专利产品价值的战略；（3）通过确定产生于合规专利和任何产生许可和特许费收入的专利产品收入，计算合规专利收入；（4）计算符合条件利润中产生的利润；（5）减去常规经营活动的日常利润，计算剩余利润；（6）通过分割专利和非专利剩余利润，评估剩余利润中品牌和营销的影响；（7）运用专利盒子公式确定纳税申报额中的净扣除额。

许多学者研究了所得税激励企业创新和知识产权问题。经济越来越依赖于创新和知识产权，希望增长和吸引创新型企业的国家需要税收政策促进研发及其商业化（Robert D. Atkinson，Scott Andes）。税收政策能激励和培育创新（Pamele Palazzi，2011）。知识产权可用于转移收入，减少公司税负，因此会引起税收政策的竞争（Rachel Griffith，2014）。我国的税收优惠以直接优惠为主，税率降低、税额减免等形式较多，而固定资产的加速折旧、研究开发费用加计扣除等间接优惠形式较少（孙晓峰，聂枝玉，2002）。我国高新技

❶ http：//www. mise. gov. it/index. php/it/per－i－media/notizie/2033226－patent－box－ecco－il－decreto－attuati-vo.

术产业税收政策缺乏针对性，政策效用不显著；税收优惠方式的适应性、灵活度不够，优惠覆盖面太窄（谢芬芳，2002）。虽然我国对高新技术企业减征企业所得税，但所得税的基础在于"利润"，缺乏投资抵免、费用列支等优惠方式（华国庆，2014）。

本书主要研究基于知识产权的创新产品与服务的企业所得税优惠政策。以我国高新技术企业和软件与集成电路制造企业为研究对象，提出改革完善我国企业所得税优惠政策的建议。

11.3.2.2 中国所得税法规政策

我国激励知识产权产品与服务应用的所得税优惠政策主要有三个：第一是高新技术企业所得税优惠政策。高新技术企业是指在《国家重点支持的高新技术领域》内，持续进行研究开发与技术成果转化，形成企业核心自主知识产权，并以此为基础开展经营活动，在中国境内（不包括中国的港、澳、台地区）注册的居民企业。《中华人民共和国企业所得税法》规定："国家需要重点扶持的高新技术企业减按 15% 的税率征收企业所得税。"

第二是软件和集成电路产业所得税优惠政策。2011 年，国务院《关于印发进一步鼓励软件产业和集成电路产业发展若干政策的通知》（国发〔2011〕4 号）提出，对集成电路线宽小于 0.8 微米（含）的集成电路生产企业，经认定后，自获利年度起，第一年至第二年免征企业所得税，第三年至第五年按照 25% 的法定税率减半征收企业所得税（简称"两免三减半"）。对集成电路线宽小于 0.25 微米或投资额超过 80 亿元的集成电路生产企业，经认定后，减按 15% 的税率征企业所得税。其中经营期在 15 年以上的，自获利年度起，第一年至第五年免征企业所得税，第六年至第十年按照 25% 的法定税率减半征收企业所得税（简称"五免五减半"）。

第三是面向小微企业的所得税优惠政策。国家税务总局于 2011 年印发的《关于小型微利企业所得税优惠政策有关问题的通知》（财税〔2011〕117 号）明确规定，自 2012 年 1 月 1 日至 2015 年 12 月 31 日，对年应纳税所得额低于 6 万元（含 6 万元）的小型微利企业，其所得减按 50% 计入应纳税所得额，按 20% 的税率缴纳企业所得税。

11.3.2.3 研究方法

除"公平、确定、便利、经济"的原则外，税收政策设计还应当坚持中性和稳定性的原则。中性是指税收制度不应扭曲企业的组织活动、地址选择决策，不应造成低效率和高成本（R. Griffith, H. Miller, 2011）。在此基础上，所得税政策还应能够激励科技创新，税收政策应根据科技创新活动特点及创新环节设计，重点要提升能力和增强动力（贾康，刘军民，2011）。从广义上讲，科技创新可划分为基础研究、技术开发、产业化三个阶段。在科技创新过程中，各种税收政策作用不同，根据自主创新链条，增值税、营业税、企业所得税和免税期存在最佳优惠值（范柏乃，2010）。企业所得税在科技创新和知识产权创造运用中具有重要作用，需要深入研究所得税优惠政策。

所得税优惠政策是激励知识产权创造运用最重要的税收优惠政策。我国目前的所得税优惠政策主要包括降低知识产权创造运用企业所得税率、允许加大企业研发成本、降低企业所得税率三种。从创新过程看，企业研发支出所得税免除政策、研发支出所得税抵免政策和研发支出所得税税前加计扣除政策主要针对的是研究开发阶段，目的是激励知识产权创造和保护。增值税政策主要是针对提供产品和劳务的生产经营阶段，增值税优惠政策目的是促进知识产权产品与服务的高效流转。知识产权产品与服务销售的所得税优惠政策主要针对的是销售和推广应用阶段，而知识产权转让许可所得税优惠政策、知识产权入股投资所得税优惠政策针对的主要是知识产权转移阶段，三个方面的优惠政策是激励和促进知识产权转移转化的最主要所得税优惠政策。除激励高新技术企业所得税优惠政策、研发投入所得税抵免政策和研发经费所得税税前加计扣除政策外，激励知识产权创造运用的企业所得税优惠政策主要包括销售知识产权产品与服务的所得税优惠政策、知识产权转让许可所得税优惠政策、知识产权投资入股所得税优惠政策。

11.3.2.4　高新技术企业所得税政策

近年来，我国高新技术产业发展迅速，2015 年，我国高技术产业主营业务收入达到 1.4 万亿元，同比增长 9.9%，高技术产品进口额 5481 亿美元，出口额达到 6552 亿美元，出口额占商品出口额的比重达到 28.8%。国家高新技术产业开发区达到 146 个，新注册企业 19 万家，区内实现生产总值达到 8.1 万亿元，营业总收入 26.5 万亿元，净利润 15997 亿元，实缴税金 14003 亿元，出口创汇 2264 亿美元。

我国《企业所得税法》第 28 条规定了国家需要重点扶持的高新技术企业减按 15% 的税率征收企业所得税的优惠政策。我国《企业所得税法实施条例》第 93 条规定，《企业所得税法》第 28 条第 2 款所称国家需要重点扶持的高新技术企业，是指拥有核心自主知识产权，并同时符合下列条件的企业：（1）产品（服务）属于《国家重点支持的高新技术领域》规定的范围；（2）研究开发费用占销售收入的比例不低于规定比例；（3）高新技术产品（服务）收入占企业总收入的比例不低于规定比例；（4）科技人员占企业职工总数的比例不低于规定比例；（5）高新技术企业认定管理办法规定的其他条件。

2008 年 4 月 18 日，科技部、财政部和税务总局印发了《高新技术企业认定管理办法》（国科发〔2008〕172 号），其中第 4 条规定：“依据本办法认定的高新技术企业，可依照《企业所得税法》及其《实施条例》《中华人民共和国税收征收管理法》及《中华人民共和国税收征收管理法实施细则》等有关规定，申请享受税收优惠政策。”科技部、财政部和税务总局还印发了《高新技术企业认定管理工作指引》（国科发〔2008〕362 号），该文件规定，《认定办法》规定的核心自主知识产权包括：发明、实用新型以及非简单改变产品图案和形状的外观设计、软件著作权、集成电路布图设计专有权、植物新品种；高新技术企业认定所指的核心自主知识产权须在中国境内注册，或享有五年以上的全球范围内独占许可权利，并在中国法律的有效保护期内。独占许可是指在全球范围内技术接受方对协议约定的知识产权（专利、软件著作权、集成电路布图设计专有权、植物新品种等）享有五年以上排他的使用权，在此期间内技术供应方和任何第三方都不得使用该项技术。

由于我国高新技术企业认定政策中对于高新技术企业要拥有 5 年独占知识产权许可的规定不符合 WTO 的原则，造成一些国家的质疑，我国又对高新技术认定的知识产权条件进行了修改完善。2016 年 6 月 29 日，科技部发布《高新技术企业认定管理工作指引》（以下简称新《指引》），（国科发〔2016〕195 号），从年限、知识产权、主要产品（服务）、企业科技人员占比、企业研发费用占比、高新技术产品（服务）收入占比、企业创新能力评价七个方面规定了高新技术企业的认定条件。

新《指引》关于知识产权认定主要规定了四项内容。一是知识产权属性。知识产权须在中国境内授权或审批审定，并在中国法律的有效保护期内。二是知识产权适格主体。知识产权权属人应为申请企业，不具备知识产权的企业不能认定为高新技术企业。在申请高新技术企业及高新技术企业资格存续期内，知识产权有多个权属人时，只能由一个权属人在申请时使用。三是知识产权分类评价。发明专利（含国防专利）、植物新品种、国家级农作物品种、国家新药、国家一级中药保护品种、集成电路布图设计专有权等按Ⅰ类评价；实用新型专利、外观设计专利、软件著作权等（不含商标）按Ⅱ类评价。按Ⅱ类评价的知识产权在申请高新技术企业时，仅限使用一次。四是知识产权认定证明。申请认定时专利的有效性以企业申请认定前获得授权证书或授权通知书并能提供缴费收据为准。

新《指引》对企业创新能力的评价主要从知识产权、技术创新组织管理水平、科技成果转化能力、企业成长性四项指标进行评价，满分为 100 分，综合得分达到 70 分以上（不含 70 分）为符合认定要求。其中知识产权满分为 30 分，技术创新组织管理水平 30 分，科技成果转化能力 30 分，企业成长性 20 分。对知识产权的评价主要评价技术的先进程度、对主要产品（服务）在技术上发挥核心支持作用知识产权数量、知识产权获得方式和企业制定标准情况五个方面的指标，分值满分分别为 8 分、8 分、8 分、6 分、2 分。新《指引》规定科技成果转化能力满分为 20 分，并规定了科技成果转化形式：自行投资实施转化；向他人转让该技术成果；许可他人使用该科技成果；以该科技成果作为合作条件，与他人共同实施转化；以该科技成果作价投资、折算股份或者出资比例；其他协商确定的方式。

11.3.2.5 高新技术企业所得税优惠政策问题分析

新的高新技术企业认定政策降低了研发强度要求，取消了知识产权五年独占许可的要求，解决了不符合 WTO 原则的问题，但仍然没有解决高新技术企业认定中实际存在的知识产权与产品不相关问题，企业为了满足认定条件而购买和企业主导产品（服务）无关的知识产权，不仅会造成国家税收的流失，而且也对真正符合规定的高新技术企业造成不公平问题。该政策主要存在五个方面的问题。

一是高新技术企业所得税优惠政策优惠对象与政策目标不一致。国外所得税优惠政策主要针对的是知识产权的转让、许可或投资所得收入，很少直接针对企业实行所得税优惠政策。在很多情况下，需要对涉及知识产权的收入和其他收入进行分割。与发达国家相比，我国高新技术企业所得税优惠政策主要是针对拥有知识产权的符合一定条件的企业，没有针对知识产权或创新收入。虽然我国的政策在税务处理上较为简便，但由于没有针对知识产权收入或创新收入，因此该政策的实际激励效果就存在一定的不足，只要拥有知识产权，无论销售收入是否来自知识产权的直接收入，都可以享受所得税优惠政策。

二是高新技术企业所得税税率仍然偏高。与欧洲主要国家相比，我国的高新技术企业所得税税率仍然偏高。如果不考虑减免和减半征收政策，我国高新技术企业的实际所得税税率为 15%，而采用专利盒子政策的欧洲主要国家知识产权转让许可、投资收入和购买知识产权的有效所得税税率较低。如塞浦路斯实际最高有效税率为 2%，卢森堡为 5.84%，爱尔兰为 6.25%，比利时为 6.8%，匈牙利为 9.5%，英国为 10%。

三是关于知识产权的规定存在缺陷。知识产权对主要产品（服务）在技术上发挥核心支持作用的规定存在模糊不清和自由裁量问题。什么是核心支持作用？这在法律上和实践中缺乏明确的判断标准，容易导致自由裁量和造假问题。实际上，主要产品（服务）应当是知识产权产品（服务），知识产权应当是产品（服务）的必要知识产权，尤其是专利。亦即产品（服务）或可独立销售的部件（服务）的技术特征应落入某项专利或其他知识产权的保护范围中，产品（服务）或产品的部件、服务的部分未获得知识产权许可就无法制造、销售（许诺销售）、使用或进口。但新《指引》关于核心支持作用却并未明确规定产品（服务）是对某一项或几项知识产权产生侵权的产品（服务）。

四是关于技术标准的重要性及其与知识产权的关联性缺乏明确规定。首先，新《指引》把企业制定技术标准情况作为加分项，分数仅为 1～2 分，分值较低，而且放在知识产权分值中总分不超过 30 分，这会导致所谓的高新技术企业对技术标准不重视。长此以往，我国高技术产业的技术水平提升就会受到严重影响。其次，新《指引》更没有明确规定技术标准与知识产权的关联性，我国很多专利等知识产权与技术标准没有产生实质性关联，导致大量知识产权对产业发展没有产生影响力和控制力，不仅导致我国企业在"走出去"过程中缺乏竞争力，而且会受到越来越多的侵权纠纷指控，企业国际化发展将会受到较大影响。

五是科技成果转化方式存在不足。作为高新技术企业，向他人转让技术成果，许可他人使用该科技成果的只是科技成果转移行为而不是真正的转化行为，而新《指引》却把技术转移行为作为科技成果转化行为。

11.3.2.6　企业所得税改革政策建议

我国企业所得税税收优惠政策没有有效发挥激励高新技术企业知识产权创造运用和科技创新作用的主要问题在于，我国的高新技术企业认定政策中的知识产权政策不完善。为了改革和完善我国的高新技术企业所得税优惠政策，建议可实行如下政策。一是进一步降低高新技术企业所得税税率。建议实行阶梯式所得税优惠税率政策，创新程度高、知识产权多、自主创新能力强的企业可享受更低的所得税税率。为此，我国应建立知识产权产品（创新产品与服务）、自主知识产权产品（自主创新产品与服务）认定制度。从激励创新和避免侵权角度出发，只有对专利产生侵权的产品才是真正的专利产品，没有产生侵权的产品不可能是创新产品。因此，知识产权产品（服务）是"拥有不侵权就无法实施的专利等（技术类）知识产权"和"拥有不侵权就无法实施的商品注册商标专有权"的产品（服务）；自主知识产权产品（服务）是"拥有绝对多数或相对多数不侵权就无法实施的专利等（技术类）知识产权"和"拥有不侵权就无法实施的商品注册商标专有权"的产品（服务）。判断是否是知识产权产品（服务），首先必须判断产品（服务）是否对自己的一项或几项专利权和商标权产生了侵权，只有产生侵权的产品（服务）才能被认定为知识产权产品（服务），只有自有专利权和商标权同时在产品（服务）的专利权或商标权中占据绝对多数或相对多数才能被认定为自主知识产权产品（服务）。知识产权产品或自主知识产权产品（服务）同时符合"质量可靠""市场前景好""知识产权权利关系清晰""能促进当地就业"等条件的，才是创新产品或自主创新产品（服务）。

在此基础上才可建立知识产权（创新）企业和自主知识产权（创新）企业所得税优惠政策，尤其是高新技术企业和创新型企业所得税优惠政策，生产销售知识产权或创新产品（服务）的企业可享受一定幅度如减免 10% 的所得税税收优惠，生产销售自主知识产权或创新产品（服务）的企业才能被认定为高新技术企业，才能享受比减免 10% 更加优惠的政策。生产 100% 自主知识产权或创新产品（服务）的企业可以享受所得税税率为

10%的优惠政策。这样的规定不仅可以有效分割知识产权直接获得收入和其他收入，而且也可以为完善增值税和知识产权经济贡献度等提供支持。

为避免知识产权产品或自主知识产权产品（服务）认定出现的造假等问题，首先应建立知识产权产品（服务）、自主知识产权产品（服务）认定制度和公开制度。需由具有资格的第三方机构认定，如各省知识产权司法鉴定中心、专利代理机构等，一旦认定错误超过两次则列入诚信档案或"黑名单"，如果超过三次则将永远被取消认定资格。经过公开无疑义的产品（服务）才能最终被批准为知识产权产品（服务）或自主知识产权产品（服务）。

二是完善知识产权相关规定。应明确规定"对主要产品（服务）起核心支持作用"是指该产品（服务）或其部件（部分）（服务）的制造、销售（许诺销售）、使用、进口必然会对其一项或几项知识产权产生侵权。如果是原创专利，或权利要求数量在 20 个以上，则得 7 ~ 8 分；如果是改进专利和组合专利，或者权利要求在 10 ~ 20 个的得 5 ~ 6 分；如果是改进专利或组合专利、用途专利，权利要求在 10 个以下的得 3 ~ 4 分，没有产生侵权的得 1 ~ 2 分或 0 分。其他类型知识产权则可根据其作用大小进行评价。

三是完善技术标准规定，应在企业制定国家标准、行业标准、检测方法、技术规范中明确规定，自主知识产权要对制定的技术标准产生实质性关联，专利要成为标准必要专利。

四是删除科技成果转化能力的转化方式中向他人转让或许可科技成果方式的规定。高新技术企业应将科技成果及其知识产权转化为产品（服务）并能产生高于行业平均利润的利润。

11.3.3　知识产权转让许可所得税优惠政策

11.3.3.1　国际经验借鉴

目前，很多国家制定了鼓励和支持知识产权转让许可和投资入股的所得税优惠政策。欧洲实行专利盒子政策，它是通过对直接商业化的专利和其他知识产权收入实行低税率的重要政策工具。爱尔兰 1973 年第一次引入，便迅速扩展开来，然后法国在 2000 年，匈牙利在 2003 年，比利时和荷兰在 2007 年，西班牙、卢森堡在 2008 年，列支敦士登在 2011 年，英国在 2013 年，意大利和土耳其在 2014 年相继实施专利盒子政策（Ayse Yigit Sakar，2015）。

欧洲专利盒子政策主要针对的是商业化活动而非研发活动（Price Waterhouse Coopers，2013），主要是知识产权转让许可和投资收入的所得税抵免政策。税收抵免始于避免重复征税，是指允许企业从应纳税所得额中扣除一定比例的用于投入的资本支出。如比利时给予专利利用应税收入 80% 的减免，最高有效税率可为 6.8%。塞浦路斯允许对知识产权许可收入的 80% 减免，最高有效税率 2%。法国给予包括专利、新型、相关产业制造工艺、植物品种等知识产权许可费收入 15% 的税率优惠，最高税率为 16.245%。但欧洲许多国家要求获得的知识产权必须持有超过两年，而自主研发的知识产权无此规定。匈牙利对于自主研发或购买的包括专利、工业设计、技术秘密、商标、贸易名称、著作权保护作品等知识产权许可给予 50% 的减免，最高有效税率为 9.5%，但不超过税前利润的 50%。还要求必须在匈牙利国内注册和拥有知识产权。爱尔兰最高有效企业所得税税率为 12.5%，但可降低到 2.5%，最高不超过全部符合条件的应税知识产权交易利润，该政策于 2015 年调整，税率降低至总支出和符合条件知识产权收入的6.25%。卢森堡允许免除知识产权许可费净收入的80%税收，最高有效税率为5.84%，知识产权应在国内注册或拥有、开发或者于2007年12月31日以后购买，不允许从下属公司购买知识产权，符合条件的知识产权应是内部开发的知识产权。荷兰针对专利许可费净收入，允许在企业所得税中免除75%～80%税收，知识产权应是自行开发的知识产权，知识产权必须为境内单位所有。西班牙对于自行研发或购买的知识产权许可与转移收入，给予最高有效税率15%的优惠和60%的减免。葡萄牙对于自行研发的专利、商标和工业产权等知识产权许可、转移收入和特定知识产权赔偿减免50%的税收，最高有效税率15%。英国对于自行研发的英国或欧洲专利和补充保护证书的许可，以及知识产权侵权损害赔偿和获得的保险收入，减免56.5%的税收，最高有效税率10%，但专利应当是自行开发的专利或排他性许可的专利，符合条件的专利必须在专利有效期内。

土耳其从2015年开始引入所得税专利盒子政策，对租用、转移和销售的无形资产符合条件的收入或所得享受所得税税收政策优惠，但不包括发明产品的销售（Ayse Yigit Sakar, 2015）。所得或收入必须是使用发明产生的，或者转移或销售发明产生的。如果收入的50%来自于专利或实用新型和在土耳其应用发明销售所得，则免缴所得税；收入包括保险费、发明补偿所得、侵权赔偿所得。而且，发明必须是经过实质审查的专利或者出具检索报告的实用新型。享受政策者必须在土耳其境内拥有居所，开展工商活动，并拥有《巴黎条约》规定的申请的权利。每个纳税人抵免总额不能超过评估报告价值的50%，总的不能超过100%（Ayse Yigit Sakar, 2015）。

此外，美国也在研究引入专利盒子政策。日本税法规定，对企业转让专利收入的18%免征所得税。韩国税法规定，对研究开发成果的转让所得减免企业所得税，转让或者租赁专利、技术秘诀或新工艺所获收入，公民按照合同提供自行研究开发的技术秘诀取得的技术转让收入，可减免所得税或法人税（华国庆，2014）。主要国家专利盒子政策税率如表11-1所示。

表11-1　主要国家专利盒子政策税率

国家	减免额度（%）	最高所得税有效税率（%）	优惠税率		外购知识产权	自主知识产权要求
			税率（%）	最高有效税率（%）		
比利时	80	6.8				
塞浦路斯	80	2				
法国			15	16.245	超过2年	是
匈牙利	50	9.5	6.25	12.5		是
卢森堡	80	5.84			2007年12月31日以后购买	是
西班牙	60			15		
葡萄牙	50			15		
荷兰	75～80					是
英国	56.5			10	排他性许可	是

欧洲能迅速推开专利盒子制度的主要原因在于知识产权流动性和实行税收优惠的高敏感性。总的来看，国外知识产权许可收入的所得税税收优惠主要有两种，一种是税收减免，即根据知识产权转让许可收入，给予一定比例如50%~80%的减免，剩余部分才需要缴纳所得税。另一种是实行优惠税率，一些国家制定了知识产权许可收入所得税优惠税率，一般为15%，一些国家甚至低到10%。

11.3.3.2 中国知识产权转让所得税优惠法规

为促进知识产权商业化运用和技术转移转化，我国制定了一系列法律和政策。第一，规定了知识产权转让许可收入认定。《企业所得税法》第6条规定："企业以货币形式和非货币形式从各种来源取得的收入，为收入总额。包括：（1）销售货物收入；（2）提供劳务收入；（3）转让财产收入；（4）股息、红利等权益性投资收益；（5）利息收入；（6）租金收入；（7）特许权使用费收入；（8）接受捐赠收入；（9）其他收入。"《实施条例》第12条规定："《企业所得税法》第6条所称企业取得收入的货币形式，包括现金、存款、应收账款、应收票据、准备持有至到期的债券投资以及债务的豁免等。《企业所得税法》第6条所称企业取得收入的非货币形式，包括固定资产、生物资产、无形资产、股权投资、存货、不准备持有至到期的债券投资、劳务以及有关权益等。"第15条规定了劳务收入："是指企业从事建筑安装、修理修配、交通运输、仓储租赁、金融保险、邮电通信、咨询经纪、文化体育、科学研究、技术服务、教育培训、餐饮住宿、中介代理、卫生保健、社区服务、旅游、娱乐、加工以及其他劳务服务活动取得的收入。"《实施条例》第16条具体规定了知识产权的转让财产收入，"是指企业转让固定资产、生物资产、无形资产、股权、债权等财产取得的收入"。第17条规定："股息、红利等权益性投资收益，是指企业因权益性投资从被投资方取得的收入。"第20条规定特许权使用费收入"是指企业提供专利权、非专利技术、商标权、著作权，以及其他特许权的使用权取得的收入"。

第二，规定了知识产权转让许可税收抵免。《企业所得税法》第22条~第24条规定了税收抵免。第22条规定："企业的应纳税所得额乘以适用税率，减除依照本法关于税收优惠的规定减免和抵免的税额后的余额，为应纳税额。"第23条和第24条规定了应税抵免项目："企业取得的下列所得已在境外缴纳的所得税税额，可以从其当期应纳税额中抵免，抵免限额为该项所得依照本法规定计算的应纳税额；超过抵免限额的部分，可以在以后五个年度内，用每年度抵免限额抵免当年应抵税额后的余额进行抵补：（1）居民企业来源于中国境外的应税所得；（2）非居民企业在中国境内设立机构、场所，取得发生在中国境外但与该机构、场所有实际联系的应税所得"。第24条规定："居民企业从其直接或者间接控制的外国企业分得的来源于中国境外的股息、红利等权益性投资收益，外国企业在境外实际缴纳的所得税税额中属于该项所得负担的部分，可以作为该居民企业的可抵免境外所得税税额，在本法第23条规定的抵免限额内抵免。"与国外主要国家尤其是欧洲专利盒子政策相比，我国没有涉及技术和知识产权转让的所得税税收抵免政策。

第三，规定了激励知识产权的税收优惠政策。一是对知识产权转让给予税收优惠政策。《企业所得税法》第25条~第36条规定了税收优惠。涉及知识产权和技术转移的主要是第25条和第27条。第27条规定，符合条件的技术转让所得，可以免征、减征企业所得税。《实施条例》第90条规定，《企业所得税法》第27条第（4）项所称符合条件的技术转让所得免征、减征企业所得税，是指一个纳税年度内，居民企业技术转让所得不超过 500 万元的部分，免征企业所得税；超过 500 万元的部分，减半征收企业所得税。二是对技术许可给予所得税税收优惠政策。2014 年 12 月 3 日，国务院召开常务会议，在推广实施中关村四项先行先试政策中，对五年以上非独占许可使用权转让，参照技术转让给予所得税减免优惠。

由上述规定可以知道，与知识产权和技术转移相关的收入包括：（1）劳务收入，如技术和知识产权服务收入；（2）技术和知识产权入股等的股息、红利等权益性投资收益；（3）转让技术和知识产权的转让财产收入，包括转让技术使用权的特许权使用费收入等。非货币收入包括投资股权、获得无形资产等。由《国家中长期科学和技术发展规划纲要（2006－2020 年）》配套政策也可以知道，企业购置的包含知识产权的设备仪器可以折旧，购买的知识产权等无形资产可以摊销。研发用仪器设备可以加速折旧，低于 30 万元的可以一次性列为管理费用。企业购买的知识产权等无形资产可以加计摊销。企业 500 万元以下的技术转让和许可收入可以免征所得税，超过 500 万元的部分减半征收所得税。

11.3.3.3　中国技术与知识产权转移所得税优惠政策

为执行企业所得税法规，国家税务总局于 2009 年 4 月 4 日印发了《关于技术转让所得减免企业所得税有关问题的通知》（国税函〔2009〕212 号）。该文件规定，享受减免企业所得税优惠的技术转让的主体是企业所得税法规定的居民企业，技术转让属于财政部、国家税务总局规定的范围，境内技术转让经省级以上科技部门认定，向境外转让技术经省级以上商务部门认定。技术转让所得＝技术转让收入－技术转让成本－相关税费，其中技术转让收入是指当事人履行技术转让合同后获得的价款，不包括销售或转让设备、仪器、零部件、原材料等非技术性收入。不属于与技术转让项目密不可分的技术咨询、技术服务、技术培训等收入，不得计入技术转让收入。技术转让成本是指转让的无形资产的净值，即该无形资产的计税基础减除在资产使用期间按照规定计算的摊销扣除额后的余额。相关税费是指技术转让过程中实际发生的有关税费，包括除企业所得税和允许抵扣的增值税以外的各项税金及其附加、合同签订费用、律师费等相关费用及其他支出。该政策实际针对的是包含外购技术和知识产权收入的所得税政策。

2010 年 12 月 13 日，财政部、国家税务总局印发了《关于居民企业技术转让有关企业所得税政策问题的通知》（财税〔2010〕111 号）。此文件一是规定了技术转让的范围，包括居民企业转让专利技术、计算机软件著作权、集成电路布图设计权、植物新品种、生物医药新品种以及财政部和国家税务总局确定的其他技术。其中专利技术是指法律授予独占权的发明、实用新型和非简单改变产品图案的外观设计。二是规定技术转让是指居民企业转让其拥有符合此文件第一条规定技术的所有权或五年以上（含五年）全球独占许可使用权的行为。三是规定技术转让应签订技术转让合同，其中，境内的技术转让须经省级以上（含省级）科技部门认定登记，跨境的技术转让须经省级以上（含省级）商务部门认定登记，涉及财政经费支持产生技术的转让，须省级以上（含省级）科技部门审批。居民企业技术出口应由有关部门按照商务部、科技部发布的《中国禁止出口限制出口技术目录》（商务部、科技部令 2008 年第 12 号）进行审查。居民企业取得禁止出口和限制出口技术转让所得，不享受技术转让减免企业所得税优惠政策。四是规定居民企业从直接或间接持有股权之和达到 100% 的关联方取得的技术转让所得，不享受技术转让减免企业所得税优惠政策。

2013 年 10 月 21 日，国家税务总局又发布了《技术转让所得减免企业所得税有关问题的公告》（国家税务总局公告 2013 年第 62 号）。该文件规定，可以计入技术转让收入的技术咨询、技术服务、技术培训收入，是指转让方为使受让方掌握所转让的技术投入使用、实现产业化而提供的必要的技术咨询、技术服务、技术培训所产生的收入，并应当是在技术转让合同中约定的与该技术转让相关的技术咨询、技术服务、技术培训；技术咨询、技术服务、技术培训收入与该技术转让项目收入一并收取价款。此项规定针对的主要是自行研发形成的技术和知识产权收入的所得税政策。

2015 年 11 月 16 日，财政部、国家税务总局印发了《关于将国家自主创新示范区有关税收试点政策推广到全国范围实施的通知》（财税〔2015〕116 号），将全国范围内的居民企业转让五年以上非独占许可使用权取得的技术转让所得纳入享受企业所得税优惠的技术转让所得范围；符合条件的五年以上非独占许可使用权技术转让所得＝技术转让收入－无形资产摊销费用－相关税费－应分摊期间费用。除规定技术转让所得和税费之外，又规定了无形资产摊销费和期间费用，无形资产摊销费用是指该无形资产按税法规定当年计算摊销的费用。又规定，涉及自用和对外许可使用的，应按照受益原则合理划分。应分摊期间费用（不含无形资产摊销费用和相关税费）是指技术转让按照当年销售收入占比分摊的期间费用。并将五年以上非独占许可使用权取得的技术转让所得纳入政策优惠范围，"全国范围内的居民企业转让五年以上非独占许可使用权取得的技术转让所得，纳入享受企业所得税优惠的技术转让所得范围。居民企业的年度技术转让所得不超过 500 万元的部分，免征企业所得税；超过 500 万元的部分，减半征收企业所得税"。

2016 年 9 月 28 日，财政部、税务总局印发了《关于完善股权激励和技术入股有关所得税政策的通知》（财税〔2016〕101 号），又提出了新的技术转让所得税计算方法，对企业或个人以技术成果投资入股，企业或个人可以选择递延至转让股权时，按股权转让收入减去技术成果原值和合理税费后的差额计算缴纳所得税。此政策针对的主要是技术和知识产权入股的股权转让所得税政策。

11.3.3.4 我国知识产权转让许可所得税优惠政策问题分析

由拉弗曲线原理可知，当税率超过其中间值使得税收递减时，实施税收优惠政策不但能够提高税收，而且更能够增大技术转移成交量，从而有效刺激科技成果和知识产权的转移转化。实行技术转移所得税优惠政策的意义在于，通过该政策降低所得税税率，从而降低出让、受让双方的含税成交价格，减少技术转移交易的实际成本（梁凯，李廉水，2005），增加技术和知识产权转移交易的数量，扩大技术转移的规模。

对知识产权转让许可收入实行所得税激励政策是促进知识产权交易和运营的重要政策手段，通过法规政策梳理和国际比较可以发现，我国涉及知识产权转让许可的法规政策主要有以下五个问题。

一是技术和知识产权转让许可收入的所得税税率较高。根据《2016 年全国技术市场统计报告》，我国 2015 年虽然实现了 8477 亿元的技术输出额，但技术卖方机构 31621 家，平均每家只有 3.11 万元，其中高校 5.45 万元，科研机构 5.22 万元，内资企业 2.66 万元，大部分没有达到 500 万元。74 家"211 工程"大学成交额达到 227.8 亿元，平均每所大学达到 3.1 亿元。90% 属于高校科研院所的技术转移示范机构 453 家，促成技术交易额 1789 亿元，平均每家 3.95 亿元。由此分析可知，我国大多数技术输出单位达不到 500 万元的交易额。扣除成本和有关税费后，能够达到 500 万元以下免征所得税优惠的单位更少，该政策对大多数企事业单位没有起到应有的作用。而超过 500 万元部分的主要几家技术和知识产权转让许可的单位的所得税即使减半征收税率也仍然高达 12.5%，与欧洲专利盒子普遍不超过 10% 的政策相比又偏高。与欧洲专利盒子政策的普惠性和收入抵免相比，我国技术和知识产权转移转化的所得税政策并不完善，采用免征和减半征收而不是针对实际收入的抵免，可享受政策的单位较少，500 万元门槛值设置不科学，对技术和知识产权转移量大的反而要征税。

二是享受所得税优惠的技术转移范围过窄，不利于发挥高校科研机构公益性的作用，不利于知识产权运营企业做大做强。《企业所得税法实施条例》规定的属于免征、减征所得税的"技术转让"范围过窄，不包括五年以下的独占许可，也不包括五年以下的普通许可，也不包括通过合作实施、作价入股等获取股权收益等转移转化方式，影响了知识产权转移转化的多样化。中共中央、国务院于 2014 年发布的《关于深化体制机制改革加快实施创新驱动发展战略的若干意见》提出，高校科研机构原则上不再创办企业而以许可等方式转化科技成果。现有的所得税政策也不利于技术转移和知识产权运营企业做大做强。对 500 万元以上的部分实行征税，会导致技术交易双方对交易进行人为切分，通过分年分次成交方式进行避税，不但增加了技术转移中的交易成本，而且不能有效促进技术转移转化。

三是企业技术转让所得计算不明确。我国所得税政策规定的技术转让所得有三种计算方法：一种是技术转让所得 = 技术转让收入 − 技术转让成本 − 相关税费，一种是技术转让所得 = 技术转让收入 − 无形资产摊销费用 − 相关税费 − 应分摊期间费用，还有一种是针对股权的技术转让所得 = 股权转让收入 − 技术成果原值 − 合理税费。这些计算方法各不一样，一些计算方法还不合理，应分摊期间费用以及如何对期间费用进行纳税调整不明确。尤其是应分摊期间费用（不含无形资产摊销费用和相关税费）虽然是指技术转让按照当年销售收入占比分摊的期间费用，但对于企业技术转让所得计算中应如何处理期间费用中出现的纳税调整问题，文件并未明确，在《中华人民共和国企业所得税纳税申报表》中也未提及该情况。因此，若出现纳税调整，需要分摊的期间费用是纳税调整前费用还是纳税调整后费用，存在两种计算方式。若以纳税调整前费用为基准计算应分摊期间费用，则该计算方式产生的应纳所得税额较调整后费用的计算方式低，甚至可能出现免税所得（500 万元以下）情况下被计算出应所得纳税的情况，这使得本来就效果不好的激励政策效果进一步下降。

四是需要申请和评估。财政部《关于完善股权激励和技术入股有关所得税政策的通知》规定"选择技术成果投资入股递延纳税政策的，经向主管税务机关备案，投资入股当期可暂不纳税，允许递延至转让股权时，按股权转让收入减去技术成果原值和合理税费后的差额计算缴纳所得税"，但没有明确备案的时间。还规定，企业或个人选择适用当期或递延纳税政策，"均允许被投资企业按技术成果投资入股时的评估值入账并在企业所得前摊销扣除"，即把评估作为确定科技成果投资入股价值的必要程序，而评估程序在《促进科技成果转化法》中已不作为必要程序。

五是征收技术转让税收的成本效益较低。据《2016 年全国技术市场统计报告》，我国 2015 年大学和科研机构涉及各类知识产权的技术转让共 12787 项，成交额达到 1466.53 亿元。即使全部按 25% 税率缴纳所得税，则应缴纳所得税也只有 366.6 亿元。由于大部分高校科研机构技术输出额较小，按实际所得低于 500 万元免交，技术转移收入应缴纳的所得税更少。技术转移所得税占全国税收总额的比例很小，但仍然需要配备相当数量的税收征管人员，而且享受税收政策优惠还需要符合许多条件和经过审批，这也需要配备相应的政府审批机构和审批人员。

11.3.3.5 知识产权转让许可所得税改革政策建议

第一，完善技术和知识产权转移转化收入的企业所得税政策。修订《企业所得税法》和有关政策规定，将"技术转让所得"修改为"技术转移转化所得"，将科技成果及其知识产权的实施、合作实施、作价入股等获得股权收益的转移转化方式都纳入所得税优惠范畴，完善享受递延纳税的技术转移方式，允许将科技成果及其知识产权的许可、技术服务方式等获得股权的所得纳入递延纳税范围。

第二，全面实施税率式所得税减免政策。参考欧洲专利盒子政策，将知识产权商品销售收入、知识产权转让许可费收入、作价入股收入纳入统一的技术转移转化所得税税收优惠框架内，在 500 万元以下免征所得税的政策基础上实行技术转让许可和技术入股所得税抵免政策，抵免比例为 60% ~80%，使技术转移所得税的总体有效税率达到 5% ~10%。

第三，应统一技术转让应纳税所得额的计算方式。明确技术转让所得 = 技术转让收入 - 技术成果原值 - 合理税费 - 无形资产摊销费用 - 应分摊费用。技术成果原值是指对取得该科技成果直接相关的外购技术及其知识产权的价格，或者自行研究开发形成的技术及其知识产权并经过评估或者协议定价、挂牌交易、拍卖等方式确定的价格。计算原值时允许将直接相关的研发成本列入。合理的税费是指取得和转让该技术和知识产权过程中的直接相关的企业所得税、增值税及附加、合同签订费用、律师费、差旅费、管理费等。期间费用是指纳税调整后直接用于所转让技术和知识产权的企业相应管理费用、财务费用和销售费用。无形资产摊销费用是指与所转让技术和知识产权直接相关的外购和自行开发并资本化的未列入管理费用的无形资产摊销费用。还应将"被投资企业均可按技术成果评估值入账并在税前摊销扣除"修改为"被投资企业均可按技术成果评估价格或其他方式确定的价格入账并在税前摊销扣除"。

11.3.4 知识产权投资入股所得税优惠政策

11.3.4.1 国际经验

许多发达国家对利用知识产权进行投资的资本所得使用与知识产权许可收入所得基本相同的所得税优惠政策。激励知识产权投资入股的税收优惠政策一般分为两类。一类是针对知识产权提供方的收入的所得税减免政策；另一类是针对投资企业投资知识产权的收益的减免税优惠政策。

美国通过一系列立法措施对风险投资减税，美国从 20 世纪 80 年代开始降低资本收益税税率，先从 49% 降至 28%，后又降到 20%。联邦政府对风险投资额的 60% 免除征税，其余课以 50% 的所得税；允许资本收益和损失相互冲抵，对于经核准的创业投资公司，损失可以冲抵八年内的一切资本所得。加利福尼亚州法律规定，符合条件的风险投资者均可以享受减税幅度为其投资额 5% 的所得税、银行税或个人所得税的减免优惠。自 2007 年起的三年内，每年的减税幅度为由其投资额的 5% 提高到 6%。阿肯色州对风险投资收益给予全额税收减免优惠。俄亥俄州、缅因州均给予风险投资人以抵免应纳所得税的优惠，抵免额一般相当于投资额的 20%~30%。

欧洲专利盒子（Patent Box）政策是激励知识产权和技术投资的有效工具。许多国家允许知识产权投资所得可在企业所得税中扣除。欧盟于 2012 年 6 月推出了鼓励和支持知识产权和创新投资的新兴中小企业发展投融资政策。

英国对于自行研发的英国或欧洲专利和补充保护证书的资本所得收入减免 56.5% 的税收，最高有效税率 10%。但专利应当是自行开发的专利或排他性许可的专利，符合条件的单位的专利必须在专利有效期内（Dan Prodhomme，2016）。英国 VCT（Venture Capital Trust）是一个伦敦交易所公开交易于 2011 年在监管市场交易的私人投资项目，主要是鼓励对新成立的企业投资。VCT 从资本投资所得中享受免税。VCT 投资中小企业或中小企业股份至少需要五年，所得税可减免 30%。对于 VCT 新股份的投资和购买二手股份的投资人来说，减税政策不相同，这个免税政策是指 VCT 的分红或普通股收入的免税，和 VCT 股份处理资本所得税的免税。对于新股份，2006 年 4 月开始的总份额的所得税减税率为 30%，条件是投资超过 20 万英镑，并持有至少五年。三年内 VCT 至少 70% 资产的发行额应投资于合格的股份。股份应是二级市场有股份交易企业的证券、至少五年期的贷款。VCT 可以投资合格企业超过 500 万英镑，但是单项投资不能超过 VCT 资产的 15%，一个公司获得投资不能超过 1500 万英镑，而且企业雇员不能超过 250 人。如果企业的投资在伦敦交易所上市，则可以在五年内被当作 VCT 投资。个人投资者不能超过公司 30% 的股份。VCT 通常分为有限期投资、专业投资和多样投资三类。

企业投资项目（Enterprise Investment Scheme，EIS）于 1994 年发起，主要用于激励英国小型非上市企业，提供所得税和资本所得税的减税。2012 年 6 月发起的种子期企业投资项目（Seed Enterprise Investment Scheme，SEIS），目标是激励创业[1]。该项目对达到最大投资额 100 万英镑的预付收入的 30% 可以免税，并可以向前结转，对企业 100% 继承的免税（企业死亡后至少拥有两年），对投资期资本利得税延期，对投资损失免税[2]。资本利得税税率为 18%~28% 或者适用企业所得税的边际税率。从 2008 年 4 月 6 日开始，个人和公司的减税率和资本利得减税率不同。企业使用基本成本的指数化减税加上零售价格指数。个人适用 18% 的平滑税率，从 2010 年 6 月 22 日开始，高税率者为 28%，没有减税优惠，如果申请创业减税，则税率为 10%，资本损失可以向前结转。

爱尔兰规定，知识产权收入不缴纳包括印花税在内的任何税，500 万欧元以下的专利

---

[1] "Venture Capital Trusts (VCTs) Tax Savings". www.wealthclub.co.uk. Retrieved 2016 - 12 - 05.

[2] http://webarchive.nationalarchives.gov.uk/20140109143644/http://www.hmrc.gov.uk/guidance/vct.htm.

收入都免税，并在2001年建立商业化专项资金支持企业科技成果保护和前期商业化开发。法国采取减免税收、建立孵化器和启动基金等措施鼓励研究人员以专利作为资本入股参与企业创建和发展。法国给予包括专利、新型、相关的产业制造工艺、植物品种等知识产权处理的资本所得15%税率优惠，最高税率仅为16.245%，获得的知识产权必须持有超过两年，自主研发的知识产权无此规定。塞浦路斯允许每年资本免税额为知识产权开发所得的20%，资本免税额包括知识产权所得在内的五年期可减免税收，允许对知识产权资本所得的特许权利收入80%的减免，最高有效税率2%。匈牙利对于自主研发或购买的包括专利、工业设计、技术秘密、商标、贸易名称、著作权保护的作品的知识产权处理资本所得，给予50%的减免，最高有效税率为9.5%，但总额不超过税前利润的50%。卢森堡允许免除知识产权利用资本所得80%的税收，最高有效税率为5.84%，知识产权应在国内注册或拥有、开发或者2007年12月31日以后购买，不允许从下属公司购买。荷兰针对专利利用资本所得，允许在企业所得税中免除75%~80%税收，但知识产权应是自行开发的知识产权，知识产权必须为境内单位所有。

日本在投资抵免方面规定，对用于新材料、宇宙开发技术、电子通信技术等的投资免征10%的税金，并将投资生物工程、尖端科技电子、高科技性能机器人产生的研究开发费用和科研仪器设备费用纳入免税范围。

大多数欧洲国家主要采用税收抵免政策促进知识产权投资，即根据知识产权资本所得收入，给予一定比例如50%~80%的抵免，剩余部分才需要缴纳所得税。最后税率一般为15%，有一些国家甚至低到10%，还有一些国家实际最高有效税率仅为2%。如表11-2所示。

表11-2 主要国家知识产权投资所得税优惠税率

国家	减免额度（%）	优惠税率（%）	外购知识产权	自主知识产权要求
塞浦路斯	开发获取成本的20			是
法国		15	要求持有2年以上	是
匈牙利	处理资本所得50	9.5	是	是
卢森堡	利用资本所得80	5.84	2007年12月31日以后购买	是
荷兰	所得的75~80			是
英国	资本所得的56.5	10	排他性许可	是

11.3.4.2 中国政策知识产权投资所得税政策演变

我国主要采取投资额列支成本的优惠政策。《国家税务总局关于实施创业投资企业所得税优惠问题的通知》（国税发〔2009〕87号）规定，创业投资企业采取股权投资方式投资于未上市的中小高新技术企业两年（24个月）以上的，凡符合以下条件的，可以按其对中小高新技术企业投资额的70%，在股权持有满两年的当年抵扣该创业投资企业的应纳税所得额；当年不足抵扣的，可以在以后纳税年度结转抵扣。

国务院于2014年推广实施的中关村国家自主创新示范区四项先行先试政策规定，对有限合伙制创投企业投资于未上市中小高新技术企业两年以上的，可享受上述创投企业所得税优惠政策。

2015 年 10 月 23 日，财政部、国家税务总局发布《关于将国家自主创新示范区有关税收试点政策推广到全国范围实施的通知》（财税〔2015〕116 号），将政策适用范围扩展到有限合伙制创业投资企业，规定："全国范围内的有限合伙制创业投资企业采取股权投资方式投资于未上市的中小高新技术企业满两年（24 个月）的，该有限合伙制创业投资企业的法人合伙人可按照其对未上市中小高新技术企业投资额的 70% 抵扣该法人合伙人从该有限合伙制创业投资企业分得的应纳税所得额，当年不足抵扣的，可以在以后纳税年度结转抵扣。"

我国对技术和知识产权的股权转让实行递延纳税政策。2016 年 9 月 28 日，财政部、税务总局发布《关于完善股权激励和技术入股有关所得税政策的通知》（财税〔2016〕101 号），规定对非上市公司符合条件的股票（权）期权、限制性股票、股权奖励，纳税人在股票（权）期权行权、限制性股票解禁，以及获得股权奖励时暂不征税，在转让该股权时一次性征税，以解决在行权等环节纳税现金流不足问题。在转让环节一次性适用 20% 的税率征税，比原来税负降低 10 ~ 20 个百分点，有效降低了纳税人税收负担。对企业或个人以技术成果投资入股，企业或个人可以选择递延至转让股权时，按股权转让收入减去技术成果原值和合理税费后的差额计算缴纳所得税。同时规定，无论投资者选择适用哪一项政策，被投资企业均可按技术成果评估值入账并在税前摊销扣除。

11.3.4.3 我国知识产权投资所得税政策问题分析

目前，我国所得税政策不利于激励知识产权投资的问题主要有四个方面。第一，企业技术和知识产权入股获得股权企业所得税政策存在不足。财政部、税务总局发布《关于完善股权激励和技术入股有关所得税政策的通知》（财税〔2016〕101 号）发布后，解决了制约科技成果转化的个人奖励股权缴纳所得税的突出问题，但仍然没有解决以下五个问题。一是选择除权缴税或者递延纳税还需要申报，而申报的时间不确定，实践中一般为三个月。二是股权转让计算应纳税所得额还不很清楚，技术成果原值是什么，是否包括前期研发投入？合理税费包括哪些项目？三是被投资企业技术成果入账和事前摊销扣除还需要评估，而评估已经在《促进科技成果转化法》中明确不作为科技成果价格的必要程序。四是计入原值和税费后导致政策效果下降。假定技术和知识产权股权转让收入为 100 万元，原值 30 万元，税费 10 万元，奖励给个人比例为 60%。分两种情况：（1）不扣除原值税费。如果采取先税后奖方式，单位缴所得税 100 × 25% ＝ 25（万元），剩余 75 万元，个人分得 45 万元，个人缴税 7.2 万元，实际分得 37.8 万元。单位实际得到 30 万元。如果采取先奖后税方式，先奖励个人股权，个人分得 60 万元，单位分得 40 万元，个人应纳税 9.6 万元，实际分得 50.4 万元，单位缴所得税 10 万元，实际得到 30 万元。（2）扣除原值税费。采取先税后奖的方式，单位缴所得税 60 × 25% ＝ 15（万元），剩余 45 万元，个人分得 27 万元，个人缴税 4.32 万元，实际分得 22.68 万元，单位实际得到 16 万元。采取先奖后税的方式，先奖励个人股权，个人 60 万元，单位 40 万元，扣除同比例的原值和税费，个人应纳税所得额 36 万元，缴税 5.76 万元，实际分得 30.24 万元，单位缴所得税应纳税所得额 24 万元，缴税 5.51 万元，实际得到 18.49 万元。五是递延时间实践中只有五年或十年。

第二，对知识产权投资收益缺乏有效的税收优惠政策。一是与国外相比，我国缺乏创投风投企业知识产权和技术投资收入的所得税税收抵免政策，仅仅有 70% 投资额税前列支政策，不足以很好激励创投和风投企业投资知识产权的积极性。二是政策规定与激励目标不一致。技术和知识产权投资年限需满两年才可以享受政策，创投企业在没有取得收益时，该税收优惠政策起不到任何激励作用，虽然不足抵扣部分可以往后结转。三是法规政策对创投、风投企业的税收优惠政策过少，且具有较强的选择性。对被投资企业采取"规模"和"高新"的双重标准。实际上，我国风险投资对象符合"中小企业"标准的可达90%，但符合"中小高新技术企业标准的却平均不到 50%，能最终符合"高新技术企业"标准的不到 10%（柳光强，文宠，2012）。只允许投资政府认定的"高新技术企业"，政策适应性和优惠力度均不够，在激励创业投资和风险投资投资知识产权的积极性上也不够。

第三，目前的税收政策只分享收益，不分担投资风险。地方税务部门的征税时点往往取决于投资项目的退出时间，没有考虑创投、风投投资人的整体盈利情况，常在只有单个项目退出的情况下要求投资全额缴税。在我国没有实施资本利得税制度的条件下，创投、风投投资人的投资损失不能抵扣投资收益。

第四，合伙制创投风投企业无法享受与公司制企业同等的税收优惠政策。《关于实施创业投资企业所得税优惠问题的通知》中规定，享受创投企业税收优惠政策的前提条件，必须是工商登记为"创业投资有限责任公司"或者是"创业投资股份有限公司"的专业性法人创投企业，除有限合伙制企业外，采用其他合伙制设立的创投企业被排除在外，处于竞争劣势。

11.3.4.4　知识产权投资入股所得税政策改革建议

第一，进一步明确企业知识产权入股股权的原值和税费的内容。原值是指获得股权时的评估价格或通过协议方式、挂牌交易、拍卖等方式确定的价格。税费是指企业技术入股股权转让时增值部分的增值税等税费和管理费用、财务费用、销售费用。

第二，为促进大众创业和万众创新，建议对技术和知识产权投资的股权收入进行所得税抵免政策，如 60%，将技术和知识产权入股企业所得税税率降低至 10% 左右，以促进知识产权和科技成果的转移转化。

第三，完善针对创投机构的所得税税收优惠政策。降低创业投资机构必须 2 亿元人民币投资规模的限制，放开创业投资机构只允许投资政府认定"中小高新技术企业"的规定，实行普惠式创投机构税收优惠政策；允许各类合伙制创业投资机构和公司制创投机构一样，享受相应的税收优惠政策，且当年抵扣不足时允许结转抵扣；完善创投投资税收征收办法，允许将投资亏损抵扣取得收益的应纳税所得额。

第四，进一步明确递延纳税政策。应明确规定，允许企事业单位先将获得的技术和知识产权股权按单位与完成人之间的约定比例进行划分，并按照最终所获得的实际知识产权股权收入缴纳单位所得税和个人所得税。取消递延纳税的时间限制。

11.3.5　知识产权转化个人所得税政策

奖励报酬政策对激励成果完成人或发明人具有极为重要的作用，法律的明确规定对发明人的产出起到了实质性作用（Harhoff and Hoisl，2007）。在欧洲，丹麦、挪威、德国、芬兰、瑞典都有明确的法律政策规定了对职务成果完成人或发明人的奖励。德国一项对1456 名发明人的调查发现，实行职务发明制度具有显著的积极意义，远远大于其负面影响。奖励报酬政策主要包括科技成果与知识产权转化收益的现金奖励政策、股权奖励政策和个人所得税优惠政策。

在激励知识产权入股个人所得税优惠方面，美国加利福尼亚州法律对符合条件的风险投资者，允许享受减税幅度为其投资额 6% 的个人所得税的减免优惠。英国 VCT 允许个人投资者从创投公司的投资所得抵免所得税，对持有创投公司股份超过三年的个人投资者按其投资金额的 20% 抵免个人所得税，向风险企业投资 4000 英镑以上的个人免交五年收益所得税，免税数额最高可达收益的 1/3。韩国税法规定，为国内企业提供技术服务或者在特定研究机构从事科研工作的外国技术人才，从开始为本国提供技术服务之日起五年内，免征个人所得税；在原材料生产型中小企业中提供现场技术服务的人才享受个人所得税减免优惠，并根据该技术人才在企业中持续工作的时间长短确定适用的累进税率；对转让给本国人所得的收入，全额免征个人所得税；对本国人转让给外国人的收入，减半征收个人所得税（华国庆，2014）。我国台湾地区也在研究个人技术和知识产权入股的股权延期缴纳个人所得税的政策。

11.3.5.1　职务成果奖励股权个人所得税政策

（1）关于职务成果奖励股权个人所得税政策。

我国长期以来对个人获得奖励股权实行暂时不征收个人所得税的政策，但是免征个人所得税必须要经过税务部门的审核。尤其是国家税务总局于 1999 年发布的《关于促进科技成果转化有关个人所得税问题的通知》（国税发〔1999〕125 号），规定科研机构、高等学校转化职务科技成果以股份或出资比例等股权形式给予个人奖励，经主管税务机关审核后，暂不征收个人所得税，在取得股份、出资比例分红或转让股权、出资比例所得时，应依法缴纳个人所得税。但是，国家税务总局于 2007 年发布《关于取消促进科技成果转化暂不征收个人所得税审核权有关问题的通知》（国税函〔2007〕833 号），我国自 2007 年8 月 1 日起停止执行免税审核，各地开始对科技成果和知识产权入股的股份或出资比例征收个人所得税。

在此情况下，职务科技成果完成人取得职务科技成果股权或出资比例时就必须缴纳个人所得税，很多单位还将奖励股权作为工资性收入实行累进税率。到 2015 年年底，北京市共有 105 个国有企业、高校和科研机构开展股权激励试点获得批复，405 名科研和管理人员获得股权，激励总额达到 2.25 亿元。由此计算，每名科研人员获得股权 55.56 万元，按照工资薪金缴纳所得税，缴税额应为 23.49 万元。由于取得的股权并非现金，也由于实行累进税率，职务科技成果完成人需要交纳奖励股权价值几乎一半的个人所得税。在缴纳个人所得税时，不得不从家庭中拿出现金，甚至变卖财产。这种做法不仅没有起到应有的正向激励作用，反而产生了极大的负面激励作用，极大地阻碍了职务成果完成人的积极性，也极大地影响了我国的科技成果转化和知识产权运用。2010 年，为避免个人所得税政策存在一次性缴纳有困难的问题，中关村国家自主创新示范区开始实行"1 + 6"试点政策。该政策规定："以股份或出资比例等股权形式给予本企业相关技术人员的奖励，技术人员一次缴纳税款有困难的，经主管税务机关审核，可分期缴纳个人所得税，但最长不得超过五年。"2013 年 2 月，财政部等部门发布《关于中关村、东湖、张江国家自主创新示范区和合芜蚌自主创新综合试验区有关股权奖励个人所得税试点政策的通知》，将中关村政策推广到东湖、张江和合芜蚌三个示范区，仍沿用了五年内分期缴纳个人所得税的做法。2015 年 3 月 23 日，中共中央、国务院发布了《关于深化体制机制改革，加快实施创新驱动发展战略的若干意见》，该文件提出："高新技术企业和科技型中小企业科研人员通过科技成果转化取得股权奖励收入时，原则上在五年内分期缴纳个人所得税。"

但个人奖励股权缴税主要存在以下突出问题。第一，如果企业亏损或破产，技术入股在并没有取得实际收入的情况下，专利权人仍需要缴纳缓交的个人所得税，一旦转化失败或企业倒闭，技术人员不仅股权化为乌有，而且还欠下了大量的应缴纳的个人所得税。第二，五年内分期缴纳仍然没有从根本上解决个人所得税的负面激励问题，即使分期缴纳，在每月或每年获得股权时都必须缴纳每月或每年的个人所得税，个人仍不得不从工资、家庭收入甚至变卖财产收入中缴纳个人所得税。按照上述数字，每人每月获得的股权为 0.926 万元。假如平均月工资为 2 万元，扣除"三险五金"和不缴税基数共 2780 元，在累进税率条件下，适用税率为 25%，每月需要缴纳个人所得税 4740 元，虽然比一次性缴税 23.49 万元少缴纳了约 14.39 万元个人所得税，但职务成果完成人仍然需要从税前 2 万元与税后 14795 元中拿出 6945 元缴税，最后实际现金收入只有 7850 元。第三，个人所得税应税收入计算方法不合理。如果收取个人所得税，那么奖励股权个人所得税的应纳税所得额是否需要扣除成本，这一问题并不明确。所得额应如何计算？成本和相关税费是否需要扣除？中关村"1 + 6"的政策规定，"参照获得股权时的公平市场价格确定"，但由于具有知识产权的科技成果奖励股权的特异性，因此很难在市场中找到参照技术，即使找到参照技术，其价格也因为不同实施区域、不同实施条件和不同管理团队等因素差异甚大。

为解决制约科技成果转化的财税政策问题，宋河发（2016）提出，应统一实行股权变现缴纳个人所得税的政策，缴纳个人所得税时允许在过去五年中分期缴纳计算，股权收入在缴税时应单独计算，并统一设定税率为 20%（王尔德，2016）。财政部、税务总局于 2016 年 9 月 28 日发布《关于完善股权激励和技术入股有关所得税政策的通知》（财税〔2016〕101 号），规定"对技术成果投资入股实施选择性税收优惠政策"：（1）企业或个人以技术成果投资入股到境内居民企业，被投资企业支付的对价全部为股票（权）的，企业或个人可选择继续按现行有关税收政策执行，也可选择适用递延纳税优惠政策。选择技术成果投资入股递延纳税政策的，经向主管税务机关备案，投资入股当期可暂不纳税，允许递延至转让股权时，按股权转让收入减去技术成果原值和合理税费后的差额计算缴纳所得税。（2）企业或个人选择适用上述任一项政策，均允许被投资企业按技术成果投资入股时的评估值入账，并在企业所得税前摊销扣除。（3）技术成果是指专利技术（含国防专利）、计算机软件著作权、集成电路布图设计专有权、植物新品种权、生物医药新品种，以及科技部、财政部、国家税务总局确定的其他技术成果。（4）技术成果投资入股，是指纳税人将技术成果所有权让渡给被投资企业、取得该企业股票（权）的行为，并规定"在转让环节一次性适用 20% 的税率征税"。

（2）职务成果奖励股权个人所得税递延纳税政策问题分析。

财税〔2016〕101 号文件解决了制约知识产权运用和科技成果转化的个人奖励股权缴

纳所得税的突出问题，除需要申报和评估等不足之处外，仍然存在以下四个不足。一是政策对象有限。并没有明确提出涵盖高校和科研机构，而高校和科研机构是主要的科技成果和知识产权的入股方。二是"只有纳税人将技术成果所有权让渡给被投资企业、取得该企业股票（权）的行为"才能选择递延纳税，而不包括科技成果知识产权的许可、技术服务方式等获得股权的行为，显然范围过窄，而知识产权许可是国内外大多数高校和科学研机构常采取的技术入股方式。而且中共中央、国务院于 2014 年 3 月 23 日颁布的《关于深化体制机制改革加快实施创新驱动发展战略的若干意见》明确提出，高校和科研机构原则上不再创办企业，而以许可方式对外转化科技成果。三是虽然允许被投资企业可按知识产权与技术成果评估值入账并在税前摊销扣除，但主要是对引进的知识产权和技术成果，而没有考虑投资企业的自身知识产权和技术作价入股的税收优惠问题。按照现行《企业会计准则》，既投资又有入股的企业只能按照实际发生的成本进行税前摊销。由于在知识产权和技术成果的实际成本中研发成本很难计算，因此大多是取得技术成果知识产权的费用，如科技成果查新分析、知识产权申请审查和年费等。不能按评估价值或市场价值进行税前摊销，没有解决对自主创新技术成果的税收优惠问题。四是没有激励个人创造和投资的个人所得税优惠政策。现有奖励股权个人所得税政策虽然允许递延纳税，但没有对创造知识产权和技术的职务发明人奖励股权的个人所得税的税率优惠政策，而是实行全国统一的个人所得税政策，不利于深层次激发职务发明人的创新积极性。同时也没有针对投资于知识产权和技术的创业投资或风险投资企业的个人投资获得股权的个人所得税优惠政策，在调动全社会对投资知识产权的个人创业投资和风险投资的发展上还存在激励不足的问题。

（3）职务成果奖励股权个人所得税政策改革建议。

为真正激励发明人，本书认为，第一，应进一步明确个人奖励股权收入的原值和税费的内容。原值应是指获得奖励股权时的评估价格或通过协议方式、挂牌交易、拍卖等方式确定的价格。税费应是指企业技术和知识产权入股后生产销售发生的增值税及附加和管理费用、财务费用、销售费用。

第二，完善原值评价方法。应将"被投资企业均可按技术成果评估值入账并在税前摊销扣除"改为"被投资企业均可按技术成果评价或其他方式确定的价格入账并在税前摊销扣除"。

第三，完善政策适用范围，应扩大技术和知识产权入股可享受递延纳税的范围，将科技成果知识产权许可、技术服务等获得股权的活动都纳入税收优惠政策的范围。

第四，进一步加大个人所得税政策对职务发明人和非职务发明人的激励力度。研究制定激励职务发明人知识产权创造运用的个人所得税优惠政策，尤其是允许奖励股权在单位和职务成果完成人之间先分，然后再缴纳企业所得税和个人所得税。

11.3.5.2　个人股东转增资本个人所得税激励政策

我国一直没有解决科技成果入股转增股本的税收优惠问题。财政部、国家税务总局于 2005 年 10 月 23 日印发的《关于个人股票期权所得征收个人所得税问题的通知》（财税〔2005〕35 号）规定："员工因拥有股权而参与企业税后利润分配取得的所得，应按照'利息、股息、红利所得'适用的规定计算缴纳个人所得税。"

2013 年 11 月 12 日，财政部、国家税务总局出台了《关于中关村国家自主创新示范区企业转增股本个人所得税试点政策的通知》（财税〔2013〕73 号），该文件仍规定：企业以未分配利润、盈余公积、资本公积向个人股东转增股本时，应按照"利息、股息、红利所得"项目，适用 20% 税率征收个人所得税。这一政策在后来的《关于中关村、东湖、张江国家自主创新示范区和合芜蚌自主创新综合试验区有关股权奖励个人所得税试点政策的通知》并没有提及，这说明只有中关村享受了 20% 的低税率政策。

2015 年 10 月 23 日，财政部、国家税务总局发布《关于将国家自主创新示范区有关税收试点政策推广到全国范围实施的通知》（财税〔2015〕116 号），将 20% 个人所得税税率政策推向了全国。该文件还规定，"全国范围内的中小高新技术企业以未分配利润、盈余公积、资本公积向个人股东转增股本时，个人股东一次缴纳个人所得税确有困难的，可根据实际情况自行制订分期缴税计划，在不超过五个公历年度内（含）分期缴纳，并将有关资料报主管税务机关备案"；"个人股东获得转增的股本，应按照'利息、股息、红利所得'项目，适用 20% 税率征收个人所得税"。

财政部、国家税务总局于 2016 年 9 月 28 日发布《关于完善股权激励和技术入股有关所得税政策的通知》（财税〔2016〕101 号）。该文件规定，"持有递延纳税的股权期间，因该股权产生的转增股本收入，以及以该递延纳税的股权再进行非货币性资产投资的，应在当期缴纳税款"，还规定"未分配利润、盈余公积、资本公积向个人股东转增股本时"，应按照"利息、股息、红利所得"适用 20% 税率征收个人所得税。这并没有解决"除权即缴税"的问题，在一定程度上制约了知识产权和技术投资的发展，制约了创新创业的发展，制约了中小微高新技术企业做强做大。

为促进创新创业的发展，应进一步完善个人所得税政策，允许以技术和知识产权为主的企业未分配利润等转增股本时实行个人所得税递延纳税政策，对于股东个人未分配利润、盈余公积、资本公积金转增股本的，允许选择股权转让或出售时缴纳个人所得税。

11.3.5.3　非职务成果个人所得税激励政策

非职务知识产权转化也是科技成果知识产权转移转化的重要方式。奥地利对个人取得的自主研发的专利的许可收入或销售收入，以及资本利得，适用个人所得税税率减半的优惠政策。我国目前的《个人所得税法》规定，"特许权使用费所得，利息、股息、红利所得，财产租赁所得，财产转让所得，偶然所得和其他所得，适用比例税率，税率为百分之二十"，并且规定，"每次收入不超过四千元的，减除费用八百元；四千元以上的，减除百分之二十的费用，其余额为应纳税所得额"。虽然规定"财产转让所得，以转让财产的收入额减除财产原值和合理费用后的余额，为应纳税所得额"，但前者并未包括知识产权转让、入股、技术服务等知识产权转移转化方式，后者并未包括特许权利使用费所得、入股所得。由于个人科技成果及知识产权转让收入多为一次性收入，如果对知识产权转让、入股、技术服务等知识产权转移转化方式获得的收入按照累进个人所得税率征收个人所得税，这显然不利于知识产权的转移转化。对于知识产权许可使用和投资入股等收入，如果不能扣除相应的研究开发成本和合理的费用，即使按照 20% 的税率缴纳个人所得税，也是显然不合理的。

财政部、国家税务总局于 2016 年 9 月 28 日发布的《关于完善股权激励和技术入股有关所得税政策的通知》（财税〔2016〕101 号）规定"对技术成果投资入股实施选择性税收优惠政策"，基本解决了个人科技成果和知识产权入股的个人所得税问题。但仍然没有解决上述问题。到目前为止，仍有一些地方税务部门认为科技成果和知识产权入股奖励给个人的股权不属于偶然所得或一次性所得，应按照工资薪金缴纳个人所得税，一些技术转让奖励的个人所得税税率甚至高达 45%。

为激励个人发明创造和知识产权转移转化，要加大对科技成果和知识产权投资入股个人奖励股权实施选择性税收优惠政策的落实力度，允许递延至转让股权时，按股权转让收入减去技术成果及其知识产权原值和合理税费后的差额计算缴纳所得税，原值应包括合理的研发成本和知识产权保护成本。应明确所有科技成果和知识产权转化取得收入均按一次性或偶然所得使用 20% 的个人所得税税率缴纳个人所得税。

11.4　知识产权转化运用消费税政策

11.4.1　消费税

消费税是以消费品的流转额作为税收征收对象的税种的统称，一般而言，消费税是调节产品市场结构的主要税种，具有较强的选择性。我国从 1994 年起开始征收消费税，并在之后的 20 年里不断地调整该税种的税目、税率以及相关税收政策，进一步强化了消费税的调节作用。目前，我国消费税征税税目主要有 14 个科目，分别为汽车、摩托车、化妆品、烟、酒、高档手表、游艇等。对于被征税对象是否为创新产品或知识产权产品，或者是否含有知识产权的产品，都并未进行明确区分。原财政部部长楼继伟于 2014 年 7 月 30 日在《深化财税体制改革》一文中强调，要推进消费税改革，调整消费税征收范围、环节、税率，进一步发挥消费税对高污染、高能耗和高档消费品的调节力度。尽管该文对消费税改革提出了诸多意见和措施，但仍没有提出针对知识产权产品或创新产品的消费税改革措施。因此，从目前的消费税征税实行方案来看，知识产权产品或创新产品并未得到消费税税收政策的支持。我国"十三五"规划尽管已提出完善激励科技创新的税收体系，但至今尚未出台具体的消费税政策措施。

国外虽然也少有激励知识产权或创新的消费税政策和学术研究，但一些发达国家还是在消费税激励创新方面采取了一些比较积极的举措。美国税法就规定，消费税一般都是由联邦和州政府对一个有限范围内的货物和活动进行征税，包括用于运输的汽油和柴油、航空旅行、指定物品的制造和室内日光浴服务等[1]，但对于特殊行业用于研发活动的消费品，可以免征消费税。例如，美国的私人医疗机构用于从事医学 R&D 活动的消费品就可以免征消费税[2]。

消费税是激励包含知识产权产品或创新产品的特定消费品销售，进而促进科技创新和成果转化的具有重要调节功能和引导作用的政策工具之一。但无论是国内还是国外，针对

---

[1]　Worldwide Tax Summaries Corporate Taxes 2015/16. PWC.

[2]　Intellectual property by Roderick Darling and Marvin Friedlander. https：//www. irs. gov/pub/irs－tege/eotopicb99. pdf.

激励创新的消费税政策研究都较少，措施明显不足。尽管我国对消费税提出了改革方向，但目前尚缺乏行之有效的政策措施。

11.4.2 消费税政策原理

消费税是一种各国对消费品及消费行为普遍征收的税种，可以根据国家产业政策及消费政策的需求，合理调节消费行为，增加政府税收，增强国家的宏观调控能力，具有目标明确，政策性强，征收方便，易于免税等特点（江家耐，2010）。消费税的征收具有重要的调节作用，它可以通过对某种消费品征税或对不同消费品实行差异化的税率或征税措施从而产生收入效应或替代效应（徐博，2008）。因此，对于知识产权创造运用和科技创新活动，消费税可以通过对其产品，企业生产销售产品，或委托加工产品进行征税或差异化征税来引导创新的方向，提高自主创新能力。另外，通过对税率进行调节，消费税还可以在纠正外部不经济的同时，引导产业对新技术的开发利用。例如，对"三高"产品征收高额消费税，一方面可以提高该产品价格，降低消费者购买该产品的意愿，另一方面也可以引导企业开发绿色、节能、安全、环保的产品和技术，从而促进知识产权创造运用，同时还能够为治理环境污染提供必要的资金，纠正市场对资源的无效配置。

11.4.3 我国消费税政策问题分析

目前，我国消费税政策主要在以下五个环节征税：（1）生产销售环节。该环节是我国消费税征收的主要环节，包括纳税人生产的应税消费品和纳税人自产自用的应税消费品。应注意的是，非自用应税消费品只有在对外销售（非零售）时征税，否则不征税；自用消费品用于连续生产的，不征税。（2）委托加工环节。委托加工的应税消费品，按照"受托方"的同类消费品的销售价格计征消费税；没有同类消费品销售价格的，按照组成计税价格计征消费税。委托加工的应税消费品，委托方用于连续生产应税消费品的，所纳税款准予按规定抵扣。（3）进口环节。进口应税消费品除须纳进口关税，增值税外，还应纳进口消费税。（4）零售环节。金银首饰、钻石及钻石饰品、铂金首饰的消费税在零售环节征税。（5）批发环节。该环节只针对卷烟征收消费税。

第一，从征税环节来看，消费税的征收几乎囊括了所有应税环节，然而除进口和委托加工环节外，另外三个环节都只针对特殊消费品进行征税，因此消费税的调节范围改进依然有一定空间。由于其他环节只针对特殊消费品进行征税，因此大部分企业可以通过转移定价（非转移定价）的方式压低销售价格，降低实际税基，达到偷逃税款的目的，消费税的调节作用也因此受到影响。

第二，我国消费税实行的是价内税。由于消费税属于间接税，国际上普遍采取价外征收的方式，而我国采取的价内征收方式，这就降低了消费税的透明度，不利于引导消费，甚至使消费者产生误解，例如，有产品中知识产权含量越高，消费者缴税就越多的传言。

第三，我国消费税法规政策中并未对科技创新产品或知识产权产品进行明确界定，并且缺乏对实验仪器设备等的税收优惠政策，这对引导企业及高校、科研机构进行自主知识产权创造运用和创新活动有较大的不足，"一刀切"的征税模式不利于发挥消费税的调节和引导作用。

11.4.4　消费税改革政策建议

在现有消费税消费品目录内，对应税具有知识产权产品的消费品或创新性消费品，尤其是具有自主知识产权的创新性消费品实行消费税减税政策。在目前税率基础上降低 2～3 个百分点，进一步激励企业及高校、科研机构的科技创新活动，进一步引导全社会支持科技创新。

11.5　知识产权交易印花税政策

11.5.1　我国印花税政策演变

我国于 1988 年颁布的《中华人民共和国印花税暂行条例》规定了技术合同或者具有合同性质的凭证、产权转移书据、权利许可证应缴纳印花税事项。一是技术合同包括技术开发、转让、咨询、服务等合同，应按所载金额的 3‰贴花作为印花税。二是产权转移书据包括财产所有权和版权、商标专用权、专利权、专有技术使用权等，转移书据的印花税税率为 5‰。

11.5.2　印花税政策问题分析

虽然印花税的比例不高，如果技术转移机构和知识产权运营机构作为合同人，3‰仍然是一项负担较重的税种，尤其是对于从事技术转移和知识产权运营的企业来说，因为要签订大量的技术转移合同和知识产权合同，印花税仍然是一个不小的负担。

我国技术转移机构大多为中介机构，其发展步履维艰，知识产权运营机构大多数还没有建立有效的盈利模式，技术转移机构和知识产权运营机构在技术与知识产权转移过程中，一般是收取技术成交额的 10%左右，但实际收取的比例更低，一些机构只收取 1%～2%，如厦门中开信息技术有限公司。而这些机构需要缴纳技术转移额的 3‰的技术合同印花税，如果收储知识产权和转让许可知识产权，还需额外缴纳 5‰的产权转移书据印花税，印花税税率接近技术转移成交额的 1%。

与通过技术市场登记可以免交增值税，低于 500 万元可以免征所得税的优惠政策相比，印花税没有任何激励技术转移和知识产权运营的税收优惠政策。尤其是成交额越大所缴纳的印花税就越多，这对于还不成熟的我国技术转移和知识产权运营企业的发展无疑是一个不利的影响。以上海盛知华知识产权服务有限公司为例，该公司每年技术与知识产权交易达近百项，技术转移金额高达 4 亿元人民币，仅印花税一项就高达 200 万～400 万元。

11.5.3　印花税改革政策建议

第一，合并技术转移合同书据和产权合同书据的印花税税率政策，既有技术转移合同书据又有产权合同书据的，允许采取单一印花税税率，如 5‰。第二，实行技术转移机构或知识产权运营机构印花税总额封顶的政策，如年印花税纳税额达到 50 万元的，实行超过部分即征即退政策。

11.6　小　结

　　制定实施激励知识产权创造运用的税收优惠政策，是知识产权强国建设的必然要求，也是深入实施创新驱动发展战略的现实需求，具有极为重要的理论和实践意义。本章系统研究了涉及知识产权的增值税、企业所得税、个人所得税、消费税、印花税政策，并提出了知识产权税收政策发展的相应政策建议。为支撑创新驱动发展和知识产权强国建设，必须不断完善知识产权税收优惠政策。

　　创新产品和自主创新产品的核心是知识产权和自主知识产权，建立知识产权产品和自主知识产权产品认定制度，并对经过认定的知识产权产品和自主知识产权产品实行增值税税收优惠政策是需要的，也是可行的。以此对特定产业和特定机构，尤其是研发和技术服务、知识产权服务业、高校和科研机构与技术转移机构实行增值税优惠政策，将会极大地促进我国的自主创新和产业创新发展。促进知识产权商业化运用，应当建立普惠和有效的技术与知识产权税收激励政策，实行技术和知识产权转移收益所得税抵免政策，应扩大享受技术转移所得税优惠政策的范围，明确应分摊期间费用计算方式，改革创投机构的所得税税收优惠政策。还要落实好科技成果转化股权激励的个人所得税优惠政策，关键是进一步明确个人奖励股权收入的原值和税费的内容，完善税前摊销扣除政策，将技术许可、技术服务等获得股权的行为都纳入入股递延纳税优惠政策范围。此外，还要发挥印花税等其他税收政策的作用，通过合并技术转移合同书据和产权合同书据，采取单一印花税税率，并实行技术转移机构和知识产权运营机构印花税总额封顶的政策，这将会有效地激励知识产权运营和技术转移机构的发展。

第12章 知识产权运用政府采购政策

政府采购政策是从需求端激励自主创新的重要政策，也是从根本上激励知识产权创造和运用的重要政策。建设知识产权强国，支撑创新驱动发展，需要系统研究政府采购政策与知识产权创造运用之间的关系和问题，需要完善以知识产权创造运用为核心的自主创新政府采购政策，恢复中小企业自主创新产品政府采购政策，实施首台首套采购和订购政策，建立以技术标准为条件的政府采购政策❶。

12.1 知识产权与自主创新

为提高自主创新能力，进入创新型国家行列，我国在 2006 年年初就颁布了《国家中长期科学和技术发展规划纲要（2006～2020 年)》（以下简称《中长期规划》）及其配套政策，确定了未来 15 年科学技术工作的指导思想和总体目标，提出了包括政府采购政策在内的 60 条支持自主创新的配套政策。为落实政府采购政策，财政部、科技部等有关部门又出台了五项实施细则。政府采购政策措施的颁布受到了企业的热烈欢迎。2007 年新修订的《科学技术进步法》更是从法律上明确了政府采购自主创新产品与服务，以及首购和订购的规定。

但是，在发达国家的压力下，我国科技部和财政部于 2011 年 7 月宣布停止执行自主创新产品的政府采购的相关文件，国务院办公厅还要求各省、市对自主创新产品认定政策进行全面清理，我国自主创新产品政府采购政策实施处于停止状态。

自主创新政府采购政策的核心是自主知识产权产品的认定，我国自主创新政府采购政策关于知识产权的规定还存在很多不足，这也是导致发达国家批评和我国自主创新政府采购政策废止的重要原因。但是，美国、英国等国家均有对中小企业创新实施政府采购的政策。我国废止自主创新政府采购政策显得过于匆忙。政府采购政策是激励自主创新尤其是中小企业创新的重要政策工具之一，为充分激励自主创新，我国有必要优化自主创新政府采购政策的知识产权规定，恢复中小企业自主创新政府采购政策，制定对知识产权产品和自主知识产权产品的政府采购政策。

---

❶ 本章部分内容发表于 2014 年第 11 期《科学学研究》，并有修改。

12.2 国外经验借鉴

政府是国防、教育或医疗卫生等的大客户，它可以作为先导用户承受学习和新产品改进的成本，能使创新型企业迅速降低成本，也可以向企业提供积极信号，从而促进创新扩散（Edler J.，Georghiou，2007）。由于需求规模和特点是区域竞争力和创新动力的主要决定要素（Porter，1990），创新更多的障碍是创新的风险和高成本（Rammer et al.，2005）。政府采购政策是世界许多国家发挥政府调控经济功能，体现国家战略意图，促进创新的有力手段。政府采购是指对一个设计或生产尚不存在的需进一步技术开发工作（如果不完全新颖）的产品或系统的购买（Edquist，Hommen，2000）。政府采购促进经济发展功能主要是政府采购对宏观经济的"乘数效应"（多恩布什等，2003），以及对幼稚工业的保护作用（Geroski，1990）。政府采购对科技创新的最重要作用是公共部门用户的技术能力、订单价值能降低供应商的创新风险（Robert，2002）。Birgit Aschhoff 和 Wolfgang Sofka（2009）在对德国企业的调查时发现，公共采购和大学知识溢出具有同等功效，对于经济紧张情况下的区域小企业来说，公共采购尤为有效。政府采购对于创新拉动的作用要比 R&D 补贴大。Rothwell（1984）和 Geroski（1990）认为，公共采购是"一个比任何广泛使用的 R&D 补贴都更加有效的政策工具"。

Birgit Aschhoff 和 Wolfgang Sofka（2003）研究了政府采购中存在的问题，如负责预算的和执行的政府部门目标不一致，最大的问题是与私人需求措施不一致，采购过早也可能会导致对创新的阻碍；包含着交货延迟或转换成本的风险；招标说明书会把供应商锁定到传统的技术上而不允许颠覆性创新。Ding 和 Chee - Wah（2006）研究了各国政府采购创新技术的经验，通过对巴西、法国、英国、美国和印度的案例研究指出，政府采购支持技术创新的成功建立在严谨的制度设计、有效的激励机制和严格的执行措施之上，缺乏上述制度要素，政府采购往往沦为保护落后、禁锢市场、寻租腐败的工具。

美国于 1933 年通过的《采购美国货法案》规定，美国国内企业可以在竞争程序下得到政府采购合同，而外国企业只有符合以下条件的才可以得到采购合同。一是最终产品必须全部在美国装配；二是超过 50% 的最终产品在美国国内生产；三是外国公司与美国公司提交的竞标报价差额不超过 6%[1]。近年来，美国政府将焦点转向了应对能源、健康和环境挑战的应用技术研发上，先后制定了《清洁空气法案》《水污染控制法案》《噪声控制法案》《资源保护和恢复法案》《能源政策和节约法案》《资源保护与回收法案》，这些法案中都有采购的相关要求。还制订了《采购再生产品计划》《能源之星计划》《生态农产品法案》《环境友好产品计划》等一系列绿色采购计划。

美国于 1982 年颁布的《小企业技术创新法案》规定，研发经费超过 1 亿美元的联邦政府部门都要将超额部分的法定比例用于资助小企业技术创新，只有美国人股权超过 51% 的企业才能享受政府采购政策。美国国防采购的 37% 授予了小企业。在政府采购项目报价中，美国中小型企业供应商可以享受比外国供应商高出 12% 的报价优惠，所有预算不超过

---

[1] 41 U. S. C. § § 10a through 10d.

1 万美元并属于小额购买的政府采购或服务合同必须预留给中小企业，10 万美元以下的政府采购合同应优先考虑中小企业。美国国家经济委员会、经济顾问委员会和科技政策办公室于 2009 年 9 月发布了《美国创新战略——确保经济增长和繁荣》，该政策于 2011 年和 2015 年分别进行了更新，特别强调促进市场导向的创新，强化企业研究开发税收信贷的创新，通过有效知识产权政策促进智力投资，鼓励高增长和创新为基础的创业，促进创新、开放和市场竞争的发展。

欧盟自 2006 年以来一直将政府采购作为支持创新的优先措施，发布了《欧盟企业和产业总则》等政策，尤其是商业化前的采购行业成果的采购网建设。欧盟总的采购大约占了 GDP 的 16%。成员国政府采购的规则是基本相同的，近年来对政府采购政策给予了极大关注。一些成员国政府要求欧洲采用政府采购政策刺激创新，2006 年，提交给欧盟领导人的 Aho Group Report 即《构建创新型欧洲》报告（Aho E.，Cornu J.，Georghiou L.，Subira A.，2006）。该报告建议颁布实施《研究和创新条约》，并提出应从三个方面做出努力，其中之一是构建创新型友好型市场，他们建议在建立和谐的制度规则、有雄心的标准应用、有竞争力的知识产权体制和拉动需求的公共采购方面采取行动。2006 年 9 月，欧盟委员会发布了一个战略性创新政策文件，高度重视公共采购在创新和创造市场中的重要作用，其中一个特殊的关于 ICT 部门的行动计划是探讨免于限制的竞争前 R&D 采购政策工具（European Council，Brussels European Council，2006）。2008 年，欧盟要求在新的里斯本战略里制订新的进一步对激励创新的政府采购计划。

德国不断优化政府采购的法律，政府采购货物或者服务首先要考虑中小企业，要给予分合同，应将合同授予有技能、有效率和可靠的供应者，还要考虑经济的优势。法国在 2008 年的《经济现代化法》第 26 条完善了政府采购行为，主要支持中小企业，其 15% 政府采购是高技术、研发和技术研究的采购。爱尔兰对创新的支持除了研发资助外，主要是利用政府采购政策，该国建立了专业化的政府采购制度。2001 年，英国也建立了类似美国的小企业创新研究计划，但并不成功。2008 年，英国又启动了小企业研究行动计划，该计划已成为政府部门的 out of box 解决方案，每个政府部门都有创新采购计划。1988～1998 年芬兰创新商业化的研究表明，其 48% 的创新成功项目主要得益于公共采购（Palmberg，2004；Saarinen，2005）。

12.3　政府采购法规政策

我国的政府采购法规主要是《政府采购法》，该法第 9 条明确规定："政府采购应当有助于实现国家的经济和社会发展政策目标，包括保护环境，扶持不发达地区和少数民族地区，促进中小企业发展等。" 2011 年，我国发布的《政府采购促进中小企业发展暂行办法》（财库〔2011〕181 号）则明确把 "为了发挥政府采购的政策功能，促进符合国家经济和社会发展政策目标，产品、服务、信誉较好的中小企业发展" 作为制定政策的目的。

我国于 2007 年颁布的新《科技进步法》规定了对自主创新产品的政府采购。该法第 25 条规定，对境内公民、法人或者其他组织自主创新的产品、服务或者国家需要重点扶持的产品、服务，在性能、技术等指标能够满足政府采购需求的条件下，政府采购应当购买；首次投放市场的，政府采购应当率先购买，政府采购的产品尚待研究开发的，采购人应当运用招标方式确定科学技术研究开发机构、高等学校或者企业进行研究开发，并予以订购。

2015 年，我国颁布的《促进科技成果转化法》也规定了政府采购事项，该法第 5 条规定，"国务院和地方各级人民政府应当加强科技、财政、投资、税收、人才、产业、金融、政府采购、军民融合等政策协同，为科技成果转化创造良好环境"；第 12 条规定对六类公益性科技成果转化项目，"国家通过政府采购、研究开发资助、发布产业技术指导目录、示范推广等方式予以支持"，主要是涉及产业、安全、绿色、民生、农业、区域发展的科技成果。

12.4 自主知识产权与自主创新产品政府采购政策

中共中央、国务院于 2016 年年初发布的《国家中长期科学和技术发展规划纲要（2006~2020 年）》配套政策明确把"实施促进自主创新的政府采购"作为完善该纲要任务的重要政策和措施。为落实配套政策，财政部 2007 年 4 月 3 日发布了《自主创新产品政府采购预算管理办法》（财库〔2007〕29 号）、《自主创新产品政府采购评审办法》（财库〔2007〕30 号）和《自主创新产品政府采购合同管理办法》（财库〔2007〕31 号）三个政策文件，旗帜鲜明地鼓励政府优先采购自主创新产品，并且出台《政府采购进口产品管理办法》（财库〔2007〕119 号），对政府采购进口产品实行审核管理。其中《国家自主创新产品认定管理办法》第 4 条第二款规定："产品具有自主知识产权，且权益状况明确。产品具有自主知识产权是指，申请单位经过其主导的技术创新活动，在我国依法拥有知识产权的所有权，或依法通过受让取得的中国企业、事业单位或公民在我国依法拥有知识产权的所有权或使用权。"

为落实上述政策措施，科技部于 2009 年 10 月 3 日发布了《关于开展 2009 年国家自主创新产品认定工作的通知》，要求自主创新产品需满足"符合政策法规""自主知识产权""自主品牌""创新程度高""技术先进""质量可靠""潜在的市场前景"等条件，同时明确了认定范围和操作规范。许多地方政府也制定了相应政策，并开始对自主创新产品实行采购。但由于自主知识产权等要求，美国联邦贸易委员会于 2009 年发布了《中国知识产权侵权、自主创新政策及其对美国经济的影响（上）》报告，依据美国驻华大使馆对在华五千多家美国企业的调查，对中国的知识产权和自主创新政策提出了批评，多数在华企业认为"自主知识产权"规定等存在歧视，不符合 WTO 的基本原则。所以，科技部在 2010 年 5 月 10 日发布了新的政策，即《关于开展 2010 年度国家自主创新产品认定工作的通知（征求意见稿）》，调整了自主知识产权的要求，在中国境内具有中国法人资格的产品生产单位，均可自愿申请国家自主创新产品认定。认定条件中关于知识产权做了下述规定：（1）申请单位通过技术创新或通过受让，对所研究开发的产品依法在我国享有知识产权或知识产权许可使用权，且无争议或者纠纷；（2）申请单位依法在我国拥有产品的注册商标专用权或使用权。但美中贸易委员会仍然对我国和地方政府自主创新产品认定条件提出了意见，2010 年 5 月公开发布了对该意见稿的修改建议，认为我国"制定有利于某些产品与技术的清单与目录极有可能导致歧视性的政策执行""一些中国省、市陆续制定并发布了促进自主创新的产品目录，这些目录包含令人担忧的对进口替代的参照和对本土知识产权的要求，这些做法与国际最佳实践不相符合""一些省级和地方的目录似乎有歧视外资企业产品的倾向，其产品目录里只有极少数外资企业产品"；"政府优先采购，特别是根据产品目录所进行的优先采购将有可能造成对企业的歧视性或不公正对待"。在第三次中美战略经济对话中，美国还重点批评了中国的自主创新政策。此后，欧盟中国商会于 2011 年 5 月发布了《创新迷途：中国的专利政策和实践如何阻碍了创新的脚步》，认为中国的政府采购政策存在歧视，不符合 WTO 的原则。

因此，财政部在 2011 年 6 月 23 日发布《关于停止执行〈自主创新产品政府采购预算管理办法〉等三个文件的通知》（财库〔2011〕85 号），宣布自 2011 年 7 月 1 日起停止执行《财政部关于印发〈自主创新产品政府采购预算管理办法〉的通知》（财库〔2007〕29 号）、《财政部关于印发〈自主创新产品政府采购评审办法〉的通知》（财库〔2007〕30 号）和《财政部关于印发〈自主创新产品政府采购合同管理办法〉的通知》（财库〔2007〕31 号）三个文件。2011 年 11 月 17 日，国务院办公厅印发《关于深入开展创新政策与提供政府采购优惠挂钩相关文件清理工作的通知》（国办发明电〔2011〕41 号），要求各地方、各有关部门自 2011 年 12 月 1 日起停止执行规范性文件中关于创新政策与提供政府采购优惠挂钩的措施。为深入贯彻落实国办发明电〔2011〕41 号文件的有关要求，2016 年 12 月 1 日，国务院办公厅印发《关于进一步开展创新政策与提供政府采购优惠挂钩相关文件清理工作的通知》（国办函〔2016〕92 号），要求地方各级人民政府和有关部门要按照世贸组织规则和我国对外承诺，对涉及自主创新政策与提供政府采购优惠挂钩的规范性文件，再开展一次清理工作；清理后，要向社会公布继续有效、废止及失效的文件目录，未列入继续有效文件目录的规范性文件，不得作为行政管理的依据；今后不得制定违反我国对外承诺的新文件。

12.5 自主知识产权产品采购

12.5.1 自主知识产权产品

我国废止的自主创新产品政策确实存在不少问题，一是关于知识产权的政策规定虽然多次调整，但最后的政策确实不符合 WTO 的国民待遇原则。"依法在我国享有知识产权或知识产权许可使用权"，"依法在我国拥有产品的注册商标专用权或使用权"才有可能被认定为自主创新产品不符合 WTO 原则，主要是因为这两条规定实际上强制向中国国内转让技术，而且使用权是五年独占使用权，一个企业没有取得独占使用权的产品即使符合其他条件也不能被认定为自主创新产品，存在不公平问题。二是关于知识产权的分类不正确，知识产权不仅包括专利权、著作权、集成电路布图设计专有权、植物新品种权，而且还包括技术秘密专有权和商标权，将商标权或使用权独立于知识产权之外作为一个单独设立的条件，这显然是增加了自主创新产品认定的难度。三是没有体现支持自主创新的基本精神。《国家自主创新产品认定管理办法》规定："产品具有自主知识产权是指，申请单位经过其主导的技术创新活动，在我国依法拥有知识产权的所有权，或依法通过受让取得的中国企业、事业单位或公民在我国依法拥有知识产权的所有权或使用权。"自主知识产权的概念实际上仍然不很明确，但 2010 年通知关于自主知识产权的认定标准不仅不符合自主知识产权的真正含义，而且还造成了新的混乱。

从美国、英国等发达国家的做法看，对中小企业创新产品的政府采购、对绿色产品的政府采购，以及对国内产业支持的政府采购政策无不是对包含着知识产权的创新产品的采购。我国废止的通过政府采购政策支持的自主创新产品实际上是自主知识产权产品。在自主知识产权产品条件外增加了符合产业政策、技术先进、质量可靠、市场潜力要求，就成为自主创新产品。

与自主创新产品不同，自主知识产权产品是指自有专利等技术类知识产权占产品知识产权的绝对多数或相对多数，并拥有商标专有权的产品。自主知识产权产品应当是一个单位在产品全部知识产权中，其自有的知识产权占绝对多数或是相对多数的产品，只具有少量知识产权或无关知识产权甚至垃圾知识产权的产品很难是自主知识产权产品，也不可能是自主创新产品。自主知识产权产品也是通过主导的技术创新活动获得的，或依法受让取得的在我国依法拥有多数或相对多数知识产权或使用权的产品。拥有自主知识产权的产品不一定是自主知识产权产品，如果股权不自主，如果还需要他人许可知识产权而无法获得许可，或者许可费用过高导致实际收益低于产品利润半数，拥有自主知识产权的产品就不是自主知识产权产品或自主创新产品。自主知识产权产品和自主创新产品最终要以价值占主导或多数来衡量，但价值往往无法判断，一般用高质量的知识产权数量如发明专利、软件著作权、技术秘密来衡量。

自主知识产权产品首先是知识产权产品，知识产权产品是同时拥有创造类知识产权和标示类知识产权的产品。创造类知识产权包括专利权、技术秘密专有权、集成电路布图设计专有权、植物新品种权等。标示类知识产权主要指商标权。知识产权可以是自主研发形成的知识产权，也可以是受让或获得许可的知识产权，许可包括独占许可和普通许可等方式。

与创新产品不同，知识产权产品的认定必须是该产品对一项或几项专利、集成电路布图设计、植物新品种，或者技术秘密专有权等知识产权产生了侵权。同时，知识产权还应具有商标专用权，商标代表了生产产品企业的质量、信誉甚至创新能力。因此，只有对创造类和标示类知识产权同时造成侵权的产品才能成为知识产权产品。

获得知识产权独占使用权虽然是成为自主知识产权产品或自主创新产品的条件之一，但确实会产生歧视和影响其他企业产品被认定为自主创新产品的不公平问题。如果改为五年使用权，产品仍然可以被认定为知识产权产品或创新产品，但并非是自主知识产权产品或自主创新产品。创新产品也可以被列入政府采购目录。

12.5.2 自主知识产权产品认定政策

为了理顺比较混乱的自主创新产品政府采购政策，为了恢复对中小企业创新和绿色创新的政府采购支持，有必要在符合 WTO 规则的前提下建立以自主知识产权产品认定为基本条件的政府采购政策。为此，需要对自主创新产品政府采购政策进行优化。

为消除国外的质疑，应将现有知识产权产品的认定条件设定为"拥有专利等（技术类）知识产权或使用权"和"拥有商品注册商标等标识类知识产权或使用权"。自主知识产权产品的认定条件应设定为"拥有绝对多数或相对多数专利等（技术类）知识产权或使用权"和"拥有商品注册商标等标识类知识产权或使用权"的产品。

同时，知识产权产品或自主知识产权产品还应符合"质量可靠""市场前景好""知识产权权利关系清晰""能促进当地就业"等条件，这样才能成为创新产品或自主创新产品。

因此，即使"拥有国外专利和商标等知识产权或使用权"的产品也可以被我国认定为知识产权产品或创新产品，即使获得普通许可使用权的产品也可以纳入我国政府采购范围，这不仅符合 WTO 的非歧视原则，而且也有利于引进先进技术和促进本国、本地的就业和经济增长。也可以将自主知识产权产品和知识产权产品区分开来，不仅可以避免因定义困难而导致的不符合 WTO 的情况，也可以实行不同的政策手段，自主知识产权产品可获得更加优惠的政策支持，从而进一步加大对自主创新和自主知识产权的支持力度。

12.5.3　自主知识产权产品政府采购政策

为支撑创新驱动发展和知识产权强国建设，我国应恢复和优化以知识产权和自主知识产权为条件的创新产品和自主创新产品政府采购政策。一是以地方新产品计划为基础改造自主创新产品认定条件。应将现有自主创新产品改造为国家和地方新产品，其认定条件首先应为知识产权产品，即"拥有专利等（技术类）知识产权或使用权"和"拥有商品注册商标等标识类知识产权或使用权"。"拥有绝对多数或相对多数专利等（技术类）知识产权或使用权"和"拥有商品注册商标等标识类知识产权或使用权"的产品为自主知识产权产品。新产品还应在国内或区域内首次开发成功并生产，并且质量要合格，新产品应符合国家产业、技术等政策，符合国家技术标准。

二是恢复中小企业创新产品政府采购政策。对中小企业创新的政府采购支持是美国、欧洲、日本等许多国家的通常做法。我国在废止有关政策文件时完全没有必要全部废止自主创新政府采购三个文件中对于中小企业创新的政府采购优惠政策。为加大政府采购对中小企业创新支持力度，原有创新产品认定条件改为新产品认定条件后，应恢复废止的政策文件中对中小企业创新产品在投标、合同评审、预算等方面的优惠政策。中小企业自主创新产品符合完善后的国家和地方新产品认定条件的应当享受比原有投标、合同评审、预算等更加优惠的政府采购政策。

三是完善首购和订购政策。我国于 2007 年发布的《自主创新产品政府首购和订购管理办法》虽然没有被废止，但该办法要求首购和订购产品的条件之一是"属于国家认定的自主创新产品"，由于自主创新产品认定政策已被废止，该政策实际上也等于被废止了。首台首套产品政府采购政策是政府采购促进大中型企业自主创新的重要政策。一方面，政府首购可以有效降低企业研究开发的风险；另一方面，对企业大型装备等新产品首次进入市场有着重大需求的拉动作用和示范作用。完善目前的首购和订购政府采购政策，也应将首台首购和订购政府采购政策的认定条件改为"国家和地方新产品"。

四是建立绿色产品采购制度。大多数绿色产品是有技术含量的产品，是创新产品和知识产权产品。所以，我国应对纳入《环境标志产品政府采购清单》和《节能产品政府采购清单》的节能产品和环境标志产品实行政府采购，对部分节能效果、性能等达到要求的节能产品，实行强制采购，对符合新产品认定条件的绿色产品实行优先采购和政策优惠。应分别给予绿色创新产品不同程度的加分或价格扣除，凡采用最低评标价法评审的采购项目，给予其一定幅度的价格扣除；凡采用综合评分法评审的采购项目，在价格评标中，可分别给予价格评标和技术评标总分值一定比例的加分；凡采用性价比法评审的采购项目，可增加技术进步、节能环保评分因素和给予一定比例的价格扣除。还要积极组织实施战略性新兴产业示范工程，加大对绿色创新产品的政府采购力度。

五是完善支持自主创新的技术标准政策。自主技术标准产品往往是自主创新产品和自主知识产权产品，自主技术标准为自主知识产权和自主创新产品政府采购开辟了广阔道路。制定技术标准有两种方式：一种是制定自主技术标准；另一种是采用国际标准。在符合 WTO 促进公平竞争原则的前提下，将专利与技术标准紧密结合，使专利成为标准的必要专利，使标准成为有自有必要专利的标准，将使得自主创新产品不仅拥有较大的市场，而且能够形成市场竞争优势，这是自主技术标准的重要功能。因此，为推进自主知识产权和自主创新政府采购政策发展，必须高度重视自主技术标准的作用。完善技术标准政策，政府采购应把新产品符合技术标准作为必要条件之一。

12.6　知识产权采购

我国新颁布的《促进科技成果转化法》虽然提出了以政府采购方式支持科技成果转化的规定，但并没有明确科技成果是哪些类型，是产品类的还是技术类的科技成果，也没有明确政府采购支持科技成果转化的技术引进、技术扩散还是产品生产。

实际上，科技成果及其知识产权自身也是可以进行政府采购的客体。第一，知识产权是一个具有权利和价值的客体，在市场中可以交易。第二，具有公益性或重要产业价值的知识产权刚出现时很难得到各种资金的支持，转化为创新产品的难度很大，通过政府采购能够为该知识产权的转化降低风险，开辟获取各类资本的市场，大大提高转化为生产力的可能性。第三，科技成果转化过程中最难的问题是一项科技成果的知识产权往往分散在不同知识产权权利人手中，需要科技成果知识产权的组合尤其是专利组合，构建专利池。

知识产权政府采购主要是以政府名义购买有关科技成果知识产权支撑产业发展的活动。因此，我国应当发挥政府采购政策的作用，针对产业发展"卡脖子"的技术及其知识产权，进行政府购买后允许产业免费或低价使用；针对重要公益性或涉及国家安全的技术标准的专利池构建需要的专利，通过政府采购解决专利池构建困难的问题；针对有公益性或重要产业价值的知识产权，通过政府采购资金补助或风险补贴等引导社会资本投资。

12.7　小　结

政府采购政策是激励自主创新的重要政策工具，也是从根本上激励知识产权创造和运用的重要政策工具。本章从国外经验梳理出发研究了我国政府采购激励自主知识产权创造运用和自主创新政策存在的主要问题，提出了以知识产权完善自主创新政府采购政策的思路，和判定知识产权产品、自主知识产权和创新产品、自主创新产品政府采购政策的政策建议。

激励自主创新和自主知识产权创造运用，关键是要研究政策设计的科学性和合理性，但也要充分借鉴国际经验，取得国际的理解和支持。为深入实施创新驱动发展战略，建设知识产权强国，我们不能回避政府采购政策激励自主创新的重要作用和现实意义，更应当加强政府采购政策的研究和试验。在当前出现自主创新政府采购政策实施困局的情况下，我们不能有任何思想负担，更应当解放思想，与时俱进，充分发挥政府采购政策对自主知识产权创造运用和自主创新的拉动作用。

为有效支撑创新驱动发展战略的实施，建设成为知识产权强国和世界科技创新强国，我国应该尽快以知识产权和自主知识产权为核心研究完善自主创新政府采购政策的对策，恢复中小企业自主创新产品政府采购政策，并实施首台首套采购和订购政策，建立以技术标准为条件的自主创新产品政府采购政策。

第13章 知识产权运用投融资政策

投融资是知识产权商业化运用的必要条件，但由于各种因素的影响和制约，我国知识产权投融资还很不发达。知识产权投融资政策是重要的知识产权商业化运用政策，促进知识产权商业化，必须优化和完善知识产权商业化运用的政府引导资金、创业投资资金、质押贷款、保险、担保等投融资政策。

13.1 国外经验

目前，许多国家制定了企业尤其是具有知识产权企业的投融资支持政策。2014 年 4 月，新加坡政府推出了一项 1 亿新加坡元的知识产权融资计划，以支持本地企业通过知识产权获得融资。新加坡知识产权局委托当地三家专业机构，为拥有知识产权的企业进行价值评估，企业用知识产权向当地三家银行即星展、华侨和大华银行进行质押贷款。新加坡知识产权局依据不同企业贷款情况，承担部分违约风险。2014 年，新加坡知识产权局成立下属机构知识产权管理和战略实验室即知识产权价值实验室（IP ValueLab），为企业和投资者提供知识产权资产货币化的评估意见，为从业者和学者提供协助研究工作和在知识产权评估方法与最佳实践的指导。

日本特许厅于 2015 年正式启动对中小企业的知识产权评估，帮助企业从金融机构获得资金，委托调查公司进行评估并将报告提交给银行。2014 年共向 22 家金融机构提交了评估报告，其中两家成功从银行获得了贷款。2015 年开展了 150 项评估，特许厅委托与三菱日联（东京）调查咨询公司签约的八家企业进行调查，每个项目负担 30 万日元。日本依靠政策性投资银行实施"知识产权担保融资"，民间银行也开发了知识产权担保融资产品。

韩国充分利用知识产权政府投资政策和质押融资政策促进知识产权商业化。韩国知识产权局从 2006 年实施了大学和科研机构专利管理专家特派项目。2015 年提供咨询 1456 项，开展技术专利评估 796 项，接近 1500 万美元。从 2010 开始支持 30 个大学科研机构评估了 3626 项发明和海外申请可能性。设立韩国知识产权"知识产权商业化支持项目"，2015 年有 25 个大学和科研机构拥有的 37 项高商业潜力专利技术获得了战略性支持，还识别出 56 项潜在应用专利并转移到企业用于专利创造和市场战略，产生了 3800 万美元的许可费。韩国知识产权局于 2009 年实施"振兴 IP 生态系统项目"，主要支持产学研合作网络以转移技术、商业化和知识产权创造。2015 年引导建立了"知识产权引用网络"，促进知识产权商业模式和高校与科研院所建立商业化专有技术秘密池。韩国知识产权局还与中小企业局合作举办了一系列专利技术转移路演活动。韩国知识产权局于 2015 年将现有的知识产权融资体系扩大至私有银行。2015 年，有 2000 亿韩元（约合 11 亿元人民币）投入知识产权融资，包括投资和贷款。为降低私有银行的风险，韩国在 2015 年下半年建立了一个 2200 亿韩元（约合 1 亿元人民币）的专用基金。

13.2　知识产权运用政府引导基金

目前，我国技术和知识产权商业化的政府引导资金主要是指财政部与科技部门设立的科技型中小企业创业引导基金和科技成果转化引导基金，以及财政部与知识产权部门设立的知识产权运营基金。

13.2.1　科技型中小企业创业引导基金

1999 年 8 月 20 日，中共中央、国务院《关于加强技术创新，发展高科技，实现产业化的决定》要求："要培育有利于高新技术产业发展的资本市场，逐步建立风险投资机制，发展风险投资公司和风险投资基金，建立风险投资撤出机制，加大对成长中的高新技术企业的支持力度。引进和培养风险投资管理人才，加速制定相关政策法规，规范风险投资的市场行为。"

2005 年 11 月 15 日，为支持以技术和知识产权为核心的创业投资，国家发改委等 10 部门发布了《创业投资企业管理暂行办法》（发展改革委第 39 号令）。第一，该办法规定了创业投资备案的条件：（1）已在工商行政管理部门办理注册登记。（2）经营范围符合规定。（3）实收资本不低于 3000 万元人民币，或者首期实收资本不低于 1000 万元人民币，且全体投资者承诺在注册后的 5 年内补足不低于 3000 万元人民币实收资本。（4）投资者不得超过 200 人。其中，以有限责任公司形式设立创业投资企业的，投资者人数不得超过 50 人。单个投资者对创业投资企业的投资不得低于 100 万元人民币。所有投资者应当以货币形式出资。（5）有至少三名具备两年以上创业投资或相关业务经验的高级管理人员承担投资管理责任。委托其他创业投资企业、创业投资管理顾问企业作为管理顾问机构负责其投资管理业务的，管理顾问机构必须有至少三名具备两年以上创业投资或相关业务经验的高级管理人员对其承担投资管理责任。第二，规定了创业投资企业的经营范围。包括创业投资业务、代理其他创业投资企业等机构，或个人的创业投资业务、创业投资咨询业务、为创业企业提供创业管理服务业务、参与设立创业投资企业与创业投资管理顾问机构。第三，规定了投资方向和收益。创业投资以全额资产对外投资。其中，对企业的投资，仅限于未上市企业。经与被投资企业签订投资协议，创业投资企业可以以股权和优先股、可转换优先股等准股权方式对未上市企业进行投资。创业投资企业对单个企业的投资不得超过创业投资企业总资产的 20%。第四，规定了支持政策。国家与地方政府设立的创业投资引导基金，通过参股和提供融资担保等方式扶持创业投资企业的设立与发展。国家运用税收优惠政策扶持创业投资企业发展并引导其增加对中小企业特别是中小高新技术企业的投资。创业投资企业可以通过股权上市转让、股权协议转让、被投资企业回购等途径，实现投资退出。国家完善创业投资企业的投资退出机制。截至 2013 年末，全国备案创业投资企业数量达到 1225 家，总资产 3283 亿元，累计投资了 13615 家企业。

2007 年 7 月 6 日，科技部办公厅、财政部办公厅印发了《科技型中小企业创业投资引导基金管理暂行办法》。科技型中小企业创业投资引导基金支持对象包括从事创业投资的创业投资企业、创业投资管理企业、具有投资功能的中小企业服务机构，以及初创期科技型中小企业。其中创投企业申请支持的条件是：（1）经工商行政管理部门登记；（2）实收资本（或出资额）在 10000 万元人民币以上，或者出资人首期出资在 3000 万元人民币以上，且承诺在注册后五年内总出资额达到 10000 万元人民币以上，所有投资者以货币形式出资；（3）有明确的投资领域，并对科技型中小企业投资累计 5000 万元以上；（4）有至少三名具备五年以上创业投资或相关业务经验的专职高级管理人员；（5）有至少三个对科技型中小企业投资的成功案例，即投资所形成的股权年平均收益率不低于 20%，或股权转让收入高于原始投资 20% 以上；（6）管理和运作规范，具有严格合理的投资决策程序和风险控制机制；（7）按照国家企业财务、会计制度规定，有健全的内部财务管理制度和会计核算办法；（8）不投资于流动性证券、期货、房地产业以及国家政策限制类行业。创业投资管理企业申请支持的条件包括：（1）经工商行政管理部门登记；（2）有至少三名具备五年以上创业投资或相关业务经验的专职高级管理人员；（3）有至少三个对科技型中小企业投资的成功案例，即投资所形成的股权年平均收益率不低于 20%，或股权转让收入高于原始投资 20% 以上；（4）按照国家企业财务、会计制度规定，有健全的内部财务管理制度和会计核算办法；（5）实收资本（或出资额）在 100 万元人民币以上；（6）管理的创业资本在 5000 万元人民币以上。中小企业服务机构申请支持的条件包括：（1）有至少三个对科技型中小企业投资的成功案例，即投资所形成的股权年平均收益率不低于 20%，或股权转让收入高于原始投资 20% 以上；（2）管理和运作规范，具有严格合理的投资决策程序和风险控制机制；（3）按照国家企业财务、会计制度规定，有健全的内部财务管理制度和会计核算办法；（4）具有企业或事业法人资格；（5）有至少两名具备三年以上创业投资或相关业务经验的专职管理人员；（6）正在辅导的初创期科技型中小企业不低于 50 家；（7）能够向初创期科技型中小企业提供固定的经营场地；（8）对初创期科技型中小企业的投资或委托管理的投资累计在 500 万元人民币以上。享受引导基金支持的初创期科技型中小企业的条件包括：（1）具有企业法人资格；（2）职工人数在 300 人以下，具有大专以上学历的科技人员占职工总数的比例在 30% 以上，直接从事研究开发的科技人员占职工总数比例在 10% 以上；（3）年销售额在 3000 万元人民币以下，净资产在 2000 万元人民币以下，每年用于高新技术研究开发的经费占销售额的 5% 以上。

引导方式包括四类：阶段参股、跟进投资、风险补助和投资保障。其中，引导基金的参股比例最高不超过创业投资企业实收资本（或出资额）的 25%，且不能成为第一大股东。引导基金投资形成的股权，其他股东或投资者可以随时购买。自引导基金投入后三年内购买的，转让价格为引导基金原始投资额；超过三年的，转让价格为引导基金原始投资额与按照转让时中国人民银行公布的一年期贷款基准利率计算的收益之和。创业投资机构在选定投资项目后或实际完成投资一年内，可以申请跟进投资。引导基金按创业投资机构实际投资额 50% 以下的比例跟进投资，每个项目不超过 300 万元人民币。引导基金跟进投资形成的股权委托共同投资的创业投资机构管理。引导基金按照投资收益的 50% 向共同投资的创业投资机构支付管理费和效益奖励，剩余的投资收益由引导基金收回。引导基金投资形成的股权一般在五年内退出。共同投资的创业投资机构不得先于引导基金退出其在被投资企业的股权。创业投资机构在完成投资后，可以申请风险补助。引导基金按照最高不超过创业投资机构实际投资额的 5% 给予风险补助，补助金额最高不超过 500 万元人民币。投资保障分两个阶段进行。对"辅导企业"给予投资前资助，不超过 100 万元，主要用于补助"辅导企业"高新技术研发的费用支出。给予投资后资助不超过 200 万元，主要用于补助"辅导企业"高新技术产品产业化的费用支出。

2014 年，第一批科技型中小企业创业投资引导基金阶段参股立项项目共有 13 项，涉及 13 家创业投资机构，支持金额达到 4.4325 亿元。但由于以专利技术为主创业的科技型企业存在巨大的技术风险、市场风险、经营风险等，以专利商业化为主的创业投资实际上非常不足。我国创业投资机构的发展水平总体还较低，不仅数量少，投资额度小，而且投资手段有限，关键在于现有政策没有有效解决技术和其知识产权的质量、价值、价格的识别问题。我国创业投资的定位是有一定规模的中小企业，但由于安全性的考虑，很多商业银行和多数创投风投机构倾向于投资成熟期企业，而不愿投向创新型中小企业，尤其是初创期具有知识产权的企业，造成大量初创型小微企业难以得到创业投资。我国创业投资基金退出渠道不畅通的问题一直没有得到很好解决，尤其是包含知识产权的中小微企业股权债券交易市场发展还不发达，还存在不少技术性问题。我国还缺乏懂技术、懂市场、懂投资、懂知识产权的高水平国际化的战略性投资专家，而此类专家是引导创业投资机构对技术和知识产权进行创业投资的关键。

为促进我国技术及知识产权创业投资，我国应不断完善现有的创业投资支持政策，适当降低现有投资支持政策的申请条件，扩大政策惠及面，尤其是小微企业。一是要大力发展创业投资市场，完善创业投资的退出机制。新建立一批以技术和知识产权为核心的股权、债权交易的市场，完善现有产权交易市场知识产权股权交易的功能和手段，尤其是技术及知识产权的价值评估系统，并对全社会开放使用。二是要加大战略投资专家的培训力度。建立常态化教育培训制度，重点培养一批懂技术、懂市场、懂投资、懂知识产权的国际化的战略投资专门人才。

13.2.2　科技成果转化引导基金

为促进科技成果转化，财政部、科技部于 2011 年 7 月 4 日印发了《国家科技成果转化引导基金管理暂行办法》（财教〔2011〕289 号），明确提出："转化基金主要用于支持转化利用财政资金形成的科技成果，包括国家（行业、部门）科技计划（专项、项目）、地方科技计划（专项、项目）及其他由事业单位产生的新技术、新产品、新工艺、新材料、新装置及其系统等。"该文件还规定了三种引导方式。第一，转化基金与符合条件的投资机构共同发起设立创业投资子基金，为转化科技成果的企业提供股权投资。转化基金对子基金的参股比例为子基金总额的 20% ~ 30%。子基金应以不低于转化基金出资额三倍的资金投资于转化成果库中科技成果的企业，其他投资方向应符合国家重点支持的高新技术领域。第二，转化基金对合作银行向年销售额三亿元以下的科技型中小企业发放用于转化成果库中科技成果的期限一年的成果转化贷款可给予一定的风险补偿，补偿比例不超过贷款额的 2%。第三，转化基金对于为转化科技成果作出突出贡献的企业、科研机构、高等院校和科技中介服务机构可给予一次性资金绩效奖励。

2014 年 8 月 8 日，科技部、财政部又印发《国家科技成果转化引导基金设立创业投资子基金管理暂行办法》（国科发〔2014〕229 号）。该文件首先规定了子基金的设立。子基金募集资金总额不低于 10000 万元人民币，且以货币形式出资，经营范围为创业投资业务，组织形式为公司制或有限合伙制；引导基金对子基金的参股比例为子基金总额的 20%～30%；子基金存续期一般不超过 8 年，在子基金股权资产转让或变现受限等情况下，经子基金出资人协商一致，最多可延长 2 年；申请者为投资企业的，其注册资本或净资产应不低于 5000 万元；申请者为创业投资管理企业的，其注册资本应不低于 500 万元。第二规定了创投管理企业的条件。创业投资管理企业应在中国大陆境内注册，主要从事创业投资业务；具有完善的创业投资管理和风险控制流程，规范的项目遴选和投资决策机制，健全的内部财务管理制度，能够为所投资企业提供创业辅导、管理咨询等增值服务；至少有 3 名具备 5 年以上创业投资或相关业务经验的专职高级管理人员；在国家重点支持的高新技术领域内，至少有 3 个创业投资成功案例；应参股子基金或认缴子基金份额，且出资额不得低于子基金总额的 5‰；企业及其高级管理人员无重大过失，无受行政主管机关或司法机关处罚的不良记录。第三规定了子基金的投资方向。子基金投资于转化国家科技成果转化项目库中科技成果的企业的资金应不低于引导基金出资额的 3 倍，且不低于子基金总额的 50%；其他投资方向应符合国家重点支持的高新技术领域；所投资企业应在中国大陆境内注册。第四规定了引导基金退出的条件和程序。对于发起设立的子基金，注册之日起 4 年内（含 4 年）购买的，以引导基金原始出资额转让；4～6 年内（含 6 年）购买的，以引导基金原始出资额及从第 5 年起按照转让时中国人民银行公布的 1 年期贷款基准利率计算的利息之和转让；6 年以上仍未退出的，将与其他出资人同股同权在存续期满后清算退出。子基金存续期结束时，子基金出资各方按照出资比例或相关协议约定获取投资收益。子基金的年平均收益率不低于子基金出资时中国人民银行公布的一年期贷款基准利率的，引导基金可将其不超过 20% 的收益奖励子基金管理机构。第五规定了子基金托管银行的条件和管理。托管银行应为成立时间在 5 年以上的全国性股份制商业银行；具有专门的基金托管机构和创业投资基金托管经验；无重大过失以及受行政主管机关或司法机关处罚的不良记录。第六规定了收入收缴。引导基金投资子基金的收入包括引导基金退出时应收回的原始投资及应取得的收益、子基金清算时引导基金应取得的剩余财产清偿收入等。所得收入上缴中央国库，纳入中央公共财政预算管理。收入收缴工作由受托管理机构负责，按照国库集中收缴有关规定执行。

由于科技成果转化确实存在一些客观和主观的制约因素，仅靠科技成果转化引导基金难以有效促进科技成果转化状况的显著改善。首先，现有科技成果转化引导基金并没有针对制约科技成果转化的主客观问题进行设计。缺乏要求创业投资管理企业投资管理人员的知识和能力结构，尤其是缺乏技术、法律、管理人才的要求。其次，科技成果转化引导基金总额度较小，地方政府积极性不够，其效果还不很明显。最后，规定的一些条件还比较严苛。如国家科技成果转化项目库中科技成果的企业的资金应不低于引导基金出资额的 3 倍，且不低于子基金总额的 50% 的要求，其他投资方向应符合国家重点支持的高新技术领域，这会导致很多投资难以获得国家科技成果转化引导基金的子基金的支持。

为有效促进科技成果转化，地方政府也应支持成立政府和社会公益资金联合出资成立的地方性科技成果转化引导基金，应明确规定管理国家科技成果转化引导基金设立的子基金的创业投资企业必须拥有技术、知识产权法律和投资实践经验的管理人才团队，应降低国家科技成果转化项目库中科技成果的企业的资金应不低于引导基金出资额的 3 倍，且不低于子基金总额的 50% 的要求；其他投资方向应符合国家重点支持的高新技术领域，所投资企业应在中国大陆境内注册等有关要求，只要有投资科技成果转化的子基金都应当给予政策扶持。

13.2.3　知识产权运用政府引导基金

相对科技成果转化引导基金政策而言，促进知识产权商业化的政府引导资金类型较少，只有财政部办公厅、国家知识产权局办公室于 2014 年印发的《关于开展市场化方式促进知识产权运营服务工作的通知》。该政策第一次明确规定建立知识产权运营政府资金。该政策提出支持在北京等 11 个知识产权运营机构较为集中的省份开展试点，采取股权投资方式支持知识产权运营机构。除了投资全国知识产权运营公共服务平台和西安、珠海两个特色试点平台外，财政部门又拿出 2 亿元作为知识产权运营机构的股权投资，投资北京智谷睿拓技术服务有限公司、中国专利技术开发公司、北京国之专利预警咨询中心等 20 家运营企业。其中，北京市的知识产权运营股权投资由亦庄国际投资公司代持 7000 万元股权，管理七家知识产权运营机构的政府股权投资。中国专利技术开发公司成立中智厚德知识产权运营基金，投资额达到 1 亿元。北京国之专利预警咨询中心成立国知智慧知识产权股权基金，2015 年 11 月 9 日正式发布，首期规模 1 亿元，主要投资于拟挂牌新三板的企业，定期发布"新三板知识产权指数"，定向用于企业知识产权挖掘及开发，旨在帮助国内中小企业有效获取核心技术专利，撬动社会资本参与。2017 年 7 月 18 日，国家知识产权确定苏州、厦门、郑州等 8 个城市开展城市知识产权运营体系建设，每个城市支持财政资金 2 亿元。

此外，地方财政也在积极支持知识产权运营工作。2016 年 1 月，北京市重点产业知识产权运营基金在北京市经济技术开发区宣布正式成立。这是首支由中央、地方财政共同出资引导发起设立的知识产权运营基金，首期基金 4 亿元人民币。其中，中央、北京市、部分中关村分园区管委会三级财政体系投入政府引导资金 9500 万元，引导重点产业企业、知识产权服务机构和投资机构等投入社会资本 30500 万元。采取有限合伙的形式，存续期为 10 年，计划规模 10 亿元人民币。首期重点关注移动互联网和生物医药产业，主要投资于这两个产业中拥有核心专利和高价值专利组合、市场前景良好、高成长性的初创期或成长期企业，或者具有相应产业领域特色的知识产权运营机构。该基金以阶段参股的方式向开展相应产业领域业务的知识产权运营资金进行股权投资，支持发起设立新的知识产权运营基金，并积极引导构建由产业知识产权联盟或知识产权运营机构运行管理的结构优良、布局合理的专利组合（专利池）项目。

虽然我国已经将近 40 亿元财政资金用于支持知识产权运营，但从实际情况看，我国大多数知识产权运营机构还没有建立有效的盈利模式，一些所谓的运营机构只是换了个名头，仍然局限于原有的交易、买卖和许可业务，还有一些运营机构主要目的是为争取政府的运营引导资金，而没有开展实际的运营业务。新成立的一些知识产权运营基金也缺乏有效的投资手段，缺乏具有合理知识结构和能力的运营人才队伍，没有解决知识产权质量识别问题、碎片化问题和投资退出问题。

为有效发挥知识产权运营引导资金的作用，第一，我国应严格知识产权运营引导资金支持的条件，申请支持的运营企业必须建立有效的运营模式。运营机构必须制订实施方案或者规划，实施方案和规划必须经过专家评审和网上公开。第二，优化运营资金投入的方式，除股权投资外，还要开展前期资助、后补助、贷款担保等业务，前期资助投资主要用于对企业、高校、科研机构内部知识产权运营机构的建设，后补助主要用于对转让交易许可成绩显著运营企业的奖励，贷款担保主要用于为运营机构投资基金的知识产权投资活动提供担保等。

13.3　知识产权运用质押融资政策

知识产权质押融资是知识产权权利人将其合法拥有的且有效的专利权、注册商标权、著作权等知识产权出质，从银行等金融机构取得资金，并按期偿还资金本息的一种融资方式。知识产权质押融资是一种近年来区别于传统的以不动产作为抵押物向金融机构申请贷款的新型融资方式，主要是科技型企业以自身合法拥有的专利权、商标权、著作权作为质押物，向银行申请融资。

近年来，我国和一些国家纷纷开展知识产权质押贷款。美国《统一商法典》于 2011年将包括专利权、商标权、著作权、商业秘密专有权等知识产权列入动产范围，美国《专利法》也明确规定专利属于动产。因此知识产权可用于"抵押"。美国《版权法》还规定，抵押是版权转移的一种方式。美国《商标法》也规定，美国专利商标局可以调整知识产权担保品的登记及其法律效力。2013 年，在韩国开发银行支持企业知识产权贷款的基础上，韩国产业银行开始知识产权质押贷款业务，总贷款规模达到 1.665 亿美元，涉及 396家企业。我国于 1999 年首次出现知识产权质押案例，中国工商银行山西省忻州分行以知识产权质押办理了一笔总价值约 200 万元人民币的贷款业务。随后，各地纷纷出现以知识产权为质押融资的案例。

我国知识产权质押贷款政策主要包括以下文件。一是我国 2007 年新的《科学技术进步法》第 18 条规定，国家鼓励金融机构开展知识产权质押业务，鼓励和引导金融机构在信贷等方面支持科学技术应用和高新技术产业发展，同时也鼓励保险公司根据高新技术产业发展的需要开发新险种。该规定为各式知识产权担保提供了法律依据。国务院于 2009年 9 月 19 日发布《关于进一步促进中小企业发展的若干意见》（国发〔2009〕36 号），要求加强和完善中小企业金融服务，其中特别强调要完善财产抵押制度和贷款抵押物认定办法，采取动产、应收账款、仓单、股权和知识产权质押等方式，缓解中小企业贷款抵质押不足的矛盾。国务院于 2014 年发布《关于加快科技服务业发展的若干意见》（国发〔2014〕49 号），其中第七项重点任务要求开展科技保险、科技担保、知识产权质押等科技金融服务，以专利为主的知识产权担保是科技担保的重要内容。国务院于 2015 年发布的《国务院关于新形势下加快知识产权强国建设的若干意见》更是要求完善知识产权信用担保机制，推动发展投贷联动、投保联动、投债联动等新模式。

二是财政部等部门于 2010 年 8 月 12 日发布的《关于加强知识产权质押融资与评估管理支持中小企业发展的通知》（以下简称《通知》，财企〔2010〕199 号），《通知》提出了推进知识产权质押融资工作的五点措施。第一，建立促进知识产权质押融资的协同推进机制，要求各有关部门充分发挥各自的职能作用，加强协调配合以及信息沟通，加快建立起知识产权质押融资协同配合机制，更加有效地推进知识产权质押融资工作。第二，要求创新知识产权质押融资的服务机制，银行等金融服务机构应积极探索和创新知识产权信贷的模式，拓展知识产权质押融资业务，拓宽业务模式，扩大中小企业的知识产权质押融资规模。对于知识产权质押融资的评估工作，《通知》要求促进知识产权、资产评估、法律及财政金融等方面的专业协作，同时也要提升商业银行、融资性担保机构、资产评估机构等组织及有关从业人员的专业能力。第三，建立完善的知识产权质押融资风险管理机制，建立知识产权质押物价值动态评估机制，并建立针对知识产权质押融资的信用评级体系，并鼓励融资性担保机构为知识产权质押融资提供担保服务。第四，完善知识产权质押融资评估管理体系，加强知识产权质押融资质量管理，防范知识产权质押融资风险的发生。应对知识产权质押融资评估机构进行资质认定，只有财经部门批准或认定的评估机构才能开展评估工作。另外，《通知》还要求建立知识产权质押融资评估准则体系，使评估规范化、合理化。第五，建立有利于知识产权流转的管理机制，要求各级知识产权部门要建立动态的信息跟踪和沟通机制，加快知识产权信息沟通平台和知识产权交易市场的建设。

三是国家知识产权局于 2010 年 8 月 26 日发布的《专利权质押登记办法（草案）》。办法规定，国家知识产权局负责专利权质押登记和撤销工作。申请专利权质押登记的，出质人和质权人共同向国家知识产权局提交质押登记申请。专利权质押登记申请经审查合格的，国家知识产权局在专利登记簿上予以登记，并向当事人颁发《专利权质押登记通知书》。质权自国家知识产权局登记时设立。专利权经过资产评估的，申请人还应当提交资产评估报告。专利权质押期间，未经质权人同意，出质人不得转让或者许可他人实施出质的专利权。经质权人同意出质人转让或者许可他人实施出质的专利权的，出质人所得的转让费、许可费应当向质权人提前清偿债务或者提存。因为债务人按期履行债务或者出质人提前清偿所担保的债务，质权已经实现，质权人放弃质权，或者因主合同无效、被撤销致使质押合同无效、被撤销，当事人应当向国家知识产权局办理质押登记注销手续，国家知识产权局向当事人发出《专利权质押登记注销通知书》，专利权质押登记的效力自通知书发出之日起终止。国家知识产权局于 2015 年 4 月发布的《关于进一步推动知识产权金融服务工作的意见》（国知发管字〔2015〕21 号）中则明确要求，建立与投资、信贷、担保、典当、证券、保险等工作相结合的多元化多层次的知识产权金融服务机制。

四是银监会于 2013 年发布的《关于商业银行知识产权质押贷款业务的指导意见》（银监发〔2013〕6 号）。意见提出，商业银行可以接受境内个人、企业或其他组织以本人或他人合法拥有的、依法可以转让的注册商标专用权、专利权、著作权等知识产权中的财产权做质押，按照国家法律法规和相关信贷政策发放贷款或提供其他授信。商业银行要认真按照规定进行贷前尽职调查，针对知识产权的特点确定质物调查的重点，并严格进行贷款担保审查。用于质押的知识产权剩余有效期或保护期要长于贷款期限，专利和著作权的剩余有效期或保护期一般不少于五年。出质人要承诺按时缴纳年费等相关费用，并及时办理相关权利续展手续。商业银行在选择用作知识产权质押贷款的质物时，要从该项知识产权的合法性、有效性、完整性、权属清晰性、经济价值、市场交易可行性等方面作出综合评估。以专利权出质的，商业银行可以要求出质人承诺将来改进专利一并质押；以注册商标专用权出质的，商业银行应要求出质人将在相同或者类似商品、服务上注册的相同或近似商标一并质押；以著作权出质的，商业银行可以要求出质人将其拥有或将来拥有的该著作权改编作品的著作权一并质押。商业银行发放知识产权质押贷款必须办理质权登记，确保商业银行为优先受偿人。知识产权行政管理部门要完善各类知识产权的登记和查询制度，根据实际需要进行修订，简化登记流程，逐步建立和完善统一的电子化知识产权登记系统和查询系统。

我国也有多家银行开始试水知识产权质押贷款业务，一些机构开始试点各种知识产权质押贷款业务，拓宽了具有知识产权的科技型中小企业的融资渠道，为中小企业的创新发展注入了活力。到 2017 年，全国专利质押贷款项目数 4177 项，取得贷款达到 720 亿元。如图 13 - 1 所示。全国商标质押贷款项目数达到 1410 项，取得贷款达到 649.88 亿元。

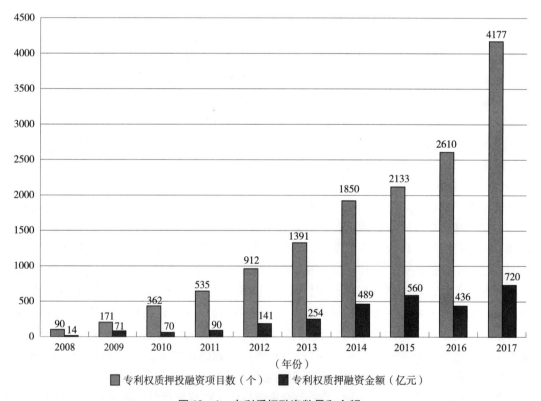

图 13 - 1　专利质押融资数量和金额

目前，我国主要的专利质押贷款业务的模式有五种：（1）直接质押融资模式。这种模式主要是"银行贷款 + 专利权质押"模式，通过银行评估后，专利权人将专利权质押给银行，银行获得专利权质权，发放贷款。（2）间接质押融资模式。主要是"银行贷款 + 专利权质押＋担保"模式。担保包括民间资本担保和政府基金担保两种。专利权人将专利权质押给银行，并取得担保机构的担保，银行获得专利权质权，发放贷款，如果质押人无法还款，担保机构还款。（3）组合质押融资模式。主要是"银行贷款＋专利权质押＋资产质押"模式。资产质押包括股权质押和有形资产质押。专利权人将专利权和资产质押给银行，银行获得专利权以及资产的质权，发放贷款。（4）综合质押融资模式。包括"投贷联动""投贷保联动""投保联动""投贷保联动""投贷保评联动"等模式。投资机构、保险机构、评估机构等对专利权进行投资、保险和评估，银行同意后，专利权人将专利权质押给银行或评估机构，银行或评估机构获得专利权质权，银行发放贷款。（5）专利权许可收益权质押融资模式。即"专利权许可收益权＋银行贷款"模式。这是一种新型的质押贷款模式。经过银行评估，专利权人将专利的许可收益权质押给银行，银行获得专利许可收益权质权，发放贷款。

　　例如，交通银行北京分行推出的"展业通"业务就规定，在北京注册、信用良好总资产在 4000 万元以内，年销售额在 3000 万元以内的小企业可以凭借其拥有的有效期不少于八年的发明专利权，有效期不少于四年的实用新型专利权，或者使用期至少在两年以上、有盈利能力的商标专用权，根据银行聘请的专业评估机构对知识产权的评估价值，从银行获得一定数量的贷款金额。小企业获得贷款的数额依据质押知识产权的不同获得不同的授信额度，其中专利权的授信额上限为其估值的 25%，实用新型为 15%，而商标专用权则可达 30%。但最高贷款金额不得超过 1000 万元，贷款期限为三年。武汉光谷银行就采取了"银行＋担保公司＋评估机构"知识产权质押贷款模式。其流程是，知识产权人向银行提出贷款申请，银行要求知识产权权利人对知识产权进行评估，权利人委托评估机构或担保机构对知识产权进行评估，支付评估或担保费，评估结束后由评估或担保公司发放担保函，并将评估结果通知银行，银行审查通过评估结果后，要求出质人反担保，权利人将其资产和知识产权一起质押给银行，成为出质人，银行成为质权人，发放贷款。在此过程中，政府建立的专项资金资助部分评估费用和担保费用，资助部分贷款利息。

　　近年来，我国地方政府十分积极推进专利为主的知识产权质押贷款。一是给予贷款贴息。对知识产权质押贷款企业给予 10%～15% 的利息补贴，有的地方高达 50%。二是政府担保。政府成立或参与担保公司、担保基金，对知识产权质押贷款企业给予担保。三是风险补偿。政府建立知识产权风险防范基金，在出质人不能按时偿还银行贷款时先行垫付。四是费用补贴。政府对知识产权担保机构给予一定补贴，给予企业知识产权评估费用一定的补贴。五是尽职免责。一些地方的政策允许质权人及银行在知识产权质押贷款中尽职免责，以调动银行积极性。

　　虽然我国对知识产权质押贷款进行了很好的政策设计，但是总体来看，由于银行对知识产权质权实现困难，因此无法解决知识产权权利转移和变现问题。第一，我国的知识产权质押贷款模式还比较单一，质押贷款规模仍然不大，在全国银行贷款中的比例还十分微小。第二，知识产权质押贷款的评估、担保等中介费用较高，在较大程度上影响了知识产权质押贷款的快速发展。普通贷款申请，包括评估费、律师费等在内的中介费高达 15% 左右，超过了企业负担的利息水平，这对企业来说是一个不小的负担。第三，银行贷款额占知识产权价值评估额的比例较低，一般 25% 左右，大多数知识产权质押贷款额较少，不能满足实施的需要。第四,知识产权质押贷款实现难的主要问题在于知识产权价值评估难。由于我国知识产权总体质量不高,加上缺乏专业化、国际化、高水平的知识产权评估人才,质押贷款的风险较大,银行的积极性不高,评估、担保、保险机构的积极性也不高。第五,知识产权质权处置难。如果知识产权质押贷款人无法偿还贷款,银行拿到的只是知识产权质权,银行无法转让和许可知识产权,而我国尚未建立知识产权质权交易的市场。即使将知识产权权利人变更为银行,由于银行主营业务是企业和个人的存贷款业务,所以银行也无法自行实施知识产权。

为了扩大知识产权质押贷款的规模,第一,开发新的知识产权质押贷款模式。如"投贷保""银企保"模式。支持开展多种方式的投贷联动操作。对于普通中小企业知识产权质押融资,鼓励商业银行贷款与风险投资机构开展投贷合作,在风险投资机构对企业质押的知识产权已进行评估和投资的基础上,以银行资本间接参与的方式(即商业银行对风险投资机构进行贷款)进行质押。对于政府认定的高新技术企业或政府项目的知识产权质押融资,政府在为商业银行和投资机构进行信用担保的同时,可对该质押融资项目进行先行投资,这样既可以增强商业银行和风险投资机构的投资信心,也可以对企业或项目提供资金支持。第二,加大政府对知识产权质押贷款补贴的力度。国家和地方政府建立的知识产权运营引导基金应设立知识产权质押贷款补贴基金,对开展质押贷款的银行贷款利息,对评估机构的评估费、担保机构的担保费、保险机构的保险费、创投机构的投资损失等进行高比例的补贴,比例可以达到50%。第三,培养知识产权评估人才。要改革现有的知识产权人才培养模式,重点对涉及知识产权质押贷款评估、担保、保险、投资人才进行科技知识、创新管理、知识产权法律等方面的培训。第四,促进知识产权质押贷款的发展,最重要的是要建立知识产权价值识别的机制,降低识别的成本。因此要统筹完善知识产权收费政策、费用减免政策和地方资助政策,持续、适度地提高知识产权费用标准,减少低质量甚至垃圾知识产权申请,使知识产权费用政策适应知识产权质押贷款发展的新形势。第五,完善知识产权质权处置机制。允许技术交易所、产权交易所等公开市场开辟以质权为标的的知识产权交易或拍卖市场,降低银行知识产权质押贷款由于无法处置质权造成的损失。

13.4 知识产权运用保险政策

知识产权保险是指投保人以授权知识产权为标的向保险公司投保,在保险期间,保险公司按照合同约定向投保人为知识产权维权、服务或转化而支出的法律费用和相关损失进行赔偿的保险行为。其中最主要的是专利保险。专利保险最早起源于美国。1994 年,美国 AIG 集团响应企业界的要求,推出了第一份专利侵权责任保险单。随后,英国、日本也相继推出专利申请保险等专利保险险种,知识产权保险机制逐渐建立起来。

知识产权保险在知识产权转移转化中具有重要意义,是科技金融体系中的重要环节。因此,国家制定了一系列政策支持知识产权保险业的发展。早在 2014 年,国务院就在《国务院关于加快科技服务业发展的若干意见》(国发〔2014〕49 号)中提出,"鼓励金融机构在科技金融服务的组织体系、金融产品和服务机制方面进行创新",开展科技保险、科技担保、知识产权质押等科技金融服务。这是我国首次提出建立包含科技保险在内的科技金融服务体系，以加快国家科技创新步伐，提高技术和知识产权的转移能力的政策。2015 年，国务院在《国务院关于新形势下加快知识产权强国建设的若干意见》（国发〔2015〕71 号）中提出，积极推进知识产权海外侵权责任保险工作，深入开展知识产权质押融资风险补偿基金和重点产业知识产权运营基金试点。同年修订的《促进科技成果转化法》第 36 条也规定："国家鼓励保险机构开发符合科技成果转化特点的保险险种，为科技成果转化提供服务。"这是我国首次将促进科技成果转移转化和知识产权商业化保险服务纳入法律规定之中，将知识产权商业化保险提升到了法律制度层面的高度。2015 年，国家知识产权局在《关于进一步推动知识产权金融服务工作的意见》（国知发管字〔2015〕21 号）中对专利保险工作做出了更加具体的部署，提出了支持保险机构深入开展专利保险业务，完善专利保险服务体系，加大对投保企业的服务保障，鼓励和支持保险机构加强运营模式创新等四项措施，为今后知识产权商业化保险制度和科技金融体系的建立和发展奠定了基础。

2016 年 8 月 8 日，国务院《关于印发"十三五"国家科技创新规划的通知》（国发〔2016〕43 号）对知识产权保险制定了更进一步的政策措施，强调要加快发展科技保险，鼓励保险机构发起或参与设立创业投资基金。同时，"鼓励有条件的地区建立科技保险奖补机制和再保险制度，开展专利保险试点，完善专利保险服务机制"。2016 年 12 月 19 日，国务院《关于印发"十三五"国家战略性新兴产业发展规划的通知》（国发〔2016〕67 号）中也强调，要积极推进知识产权质押融资、股权质押融资、供应链融资、科技保险等金融产品的创新。这些政策为知识产权保险发展提供了重要机遇。

13.4.1　专利保险

目前的专利保险主要包括四类。第一类是专利侵权责任保险。该保险的特征是：（1）专利侵权具有不确定性；（2）专利侵权风险具有风险的一般属性；（3）专利保护不当，其专利就有遭受损失的可能；（4）在保险合同期限内预期的利益可以估算。专利侵权保险的范围包括两类。一是可能遭专利权人追讨的权利以及损失利益等。二是为对抗专利侵权诉讼所支出的费用，包括辩护费用、和解费用和损害赔偿费用，其中辩护费用又可分律师费、专家作证费及申请禁令费用等。一般情况下，保险公司对恶意侵权不保。

第二类是专利执行保险。该保险是专利权人为除去其执行专利权所受到的阻碍及可能的损失所投保的险种。投保理赔范围除专利侵权调查费用外，还包括律师费用和诉讼费用。2010 年年底，佛山市推出了我国首款专利保险产品"专利侵权调查费用保险"。该保险由信达财险承保，理赔范围包括差旅费、公证费等为专利维权前期准备工作支出的调查费用。保险范围仅限于在佛山市禅城行政辖区内注册，并且拥有已授权并且合法有效的发明、实用新型、外观设计专利权的企事业单位、社会团体。国星光电、德众药业等一百余家企业的逾千件专利投保了信达财险公司的专利侵权调查费用保险。2012 年 2 月 20 日，国家知识产权局在江苏省镇江市召开专利保险工作研讨会，并选取北京、武汉、镇江等八个地区作为专利保险试点城市，推行专利执行保险。投保理赔范围除专利侵权调查费用外，还包括律师费、仲裁或诉讼费等费用。2012 年 11 月 30 日，国家知识产权局正式批复福州等 20 个地区开展第二批专利保险试点工作。截至 2012 年 11 月，已有 11 个试点地区和 2 个非试点地区开展保险签单，共实现保费收入 135.18 万元，承保专利数量 954 件，提供保险保障金额 4186.45 万元。

第三类是专利代理责任保险。该保险是针对专利代理中出现的损失设计的险种。主险基准价格是 1000 元/年/专利代理人，执行价格是 300 元/年/专利代理人，附加险是 150 元/年/专利代理人。主险责任限额免赔额为 5000 元或损失金额的 5%，以高者为准，最高不超过 5 万元。首次投保的专利代理机构追溯期为三年，第二年续保的专利代理机构追溯期为四年，第三年续保的专利代理机构追溯期为五年，以此类推，但追溯期最长不超过十年。保险范围包括被保险人为查明和确定保险事故的性质、原因和损失程度所支付的鉴定费、评估费、公证费等必要的、合理的费用，保险人负责赔偿。

第四类是专利申请保险。该保险是一种较为有效的险种。该保险主要针对专利申请阶段发生的侵权行为，以及专利申请失败对该阶段产生的申请费用进行赔偿。其中，侵权后发生的诉讼费用由保险公司按照保险合同规定的保额进行赔付，申请失败的赔偿一般以实际申请费用为准。若专利申请成功，则投保人再次申请专利时一般会获得一定程度的优惠，以鼓励投保人继续投保。

13.4.2 专利运用保险

虽然我国建立了专利保险制度，但只有少数专利保险险种得以实施。总体来说，我国专利保险政策依然处于发展初期，尤其是专利等知识产权转移转化的保险政策一直没有建立起来。虽然《促进科技成果转化法》规定，"国家鼓励保险机构开发符合科技成果转化特点的保险险种，为科技成果转化提供服务"，但我国一直没有制定出科技成果及知识产权转化的保险政策。

由于专利技术商业化保险存在市场失灵问题，转移转化成功率较低，专利技术商业化保险机制建立存在很大困难。专利技术商业化保险存在逆淘汰问题，由于保险企业对专利技术的质量和风险不了解，对专利技术转化提供保险后，低质量的专利权人更愿意参加保险，由于保险公司知道该情况，会不断提高保费率，从而导致参加保险的专利权人越来越少，最后导致该保险险种无法实施。另外，投保金额较大，中小企业难以承受。以知识产权创业平均获得投资 100 万元为投保额计算，若转化创业成功概率为 30%，则最低保险费率为 7%，加上保险企业经费成本和利润，保险费率至少为 9%，年投保额为 9 万元，占将要获得的投资额的近 10%，投保人的积极性不高。

同时，专利技术商业化的各个阶段都存在较大的不确定性。一是专利技术转移阶段的不确定性。由于买卖双方信息不对称，买方企业无法预测专利技术方案能够转化为具体的可实施技术。二是生产阶段的不确定性。当企业尝试将专利技术应用于生产实践中时，可能会遇到一系列不曾预料的问题，如设备限制等，导致无法生产或者新产品不符合预期目标。三是市场化阶段的不确定性。新产品投放市场的前期，由于产品市场前景的不确定，企业面临巨大风险。专利转化的失败通常会对企业的战略制定、主营业务展开、财务状况产生极大的消极影响，严重时甚至可能导致企业破产。因此，专利技术商业化通常具有高风险性。

此外，专利作为典型的知识产权，对于保险公司来说，专利保险本来就是比较陌生的业务领域，保险公司对各行业的专利也相对比较陌生，因此，保险公司在推广专利保险时谨小慎微，导致试点的专利保险产品比较单一，或者设置了比较高的门槛，使得保险产品无法满足市场的需求。由于我国目前有效专利转让和许可率非常低，带来的直接问题便是专利商业化保险的保险费用偏高，保障范围有限，这与投保人的资金需求也有较大差距。

制定知识产权商业化的保险政策，必须解决上述三类问题。第一，要降低知识产权保险的逆淘汰问题。解决该问题就要解决专利质量、风险和价值价格的识别问题。因此要开发科学的价值评估系统。由于专利保险存在市场失灵问题，因此必须对投保专利进行合理评估，在保证投保专利转化成功的同时，引导专利保险市场有序健康发展。在合理价值评估的基础上，计算并选择每个险种最适合的保险费率，解决因保险费率过高而导致中小企业投保难的问题。

第二，要分散专利技术商业化投保额过高的问题。要建立政府担保资金对转化保险进行担保。由于目前国内专利转化成功率低，保险公司对设置专利运用保险心存疑虑，因此政府需要设立担保资金对转化进行担保以扭转专利保险市场的不利局面。

第三，要设计不同阶段的专利保险险种。要完善知识产权险种设计，在完善现有专利侵权责任险，专利执行保险和专利代理责任险的同时，针对专利运用阶段开发专利商业化保险。专利申请保险可参照有关国家的成熟做法，专利运用保险则应主要针对专利技术的转移转化阶段，其中可投保的范围包括专利的专利转让许可、专利技术投资、专利权质押贷款、专利技术评估，要改变目前地方政府保险全部损失的做法，而应该针对投保人的保费进行补贴，对商业化成功的投保人给予一定的奖励（宋河发，廖奕驰，郑笃亮，2018）。

第四，要发展专利商业化保险市场。要引导建设一批支持知识产权商业化的保险机构，分散知识产权转移转化风险。政府可引导建设知识产权保险公司，并引导民间保险机构设立知识产权保险险种，逐渐形成政府引导、市场主导的知识产权商业化保险市场。

第五，要加大专利商业化税收政策的支持力度。要支持保险企业开辟对知识产权质押贷款的保险业务；减免保险公司专利商业化保险产品的增值税；允许知识产权商业化保险费列入 150% 加计扣除范围等。还要建立对投保知识产权商业化保险的保险公司再保险业务。

13.5　知识产权运用担保政策

知识产权担保是指为不侵犯他人知识产权或者涉及知识产权的债权实现提供的保障。知识产权质押是知识产权担保的一种形式，是实现知识产权交换价值的重要手段，与知识产权用益权一同被称作定限知识产权。知识产权非侵权担保主要包括货物买卖、技术交易、知识产权作价入股中的非侵权担保。在知识产权商品买卖中，如果侵犯了第三方国家或权利人的知识产权，买方应承担知识产权的担保义务。《联合国国际货物销售合同公约》第 42 条规定，卖方所交付的货物，必须是第三方不能根据工业产权或其他知识产权提出任何权利或请求的货物。在技术贸易中，技术卖方要对买卖合同的标的物及技术的使用权承担知识产权担保责任。《中华人民共和国技术引进合同管理条例施行细则》第 11 条规定："供方应保证自己是所提供技术的合法拥有者，或者保证自己有权转让或许可该项技术。受让方使用转让或者许可的技术生产或者销售产品如被第三方指控侵权，应当由供方负责应诉；如被第三方指控的侵权成立，受让方的经济损失由供方负责赔偿。"

在知识产权作价入股中，我国《公司法》规定，股东可以用工业产权、非专利技术、土地使用权等无形资产作价出资，但对于作为出资的工业产权，非专利技术等无形资产，必须进行评估作价，核实财产，不得高估或低估作价。为此，作价入股的知识产权权利人必须对知识产权是否合法、是否有风险进行担保，必须确保是知识产权真实权利人，不存在侵权假冒问题，不存在质押权。

知识产权债权实现担保是对知识产权商业化运用出现的风险进行的担保。根据我国《担保法》规定，知识产权担保的目的是为保障知识产权债权的实现。由于知识产权质押贷款或者融资中出现债权实现风险，需要担保的介入。具体包括知识产权质押贷款担保、知识产权作价入股债权实现担保。知识产权质押贷款担保又分为两种，一种是将知识产权作为担保物质押给银行取得贷款，另一种是为知识产权质押的银行债权提供的资金或实物担保，保障银行债权的实现。

我国《担保法》规定符合条件的财物可以作为担保物，担保方式主要包括保证、抵押、质押、留置和定金。知识产权质押贷款的知识产权担保一般是指为了获得银行贷款而将知识产权设定为担保物质押给银行，或者其他机构。如果有知识产权评估机构或其他机构提供知识产权质押贷款担保的，知识产权出质人需要将知识产权或企业股权、实物资产反担保给担保机构，并缴纳担保费。在出质人不履行还款义务时，债权人有权依照法律规定以该知识产权折价或者以拍卖、变卖该财产的价款优先受偿。

但是，由于知识产权价值评估的不确定性，知识产权质权实现的困难，银行和其他机构一般情况下会要求知识产权出质人提供反担保，并要求将企业股权、实物资产等一并进行反担保。但由于很多拥有知识产权的需要贷款的企业是初创企业，核心资产是知识产权，而实物资产少，企业股权不值钱，银行等机构对知识产权质押贷款的积极性不高，知识产权评估机构或其他担保机构对知识产权担保的积极性也不高。即使一些机构愿意开展知识产权质押贷款担保，却往往会收取较高的担保费，担保的额度也不大。

在现实中，担保公司收取的担保业务收费主要有咨询费、评审费和担保费，咨询费、评审费一般为贷款担保额的1%～3%。担保费则按照贷款担保额的利率和期限来计算，一般情况为贷款利率的50%并按实际贷款期限收取，有的公司还按照人民银行同期贷款基准利率的标准下浮50%收取。但对于知识产权质押贷款的质权来说，一般收取的咨询评审费和担保费会更高。

为支持涉及知识产权的担保政策的发展，财政部和国家税务总局于2016年3月24日印发的《营业税改征增值税试点过渡政策的规定》提出，同时符合下列条件的担保机构从事中小企业信用担保或者再担保业务取得的收入（不含信用评级、咨询、培训等收入）三年内免征增值税：（1）已取得监管部门颁发的融资性担保机构经营许可证，依法登记注册为企（事）业法人，实收资本超过2000万元。（2）平均年担保费率不超过银行同期贷款基准利率的50%。平均年担保费率＝本期担保费收入/（期初担保余额＋本期增加担保金额）×100%。（3）连续合规经营两年以上，资金主要用于担保业务，具备健全的内部管理制度和为中小企业提供担保的能力，经营业绩突出，对受保项目具有完善的事前评估、事中监控、事后追偿与处置机制。(4) 为中小企业提供的累计担保贷款额占其两年累计担保业务总额的 80% 以上，单笔 800 万元以下的累计担保贷款额占其累计担保业务总额的 50% 以上。(5) 对单个受保企业提供的担保余额不超过担保机构实收资本总额的 10%，且平均单笔担保责任金额最多不超过 3000 万元人民币。(6) 担保责任余额不低于其净资产的三倍，且代偿率不超过 2%。担保机构免征增值税政策采取备案管理方式。

但是我国知识产权运用担保政策及实施存在着不少问题。一是我国《担保法》第 34 条规定的财产可以抵押的财物依法虽然有"可以抵押的其他财产"，但并没有明确包括知识产权。知识产权是典型的无形资产，相对于银行熟悉的作为抵押物的传统动产和不动产来说，具有无形性和收益不确定的特点，其价值易受企业经营能力、科技进步、政府政策等因素的影响，因此十分容易贬值，这一点在高技术产业专利上体现得尤为明显。例如，通过中国科学院专利在线数据库检索 2016 年专利检索数据，发现国内机器人领域专利平均寿命不足五年，低于全国 6.3 年的平均水平。因此，银行对知识产权的价值确定较为困难，贷款、投资及担保也就难以实行。另外一个重要原因在于，银行、担保公司等金融机构发放贷款及提供担保的关键在于能对贷款项目或被保险财产进行科学准确的价值评估，但由于专利权、商标权、著作权等都是无形资产，进行科学准确的价值评估有较大难度。尽管我国制定了《无形资产价值评估准则》《知识产权评估指南》，但缺乏科学准确的知识产权评估方法，可操作性也不强。

二是知识产权运用担保政策存在不足。当知识产权担保融资成立后，若债务人无法清偿债务，则担保的知识产权能否通过有效渠道进行转让交易以兑现债权是债权人最关心的问题。我国目前的知识产权交易往往通过简单第三方中介模式进行，而中介机构交易方式较为原始，缺乏完整的线上线下联动和交易双方同时参与的机制。另外，我国知识产权价值评估政策也不完善，评估人员的专业素质有待提高，专门的知识产权权威评估机构少之又少。这些都是导致我国虽然出台了知识产权担保政策，但担保业务发展不起来的主要原因。

三是缺乏知识产权运用担保补偿政策。我国现有的担保政策主要是税收优惠政策，而且规定了严格的条件。一些地方开展了针对担保公司担保中小企业贷款的补偿政策，但没有针对知识产权运用的担保费补偿政策，尤其是知识产权质押贷款担保费补偿政策。一些地方政策还对担保对象作了限制，担保费和保证金不能高于一定比例，不能收取额外的评审咨询费等，使得担保公司担保知识产权的积极性更低。

为促进知识产权商业化运用的担保政策发展，第一，要为知识产权运用担保政策的实施提供良好的环境。首先应当建立并完善知识产权交易市场，形成良好的知识产权市场交易环境。使知识产权交易更加顺畅，知识产权质权、担保权和保险更容易变现，免除债权人的后顾之忧。第二，完善知识产权价值评估制度。应制定更加规范和细化的价值评估规则，完善知识产权价值评估方法，建设知识产权价值评估典型案例，进一步支持知识产权价值评估机构的能力建设。第三，建立知识产权运用担保专项资金。鼓励地方政府成立知识产权商业化运用担保基金，对提供知识产权质押贷款、知识产权交易、知识产权作价入股担保的银行、中介机构、担保公司给予高比例的担保费财政补贴，也可以开展再担保业务，给予开展知识产权担保业务的机构一定比例的担保损失补偿。

13.6 小 结

对知识产权投融资是促进知识产权商业化运用的必要条件，但我国知识产权投融资还不发达，知识产权投融资政策还很不完善，知识产权实施运用和科技成果转化率较低。

知识产权投融资体系不仅包括支持知识产权商业化运用的政府引导资金，而且也包括知识产权创业投资资金、风险投资资金、质押贷款、保险、担保等投融资工具。这些政策工具在知识产权商业化运用中具有不同的作用，最重要的是充分发挥政府引导资金的作用，通过弥补市场失灵和激励引导，引导社会投融资机构支持知识产权商业化。

为此，必须完善知识产权商业化运用的环境和基础条件，重点是完善现有知识产权商业化担保保险政策，降低政府担保比例，从补贴损失转向补贴和奖励投保人保费，要完善知识产权交易市场，免除知识产权质押贷款债权、知识产权质押贷款投保人和保险人的后顾之忧。要进一步完善知识产权价值评估制度，基于大数据和互联网来完善知识产权价值评估方法和评估机制，进一步支持知识产权价值评估机构的能力建设。要建立知识产权运用担保专项资金，对提供知识产权质押贷款、知识产权交易、知识产权作价入股担保的机构提供担保费补贴或再担保。

第14章 知识产权产业发展政策

深入实施创新驱动发展战略，建设知识产权强国，必须大力发展知识产权经济。知识产权经济的基础是知识产权产业，知识产权产业的核心是知识产权密集型产业。培育发展知识产权密集型产业，需要完善知识产权检索分析和专利导航方法，将专利分析结果用于指导科技创新、产品研发、产业规划和投融资。发展知识产权经济，需要完善知识产权经济的统计体系，制定相应的支持政策。

14.1 专利导航产业发展

14.1.1 专利导航政策

为贯彻落实党的十八大精神，实施创新驱动发展战略和国家知识产权战略，有效运用专利制度提升产业创新驱动发展能力，国家知识产权局于 2013 年 4 月 3 日发布《关于印发〈2015 年专利导航试点工程实施工作要点〉的通知》（国知发管字〔2013〕27 号），启动实施了专利导航试点工程。专利导航试点工程确定了六大重点任务，包括建立专利导航产业发展工作机制，优化产业专利创造，鼓励专利协同运用，培育专利运营业态发展，完善专利运用服务体系和构建专利导航发展政策支撑体系。

为全面落实上述重点任务，国家知识产权局分类搭建了专利导航试点工程工作平台。按照具有区域特色、优势明显、专利密集、布局合理的要求，布局建设了一批国家专利导航产业发展实验区和专利协同运用试点单位。2013 年 8 月，国家知识产权局确定中关村科技园区等八个产业集聚区为国家专利导航产业发展实验区，确定中国电子材料行业协会等五家行业协会为国家专利协同运用试点单位，确定武汉邮电科学研究院（集团）等 35 家企业为国家专利运营试点企业。为推进专利导航工程，国家知识产权局还制定印发了《国家专利导航产业发展实验区建设工作指引》《国家专利协同运用试点单位培育工作指引》和《国家专利运营试点企业培育工作指引》等政策。

《关于实施专利导航试点工程的通知》所提出的国家专利导航产业发展实验区任务有四项：（1）实施产业专利分析类项目；（2）实施重大经济科技活动知识产权评议类项目；（3）实施专利储备运营类项目；（4）实施产业专利市场培育类项目。国家专利协同运用试点单位的任务主要有五项：（1）建立专利信息利用合作机制；（2）建立专利协同创造机制；（3）建立专利协同运用机制；（4）建立专利联合保护机制；（5）建立专利协同管理机制。国家专利运营试点企业主要任务有四项：（1）建立专利导航企业重大决策工作机制。建立企业知识产权管理体系，建立专利导航企业发展工作机制；（2）专利创造和储备。获取核心专利或基础专利，开展专利布局；（3）加强专利资产管理。加强专利资产日常管理，加强专利资产处置管理；（4）专利运营与产业化。

在国家专利运营试点企业任务中，《关于实施专利导航试点工程的通知》明确要求，要围绕企业发展进行专利分析，绘制企业专利地图，建立企业新品研发和重大技术改造项目专利分析和评议机制，对主要市场及未来市场与企业相关的产品进行动态分析。要获取核心专利或基础专利，形成对核心专利的有效储备。要牵头建立或积极参加专利联盟，构建核心关键技术的专利组合，提升企业科学配置专利攻防组合能力和专利布局能力。要成立专利运营机构，开展专利运营，加强对专利的二次开发和技术孵化。

14.1.2 专利导航内容

国家知识产权局发布的《关于实施专利导航试点工程的通知》提出，专利导航主要包括产业专利分析、知识产权分析评议和专利储备运营，并明确了相应内容。

14.1.2.1 产业专利分析

产业专利分析的工作内容主要由产业情报分析、产业专利分析和产业规划设计三部分组成。产业情报分析包括实验区内部和国内外产业发展环境分析和产业发展路径分析。产业专利分析包括基础专利态势分析，如专利技术发展趋势、专利区域分布、专利主要申请人、专利技术主题、技术路线演进中关键专利分析、重点技术的专利功效矩阵分析、新增或衰退技术主题分布分析、重要专利权人专利技术主题分析。专利价值和运用分析包括专利布局策略分析、专利运用策略分析（专利许可、专利并购、专利诉讼、专利融资、专利联盟、专利标准化等）、专利预警和维权分析。

14.1.2.2 知识产权分析评议

知识产权分析评议是指综合运用情报分析手段，对经济科技活动所涉及的知识产权，尤其是与技术相关的专利等知识产权的竞争态势进行综合分析，对活动中的知识产权风险、知识产权资产的品质价值及处置方式的合理性、技术创新的可行性等进行评估、评价、核查与论证，根据问题提出对策建议，为政府和企事业单位开展经济科技活动提供咨询参考。对于避免知识产权风险具有极为重要的意义❶。

重大科技经济活动分析评议包括三类。一是经济活动。如重大建设项目及产业化项目、重要国际经贸合作项目、重大企业并购与资产重组项目。二是科技活动。如重大科技专项/攻关项目、科技成果转化及产业化项目、重大技术改造项目、重点设备及核心技术进出口与转让项目。三是其他经济科技活动。如采标、制标审查、"337"调查、群体性知识产权侵权调查。

知识产权分析评议的主要内容包括项目背景及评议需求、知识产权调查分析、知识产权评议结论、知识产权评议建议四部分。其中项目背景及评议需求内容有两个部分。一是

---

❶ 韩国知识产权局 2013 年支持了 3885 个政府研发项目专利分析评议项目，2014 年和 2015 年分别为 3214 个和 2829 个。

项目的整体概况简要说明，包括项目的选题过程、项目的当事人（项目管理单位、评议组织单位、项目承担单位、业务承担单位）的情况，及工作任务与职责。二是分析项目在进展过程中所涉及的技术和/或知识产权（专利、商标等）情况，以及遇到的知识产权问题或阻碍，说明项目管理单位和项目承担单位的切实知识产权评议需求。知识产权调查分析主要是通过检索获取的知识产权情报信息，对知识产权信息开展的各项分析过程与提出的结论等。

为指导经济科技活动中的知识产权分析评议工作，保障知识产权分析评议质量，国家知识产权局于 2014 年 12 月 23 日印发了《知识产权分析评议工作指南》。知识产权分析评议的内容主要包括法律类分析模块、技术类分析模块和市场类分析模块。其中法律类分析模块包括：知识产权法律信息查证、知识产权权属关系查证、知识产权法律风险分析、知识产权相关权利义务调查、目标市场知识产权法律环境调查、知识产权相关协议条款审查、知识产权稳定性评价、知识产权保护强度评价等。技术类分析模块包括：专利技术趋势分析、专利技术竞争热度分析、创新空间分析、创新启示分析、技术可代替性分析、技术核心度调查、技术创新度评价、技术成熟度调查等。市场类分析模块包括：产业知识产权竞争状况调查、知识产权关联度调查、目标对象知识产权策略及实力评价、知识产权资产审计与评估、知识产权经济效益调查等。

14.1.2.3　专利储备运营

专利储备运营主要包括专利储备、专利分级和专利运营三个方面。专利储备是根据专利分析的结果、围绕产业规划所确定的重点领域，开展与产业发展相关的核心技术专利、关键零部件专利、企业核心专利及专利组合的储备。主要涉及优质专利培育、专利组合、专利收储、专利托管、专利布局。

专利分级包括专利分类、专利评级、专利价值分析、专利筛选与评估等方面。专利可以分为基础专利、基本专利、核心专利、一般专利四个类型。专利评级是对运营专利按作用、市场价值进行评级。专利价值分析主要包括技术、经济和法律三个维度。法律价值度包括稳定性、有效期、专利侵权可判定性、多国申请、专利许可状况、不可规避性、保护范围指标。技术价值度包括先进性、行业发展趋势、可替代性、适用范围、配套技术依存度、成熟度、技术寿命周期指标。经济价值度包括市场应用、市场规模前景、市场占有率、竞争情况、政策适应性、专利贡献度、市场准入指标。

专利筛选应包括以下五个方面内容：（1）拟收储或托管专利是否符合产业优先储备专利要求；（2）是否属于领域内核心技术、工艺或关键零部件专利；（3）是否是园区或行业内企业急需的专利；（4）专利质量是否符合要求；（5）是否可纳入未来专利池建设。专利筛选后，需进行进一步评估，以确定是否收储或托管。

专利运营是指通过专利的引进、集中和专利价值分析，以许可、转让、维权和投资等方法实现专利市场价值并提高竞争对手准入门槛的过程。专利运营的特点是把专利作为商品进行经营并获取商业利润或实现商业价值。专利运营主要包括：许可与转让、构建"专利池"、专利的二次开发、专利产业化投融资、专利权质押融资、专利的协同运用。

14.1.3　专利导航方法

国家知识产权局发布的《关于实施专利导航试点工程的通知》虽然提出了专利导航分

析和评议、运营的主要内容，但没有提出应分析的最少内容，所提出的一些分析方法大多数是方向性的方法，一些分析内容也没有确定的分析手段和工具。在现有专利导航分析中，许多专利导航分析报告使用的方法不一，分析深浅程度不一，分析结论可使用性不一。尤其是一些专利导航分析方法比较简单，一些分析结论不深入，大多数对企业科研、产品开发、产业投融资、园区发展、产业发展规划编制没有起到应有的指导作用。

深入实施专利导航工程，必须建立专利导航分析的基本规范，明确分析的最少内容，提供确定的分析方法。专利导航方法必须与所要分析的内容相适应，分析结论必须对产品研制、企业创新、产业发展规划编制和产业政策制定具有明确的指导作用。

为适应企业创新和产业发展的需要，专利导航分析的内容应包括至少九个方面：专利基本信息分析、专利生命周期分析、专利技术功效矩阵分析、专利技术优势分析、专利技术依赖性分析、专利技术宽度分析、专利影响分析、核心专利分析、专利法律状态分析。根据专利导航的对象不同，专利导航分析采用的方法也不同（宋河发，2014）。

14.1.3.1 专利导航研发创新和生产经营

专利导航研发创新的主要方法是技术功效矩阵分析法。该方法可用于专利分析指导研究开发方向、创新方式和专利战略布局。通过检索某领域的专利，通过阅读摘要或说明书和权利要求书构建技术功效矩阵图，从而明确专利密集区、稀疏区和空白区。用于指导研发和产品生产销售的技术功效矩阵不同，专利战略布局策略也不相同。如果用于指导研发创新，技术功效矩阵包含的专利应当包括全部公开的相关专利，包括失效的专利。如果用于指导产品生产和销售，技术功效矩阵包含的专利应主要是有效的专利、专利申请。必要的时候要画出有效专利技术功效矩阵图、失效专利技术功效矩阵图和全部专利技术功效矩阵图。

对于研发创新来说，专利战略布局的策略是：（1）在专利密集的区域，科研项目的立项和知识产权战略布局可能会遇到知识产权风险。在这些区域进行原始创新较难。但对于创新能力较强的市场主体，或者在专利密集区域已申请较多专利的主体，为了提升自主创新能力，在专利密集领域占有一席之地，也有必要继续进行研究开发投入和专利战略布局。但创新的方式主要是改进创新，申请改进专利。（2）在专利少的地方则可以进行原始创新，战略布局的策略是申请原创专利。但这些领域也会有较大的风险，这些领域专利少有可能说明这些技术已日趋成熟，不再成为创新的热点，或者说创新的余地较小。最主要的要区分是否是创新的空白点或是否是创新成熟的区域，这应当结合具体技术发展和过去几年专利数量的增长情况进行综合判断。（3）通过将技术功效与技术手段进行一一组合，将功效作为技术改进的目标，从而发现技术问题，由技术问题寻找解决方案，从而申请新的专利。（4）将现有专利的技术手段和功效相结合进行集成创新，申请组合专利，但一定要注意产生协同效果。如表 14 - 1 所示专利导航机械装备研发与专利战略布局策略。

表 14 - 1 专利导航机械装备研发与专利战略布局策略

产业装备专利布局	原始专利	组合专利	改进专利（改进创新）	改进专利（协同创新）
金属加工				
剪切设备		√	√	√
冲压设备		√	√	√

续表

产业装备专利布局	原始专利	组合专利	改进专利（改进创新）	改进专利（协同创新）
锻压设备			√	
冷轧设备		√	√	√
控制装置	√	√		√
热切割设备			√	
热加工设备			√	
抛光设备			√	
一体式机床	√	√	√	√

14.1.3.2　专利导航产业投融资

专利导航产业投资的主要方法是专利技术生命周期分析法，该方法可用于专利分析指导知识产权创业投资、股权并购和知识产权质押贷款。面向产品或技术的专利技术生命周期分为五个阶段：萌芽期、成长期、成熟期、衰退期和再生长期，分别采用技术生长率（α）、技术成熟度系数（v）、新技术特征系数（N）、技术衰老系数（β）四个主要指标及其组合可以确定该产品技术所处的技术生命周期的阶段。如果 a 代表某技术领域当年发明专利申请数或授权数，b 代表某技术领域当年实用新型专利申请数或授权数，c 代表某技术领域当年外观设计专利申请数或授权数，A 代表追溯五年的该技术领域发明专利申请累计数或授权累积数。则其计算公式如下：

（1）技术生长率（v），$v = a/A$

（2）技术成熟系数（α），$\alpha = a/(a + b)$

（3）新技术特征系数（N），$N = \sqrt{v^2 + a^2}$

（4）技术衰老系数（β），$\beta = \dfrac{a + b}{a + b + c}$

技术生长率呈平稳或下降趋势，说明技术生长变慢，趋于成熟。发明专利申请量所占比例逐渐下降，或实用新型增多，说明技术逐渐趋于成熟。新技术特征系数越小，说明创新的速度在下降。技术衰老系数变大说明技术变得衰老。但是这四个指标组合只能产生七种有用的结果，并不是各种组合都具有意义。如表 14 - 2 所示。根据组合，如果技术生长率（α）处于上升阶段，技术成熟度系数（v）处于平稳状态，在新技术特征系数（N）上升，技术衰老系数（β）平稳的情况下，投融资决策是适合进行知识产权创投风投和银行贷款，适合进行研发投入和专利战略布局，而不适合进行股权投资与并购。

表 14 - 2　专利技术生命周期分析与专利战略布局

序号	A	v	N	β	生命周期	阶段	创投风投	股权投资与并购	银行贷款
1	上升（慢）	平稳	上升	平稳	萌芽期	0 - A	Y		Y
2	上升（快）	平稳	上升	平稳	成长期	Z - B	Y		Y
3	上升	下降	上升	平稳	成熟期	B - C 左	N	Y	Y
4	上升	下降	平稳	平稳	成熟期	B - C 中		Y	Y

序号	A	v	N	β	生命周期	阶段	创投风投	股权投资与并购	银行贷款
5	平稳	下降	平稳	下降	成熟期	B－C右		Y	Y
6	平稳	下降	下降	平稳	衰退期	C－D左	N	N	N
7	平稳	下降	下降	下降	衰退期	C－D右	N	N	N

14.1.3.3 专利导航产品开发

专利导航指导产品开发常用的主要方法是结合技术预见的专利产品竞争分析，可用于专利分析指导产品开发的路线图。利用技术预见进行专利布局分析主要是利用技术预见的情景分析方法提出不同的情景，并结合现有市场中具有竞争性的专利产品的专利数量和发展趋势，研究竞争技术和产品的未来发展方向。一般有三个步骤，第一步分析有哪些具有竞争性的专利产品类型。第二步是进行专利检索，并分析其发展趋势和特征。第三步是通过情景分析，分出乐观、中观、悲观三种情景下的初始产量、市场容量、竞争系数和增长率，再运用竞争模型进行模拟，预测产品技术发展趋势和技术替代的可能时间（宋河发，2014）。

14.1.3.4 专利导航产业规划制定

专利导航产业规划制定主要是核心专利培育策略和研发投入政策制定。一般的专利导航产业发展规划应包括知识产权基础条件平台建设、知识产权战略布局与核心专利培育、知识产权运营体系建设、企业知识产权创造运用主体地位培育、知识产权密集型产业发展等。产业规划制定方法是利用专利导航结果的重点产业选择、产业重点技术选择和研发投入政策、专利资助政策、平台建设政策、人才支撑政策制定等。例如，某市陶瓷机械制造业核心专利培育策略是以节能环保、延长寿命、提高适用性和安全性为重点，在陶瓷机械控制装置、打印装置、排污除尘、磁选装置等技术领域培育形成一批核心专利、专利组合和知名品牌。通过专利分析，还明确了该市装备制造业传统优势领域和优先发展领域的"核心专利培育"政策：在陶瓷机械、纺织机械、家具装备、光电、机器人等领域充分依托自主知识产权，引导国内外企业牵头或积极参与重要装备制造业技术标准研究制定，使专利成为技术标准的必要专利，使标准成为包含必要专利的技术标准。以机器人、LED、陶瓷机械、纺织机械、家具装备、模具为主攻方向，完善设计、集成、服务等关键环节，强化技术攻关和质量建设，打造一批具有自主知识产权和特色优势、竞争力强、市场信誉好的国际知名品牌。

14.1.4 专利导航案例

2013年8月30日，国家知识产权局确定郑州新材料产业集聚区等为首批国家专利导航产业发展实验区。郑州新材料产业集聚区产业领域为超硬材料。国家知识产权局批准后，郑州市政府就成立了国家专利导航产业发展实验区建设工作领导小组。经过三年的发展，初步建成了具有全国示范引领作用的超硬材料产业专利导航产业发展实验区。一是建设超硬材料产业研发专利信息服务平台。在园区建设初期，根据超硬材料产业技术领域细分及实验区企业签约入驻情况，制定了《郑州市新材料专题专利数据库建设方案》。已完成郑州市新材料专题专利数据库第一阶段的组建工作，实施了郑州市新材料专题专利数据库功能建设项目。二是筹备建设创新创业综合体。借助郑州四维特种材料有限责任公司与北京航空航天大学材料学院成果转化合作，统筹打造园区成果转化平台。与机械工业第六设计研究院开展合作，初步确定项目选址，制定出项目总体规划初稿，筹备打造导航实验区创新创业综合体。三是制定了超硬材料产业专利导航技术发展路线图。与某审查协作中心合作，以全景模式明确超硬材料产业发展的基本方向和趋势，并从专利导航产业发展角度出发，为其发展制定了科学的技术引导，绘制了《专利导航郑州超硬材料产业发展信息图》。四是组织实施重点微观专利导航项目。根据《专利导航郑州超硬材料产业发展信息图》确定的重点发展环节，选取了白鸽磨料磨具有限公司、郑州磨料磨具磨削研究所、富耐克超硬材料股份有限公司作为"微导航"项目的试点企业，重点在 CBN 刀具及高端磨具方面进行重点支持。五是开展细分领域专利分析。针对企业特殊需求，邀请专业知识产权服务机构对需求企业进行细分领域专利分析，引导企业技术创新，帮助企业制定技术发展路线图。

郑州国家新材料专利导航产业发展实验区专利导航主要有五个方面内容。一是导航产业发展规划、顶层设计和产业布局。根据郑州新材料产业信息图，实验区制定了发展规划，将重点新材料产业包括碳纤维、石墨烯等纳入园区总体布局中。开展专利导航后，对全区的整个环境进行完善，纳入新项目，为打造千亿级的产业集聚区打下了基础。二是导航招商。围绕专利导航对主导产业进行招商，主导产业优先得到发展。经过专利导航发现了国内一些专利优势企业，实验区及时调整发展规划将其纳入招商范围。尤其是对规模比较小但专利技术好的企业及时优先调整用地指标。三是导航科研。针对不同的企业实行分级管理，针对专利导航基础比较好的企业、导航工作需要提升的企业和专利导航比较薄弱的企业实施分类导航，收到很好的效果。四是导航发展。专利导航与实验区产业发展深度融合。郑州四维特种材料有限责任公司是一家碳纤维企业，但国内有 8 家碳纤维企业，经过专利导航分析后认为，该公司有优势，通过导航对企业技术进行挖掘，截至 2016 年年底已经申请 24 项专利，产品也顺利通过了国家检测。五是导航市场，优化产品结构。华晶金刚石公司是我国最大的三个人造金刚石企业之一。人造金刚石市场很大，但企业规模发展到一定程度很难有大的突破。实验区指导华晶公司开展专利导航分析，邀请印度、中国台湾、美国、日本、俄罗斯的技术专家召开研讨会，目标是瞄准施华洛世奇打造一个新的产业，通过融资平台融资 46 亿元，已形成了年产 700 克拉的宝石级项目。

郑州国家新材料专利导航产业发展实验区在超硬材料制品应用领域开展专利布局，抢占产业链价值高端，对郑州新材料产业集聚区的发展发挥了显著的提升作用。郑州市政府出台《郑州超硬材料产业创新发展规划》，实验区顺利完成实验区第一阶段任务，转入企业微导航阶段，启动了专利运营工作等，多次受到国家知识产权局的表扬，为全国专利导航产业发展实验区建设起到了示范作用。该实验区成立三年来，专利申请量从 2013 年的

500 件上升到 2015 年的 1180 件，每万人口发明专利拥有量达到 6.39 件❶。

14.2 专利密集型产业

专利导航产业发展最关键的是要形成专利密集型产业。美国、荷兰、瑞典、德国、芬兰、英国、澳大利亚、日本等国较早就开展了知识产权密集型产业的研究。2002 年 7 月，世界知识产权组织开展了版权产业经济贡献的测度研究，版权产业包括出版与文献、音乐、戏剧、歌剧、动画与视频、广播电视、摄影、软件与数据库、视觉与图形艺术、广告服务、版权集中管理等（Dimiter Gantchevthe，2004）。

2013 年 9 月 30 日，欧盟内部市场协调局与欧洲专利局发布了名为《知识产权密集型型业：在欧洲对经济及就业的贡献》的报告，该报告将知识产权密集型行业定义为知识产权数量与员工比率高过其他行业的行业。欧盟将就业人口知识产权数量高于平均值的产业作为知识产权密集型产业。专利数据是授权的数据，其他知识产权是申请的数据。专利数据考虑了 3~4 年的申请到应用的时间差。第一步，确定哪些产业拥有知识产权；第二步，确定这些产业就业和增加值；第三步，进行比较。共确定了 22 个部门，88 个类，272 组和 615 个类。直接密集型产业是根据可统计的知识产权预期产业代码的增加值计算得出的，间接密集型产业计算的方法是用每千人就业的专利、商标、工业设计等的数量进行计算的。版权密集型产业主要采用 WIPOD2002 年研究的分类，并参考了美国版权产业目录，用增加值除以就业人数计算。

2016 年 10 月 25 日，欧洲专利商标局和欧盟知识产权局联合发布了《知识产权密集型产业及其在欧盟的经济表现》的报告。该报告显示，知识产权密集型产业为欧盟创造了超过 42% 的国内生产总值，达到 5.7 万亿欧元，其中商标 36%，专利 15%，设计 13%，版权 7%。在欧盟对外贸易中占据了约 93.2% 的份额。2011~2013 年，知识产权密集型产业直接提供了欧盟 28% 的就业机会，直接雇用 6000 万人，加上间接就业，就业总量达到 8200 万人，占总就业人数的 38%，平均薪资水平也比非知识产权密集型产业高出约 46%。

2012 年 4 月 11 日，美国经济和统计管理局、专利商标局发表了《知识产权与美国经济：焦点产业》报告，认为美国经济整体依赖于某种形式的知识产权。2016 年 10 月，美国又发布了《知识产权和美国经济 2016》的报告。该报告认为，美国知识产权密集型产业增加值 2014 年达到 6.6 万亿美元，较 2010 年的 5.1 万亿美元增长了 29.4%，对美国 GDP 的贡献为 38.2%，比 2010 年提高了 3.6 个百分点。知识产权密集型产业共产生了 4550 万个工作岗位，代表美国 30% 的就业，其中商标、版权和专利密集型产业 2014 年分别为美国经济贡献了 2370 万个、560 万个和 390 万个工作岗位，而 2010 年的数据分别为 2260 万个、560 万个和 380 万个工作岗位。知识产权密集型产业工作者平均每周工资是 1312 美元，比从事非知识产权密集型产业工作者的收入高 46%。知识产权密集型产业 2014 年的商品出口总值为 8420 亿美元，占美国商品出口的 52%。

---

❶ 案例根据郑州国家新材料专利导航产业发展实验区党工委书记、管委会主任方本选在 2016 年 12 月 22 日的发言并结合有关材料整理而成。

我国也加快了知识产权产业的统计工作。2015 年 12 月，国家知识产权局发布了《国际专利分类与国民经济行业分类对照（试用版）》。国际专利分类与国民经济行业分类双向参照关系表涉及专利技术的国民经济行业小类共 680 个，分属于三次产业的七个门类产业，建立的检索式 1.9 万余条，涉及 900 余万件发明专利和实用新型专利文献的国民经济行业分类标引。

按照某产业（行业）五年平均发明专利授权量除以该产业（行业）五年平均就业人数来计算该产业（行业）发明专利产业密集度，显示全国国民经济大类行业发明专利密集度前 12 位的依次是：75 科技推广和应用服务业，74 专业技术服务业，67 资本市场服务，04 渔业，73 研究和试验发展，65 软件和信息技术服务业，C 制造业，51 批发业，81 其他服务业，63 电信、广播电视和卫星传输服务，57 管道运输业，72 商务服务业。在全国工业大类行业中，发明专利密集度前 11 位行业分别为：12 其他采矿业，39 计算机、通信和其他电子设备制造业，07 石油和天然气开采业，41 其他制造业，27 医药制造业，35 专用设备制造业，40 仪器仪表制造业，34 通用设备制造业，16 烟草制造业，38 电器机械和器材制造业，26 化学原料和化学制品制造业。在全国工业中类行业中，发明专利密集度前 10 位的行业是：069 其他煤炭采选，392 通信设备制造，419 其他未列明的制造业，409 其他仪器仪表制造业，358 医疗仪器设备及器械制造，120 其他采矿业，071 石油开发，349 其他通信设备制造业，276 生物药品制造，273 中药饮片加工。

2010 ~ 2014 年，我国专利密集型产业研发经费投入占主营业务收入的比重达到 1.3%，远高于所有工业产业 0.7% 的平均水平；每年提供 2631 万个就业机会，以占全社会 3.4% 的就业人员创造了超过全国 1/10 的 GDP，劳动者报酬占比为 9.4%；总资产贡献率五年平均为 15.4%，比非专利密集型产业高出 1.2 个百分点；工业增加值合计为 26.7 万亿元，占 GDP 的比重为 11.0%，年均实际增长 16.6%，是同期 GDP 年均实际增长速度（8%）的两倍以上；新产品销售收入占主营业务收入的比重为 20.7%，出口交货值占销售产值的比重是 19.3%，分别是同期所有工业产业平均水平的 1.8 倍和 1.7 倍。

2016 年 10 月 11 日，国家知识产权局印发了《专利密集型产业目录（2016）（试行）》的通知（国知法规字〔2016〕76 号），发布了专利密集型产业目录。共分基础信息产业、软件和信息技术服务业、现代交通装备制造业、智能装备制造业、生物医药产业、新型功能材料产业、高效节能环保产业、资源循环利用产业八大产业 48 个中类产业。其中，42 个工业专利密集型产业中有 41 个是战略性新兴产业，占比为 98%；有 28 个是产业关键共性技术所属行业，占比为 67%；40 个制造业中专利密集型产业有 39 个为中国制造 2025 所属产业，占比为 98%；有 18 个是高技术制造业，占比为 45%。

知识产权密集型产业计算方法主要用于区分哪些产业是知识产权密集型产业，哪些产业不是密集型产业，这对于制定产业政策具有重要的理论意义。虽然欧盟和美国的专利密集型产业用增加值除以就业人数的方法计算，而我国专利密集型产业采用的是产业的五年平均专利授权数量除以五年平均就业人数的方法计算，但欧美这种方法只是将专利数量与产业增加值放在一起计算，并不能真正确定专利对经济的实际贡献。专利是否对密集型产业有实际性贡献并没有计算，有很多专利可能没有对产业增加值产生贡献。我国也存在类似的问题。

要确定知识产权密集型产业，必须改进密集型产业的计算方法。

第一，要确定知识产权产品的计算方法。首先应确定各个国民经济四位码产业的知识产权申请量和工业增加值。这需要针对各类四位码产业构建专利检索逻辑式，检索出各个产业的专利、商标、软件、植物新品种、集成电路布图设计等知识产权的数量。

第二，要确定哪些知识产权对密集型产业作出了贡献。知识产权数量应包括申请量、授权量和有效量。仅仅计算授权量并不能完全反映对密集型产业有贡献的知识产权数量，其中一些专利可能已被无效，一些专利对密集型产业的产品仅有创新上的参考作用，而没有对密集型产业的产出产生实质性的不可或缺的贡献。相对合理的知识产权数量应当是有效数量，有效数量才能对专利密集型产业的发展起到支撑作用，才能产生贡献。而有效数量包括授权有效数量和处于申请中的有效数量。最为合理的应当是有效专利的权利要求能够覆盖密集型产业产品。只有密集型产业的产品生产销售无法避开的专利才能对密集型产业发展起到不可替代的支撑作用。因此应当确定产品是否对专利等知识产权产生侵权的方法。

第三，计算是否是知识产权密集型产业。目前确定是否是知识产权密集型产业主要用知识产权的数量除以就业人口，这种方法还不科学。根据知识产权密集型产业的定义，为了鼓励知识产权密集型产业的发展，知识产权密集型产业应当用单位知识产权产生的增加值计算，如果超过了平均水平则为知识产权密集型产业，否则为非密集型产业。

具体而言，对于专利、商标、软件、植物新品种、集成电路布图设计等知识产权而言，知识产权密集型产业是指单位侵权有效知识产权产生的增加值超过平均水平的产业。对非登记和授权的技术秘密专有权、版权而言，可以采用间接方法计算，用增加值除以知识产权数量作为知识产权密集型产业的计算方法，单位知识产权的增加值超过平均水平的产业为知识产权密集型产业。

对于包含两类及两类以上知识产权的产业，对于既包含登记授权知识产权又包含非登记授权知识产权的产业，尤其是包含专利与商标的产业，应当对不同类型知识产权产生的增加值进行分割，分别计算不同类型知识产权产生的增加值。也可以根据不同知识产权对密集型产业增加值的贡献度的权重进行加权综合，确定全部类型知识产权产生的增加值，如果超过平均水平就是知识产权密集型产业，否则就不是知识产权密集型产业。

建立知识产权密集型产业统计体系后，要制定知识产权密集型产业发展政策。一是根据制定的知识产权密集型产业优先发展目录，给予相应的财政投入支持政策和增值税、所得税等税收优惠政策。二是要支持建立知识产权密集型产业实验区，开展知识产权密集型产品推广、密集型企业培育、密集型产业公共服务平台建设。三是要实施知识产权成果应用示范工程，布局建设一批重大知识产权转化示范区和基地，推动形成产业链完善、知识产权密集、特色鲜明的知识产权密集型产业创新集群。

14.3　知识产权经济

知识经济主要表现为知识产权经济。为发展知识产权经济，首先需要对知识产权经济进行统计。目前有很多人研究了知识产权对经济的贡献度，如用索罗剩余方法、柯布－道格拉斯方法研究知识要素的经济贡献。还有一些人将知识产权单独从剩余中分离出来测度知识产权的经济贡献度，但这种方法最大的问题是假定过去一段时间技术和知识产权是中性的，而且一些模型还假定劳动力和资本中不含技术和知识产权。

2009 年，联合国统计委员会召开第 40 届会议，通过了新的国民经济核算统计标准《2008 年国民账户体系》（SNA—2008）。与 SNA—1993 相比，SNA—2008 主要有三个方面的变化。一是资产分类中的词语名称发生变化，将"无形资产"更名为"知识产权产品"。二是资产内容的扩充，新增"研究与开发"和"数据库"两个类别。三是对专利的处理发生变化，将无形资产下的"专利权实体"取消，纳入固定资产中的"研究与开发"。因此，知识产权分为五类：研究开发成果，矿藏勘探与评估，计算机软件与数据库，娱乐、文学或艺术品原件，其他知识产权产品。

美国于 2013 年 7 月 31 日正式将知识产权纳入 GDP，美国经济分析局（BEA）公布了根据新方法核算得出的国内生产总值（GDP）。数据显示，新方法核算的 GDP 比老方法核算的 GDP 多出了 3.6%，即 5598 亿美元，相当于每个美国人增加了 1783 美元。新方法"把研究开发支出算作产出而不是成本"，这个改变使美国 GDP 增加了 2.5%，图书、电影和音乐版权产业为 GDP 贡献了另外 0.5 个百分点。研究开发、版权等是最新版国民账户体系（System of National Accounts of 2008，SNA—2008）所称的知识产权产品（Intellectual Property Products）。

2017 年 7 月，国务院批复了国家统计局《关于报请印发〈中国国民经济核算体系（2016）〉的请示》。我国根据《国民账户体系 2008》（SNA—2008），借鉴其他国家的经验和做法，对《中国国民经济核算体系（2002）》进行了全面系统的修订，形成了《中国国民经济核算体系（2016）》。取消了原有的"无形生产资产"的概念，引入了"知识产权产品"概念，将知识产权产品等纳入非金融资产的核算范围。修订了"资本形成总额"指标，包含了研究和开发、娱乐文学艺术品原件等知识产权产品。调整了研究与开发支出的处理方法，将能为所有者带来经济利益的研究与开发支出作为固定资本形成计入国内生产总值而不再作为中间投入。

实际上，SNA—2008 这种计算知识产权经济的方法虽然比较简化，但并不科学。其主要原因在于，没有计算知识产权产品或服务产生的增加值在整个 GDP 中的比例。非登记授权的版权产业等采取增加值计算的方法，这种方法可以计算其对经济的贡献度。但对于专利、商标等需要经过登记授权的知识产权来讲，这种计算方法并不科学。尤其是将研究开发直接计入，没有反映研究开发投入到底产生了多少产业不可避免要使用的知识产权，也没有反映专利商标类知识产权对增加值贡献是否是必要的，不可或缺或者说是侵权的。研发投入只能是投入，不应作为固定资本，但研发投入只是固定资本的成本，而且研发投入还会较多地形成知识产权等无形资本。研究开发投入不能反映研究开发形成的固定资本和无形资本的价值。此外，固定资本折旧和无形资本摊销也只是经济产出的中介环节，不是最终计入 GDP 的企业增加部分等。

此外，我国长期以来实行的分散的专利、商标等知识产权审查体制和地方知识产权行政管理体制与执法体制，不仅导致整个知识产权体系审查、管理、执法和服务效率低下，而且也引起国外不满，国内创新主体不满。最突出的问题是无法形成知识产权保护的强大合力，离中央关于实行"严格知识产权保护"的要求差距甚大，无法有效支撑知识产权产业发展，无法制定统一有效的知识产权政策，培育集专利、商标、版权（尤其是工业版权）等知识产权一体的知识产权产品和自主知识产权产品，发展知识产权密集型产业，发展知识产权经济，在一定程度上影响了我国产业转型升级和经济社会健康发展。

最合理的知识产权经济贡献度统计应当包括如下步骤。第一步，统计调查各个国民经济四位码产业产品的知识产权。只有对产品生产制造、使用、销售（许诺销售）、进口产生侵权的知识产权包括专利权、商标权、软件著作权、植物新品种权、集成电路布图设计专有权等知识产权才能作为计算依据。这些产品是知识产权产品。而对于非登记授权的知识产权如著作权、技术秘密专有权，也需要认定企业的主导产品是否对其知识产权产生了侵权。如果侵权也是知识产权产品，因此知识产权产品是"拥有不侵权就无法实施的专利等（技术类）知识产权"和"拥有不侵权就无法实施的商品注册商标专用权等标识类知识产权"的产品。自主知识产权产品是"拥有绝对多数或相对多数不侵权就无法实施的专利等（技术类）知识产权"和"拥有不侵权就无法实施的注册商标专有权等标识类知识产权"的产品。判断产品是否是知识产权产品和自主知识产权产品，首先必须判断该产品是否对一项或几项专利、商标等类型的知识产权产生了侵权，只有产生侵权的产品才能被认定为知识产权产品，只有产生侵权的自有专利和商标同时在创新产品的产生侵权的全部专利或商标中占据绝对多数或相对多数，才能被认定为自主知识产权产品或自主创新产品。在实践中，知识产权产品认定应由有资格的第三方知识产权鉴定机构认定。通过公开、异议、复议和救济制度以保障认定工作的合法性（宋河发，2016）。

第二步，计算包含必要知识产权的产品的增加值。对于知识产权产品，通过计算生产知识产权产品和提供知识产权服务的企业的增加值就可以得到知识产权产业的增加值。对于既包含知识产权产品也包含非知识产权产品的企业，需要将其营业收入和增加值根据知识产权与非知识产权的贡献进行分割计算。

第三步，计算知识产权经济的贡献度。将知识产权产品企业增加值分割后得出的知识产权增加值加总就可以计算出知识产权的 GDP，用此加总的知识产权增加值除以 GDP 就可以计算出知识产权经济的贡献度。具体计算方法是，按国民经济产业分类，按照企业类型的产品进行分类，以生产该产品的企业作为样本，从中随机抽样，统计知识产权产品或服务的销售收入和工业增加值。用全部知识产权产品增加值除以 GDP 就可以得到知识产权经济贡献度。

14.4 小 结

本章梳理了我国专利导航和专利密集型产业发展的政策，研究了知识产权经济的统计方法。为提升科研创新效率，促进企业和产业创新发展，需要进一步开发专利导航方法，尤其是技术功效矩阵、技术生命周期、技术预见等方法，用于专利分析导航研究开发、生产经营、产品开发、专利战略布局、产业政策制定等，也需要完善专利导航工程的相关政策，尤其是要制定专利导航分析的手册和指南。

发展知识产权密集型产业，要建立知识产权密集型产业统计体系，制定知识产权密集型产业发展政策，发展知识产权密集型产业集聚区。高附加值产业、高新技术产业、战略性新兴产业的本质无一不是知识产权密集型产业。知识产权密集型产业应当是我国继高新技术产业、战略性新兴产业之后的又一个国家战略性产业，我国应当制定有效的财税政策鼓励和支持知识产权密集型产业的发展。

　　发展知识产权经济，提高知识产权对经济社会发展的贡献度，是各国的共识，也是大势所趋。发展知识产权经济，要完善知识产权经济统计方法，统计调查各个国民经济四位码产业产品或服务的知识产权。要计算包含必要知识产权的产品或服务的增加值，由此可以计算知识产权经济对整个经济的贡献度。发展知识产权经济，要引入知识产权产品和自主知识产权产品认定制度，以此为条件建立专利、商标等知识产权集中审查和执法管理体制。

第 15 章　知识产权服务体系发展政策

知识产权服务体系是知识产权创造和运用的基础设施，是知识产权工作的基础条件，对于知识产权强国建设具有重要的意义。目前，我国知识产权服务体系建设还较为落后，各类知识产权服务业发展还很不平衡。建设知识产权强国，必须加强知识产权公共服务体系的建设，引导社会化服务体系健康、快速发展。

15.1　知识产权服务体系

2012 年 11 月 13 日，国家知识产权局、国家发展和改革委员会、科学技术部等部门印发了《关于加快培育和发展知识产权服务业的指导意见》的通知（国知发规字〔2012〕110 号），指出"知识产权服务业，主要是指提供专利、商标、版权、商业秘密、植物新品种、特定领域知识产权等各类知识产权'获权—用权—维权'相关服务及衍生服务，促进智力成果权利化、商用化、产业化的新型服务业，是现代服务业的重要内容，是高技术服务业发展的重点领域"，并将知识产权服务业划分为知识产权代理服务业、知识产权法律服务业、知识产权信息服务业、知识产权商用化服务业、知识产权咨询服务业、知识产权培训服务业六大类服务业。

因此，从类型出发，知识产权服务体系可以分为知识产权代理服务体系、知识产权法律服务体系、知识产权信息服务体系、知识产权商用化服务体系、知识产权咨询服务体系、知识产权培训服务体系六大类知识产权服务体系。知识产权服务体系属于中介服务业，在国家创新体系和知识产权体系中处于政府、企业、高校和科研机构之间，主要任务是促进各类知识产权创造、运用、保护和管理主体之间的联系互动，提高知识产权要素流动效率，进而提高知识产权创造、运用、保护和管理的效率。

从公益性出发，知识产权服务可分为公共服务和社会化服务两类。因此，知识产权服务体系也可分为知识产权公共服务体系和知识产权社会化服务体系两类。知识产权公共服务体系是知识产权事业发展的基础设施体系，是保障整个知识产权体系正常运行的基本条件。知识产权社会化服务体系主要是指知识产权社会中介服务体系，是知识产权体系的主要组成部分，是支撑知识产权强国建设的重要载体。

15.2　知识产权公共服务体系

知识产权公共服务体系具有以下特征。一是基础性。知识产权公共服务体系所提供的知识产权公共服务是所有知识产权创造、运用、保护和管理活动不可或缺的要素。二是准公共物品性。知识产权公共服务体系提供的公共服务类似于公共物品，具有一定非竞争性和非排他性。公共服务体系提供的知识产权服务的生产成本不会随着消费的增加而增加。当某人使用知识产权公共服务体系所提供的服务时，不能禁止他人使用。三是规模性。知识产权公共服务只有达到一定规模时才能提供有效的知识产权服务，小规模公共服务不能有效发挥作用。

建设知识产权强国，必须建设有效支撑知识产权创造、运用、保护和管理的知识产权公共服务体系。从上述特征出发，知识产权公共服务体系应主要包括知识产权信息服务体系、知识产权人才服务体系、知识产权文化服务体系、知识产权园区体系四大类体系。

15.2.1　知识产权信息公共服务体系

知识产权信息服务是知识产权创造、运用、保护和管理的基础，也是知识产权代理、法律、咨询、商用化、培训服务的基础，因此，知识产权信息服务体系是最基本的知识产权公共服务体系。中华人民共和国成立后，尤其是建立现代知识产权制度后，我国十分重视知识产权信息服务体系的建设，在成立专利局和商标局时，就建立了专利信息检索系统和商标查询系统。随着信息技术的快速发展，我国不断推进知识产权信息服务的体系化建设工作。

2006 年 12 月 31 日，科技部印发《关于提高知识产权信息利用和服务能力，推进知识产权信息服务平台建设的若干意见》（国科发政字〔2006〕562 号），要求"加快推进知识产权信息服务平台建设，要求建设和完善各种类型的知识产权信息库，建立知识产权信息服务平台向社会开放与服务的运行机制，加强知识产权信息服务平台与其他科技信息服务平台的相互支撑"。2008 年 6 月 5 日，国务院发布《国家知识产权战略纲要（2008 ~ 2020 年）》（国发〔2008〕18 号），明确提出要"构建国家基础知识产权信息公共服务平台。建设高质量的专利、商标、版权、集成电路布图设计、植物新品种、地理标志等知识产权基础信息库，加快开发适合我国检索方式与习惯的通用检索系统"；"促进知识产权系统集成、资源整合和信息共享"。近年来，我国十分重视知识产权信息服务体系的开放共享。2015 年 12 月 22 日，国务院发布《关于新形势下加快知识产权强国建设的若干意见》（国发〔2015〕71 号），要求"加强知识产权信息开放利用。推进专利数据信息资源开放共享，增强大数据运用能力"；"加快建设互联互通的知识产权信息公共服务平台，实现专利、商标、版权、集成电路布图设计、植物新品种、地理标志等基础信息免费或低成本开放。依法及时公开专利审查过程信息。增加知识产权信息服务网点，完善知识产权信息公共服务网络"。

当前，我国建立了包括专利、商标、软件、植物新品种等知识产权在内的各类知识产权检索、信息查询政府服务平台。如专利信息公共服务体系包括国家专利数据中心和广州、上海、济南、南京、重庆五个区域专利信息服务中心。国家专利数据中心通过专利检索分析系统向公众提供中国和多国专利审查信息、中国专利电子申请、中国专利公布公告查询、中国专利实务查询和重点产业专利信息查询服务。区域专利信息中心不仅提供了中外专利检索分析系统入口，而且还提供了地方知识产权信息公共服务内容。国家工商行政管理总局商标局提供了在线商标注册系统，通过商标检索中心，用户可以进行商标查询、商标申请、商标分类、查看商标评审结果等。我国还建立了一些具有知识产权分析工具的知识产权信息公共服务平台。如中国知识产权网专利在线分析工具能够提供申请人、申请日、发明人、授权、法律状态等基本的专利分析内容；中国科学院知识产权网专利在线分析系统能够提供申请日、申请人、技术领域、简单生命周期等主要专利分析内容。

但与主要国家知识产权信息系统建设比较来看，我国的知识产权信息系统建设还存在一定的不足。例如，韩国知识产权局于 2015 年完善了基于云的系统 KIPOnet，开发知识产权信息服务（KIPRIS）系统 APP，提供实时知识产权信息服务。而我国知识产权公共信息系统分散，新功能引入不多。从知识产权公共服务体系的定位和支撑知识产权强国建设的需求来看，我国知识产权公共信息服务体系还存在一些问题和不足。一是知识产权基础数据公开还不充分。哪些数据是需要向公众公开的数据，哪些是属于需要保密不宜公开的数据，并没有明确的规定和目录。如我国一直没有公开专利的引用数据，专利审查过程数据公开较少，尤其是审查员检索的对比文献数据、各类专利视为撤回数据、专利视为放弃的数据、PCT 专利申请放弃的数据。二是不能实现知识产权文献的全文检索。我国专利文献用照相格式，无法实现网页检索，严重影响了检索效率。商标等检索很不便利，既没有全文检索，也缺乏逻辑检索功能。三是现有五个区域信息中心数量较少，覆盖面较窄，在线分析工具缺乏，对地方专利导航产业发展和企业导航支撑严重不足，服务内容也有待充实。四是在知识产权公共服务领域，政企不分、营利性与非营利性不分，提供的公共产品内容单一且雷同，部分业务产生垄断，导致服务质量不高，知识产权公共服务产品有效供给不足。

为完善我国知识产权信息公共服务体系建设，一是应制定知识产权基础信息公开目录。除了现有公开的著录项目外，还应增加专利文献中的法律状态数据、知识产权审查的过程数据。如审查员和申请人引用和被引的专利与非专利文献数据，总体一通、二通、三通数据，各类视撤数据，总体视放数据，复审无效决定总体数据等。二是将现有知识产权文献格式转变为网页格式。应将专利、商标等全部知识产权文献在线显示，并能实现在线检索。三是优化知识产权信息检索分析系统。取消批量下载限制，提供在线免费专利检索分析服务。服务内容要增加二维矩阵分析、技术生命周期分析等。四是建立行业知识产权数据库，定期发布《行业知识产权现状及发展趋势分析报告》《知识产权发展白皮书》等，为科技、产业和贸易发展提供知识产权预警服务和决策支持。

15.2.2　知识产权运营公共服务体系

知识产权运用包括竞争性运用和商业化运用两个方面。竞争性运用是指通过运用知识产权提高竞争力，主要包括利用知识产权检索分析结果提高科技创新效率，利用知识产权诉讼保持市场竞争优势，利用知识产权与技术标准结合掌握市场控制力等。但最重要的是知识产权商业化运用，将知识产权转移和转化为现实生产力。商业化运用是指运用知识产权制造、销售产品获取经济价值，也包括为制造、销售商品所必不可少的知识产权转让许可和作价入股，以及以许可为目的的专利诉讼。

改革开放以来，我国就特别重视科技成果转化和知识产权商业化运用，出台了一系列法规和政策以促进科技成果转化和知识产权商业化运用，但我国科技成果转化和知识产权商业化运用的情况一直不很乐观，其主要原因之一在于对科技成果转化中的知识产权问题重视不足。权利明晰是市场作用发挥的基本前提，科技成果知识产权化和知识产权的组合是科技成果转化的必要条件，促进科技成果转化必须加强知识产权的运营，必须构建知识产权运营体系，必须建设知识产权运营公共服务平台。因此，国家知识产权局于 2015 年 1 月 16 日下发关于《印发〈2015 全国专利事业发展战略推进计划〉的通知》（国知发管字〔2015〕1 号）提出，要"高标准建设知识产权运营体系；通过财政资金引导，探索建立公益性与市场化互补互促的知识产权运营体系"；"按照'1 + 2 + 20 + n'的建设思路，建设一家全国性知识产权运营公共服务平台和两家特色试点平台，在部分试点省份以股权投资的方式支持一批知识产权运营机构"。国务院于 2015 年 12 月 22 日发布的《关于新形势下加快知识产权强国建设的若干意见》（国发〔2015〕71 号）更是特别要求，"构建知识产权运营服务体系"，"加快建设全国知识产权运营公共服务平台"。

2014 年，国家知识产权局和财政部商定投资 1 亿元人民币建设全国知识产权运营公共服务平台，平台交由北京市知识产权局负责建设。北京市知识产权局组织国家知识产权局、知识产权出版社、中关村知识产权促进局、中国科学院等单位开展了平台建设规划、运营模式和运营支持政策研究。2015 年，国家知识产权局协调将平台建设任务交由知识产权出版社负责，知识产权出版社组织了平台建设规划专家论证和系统开发。2016 年，国家知识产权局又协调由中国专利技术开发公司、中国专利信息中心和知识产权出版社联合共建。此外，财政部还分别投资 1 亿元人民币在广东珠海和陕西西安分别试点建设面向创业投资的知识产权运营特色分平台和军民融合知识产权运营特色分平台。目前，全国知识产权运营公共服务平台正在大力开发专利价值评估、在线撮合竞价、股权转让等信息系统，建设政府主导专利主权基金中智厚德知识产权运营基金，首期知识产权运营资金已达 1 亿元。此外，国家知识产权局还布局建设了华北知识产权运营中心、华南知识产权运营中心、南方知识产权运营中心，布局苏州、厦门、郑州等八个城市开展知识产权运营体系建设。

但是，我国知识产权运营公共服务体系建设还存在一些不足。一是知识产权运营公共服务的定位不清晰。现在多数知识产权运营公共服务体系的一些做法很近似于要建立一个知识产权运营的盈利机构而非公共服务机构，对于知识产权公共服务应包括哪些内容尚不够明确。二是缺乏知识产权公共服务的系统和手段，尤其是没有建设财政性知识产权标识和集中管理系统、知识产权转让许可备案系统、产业知识产权检索分析系统、知识产权检索分析方法工具、多语言在线翻译系统等。三是对全国知识产权运营人才培养和运营投资的支持不足。培养知识产权运营人才，引导社会资本投资知识产权运营应是全国公共服务平台的重要职责。除全国平台开展了知识产权运营人才阶梯型培训外，大多数平台和中心还没有为社会开展知识产权人才培养工作。

为充分发挥知识产权运营公共服务体系的作用，一是要开发和完善知识产权信息检索分析系统。要建设基于专利、商标等大数据的知识产权检索分析平台。重点开发技术功效矩阵系统、生命周期分析系统、专利质量评估系统和多主体参加的专利技术价格评估系统。二是要面向技术标准和重大产品与服务构建财政性资金形成的知识产权，尤其是专利组合或专利池，发挥其作为管理全国财政性专利标识、展示、推介和集中交易平台的基础性作用。三是要制定专利运营人才培养大纲和课程体系，深入推进专利运营人才培养工作。要引导全国和区域性知识产权运营机构建立新机制，探索新模式，为建立高水平的知识产权运营人才队伍提供支撑。四是要建立和管理政府知识产权运营引导基金。通过基金支持和引导理工科类高校和技术类科研机构建设知识产权管理、技术转移、创业投资功能"三合一"的知识产权管理运营机构，引导社会化技术中介机构转型发展，转变为以专利池、专利组合为主营业务的知识产权集中型运营机构。五是要联合行业领军企业、行业协会，面向政府、高校、科研机构和企业发布国家科技计划、战略性新兴产业、知识产权投融资分析报告，指导全国知识产权运营。

15.2.3　知识产权人才服务体系

知识产权人才是知识产权事业发展的核心要素。国务院于 2008 年发布的《国家知识产权战略纲要（2008～2020 年）》明确提出"加强知识产权人才队伍建设"，并要求"统筹规划知识产权人才队伍建设，建设国家和省级知识产权人才库和专业人才信息网络平台"；"建设若干国家知识产权人才培养基地，建设高水平的知识产权师资队伍"；"广泛开展对党政领导干部、公务员、企事业单位管理人员、专业技术人员、文学艺术创作人员、教师等的知识产权培训"；"完善吸引、使用和管理知识产权专业人才相关制度，建立和完善知识产权人才的专业技术评价体系"。国务院于 2015 年 12 月 22 日发布的《关于新形势下加快知识产权强国建设的若干意见》也提出"加强知识产权专业人才队伍建设"，要求"加强知识产权相关学科建设，完善产学研联合培养模式，在管理学和经济学中增设知识产权专业，加强知识产权专业学位教育。加大对各类创新人才的知识产权培训力度。鼓励我国知识产权人才获得海外相应资格证书。鼓励各地引进高端知识产权人才，并参照有关人才引进计划给予相关待遇。探索建立知识产权国际化人才储备库和利用知识产权发现人才的信息平台。进一步完善知识产权职业水平评价制度，稳定和壮大知识产权专业人才队伍。选拔培训一批知识产权创业导师，加强青年创业指导"。

知识产权人才工作主要包括人才发展规划、人才培养、人才引进和人才使用四个方面。在知识产权人才发展规划上，我国出台了一系列人才规划。比如，国家知识产权局于 2010 年 11 月 22 日印发的《知识产权人才"十二五"规划（2011～2015 年）》将知识产权人才分为知识产权行政管理和执法人才队伍、专利审查人才队伍、企事业单位知识产权人才队伍、知识产权服务业人才队伍和高层次人才队伍共五支重点人才队伍，要求重点培养百名高层次人才、千名专门人才和万名专业人才，并设计了知识产权培训基地建设工程、知识产权人才信息化工程、知识产权行政管理和执法人才培养计划、专利审查人才能力提升计划、企事业单位知识产权人才开发计划、知识产权服务业人才支撑计划、高层次人才引领计划、高水平知识产权师资人才推进计划等九项具有引领性、创新性和示范性的重点人才工程和计划。国家知识产权局还制定了《专利代理行业发展"十二五"规划》等专项规划，开展了知识产权领军人才、高层次人才、信息分析师资人才等一系列人才的命名、评选和培训工作。

从现实情况来看，我国知识产权人才发展还存在一些不足之处。一是高层次知识产权人才不足。我国虽然命名了一批知识产权高层次人才和领军人才，但这些人才中有相当一部分是非知识产权领域的专家，具有国际化能力的知识产权法律和商用化领军人才十分不足。二是知识产权人才培养模式不足。我国知识产权学历教育主要是知识产权法学教育，缺乏复合型教育模式，知识产权实务人才如代理、管理、审查等大多数是通过自学、在职培训等方式成长起来的。而美国等许多国家要求报考知识产权法学硕士研究生的学生必须是理工科毕业。韩国从 2010 年开始在韩国高等科技研究院和弘益大学开设知识产权硕士课程，培养首席知识产权官；2015 年，韩国又选择两所大学为缺乏知识产权管理人才的中小企业开设知识产权课程。三是知识产权人才评价机制一直没有建立起来。我国虽然已将知识产权人才列入人才大典，但在现实中，知识产权人才的职称问题、职业发展问题仍是不小的障碍。

为促进知识产权人才发展，一是要制定中长期知识产权人才发展规划，建设包括知识产权领导人才、审查人才、行政管理人才、研究人才、管理人才和运营人才在内的结构合理、支撑发展的知识产权人才体系。二是要实施知识产权人才能力提升工程，编制各类知识产权人才知识和能力提升课程体系，推动将知识产权运营高端人才纳入"千人计划"等国家人才计划。通过开放市场准入和教育培养造就知识产权领域领军人才和国际化复合人才。三是要创新知识产权人才培养模式。建立理工科本科教育为基础的知识产权硕士和博士知识产权学历教育制度。强化实战学习，重点培养知识产权战略规划研究编制、知识产权检索分析、知识产权战略布局、知识产权诉讼等实务技能。四是要建立知识产权人才评价发现机制。建立知识产权职业分类体系，制定各类知识产权人才能力素质标准和考核评价制度，建立以岗位绩效考核为基础，分岗位的事业单位知识产权人才考核评价制度，推动建设专业化、国际化的高端知识产权人才中介服务体系和人才测评机构。

15.2.4 知识产权文化服务体系

文化是竞争力的核心（王缉慈，2008）。知识产权文化具有对知识产权事业发展整合、导向、维持和传续的功能。知识产权文化是我国知识产权竞争力的核心，是我国知识产权事业健康发展的关键。我国早在 2008 年《国家知识产权战略纲要（2008～2020 年）》中就提出"推进知识产权文化建设"，要求建立政府主导、新闻媒体支撑、社会公众广泛参与的知识产权宣传工作体系，完善协调机制，制定相关政策和工作计划，推动知识产权的宣传普及和知识产权文化建设；在高等学校开设知识产权相关课程，将知识产权教育纳入高校学生素质教育体系，制定并实施全国中小学知识产权普及教育计划，将知识产权内容纳入中小学教育课程体系。国务院 2015 年《关于新形势下加快知识产权强国建设的若干意见》也提出："各地区、各有关部门要加强知识产权文化建设，加大宣传力度，广泛开展知识产权普及型教育，加强知识产权公益宣传和咨询服务，提高全社会知识产权意识，使尊重知识、崇尚创新、诚信守法的理念深入人心，为加快建设知识产权强国营造良好氛围。"为此，我国发布了知识产权文化发展规划。

总体来看，我国目前尚未形成"崇尚创造、积极运用、守法诚信、科学管理"的知识产权文化。长期主导的计划经济和绝对公平思维，造成对发明创造和知识产权的社会激励不足。市场经济导致的浮躁现象还普遍存在，造假现象时常发生。同时，我国在知识产权文化建设上还缺乏有效的措施。根据 BSA Global Software Privacy Study 研究显示，2015 年，我国非授权软件使用率为 70%，远高于全球平均水平的 39%。知识产权文化缺失导致公众对知识产权缺乏普遍的认同感和尊重。

知识产权文化建设进展缓慢将是影响知识产权强国建设的长远问题。在全社会形成有利于推动知识产权创造运用和自主创新的氛围，大力提高公众运用知识产权制度的能力和水平，是建设知识产权强国的重要保障。加强知识产权文化建设，要切实加大知识产权保护力度。保护是知识产权创造和运用的根本，也是知识产权文件建设的前提。加大知识产权保护力度，一定要改变知识产权保护的落后观念思维和制度政策。要坚决破除加大知识产权保护会阻碍创新的错误观念，要认真完善知识产权侵权诉讼中的举证责任、证据开示、惩罚性赔偿、赔偿计算方法等基本规则。要建设一批标志性知识产权文化载体。知识产权文化载体是知识产权文化建设的基础，培育和发展知识产权文化，要系统布局建设一批能够激发和弘扬人们尊重保护知识产权的文化场馆、文化标志和示范单位。还要广泛开展知识产权宣传教育，强化知识产权的功能。要在报纸、电视、互联网等媒体开辟专门栏目宣传知识产权保护的典型单位和典型个人，曝光不尊重知识产权的单位和个人，并建立恶意侵权与个人诚信挂钩制度。

15.2.5 知识产权园区体系

知识产权园区体系也是重要的知识产权公共服务体系，主要包括知识产权制度示范园区、知识产权产业化基地、专利导航实验区和知识产权创新发展示范区四类。

2002 年 10 月 27 日，中关村国家知识产权制度示范园区在北京中关村挂牌成立。该示范园区由国家知识产权局和北京市知识产权局共同建设，下设中关村知识产权促进局和北京中关村知识产权保护协会，国家知识产权局在园区内设立了国家知识产权局专利局（北京）专利代办处。经过多年的发展，中关村作为北京市知识产权的高度密集区，在"激励创造、有效运用、依法保护、科学管理"的示范作用明显增强。

1997 年，原中国专利局制定并发布了《促进专利技术产业化示范工程实施方案》。截至 2002 年，共分两期实施了示范工程项目 96 项。2002 年，国家知识产权局提出并实施财政部专项项目"国家专利产业化工程"试点，支持地方政府和企业建设专利产业化基地。2002 年 11 月，国家知识产权局首次批准成立了三个国家专利产业化试点基地，至 2011 年已建立了 21 个国家专利产业化试点基地。

2013 年 4 月 2 日，国家知识产权局印发了《关于实施专利导航试点工程的通知》（国知发管字〔2013〕27 号），要求开展国家专利导航产业发展实验区建设工作。2013 年 8 月 30 日，国家知识产权局命名了第一批八个专利导航实验区，分别为中关村科技园区、苏州工业园区、上海市张江高科技园区、杭州高新技术产业开发区、郑州新材料产业集聚区、武汉东湖新技术开发区、长春高新技术产业开发区、宝鸡高新技术产业开发区。2016 年，国家知识产权局又命名了第二批九个专利导航实验区，分别为苏州国家高新技术产业开发区、南通市、佛山市、天津滨海高新技术产业开发区、烟台经济技术开发区、成都市龙泉驿区、广州经济技术开发区、潍坊高新技术产业开发区、北京市丰台区。

2015 年 3 月 23 日，中共中央、国务院发布《关于深化体制机制改革加快实施创新驱动发展战略的若干意见》，要求在有条件的省（自治区、直辖市）系统推进全面创新改革试验，授权开展知识产权等改革试验。2016 年 7 月 18 日，国务院批复同意在中新广州知识城开展知识产权运用和保护综合改革试验（国函〔2016〕122 号），提出将中新广州知识城打造成为"立足广东、辐射华南、示范全国"的知识产权引领型创新驱动发展之城，为建设知识产权强国探索经验。2016 年 12 月 30 日，国务院办公厅印发《关于印发知识产权综合管理改革试点总体方案的通知》（国办发〔2016〕106 号），要求建立高效的知识产权综合管理体制，构建便民利民的知识产权公共服务体系，提升综合运用知识产权促进创新驱动发展的能力。

考察我国知识产权园区体系建设，可以发现我国的知识产权园区体系还不完整，缺乏知识产权创造基地，缺乏知识产权密集型产业园区，专利产业化基地缺乏抓手，而且与科技部高新技术产业化、发改委高技术产业化、工信部产业结构优化升级项目、质检总局技术标准产业化基地等项目有重复。全面创新改革试验中知识产权改革试验范围较窄，更缺乏知识产权相关财税政策试验。

为促进知识产权园区体系建设，一是要构建新型知识产权园区。依托国家自主创新示范（试验区）、国家创新发展试验区和全面创新改革试验区，建设一批知识产权体制机制改革、知识产权政策先行先试、知识产权商用化、知识产权密集型产业等类型知识产权园区，探索以创新型企业为龙头，技术关联企业为主体，知识产权运用与创新链、产业链和资金链系统匹配的知识产权综合示范区。二是要恢复和发展专利产业化基地专项资金，重点支持专利产业化基地的企业开展专利集中、交叉许可、专利池运营。三是要升级专利导航实验区，完善专利导航分析方法和工具，探索专利导航知识产权强势企业、专利密集型产业、高端知识产权服务业的新模式和新路径。四是要建设高价值专利园区和知识产权密集型产业园区，发展一批自主知识产权产品和知识产权密集型企业，构建以知识产权为支撑的现代产业体系，大幅提升知识产权创造和运用能力及其对经济增长的贡献。

15.3　知识产权社会化服务体系

知识产权社会化服务体系是我国知识产权服务体系建设的重要组成部分。社会化服务体系主要是社会化中介服务机构体系，在我国知识产权创造运用活动和国家创新体系中发挥着促进知识产权要素流动和提高创新效率的重要作用。国务院 2008 年发布的《国家知识产权战略纲要（2008～2020 年）》明确提出"发展知识产权中介服务"，要求完善知识产权中介服务管理，建立知识产权中介服务执业培训制度，充分发挥行业协会的作用，构建信息充分、交易活跃、秩序良好的知识产权交易体系，培育和发展市场化知识产权信息服务。

我国六类知识产权服务业分类仍然较为宏观，一些服务业政策也没法落地。从知识产权创造、运用、保护和管理的角度出发，我国的知识产权社会化服务体系应主要包括知识产权创造体系、知识产权工程化开发体系、知识产权代理服务体系、知识产权信息服务体系、知识产权商用化体系、知识产权投融资体系。知识产权创造体系主要包括企业、高校、科研机构的知识产权管理机构。知识产权工程化开发体系主要指对知识产权进行集成和二次开发的机构。知识产权商用化体系主要包括企事业单位内部知识产权运营机构和社会中介知识产权运营机构。知识产权信息服务体系主要是指社会化的知识产权信息检索分析机构体系。知识产权代理服务体系主要指各类知识产权申请授权和诉讼代理机构构成的体系。知识产权投融资服务体系主要是由为知识产权服务业发展服务的银行、创业投资、风险投资企业、保险企业和担保企业构成的体系。

15.3.1 知识产权社会运营体系

知识产权社会运营体系主要包括企业、高校和科研机构的内部知识产权管理运营机构和社会知识产权运营机构。研究表明，国外许多国家的科研机构和大学都建立了内部机构管理知识产权和技术转移，并建立了投资基金。只有能转移的技术才申请知识产权保护并进行维持，为了促进技术转移，通常高校科研机构自己的投资基金先行投资。在类型上，美国的高校科研机构建立比较多的是内部的技术转移办公室或技术许可办公室，而欧洲多数大学和科研机构建立的是内部的独资公司，日本则在高校科研机构内部建立技术许可办公室并在外部建立技术转移公司。国外高校科研机构的知识产权机构大多数属于内部机构，能够解决知识产权和技术的信息不对称与风险不对称问题，所以大多数能够成功。

多数跨国公司采取的也是内部机构知识产权管理运营模式。具体而言又分为集中式和分散式两种，以 IBM 为代表的集中式管理机构是在总部设立知识产权管理总部，副总裁出任知识产权部部长，知识产权管理总部内设法务部和专利部。法务部负责包括许可在内的法律事务，专利部负责专利申请、维持、奖励等事务。这种管理机构高度集权，层层细分，职权明确。以东芝公司为代表的内部知识产权管理机构采取分散式管理机构模式，知识产权管理部门由知识产权本部和四个研究所、11 个事业本部及在各研究所和各事业部下属分别设置的专利部、科、组共同构成，各研究所和各事业部配置知识产权部，这种分散式机构与业务发展需要结合紧密，便捷灵活，但知识产权诉讼和许可等事务由总部统一处理。

近年来，我国知识产权运营机构不断涌现，出现了一大批典型的知识产权运营机构，如武汉知识产权交易所、天津滨海国际知识产权交易所；出现了一大批以知识产权转让许可为主要业务的运营机构，如科易网、汇桔网、高航网等；也出现了一大批从代理业务发展起来的平台型运营机构，如猪八戒等，还出现了一批实体性运营机构，如四川九鼎智远、河南智汇元等。一些事业单位性质的技术转移机构也开始运营知识产权，如中国技术交易所、上海联合交易所、河南技术产权交易所等，这些机构专门成立了知识产权运营部门。

知识产权盈利运营模式是知识产权运营机构有效商业化运用知识产权的保障，也是知识产权运营机构立身之本。截至目前，我国很多大型企业已经认识到设立内部知识产权机构的重要性，以华为、中兴通讯等为代表的创新型国际化企业已开始建立起超过百人的知识产权管理机构。一些地方已开始认识到高校科研机构内部知识产权运营机构的重要性，如北京市知识产权局支持建立高校科研机构内部的知识产权运营办公室，中关村管委会和教育部联合认定并支持了 12 家在京高校建立内部技术许可办公室，运营知识产权。

总结国内外知识产权和技术转移机构的运营模式可以发现，国内大多数所谓知识产权运营机构属于提供信息和服务的机构，而非真正从技术转移和知识产权运营中盈利的机构。我国大多数知识产权运营机构并没有建立有效的知识产权运营模式，只是在信息和法律咨询服务上取得了一些盈利。虽然知识产权运营离不开知识产权检索分析和法律咨询等服务，但这些并不是知识产权运营本身。

建设知识产权社会运营体系，还必须解决对知识产权运营的认识问题和体制机制问题。中科院上海生科院知识产权与技术中心已被实践证明是有效的内部知识产权管理运营机构，但由于受制于我国个体式科研文化和落后科技创新政策的约束，该中心已从内部机构变为社会化中介服务机构。由于长期受中介机构转化思维和依靠发明人转化思维模式的制约，且对内部机构有效性的认识不足，我国高校科研机构内部技术转移机构建设一直缓慢，全国高校科研机构并没有建立起真正的适应高校科研机构创新发展需要的内部知识产权管理与技术转移机构，尤其是没有将知识产权管理、技术转移和投资基金三个功能结合的起到相互支撑和有效制约的机制。鼓励支持高校科研机构和企业建立起适应创新发展需要的内部知识产权管理与技术转移机构、构建有效的知识产权创造体系，这是我国必须认真对待和下大力气解决的突出问题。因此，要优化知识产权运营资金投向，建立专项资金支持高校科研机构建立具有知识产权管理、技术转移和投资基金功能的内部机构，支持企业建立知识产权法务部和专利部。要制定支持政策，政府应拿出相应的引导资金投入支持高校科研机构，建立内部技术转移机构知识产权投资基金，建立知识产权管理运营人才团队，还要给予一定额度的贷款担保额度，并允许免费使用高校科研机构的实验设施。

此外，知识产权运营资金还要大力支持社会知识产权运营机构探索建立有效的知识产权运营模式，尤其是对开展专利池运营、第三方支付运营、知识产权证券化运营、创业导师制运营、网上拍卖运营以及知识产权质押贷款、知识产权商业化保险、知识产权交叉许可服务等新型模式的知识产权运营机构加大资金扶持力度，如可以根据实际收益进行补贴，补贴额度为 15%~50%。

15.3.2　知识产权社会信息服务体系

2008 年 6 月 5 日，国务院发布《国家知识产权战略纲要（2008~2020 年）》，明确提出要"培育和发展市场化知识产权信息服务，满足不同层次知识产权信息需求。鼓励社会资金投资知识产权信息化建设，鼓励企业参与增值性知识产权信息开发利用"。

近年来，我国知识产权信息服务业发展迅速。国家知识产权局在北京中关村等创新活动活跃、知识产权服务需求旺盛的地方设立国家知识产权服务业集聚区，2017 年已达到14 个。各集聚区配套专项建设资金、出台优惠政策、引进优质服务机构、成立知识产权服务联盟，为区内外企业提供专利代理、法律咨询、培训交流、资金扶持等服务，知识产权信息服务取得了显著成效。同时，国家知识产权局支持建设了 17 个国家专利导航产业发展试验区，涌现了 37 家国家专利协同运用试点单位。国家知识产权局制定并发布了《知识产权分析评议服务规范》团体标准，引导社会服务机构开展知识产权分析评议。截至 2017 年年底，全国知识产权分析评议示范创建机构达到 122 家，示范机构达到 15 家。国家知识产权局和发改委还通过知识产权信息化专项支持了一批知识产权信息服务机构能力建设。到 2017 年，涌现 201 家全国知识产权服务品牌培育机构，其中"全国知识产权服务品牌机构"达到 138 家。我国社会化知识产权信息服务机构服务能力不断提升，如中国专利技术开发公司下属的华智数创（北京）科技发展有限责任公司面向社会提供专业的专利数据服务和专利咨询服务，也是国家知识产权局批准的唯一一个国家专利导航项目研究和推广中心，为地方政府开展了大量专利导航服务项目。依托中科院文献情报中心成立的中科院知识产权信息中心形成了独具特色的知识产权信息服务模式，为中科院先导专项、"率先行动"计划等重大项目提供了一系列知识产权分析报告，极大地提升了科技创新的效率。此外，科睿唯安、大为、东方灵盾、Patentics、合享新创等社会化服务机构都建立了独特的知识产权检索分析系统，开展了一系列高水平的知识产权信息服务。

信息服务标准化是知识产权信息服务体系发展的重要举措。为落实国务院《关于加快发展高技术服务业的指导意见》和《服务业"十二五"发展规划》提出的建立"高技术服务产业体系、标准体系、统计体系和政策体系"要求，国家知识产权局、国家发展和改革委员会等 9 部门 2012 年 11 月 13 日联合印发了《关于加快培育和发展知识产权服务业的指导意见》，明确提出"建立知识产权服务标准规范体系，提高服务质量和效率"。国务院办公厅 2014 年 12 月 10 日关于转发知识产权局等单位《深入实施国家知识产权战略行动计划（2014～2020 年）》的通知（国办发〔2014〕64 号）也提出"建立健全知识产权服务标准规范，加强对服务机构和从业人员的监管"。为此，国家知识产权局、国家标准委、国家工商总局和国家版权局四部门 2015 年联合印发了《关于知识产权服务标准体系建设的指导意见》。国务院 2015 年 12 月 22 日发布的《关于新形势下加快知识产权强国建设的若干意见》，更明确要求"建立健全知识产权管理与服务等标准体系"。

知识产权信息服务主要包括专利导航、分析评议和专利预警。但是，我国知识产权信息服务水平和能力层次不齐，总体还有待提高。除少数机构外，多数知识产权信息服务机构还无法区分专利导航、分析评议和专利预警的异同，大多数知识产权信息服务机构还没有深入掌握专利导航、分析评议和专利预警的方法，大多数机构对高价值专利、核心专利、高风险专利、专利组合缺乏基本的判断方法，所撰写的知识产权报告缺乏基本的规范和标准，还没有对经济科技活动起到应有的作用。

为此，我国要以标准化为抓手，大力推进知识产权信息服务基本规范的建设，普及知识产权信息服务的方法。在此基础上还要研究开发智能知识产权检索系统，开发适用的知识产权分析方法和系统，重点开发专利导航研发投入、产品开发、生产销售、股权投资、质押贷款的方法与系统，开发知识产权技术、法律、市场和管理风险分析评议方法与系统，开发基于智能语义分析的高风险专利识别方法与系统。

15.3.3　知识产权集成开发服务体系

1992 年，原国家计委和科技部启动了国家工程（技术）研究中心建设计划。2007 年，国家发改委发布了《国家工程研究中心管理办法》，规定了国家工程中心的任务、责任、义务、申报条件、评价程序等。2007 年，国家发改委制定了《关于建设国家工程实验室的指导意见》和《国家工程实验室管理办法（试行）》，明确了国家工程实验室的建设任务、建设目标和建设原则，规定了其申报条件与审理办法等。目前，我国已建立了包括大学科技园、孵化器、加速器、生产力促进中心、工程（技术）研究中心、中试基地、示范基地、育成中心等在内的科技成果孵化和工程化开发机构，这些机构的定位是对科技成果进行孵化和工程化开发。

但目前这些机构中有相当一部分是国有性质的工程化机构，并没有达到原先设计的目标，多数市场化的转制工程化开发机构经营出现困难。但最重要的一个问题是知识产权运用能力弱，尤其是由于专利等知识产权存在质量问题，工程化开发困难较多，由于科技成果知识产权碎片化问题，集成较难，许多工程化机构对此重视也不足。因此，国家知识产权局于 2013 年发布《关于实施专利导航试点工程的通知》，提出"指导市场主体依法设立专利运营机构，专门从事专利引进、集成和二次开发、转移转化等业务；对关键技术领域的专利进行储备运营，以核心专利为基础形成专利组合并持续优化"；"引导专利联盟建设，以专利纠纷频发、专利壁垒问题突出、国内企业技术和专利分散的产业为重点，对关键技术领域内的专利进行集中管理、集成运用"。但直到目前为止，我国还没有出台有关知识产权二次开发和集成运用的政策或者指南。

为促进知识产权的集成开发，一是要依托高校和科研机构内部技术转移办公室，国家和地方工程实验室、工程（技术）研究中心、知识产权联盟等培育一批知识产权集成开发机构，开展知识产权储备集中、规避设计、权利强化设计等，提高知识产权产品成熟度。二是要建立知识产权集成和二次开发专项，支持公益性技术标准和重要产业技术标准面向市场产品和服务开展知识产权检索分析，支持企事业单位开展专利评估和通过购买、交叉许可、专利权利共享模式等，构建必要专利的专利组合或专利池。三是要支持专利组合和专利池技术中试的中试基地或中试工厂建设，试验探索专利最佳的实现方式，进一步提升专利的实用性；在中试环节要重点完善产品和服务的必要专利之间的协同性、互联性和互操作性。

15.3.4 知识产权代理服务体系

知识产权代理机构是经省级知识产权部门审核，国家知识产权部门批准设立，可以接受委托人的委托，在委托权限范围内以委托人的名义办理知识产权申请或其他知识产权事务的服务机构。1991 年 4 月 1 日，国务院开始施行《专利代理条例》（国务院第 76 号令），规定了专利代理机构类型、专利代理机构的成立条件、专利代理机构业务等。国务院于 2009 年颁布的《商标代理管理条例》也规定了商标代理机构的成立条件、业务范围和代理人的管理等。

我国颁布专利代理服务相关政策后，即开始实施专利代理人资格制度。在 1985 年和 1989 年分别举办两期专利代理人培训班并授予一批专利代理人资格的基础上，于 1992 年组织了第一次专利代理人资格考试。我国还批准了一批专利代理机构开展涉外代理业务，直到 2009 年才放开涉外专利代理的限制。截至 2016 年 12 月 31 日，我国专利代理机构已达到 1511 家，执业代理人 114875 人，其中北京市 444 家共 10134 人，广东省 216 家共 3877 人，上海市 116 家共 2530 人，江苏省 103 家共 2828 人。

国家工商行政管理总局于 2000 年 3 月 1 日发布《商标代理人资格考试管理办法》，开始实行商标代理人资格考试制度。2003 年 2 月 27 日，国务院取消"商标代理组织审批"和"商标代理人资格核准"两项行政审批事项，国家工商行政管理总局取消了"全国商标代理人资格考试",任何知识产权代理机构均可从事商标代理业务。2015 年,在国家工商行政管理总局商标局备案的商标代理机构及其分支机构达 491 家(含 283 家律师事务所)。

从现实需要分析,我国的知识产权代理机构还存在一些突出问题。一是知识产权代理机构的专业化、国际化和品牌化水平还不高。二是代理机构业务范围窄,主要是国内知识产权代理。三是代理人资格考试要求低。除专利外,大多数知识产权从业人员不要求通过代理人资格考试。四是恶性竞争与优质竞争并存。五是代理机构区域布局过于集中北、上、广、深,代理机构发展极不平衡。

为此,本书作者建议,一要制定知识产权代理服务国家标准。面向经济社会发展战略任务和重大需求,以市场需求为导向,制定知识产权代理规范,明确知识产权代理服务基本规范和流程,创建和培育一批知识产权代理服务标准化示范区和示范机构。二要加快培育发展一批高水平知识产权代理机构,加速专利、商标、著作权、集成电路布图设计、植物新品种的申请、注册、登记、复审、无效、异议等代理服务的专业化、品牌化和国际化。三要改善知识产权代理发展环境,建立行政监管与行业自律有机结合、定位明确、分工合理、相互协调、运转有效的知识产权代理监督管理机制。四要完善全国专利代理人资格考试制度,严格代理人报考资格,尤其是应有一定时间的企事业单位知识产权管理、知识产权审查与诉讼实践经验,解决专利代理人个人或非代理人投资等限制问题。五要强化知识产权代理监测和监督管理。完善代理质量监测指标体系,将低质量代理与诚信记录挂钩。六要积极引入外资代理机构。通过引进外资机构促进代理人才交流和国际化。

15.3.5 知识产权法律服务体系

知识产权法律服务是国家知识产权局、国家发展和改革委员会、科学技术部等部门于 2012 年 11 月 13 日印发的《关于加快培育和发展知识产权服务业的指导意见》通知中提出的六大知识产权服务之一。知识产权法律服务主要包括知识产权尽职调查服务、知识产权诉讼与仲裁代理服务、知识产权合同服务和知识产权评估服务。

知识产权尽职调查是指企业上市或产品上市之前对知识产权状况进行检索分析,对知识产权侵权或可能发生的知识产权侵权纠纷和其他资产状况进行调查和取得相应证据,出具法律论证意见,以及受委托向知识产权侵权人发出警告等的活动。知识产权诉讼、行政调处、海关备案与仲裁代理是指针对知识产权权属案件、侵权案件、复审无效案件、海关备案案件,以及合同纠纷案件、行政诉讼案件、反不正当竞争案件等受客户委托代为起诉、应诉、反诉、和解、上诉,以及在仲裁案件中担任代理人等的活动。知识产权合同服务是指为客户起草、审查或修改知识产权转让、许可、投资、实施、合作、服务合同,知识产权保护、保密合同,特许经营合同,劳动合同等各类合同的行为。知识产权评估是指在知识产权转让、许可、出资、企业破产清算,以及在知识产权质押、知识产权侵权损害赔偿等过程中对知识产权的质量效益尤其是价格进行评估的活动。

近年来,我国知识产权法律服务体系依托于律师事务所和专利事务所建立并发展起来,但法律服务机构分布还很不平衡,而且多数知识产权服务机构的业务主要集中于知识产权诉讼和技术转移合同服务,在知识产权尽职调查和知识产权法律及评估服务方面还存在许多短板。

推进知识产权法律服务体系建设，关键是要面向区域创新体系建设布局统筹引导法律服务机构建设。还要加强法律服务机构能力建设，尤其是能进行海外维权的国际化能力建设。

15.3.6　知识产权咨询服务体系

知识产权咨询服务是重要的知识产权服务类型之一。知识产权咨询服务主要包括制定知识产权发展战略规划、知识产权政策研究评估、知识产权检索分析、知识产权管理咨询、标准必要专利评估等。

制定知识产权发展战略规划的目的主要是为政府或企事业单位明确知识产权发展的思路和任务措施，主要包括厘清知识产权发展的机遇挑战和优势与劣势，选择知识产权战略和战略重点，设计战略任务和保障措施。如国家知识产权局制定的《知识产权事业发展"十二五"规划》和《"十三五"国家知识产权保护和运用规划》《专利导航装备制造业产业发展规划》《企业专利发展规划》等。

知识产权政策研究与评估主要是为政府部门和企事业单位出台相应知识产权政策提供研究和咨询的活动，也包括对即将出台的知识产权政策和战略规划进行第三方前置评估的活动。我国有关部门每年出台大量的知识产权政策，企事业单位也需要制定知识产权指南、手册、流程、收益分配办法等政策。知识产权政策评估主要是对政策的合法性、合规性、系统性和有效性进行评估。

知识产权检索分析是指受客户委托对国内外知识产权状况进行有效的检索，利用各种分析工具进行分析，用于掌握知识产权资源状况，防范知识产权风险，指导研究开发、投资和贸易的活动。我国大多数咨询服务机构开展的是知识产权检索分析服务，而能够将知识产权分析结果用于指导研发投入、战略布局、产业政策制定、投融资和贸易的还较少。

知识产权管理咨询主要包括企事业单位知识产权人力资源招聘、培训、使用和激励，知识产权管理机构组织结构与职能设计，知识产权收益分配政策设计，知识产权信息系统建设，知识产权资产与财务管理，科研生产采购贸易活动的知识产权管理流程设计等。这是我国目前知识产权咨询服务业中最需要加强的部分。

标准必要专利评估是在制定技术标准过程中对标准涉及的专利是否必要专利进行评估，以及对入池企业表决权和收益权进行设计的活动。目前，我国知识产权咨询服务机构在标准必要专利评估上还存在较多不足。

发展知识产权咨询服务最重要的是要明确知识产权咨询服务的内容和流程，培育和发展知识产权咨询服务机构。因此，需要制定知识产权咨询服务发展的规划和政策，加强知识产权咨询服务的培训，培养知识产权咨询服务人才队伍。

15.3.7　知识产权投融资服务体系

知识产权投融资体系是知识产权社会化服务体系的重要组成部分。构建支撑知识产权创造运用的投融资体系，需要发展和完善政府知识产权运营引导基金、创业投资机构、银行、保险公司和担保机构等构成的体系。

2015 年，我国以股权投资方式支持了 20 家知识产权运营机构的建设，财政性知识产权运营引导基金一般采取政府委托和基金管理公司代持的管理方式。如北京七支股权投资基金由北京亦庄国际投资公司代持，年管理费 200 万元。在支持知识产权运营上，我国积极支持创业投资公司发展，2014 年第一批科技型中小企业创业投资引导基金阶段参股立项项目的有 13 家创业投资机构。

从 2008 年开始，我国积极发展专利质押贷款业务。多家银行已经开展知识产权质押贷款业务，拓宽了科技型中小企业的融资渠道，为中小企业的持续发展注入了活力。如北京银行"展业通"为中小企业发展开发知识产权质押贷款；武汉光谷银行开展了多项知识产权质押贷款业务；民生银行 2011 年授信 1 亿元"伊利诺依"商标质押贷款业务，其中商标作价超过 9119 万元。

2011 年，国家知识产权局与中国人民财产保险公司签订了《知识产权资产评估工程促进项目》合作协议，由该公司开发知识产权保险险种。2013 年年初，国家知识产权局再次授权该公司开发专利侵权责任保险和海外展会专利侵权责任保险，以及服务机制建设和交流指导工作。2014 年 4 月，中国人民财产保险公司推出了专利执行保险险种。近年来，中国平安保险公司等商业化保险公司也开始研究和试水知识产权评估和转化保险。

知识产权社会化投融资体系的发展最重要的是投融资人才团队的建设。我国知识产权和技术投融资发展水平不高的主要原因在于，专业化高水平的知识产权投融资人才还比较欠缺，在现有一些技术转移机构的投资机构中，很多人员缺乏基本的投融资能力和经历，对知识产权投资的知识和技能非常缺乏。

促进知识产权投融资服务发展，需要构建面向产业发展需求、以金融机构、创业投资机构为主、民间资本广泛参与的知识产权投融资体系，形成包含质押贷款、风险投资、上市、证券化等多层次的知识产权投融资渠道。要培育一批在区域和行业发展中发挥重要作用的知识产权投融资机构。完善知识产权价值评估、统计和资产核算制度和方法。还要制定知识产权抵押担保与质押担保后知识产权的处置权、使用权和收益权的相关政策。

15.4 小 结

高水平创造和运用知识产权创造必须依靠完善的知识产权服务体系，知识产权服务体系建设在国家知识产权战略实施中处于战略性重要地位。本章从知识产权公共服务体系和社会化服务体系两个方面研究了知识产权服务体系建设的现状与问题，提出了知识产权服务体系发展的政策建议。

目前，我国知识产权公共服务体系建设还不很完善，社会化服务体系发展还比较滞后。尤其是知识产权公共服务的广度和深度有待提升，社会化服务体系的能力建设亟待加强。多数高校、科研机构和企业还没有建立符合发展需要的知识产权管理运营机构，知识产权咨询服务和投融资服务业还没有充分发展起来，知识产权信息检索分析机构水平不高，多数知识产权运营机构缺乏有效模式，缺乏知识产权集中、二次开发和有效组合的服务机构，代理服务还存在低层次恶性竞争问题。

推动知识产权服务体系建设，必须不断增强知识产权服务能力。为此需要系统谋划和制定有效的知识产权服务体系发展政策，重点加强知识产权公共服务体系的建设，形成知识产权强国建设的主要抓手和政策工具。同时，要规范知识产权代理服务，提升知识产权运营服务水平，大力培育和发展知识产权集成开发服务机构、法律服务机构、咨询服务机构和投融资服务机构，提升知识产权社会化服务机构的整体能力。

第16章 财政性知识产权运用政策

财政性资金形成的科技成果和知识产权是我国科技创新的重要产出，也是重要的国有资产，其转化运用水平的高低极大影响着创新驱动发展战略实施和知识产权强国建设。促进财政性资金形成的科技成果及其知识产权的转移转化，必须推进科技成果转化和知识产权运用的体制机制改革，建立财政性知识产权标识制度和集中管理许可制度。

16.1 财政性知识产权运用法律政策

近年来，我国积极促进财政性科技计划和自然科学基金项目形成的科技成果与知识产权的转移转化。

第一，建立财政性科技成果及知识产权的报告和公开制度。我国于2015年新通过的《促进科技成果转化法》第21条规定："国家设立的研究开发机构、高等院校应当向其主管部门提交科技成果转化情况年度报告，说明本单位依法取得的科技成果数量、实施转化情况以及相关收入分配情况，该主管部门应当按照规定将科技成果转化情况年度报告报送财政、科学技术等相关行政部门。"国务院办公厅于2016年4月21日发布的《促进科技成果转移转化行动方案》（国办发〔2016〕28号）要求开展科技成果信息汇交与发布。一是发布转化先进适用的科技成果包。要求发挥财政资金引导作用和科技中介机构作用，加速重大科技成果转化应用。二是建立国家科技成果信息系统。要求推动中央和地方各类科技计划、科技奖励成果存量与增量数据资源互联互通，构建由财政资金支持产生的科技成果转化项目库与数据服务平台。在不泄露国家秘密和商业秘密的前提下，向社会公布科技成果和相关知识产权信息，提供科技成果信息查询、筛选等公益服务。三是加强科技成果信息汇交。要求推广科技成果在线登记汇交系统，明确由财政资金设立的应用类科技项目承担单位的科技成果转化义务，开展应用类科技项目成果和基础研究中具有应用前景的科研项目成果信息汇交。四是加强科技成果数据资源开发利用。要求加强科技成果、科技报告、科技文献、知识产权、标准等的信息化关联，各地方、各部门在规划制定、计划管理、战略研究等方面要充分利用科技成果资源。五是推动军民科技成果融合转化应用。要求梳理具有市场应用前景的项目，发布军用技术转民用推广目录、"民参军"技术与产品推荐目录、国防科技工业知识产权转化目录。实施军工技术推广专项，推动国防科技成果向民用领域的转化应用。

国务院于2015年12月22日《关于新形势下加快知识产权强国建设的若干意见》（国发〔2015〕71号）也要求"加强知识产权信息开放利用"，要求"推进专利数据信息资源开放共享，增强大数据运用能力。建立财政资助项目形成的知识产权信息披露制度。加快落实上市企业知识产权信息披露制度。规范知识产权信息采集程序和内容。完善知识产权许可的信息备案和公告制度。加快建设互联互通的知识产权信息公共服务平台，实现专利、商标、版权、集成电路布图设计、植物新品种、地理标志等基础信息免费或低成本开放。依法及时公开专利审查过程信息。增加知识产权信息服务网点，完善知识产权信息公共服务网络"。

国务院法制办于 2015 年 12 月公布的《专利法修订草案（送审稿）》中新设立第八章"专利的实施和运用"，将专利当然许可制度纳入我国《专利法》。《专利法》纳入专利当然许可制度具有重要意义，当然许可制度也是一种信息公开与简化交易程序的制度，能够促进专利许可交易信息公开，完善专利交易机制，促进专利技术转移与转化。

第二，通过放权和让利促进财政性资金形成的科技成果及其知识产权转移转化。首先，是调动单位转化运用的积极性。一是解决知识产权权利归属问题。全国人大 2007 年通过的《科技进步法》规定，将财政性科技计划和资金项目形成的知识产权授予项目承担者，并且规定对未实施和涉及国家安全及公共利益需要的知识产权实行无偿或许可他人实施。二是解决财政性资金形成知识产权的处置、使用和收益问题。财政部、科技部、国家知识产权局于 2014 年 9 月 26 日发布的《关于开展深化中央级事业单位科技成果使用、处置和收益管理改革试点的通知》，取消了财政部门和单位主管部门所有审批和备案要求，将科技成果转化的权利完全授予试点单位，试点单位可自主采取转让、许可、作价入股等方式转化科技成果，收入不再上缴。中共中央、国务院于 2015 年 3 月 23 日发布的《关于深化体制机制改革，加快实施创新驱动发展战略的若干意见》，明确要求将符合条件的财政性科技成果使用权、处置权和收益权全部下放给有关项目承担单位，不再审批或备案，科技成果转移转化所得收入全部留归单位，处置收入不上缴国库；同时还要求，对合理期限内未能转化的财政性资金支持形成的科技成果，由国家依法强制许可实施。全国人大 2015 年 8 月 29 日通过的新《促进科技成果转化法》规定："国家设立的研究开发机构、高校对其持有的科技成果，可以自主决定转让、许可或者作价投资"；"转化科技成果获得的收入全部留归本单位。"

其次，是调动职务成果完成人和职务发明人的积极性。一是提高奖励报酬的比例。新《促进科技成果转化法》在没有约定分配方式和数额的情况下，对完成科技成果做出重要贡献的人员通过转让许可、作价投资方式转化的，给予奖励和报酬的比例不低于 50%，对自行或与他人合作实施的给予营业利润不低于 5% 的比例；国家设立的高校、科研院所规定和约定的奖励报酬的比例也不应当低于上述比例。二是允许职务完成人一定条件下自行实施。《促进科技成果转化法》规定："国家设立的研究开发机构、高等院校所取得的具有实用价值的职务科技成果，本单位未能适时地实施转化的，科技成果完成人和参加人在不变更职务科技成果权属的前提下，可以根据与本单位的协议进行该项科技成果的转化，并享有协议规定的权益。"国务院法制办《专利法修订草案（送审稿）》规定，允许发明人或者设计人根据协议自行实施单位怠于实施的职务发明并获得相应收益。

16.2　财政性知识产权运用问题分析

财政性科技计划项目和自然科学基金项目形成的职务科技成果和知识产权是我国重要的科技创新产出，其转化运用水平的高低影响着创新驱动发展战略的实施成效和知识产权强国建设的进程。但是我国目前的法律政策将财政性资金形成的科技成果知识产权下放到承担单位，加大对职务完成人的激励力度，主要是"放权"和"让利"。"放权"和"让利"虽然能在一定程度上促进科技成果转化和知识产权运用，但并没有解决转化运用中的信息不对称和由此导致的风险不对称问题。实际上，我国许多地方在《促进科技成果转化法》颁布之前就已经将对职务成果完成人奖励报酬的比例提高到较高水平，如北京市、山东省提高到70%，黑龙江省提高到95%，江苏省提高到99%，河南省等地允许科技成果转化收入100%奖励给完成人。即使如此，我国的财政性科技成果尤其是专利转化率并没有大幅度提高，专利转化难的问题依然十分突出。国家知识产权局于2016年所做的专利调查就显示，高校与科研机构专利的转移转化率不高，2015年全国有效专利中高校与科研机构实施率分别为12.1%，42.4%，产业化率分别为3.3%，25.3%，转让率分别只有1.9%和4.4%，许可率分别只有3.3%和5.4%（国家知识产权局规划发展司，2016）。2014年中国科学院科技促进发展统计也显示专利转移转化状况亟待改善。中科院2014年申请专利13941件，有效专利29756件，签订知识产权转移转化合同286项，合同金额8.9亿元，知识产权转移转化683项，到位资金2.9亿元。

市场发挥决定作用的基础是明晰的产权制度，而产权制度有效运行的前提是产权信息公开。目前，许多发达国家建立了财政性资金形成的知识产权的标识制度，明确了财政性科技成果知识产权的来源和属性，为公共利益的强制许可、支撑产业发展的许可提供了可能性。如美国《专利审查程序手册》（以下简称《手册》）的第601节在总体申请要求中明确要求，临时申请包括"美国政府机构和政府合同编号的名称"，明确要求说明书内容应包括"联邦资助研发声明"。该《手册》第310节还规定，保留美国国内专利权的承包商有义务在申请和授权后声明"发明由政府通过联邦某机构资助，并以某个合同方式支持产生"。

当前，影响我国科技成果转化和知识产权尤其是专利运用效率的主要问题在于转化运用中存在严重的信息不对称及其由此带来的风险不对称问题。企业和个人很难知道哪些知识产权是属于财政性资金支持形成的具有公益性的科技成果知识产权，很难知道财政性资金形成科技成果知识产权的实施和转让许可情况，也不知道自己是否可以合理地使用这些知识产权，信息获取难，信息获取成本高，导致财政性科技成果知识产权的转化运用难。

同时，财政性资金形成的专利权往往分散在不同的知识产权人手中，科技成果存在严重的知识产权碎片化问题。美国MEPEG－LA、意大利SISVEL、荷兰Technicolor等专利池运营公司的经验证明，面向技术标准或重大产品的专利池、专利组合许可模式是最有效率的模式。法国、日本、韩国纷纷建立起国家投资的专利主权基金，引导高校、科研机构和企业贡献专利，并通过收购专利构建专利池，实行交叉许可避免相互诉讼，而且能生产专利池产品，也可向中小企业进行"一站式"获取收益，极大地降低了交易成本，还可集体应对跨国公司的诉讼，增强竞争优势。但我国一直缺乏专利池或专利组合经营的企业和财政性资金的公共集中管理平台。近年来，华为与中兴、正泰与德力西、搜狗与百度等产品类似企业专利纠纷不断，激烈恶性竞争，其主要原因在于缺乏这类专利池运营企业和专利池公共平台，导致我国高技术产业和战略性新兴产业等领域成果转化和专利运用的效率不高。

16.3　建立标识和集中管理制度的必要性

为从根本上加快财政性资金形成的科技成果知识产权的转化运用，我国应当建立财政性专利等知识产权标识制度和集中管理制度，将财政性知识产权进行标识、集中管理和联合许可。建立财政性知识产权标识制度将有效改变财政性科技成果知识产权信息查询难、辨识权利人身份难、知识产权交易程序繁琐、时间长、成本高等一系列问题，有利于企业和个人适时掌握财政性资金形成科技成果知识产权的基本信息，适时对财政性科技成果知识产权进行评估和筛选，适时把握许可时机实施财政性科技成果的知识产权。

建立财政性科技成果知识产权集中管理和交易制度，将大大改变我国技术受制于人，需要向国外缴纳大量知识产权许可费的问题，将大大改变财政性知识产权分散、无法"一站式"许可导致的效率低下问题，极其有利于引导现有科技中介等服务机构的转型发展，带动全社会科技成果转化和知识产权运用，极其有利于构建一批符合创新驱动发展需要的面向技术标准和重大产品与服务的专利池和专利组合，培育一批千亿、万亿级的战略性优势产业，提高我国产业的国际竞争力。如 MPEG 音频产业就是一个几十万亿级的全球标准产业（ISO/IEC 11172 - 3 和 13818 - 3 的 MPEG Audio layers 1，2，3 "MP3"的强制部分）。MPEG 音频专利覆盖编解码设备和工艺技术，也是包含在数字电视卡与电视机、计算机声音设备、蜂窝电话、家庭影院、多媒体播放器、音响系统、卡式立体声音响、数字照相、导航系统、数字相框、DVD 播放机 MP3 中的必要专利。专利权人包括 Bayerische Rundfunkwerbung GMBH，Institut für Rundfunktechnik GMBH，Koninklijke Philips N. V.，TDF S. A. S.，U. S. Philips Corporation。共拥有美国专利 18 项，其他国家专利 213 项，其中中国专利 6 项。2017 年 9 月获得专利池许可的企业有 1154 家❶。如果按我国每年电脑生产量 3.5 亿台，音响 1.5 亿台，耳机 10 亿只，手机 20 亿部，那么我国每年产值接近 7 万元人民币；如果均按最低许可费标准 0.1 美元计算，我国需要缴纳的年许可费达到 24 亿元人民币。

此外，建立财政性科技成果知识产权标识制度和集中管理制度也是我国承担财政科技计划和资金项目的高校与科研机构坚持公益性，发挥支撑经济社会发展作用的必然要求，也是我国优化财政科技资源配置，接受社会监督，提高财政科技资金使用效益的重要手段。

---

❶ 1154 家被许可企业中有澳大利亚 9 家，奥地利 7 家，比利时 8 家，巴西 3 家，英国 34 家，加拿大 11 家，西班牙 41 家，法国 51 家，德国 216 家，意大利 88 家，日本 61 家，韩国 42 家，荷兰 45 家，美国 85 家；中国内地 131 家，中国香港 141 家，中国台湾 57 家。http：//www. sisvel. com/licensing - programs/audio - and - video - coding - decoding/mpeg - audio/list - of - licensees.

16.4   建立标识和集中管理制度的条件

目前，我国已具备建立财政性知识产权标识制度和集中与联合许可制度的条件。第一是党中央和国务院高度重视。党的十八大提出实施创新驱动发展战略，第一次将创新驱动发展作为国家战略。党的十八届三中全会又作出了全面深化改革的战略部署，要求"加强知识产权运用和保护"，"促进科技成果资本化、产业化"。党的十八届四中全会更是提出要"完善激励创新的产权制度、知识产权保护制度和促进科技成果转化的体制机制"。党的十五届五中全会又对创新和知识产权工作进行了全面部署。为深入实施创新驱动发展战略，我国许多部门和地方政府出台了相应的政策措施，加强科技成果转化和知识产权运用，全社会形成了支持财政性科技成果转化和知识产权运用的良好社会氛围。2016 年 5 月，中共中央、国务院印发《国家创新驱动发展战略纲要》，要求"实施知识产权、标准、质量和品牌战略"，特别是要求"深化知识产权领域改革，深入实施知识产权战略行动计划，提高知识产权的创造、运用、保护和管理能力"；"强化基础通用标准研制，健全技术创新、专利保护与标准化互动支撑机制，及时将先进技术转化为标准；全面提高行业技术标准和产业准入水平"；"支持我国企业、联盟和社团参与或主导国际标准研制，推动我国优势技术与标准成为国际标准"；"完善质量诚信体系，形成一批品牌形象突出、服务平台完备、质量水平一流的优势企业和产业集群"。党的十九大要求贯彻新发展理念，建设现代化经济体系，要求加快建设创新型国家，尤其强调"突出关键共性技术、前沿引领技术、现代工程技术、颠覆性技术创造新"，"建立以企业为主体，市场为导向、产学研深度融合的技术创新体系"。与技术标准关联的财政性科技成果知识产权也是产业的关键共性技术，实现财政性科技成果知识产权集中管理是建立产学研深度融合技术创新体系的重要手段。

第二是我国已建立多层次的技术中介服务体系。目前，我国与知识产权转化运用有关的中介服务机构主要有专利展示交易中心、知识产权交易所、技术交易所、产权交易所、技术转移中心、专利产业化基地和科技孵化器等。这些机构在技术和知识产权转移转化中发挥了重要作用。随着知识产权作用和知识产权运用重要性的不断提高，我国知识产权中介服务机构发展迅速，与知识产权创造和运用的结合越来越紧密，一些机构还具有了知识产权投资能力，一些机构已探索到了较好的知识产权运营模式，并形成了知识产权运营网络。建立财政性科技成果知识产权标识制度和集中管理与联合许可制度，通过知识产权运营公共服务平台，并与现有中介服务机构网络体系融合，将会极大促进财政性科技成果知识产权的转化运用。

16.5   建立标识和集中管理制度的措施

为促进财政性项目形成的科技成果知识产权的转移转化，本书作者提出以下两个方面的政策建议。第一，建立财政性科技成果知识产权的标识制度。一要明确科技成果知识产权的标识信息。包括形成知识产权的科技成果资助来源、计划或项目类型、知识产权类型、知识产权权属状况、法律状态、实施情况、转让意向、评估价格等。可以先选取国家科技计划项目，在专利申请书增加财政资金资助与否和资助类型的著录项目。在专利申请号和专利号后附加专门财政性资助标识如"F"。二要明确知识产权标识主体。承担各类财政性科技创新计划和项目的单位是财政性科技成果知识产权的标识主体，这些单位应及时将财政性科技创新计划和项目形成的科技成果知识产权进行标识并向主管部门报告。三要明确知识产权标识管理单位。主管部门依托科技成果报告系统或知识产权公共服务平台等机构具体管理财政性科技成果知识产权标识信息的报告、公开、更正和纠纷处理等。主管部门建立包括财政性科技成果知识产权实施信息登记制度，权利人应当向主管部门报告知识产权实施与合作实施、转让许可、作价入股等的数量、价格、股权结构等信息。权利人应根据知识产权法规当然许可或开放许可规定标示财政性科技成果知识产权的许可价格，而且可以根据情况变化调整价格。必要时应提供知识产权检索报告。

第二，建立财政性科技成果知识产权集中管理和联合许可制度。一要建立政府投入，社会资金主导的市场化股份制国家专利主权基金，通过专利购买、研发、强化、组合等方式构建专利池，应对跨国公司尤其是专利钓饵公司的侵权诉讼，解决主要知识产权权利人之间可能的专利纠纷，并对中小企业开展联合许可，支持产业创新发展。可以以现有专利池为基础对财政性知识产权进行集中管理，专利池管理机构获得财政性知识产权的实施权而非所有权。二要依托知识产权公共服务平台或"龙头企业"，面向重大科技成果技术标准构建专利池和专利组合，以公平合理无歧视原则，构建权利结构明晰、机制运转顺畅、收益分配合理的专利池，财政性科技成果专利权人不能拒绝对进入专利池专利的许可，购买许可的被许可人应当支付合理的使用费。三要推进专利池许可。知识产权公共服务平台或专利池运营企业要根据知识产权法规的规定，开展专利池许可，对于单位在合理期限内未实施的财政性科技成果的知识产权，公共服务平台或运营企业应根据实际专利池许可收益和财政性专利数量多少支付合理的使用费；对于单位已经自行实施，和单位超过合理期限未实施而职务成果完成人根据与单位的协商自行实施的财政性科技成果知识产权，公共服务平台或运营企业不能限制，而且也要支付使用费。

16.6　小　结

本章梳理了有关财政资金形成的科技成果知识产权放权与让利过程，研究了我国建立财政性知识产权标识和集中管理与联合许可制度的必要性和重要意义，借鉴了国外的成功经验，提出了相应的政策建议。

建立财政性科技成果知识产权标识制度和集中管理制度具有较强的促进信息对称作用和示范作用，有利于财政性资金形成的科技成果的转化和社会化专利组合或专利池的构建。建设财政性科技成果知识产权标识制度和集中管理制度，必须建立财政部门与知识产权部门和科技部门共同合作的机制，开展试点试验，待经验成熟后再向全国推广。凡是国家和地方科技成果库中的科技成果知识产权都应进行财政性知识产权的标识，财政资金支持的重要战略性新兴产业都要建立专利组合，并以此为基础引导国内外专利权人构建专利池。通过专利池机制引导、培育具有自主知识产权的自主技术标准产业，支撑产业创新发展和产业结构优化升级。

第 17 章 知识产权保护政策

知识产权保护是国家司法机关和行政机关根据法律规定对知识产权权利人的合法权利进行的保护。知识产权司法保护和行政执法保护两个途径是我国知识产权保护的特色。实行严格的知识产权保护制度，除了要加强知识产权法律制度建设外，还要加强一系列知识产权司法和行政执法中知识产权保护政策的制定和实施。

17.1 知识产权保护法律政策

2016 年 11 月 4 日，中共中央、国务院发布《关于完善产权保护制度依法保护产权的意见》，该文件要求"加大知识产权保护力度"，建立惩罚性赔偿制度，将故意侵犯知识产权行为情况纳入企业和个人信用记录，推进知识产权民事、刑事、行政案件审判"三审合一"等，为我国知识产权保护的法律法规建设指明了方向。

知识产权法规是稳定的知识产权政策，也是知识产权政策的核心，知识产权保护政策是知识产权法规的实施措施，也是知识产权法规的来源。目前，我国知识产权保护的法律法规主要包括知识产权保护法规、知识产权保护司法解释和知识产权行政执法规章。

17.1.1 知识产权保护法规

我国于 1986 年 4 月 12 日颁布了《民法通则》，在《民法通则》第五章第三节规定了知识产权类民事权利。我国于 2017 年 3 月 15 日又修正并通过《民法总则》。2017 年 10 月 1 日起实施的《民法总则》第 123 条规定，民事主体依法享有知识产权。知识产权是权利人依法就下列客体享有的专有的权利：（1）作品；（2）发明、实用新型、外观设计；（3）商标；（4）地理标志；（5）商业秘密；（6）集成电路布图设计；（7）植物新品种；（8）法律规定的其他客体。

我国于 1982 年制定了《商标法》，1984 年制定了《专利法》，1990 年制定了《著作权法》，这些法律奠定了我国知识产权法律制度的基本框架。随着改革开放，尤其是加入世界贸易组织（WTO），我国不断完善知识产权法律制度。我国先后加入了世界贸易组织、世界知识产权组织等国际知识产权组织，加入了《保护工业产权巴黎公约》《专利合作条约》《商标注册马德里协定》《保护文学艺术作品伯尔尼公约》《与贸易有关的知识产权协议（TRIPs）》等主要的国际知识产权公约，并对知识产权法规进行了完善。我国主要的知识产权保护法规有《专利法》及其实施细则、《商标法》及其实施条例、《著作权法》及其实施细则和《计算机软件保护条例》《知识产权海关保护条例》等。

17.1.1.1　专利法规

《专利法》及实施细则主要在以下四个方面规定了对专利权的保护。

一是规定了专利侵权行为及救济途径。《专利法修订草案（送审稿）》第 60 条规定："未经专利权人许可，实施其专利，即侵犯其专利权，引起纠纷的，由当事人协商解决；不愿协商或者协商不成的，专利权人或者利害关系人可以向人民法院起诉，也可以请求管理专利工作的部门处理。"并且规定了行政执法保护和司法保护措施："管理专利工作的部门处理时，认定侵权行为成立的，可以责令侵权人立即停止侵权行为，当事人不服的，可以自收到处理通知之日起十五日内依照《中华人民共和国行政诉讼法》向人民法院起诉；侵权人期满不起诉又不停止侵权行为的，管理专利工作的部门可以申请人民法院强制执行。"

二是查处假冒专利行为。《专利法修订草案（送审稿）》第 66 条规定："假冒专利的，除依法承担民事责任外，由管理专利工作的部门责令改正并予公告，没收违法所得，可以并处违法所得一倍以上五倍以下的罚款；没有非法经营额或者非法经营额五万元以下的可以处二十五万元以下的罚款；构成犯罪的，依法追究刑事责任。"《专利法实施细则》第 84 条规定假冒他人专利行为包括：未经许可，在其制造或者销售的产品、产品的包装上标注他人的专利号；在广告或者其他宣传材料中使用他人的专利号，使人将所涉及的技术误认为是他人的专利技术；在合同中使用他人的专利号，使人将合同涉及的技术误认为是他人的专利技术三种行为；以及伪造或者变造他人的专利证书、专利文件或者专利申请文件的行为。《专利法实施细则》第 85 条规定了冒充专利行为：制造或者销售标有专利标记的非专利产品；专利权被宣告无效后，继续在制造或者销售的产品上标注专利标记；在广告或者其他宣传材料中将非专利技术称为专利技术；在合同中将非专利技术称为专利技术；伪造或者变造专利证书、专利文件或者专利申请文件。

三是规定了专利行政执法职能。《专利法修订草案（送审稿）》第 67 条规定："专利行政部门根据已经取得的证据，对涉嫌侵犯专利权行为或假冒专利行为进行查处时，可以询问有关当事人，调查与涉嫌违法行为有关的情况；对当事人涉嫌违法行为的场所实施现场检查；查阅、复制与涉嫌违法行为有关的合同、发票、账簿以及其他有关资料；检查与涉嫌违法行为有关的产品，对有证据证明是扰乱市场秩序的故意侵犯专利权的产品或者假冒专利的产品，可以查封或者扣押。"

四是规定了专利侵权赔偿额。《专利法修订草案（送审稿）》第 68 条规定了专利侵权赔偿的顺序和标准。第一，侵犯专利权的赔偿数额按照权利人因被侵权所受到的实际损失确定。第二，实际损失难以确定的，可以按照侵权人因侵权所获得的利益确定。第三，权利人的损失或者侵权人获得的利益难以确定的，参照该专利许可使用费的倍数合理确定。对于故意侵犯专利权的行为，人民法院可以根据侵权行业的情节、规模、损害后果等因素，在按照上述方法确定数额的一倍以上、三倍以下确定赔偿数额。赔偿数额还应当包括权利人为制止侵权行为所支付的合理开支。第四，法定赔偿。权利人的损失、侵权人获得的利益和专利许可使用费均难以确定的，人民法院可以根据专利权的类型、侵权行为的性质和情节等因素，确定给予十万元以上、五百万元以下的赔偿。

17.1.1.2 《商标法》及其实施条例

新颁布的《商标法》和《商标法实施条例》，在保护商标专用权上作出明确规定。一是规定了不得作为商标使用标志的标志：（1）同中华人民共和国的国家名称、国旗、国徽、国歌、军旗、军徽、军歌、勋章等相同或者近似的，以及同中央国家机关的名称、标志、所在地特定地点的名称或者标志性建筑物的名称、图形相同的；（2）同外国的国家名称、国旗、国徽、军旗等相同或者近似的，但经该国政府同意的除外；（3）同政府间国际组织的名称、旗帜、徽记等相同或者近似的，但经该组织同意或者不易误导公众的除外；（4）与表明实施控制、予以保证的官方标志、检验印记相同或者近似的，但经授权的除外；（5）同"红十字""红新月"的名称、标志相同或者近似的；（6）带有民族歧视性的；（7）带有欺骗性，容易使公众对商品的质量等特点或者产地产生误认的；（8）有害于社会主义道德风尚或者有其他不良影响的。县级以上行政区划的地名或者公众知晓的外国地名，不得作为商标。但是，地名具有其他含义或者作为集体商标、证明商标组成部分的除外；已经注册的使用地名的商标继续有效。

二是规定了侵犯注册商标专用权的行为。《商标法》第57条规定的侵权行为有：（1）未经商标注册人的许可，在同一种商品上使用与其注册商标相同的商标的；（2）未经商标注册人的许可，在同一种商品上使用与其注册商标近似的商标，或者在类似商品上使用与其注册商标相同或者近似的商标，容易导致混淆的；（3）销售侵犯注册商标专用权的商品的；（4）伪造、擅自制造他人注册商标标识或者销售伪造、擅自制造的注册商标标识的；（5）未经商标注册人同意，更换其注册商标并将该更换商标的商品又投入市场的；（6）故意为侵犯他人商标专用权行为提供便利条件，帮助他人实施侵犯商标专用权行为的；（7）给他人的注册商标专用权造成其他损害的。

三是规定了侵犯商标专用权的赔偿数额。《商标法》第63条规定：（1）按照权利人因被侵权所受到的实际损失确定；（2）实际损失难以确定的，可以按照侵权人因侵权所获得的利益确定；（3）权利人的损失或者侵权人获得的利益难以确定的，参照该商标许可使用费的倍数合理确定。对恶意侵犯商标专用权，情节严重的，可以在按照上述方法确定数额的一倍以上、三倍以下确定赔偿数额。赔偿数额应当包括权利人为制止侵权行为所支付的合理开支；（4）权利人因被侵权所受到的实际损失、侵权人因侵权所获得的利益、注册商标许可使用费难以确定的，由人民法院根据侵权行为的情节判决给予300万元以下的赔偿。

四是规定了商标专有权保护措施。《商标法》第60条第二款规定：工商行政管理部门处理时，认定侵权行为成立的，责令立即停止侵权行为，没收、销毁侵权商品和主要用于制造侵权商品、伪造注册商标标识的工具，违法经营额五万元以上的，可以处违法经营额五倍以下的罚款，没有违法经营额或者违法经营额不足五万元的，可以处二十五万元以下的罚款。对五年内实施两次以上商标侵权行为或者有其他严重情节的，应当从重处罚。销售不知道是侵犯注册商标专用权的商品，能证明该商品是自己合法取得并说明提供者的，由工商行政管理部门责令停止销售。《商标法》第61条规定：对侵犯注册商标专用权的行为，工商行政管理部门有权依法查处；涉嫌犯罪的，应当及时移送司法机关依法处理。

五是保护先用权。《商标法》禁止抢注因业务往来等关系明知他人已经在先使用的商标。"与他人具有合同、业务往来关系或者其他关系明知他人商标存在，而将他人在先使用的商标申请注册的，该他人提出异议的，不予注册"。禁止将他人商标用作企业字号，"将他人注册商标、未注册的驰名商标作为企业名称中的字号使用，误导公众，构成不正当竞争行为的，依照《中华人民共和国反不正当竞争法》处理"。

17.1.1.3　著作权法规

《著作权法》首先规定了下列人身权（1~4）和财产权（5~17）：（1）发表权；（2）署名权；（3）修改权；（4）保护作品完整权；（5）复制权；（6）发行权；（7）出租权；（8）展览权；（9）表演权；（10）放映权；（11）广播权；（12）信息网络传播权；（13）摄制权；（14）改编权；（15）翻译权；（16）汇编权；（17）应当由著作权人享有的其他权利。著作权人可以转让或许可他人行使第（5）项至第（17）项规定的权利，并依照约定或者本法有关规定获得报酬。

其次规定了著作权保护的客体和期限。作者的署名权、修改权、保护作品完整权的保护期不受限制。公民作品的发表权、《著作权法》规定的财产权利的保护期为作者终生及其死亡后 50 年；法人或者其他组织的作品、著作权（署名权除外）由法人或者其他组织享有的职务作品，其发表权、该法规定的财产权利保护期为 50 年，但作品自创作完成后 50 年内未发表的，《著作权法》不再保护；电影作品和以类似摄制电影的方法创作的作品、摄影作品，其发表权、《著作权法》规定的财产权利的保护期为 50 年，但作品自创作完成后 50 年内未发表的，《著作权法》不再保护。

最后规定了保护措施。《著作权法》第 48 条规定：有下列侵权行为的，应当根据情况，承担停止侵害、消除影响、赔礼道歉、赔偿损失等民事责任；同时损害公共利益的，可以由著作权行政管理部门责令停止侵权行为，没收违法所得，没收、销毁侵权复制品，并可处以罚款；情节严重的，著作权行政管理部门还可以没收主要用于制作侵权复制品的材料、工具、设备等；构成犯罪的，依法追究刑事责任。

（1）未经著作权人许可，复制、发行、表演、放映、广播、汇编、通过信息网络向公众传播其作品的，本法另有规定的除外；（2）出版他人享有专有出版权的图书的；（3）未经表演者许可，复制、发行录有其表演的录音录像制品，或者通过信息网络向公众传播其表演的，本法另有规定的除外；（4）未经录音录像制作者许可，复制、发行、通过信息网络向公众传播其制作的录音录像制品的，本法另有规定的除外；（5）未经许可，播放或者复制广播、电视的，本法另有规定的除外；（6）未经著作权人或者与著作权有关的权利人许可，故意避开或者破坏权利人为其作品、录音录像制品等采取的保护著作权或者与著作权有关的权利的技术措施的，法律、行政法规另有规定的除外；（7）未经著作权人或者与著作权有关的权利人许可，故意删除或者改变作品、录音录像制品等的权利管理电子信息的，法律、行政法规另有规定的除外；（8）制作、出售假冒他人署名的作品的。

17.1.1.4　海关保护条例

《知识产权海关保护条例》一是规定了知识产权保护内容。进口货物的收货人或者其代理人、出口货物的发货人或者其代理人应当按照国家规定，向海关如实申报与进出口货物有关的知识产权状况，并提交有关证明文件。

二是知识产权的备案。知识产权权利人可以将其知识产权向海关总署申请备案；申请备案的，应当提交申请书。海关总署应当自收到全部申请文件之日起 30 个工作日内作出是否准予备案的决定，并书面通知申请人；不予备案的，应当说明理由。知识产权海关保护备案自海关总署准予备案之日起生效，有效期为 10 年。每次续展备案的有效期为 10 年。

三是扣留侵权嫌疑货物的申请及其处理。知识产权权利人发现侵权嫌疑货物即将进出口的，可以向货物进出境地海关提出扣留侵权嫌疑货物的申请。申请人请求海关扣留侵权嫌疑货物的，应当向海关提交与进口货物到岸价格或者出口货物离岸价格等值的担保金。

四是调查和处理。海关应知识产权权利人申请，决定扣留侵权嫌疑货物的，应当制作海关扣留凭单，送达收货人或者发货人，并书面通知申请人。海关发现进出境货物有侵犯在海关备案的知识产权嫌疑的，海关有权予以扣留。收货人或者发货人认为，其进出口货物未侵犯申请人知识产权的，在向海关提交相当于进口货物到岸价格或者出口货物离岸价格两倍的担保金后，可以请求海关放行有关货物。

五是法律责任。被扣留的侵权嫌疑货物，经海关调查后认定侵犯知识产权的，由海关予以没收。

17.1.1.5 知识产权法规问题分析

从上述主要知识产权法规来看，我国知识产权法规还存在四个方面的不足，一是分散立法。除边境保护外，我国的专利权、商标权、著作权等知识产权法规是分散立法的，这是我国知识产权司法和行政执法保护分散化的根本原因。由于缺少一部知识产权基本法，我国一直没有建立包括商标权、专利权、著作权等知识产权的统一司法保护体制和行政执法保护体制。二是知识产权保护的力度不相同，对于知识产权侵权行为的处罚，《专利法》《商标法》《著作权法》规定了基本相同的四种赔偿计算方法，但力度不同，除了"填平原则"计算赔偿方法外，《专利法修订草案（送审稿）》规定的法定赔偿是 10 ~ 500 万元，《商标法》的法定赔偿额上限是 300 万元，而《著作权法》的法定赔偿额上限是 50 万元。三是没有建立一致的惩罚性赔偿制度。只有《专利法修订草案（送审稿）》和《商标法》建立了惩罚性赔偿制度，《著作权法》尚未建立惩罚性赔偿制度。四是司法保护与行政执法保护的界限不清。《著作权法》明确规定了损害公共利益的行政处罚规定，而《专利法修订草案（送审稿）》和《商标法》没有该规定。这也是导致知识产权保护应是否以司法主导和是否要发挥行政执法作用争议的主要问题。

17.1.2 知识产权保护司法解释

司法解释是知识产权重要的保护政策。最高人民法院关于知识产权保护的司法解释主要包括专利、商标和著作权三大类。

2004 年 12 月 8 日，最高人民法院就发布了《关于办理侵犯知识产权刑事案件具体应用法律若干问题的解释》（法释〔2004〕19 号）。为支撑国家知识产权战略实施，最高人民法院于 2009 年 3 月 30 日发布了《关于贯彻实施国家知识产权战略若干问题的意见》，2009 年 4 月 21 日发布了《关于当前经济形势下知识产权审判服务大局若干问题的意见》（法释〔2009〕23 号），2010 年 6 月 29 日发布了《关于为加快经济发展方式转变提供司法保障和服务的若干意见》（法释〔2010〕18 号）。在保护专利权方面，最高人民法院于 2009 年 12 月 21 日发布《关于审理侵犯专利权纠纷案件应用法律若干问题的解释》（法释

〔2009〕21 号），并于 2015 年进行了修改，涉及受案范围、管辖权、中止、财产保全、权利归属、权利要求解释、处罚、侵权赔偿计算、诉讼时效等共 26 条。2016 年 3 月 22 日，最高人民法院发布《最高人民法院关于审理侵犯专利权纠纷案件应用法律若干问题的解释（二）》（法释〔2016〕1 号），对九个方面进行了解释。包括间接侵权认定、赔偿数额的举证规则、先行裁决另行起诉、增强权利要求确定性、封闭式组合物、善意使用排除、判令停止侵权与支付费用、功能性特征、标准专利，共 31 条。

上述司法解释的规定对于加强知识产权尤其是专利保护具有重要的意义，但仍然存在三个需要进一步明确的问题。第一，侵权赔偿数额的确定仍然没有达到党中央关于实行严格知识产权保护的要求。我国专利侵权赔偿额低的主要原因在于权利人和侵权人专利侵权证据获得难，大部分案件实行法定赔偿，由于证据不充分，无论是由权利人举证或者侵权人举证，或者法院裁决，均无法对权利人的实际损失或侵权人的实际非法获利进行准确计算。而实际损失或侵权人的实际非法获利需要通过评估得到。第二，功能性特征撰写的权利要求的技术特征很难判断，用"基本相同的手段，实现相同的功能，达到相同的效果"作为"等同"判断标准存在较大的不确定性，而且"普通技术人员在被诉侵权行为发生时无须经过创造性劳动就能够联想到"不符合普通技术人员的定义，普通技术人员应当是本技术领域具有一般技术常识而不用花费创造性劳动就能够实现发明技术方案的人。第三，标准必要专利只有在明示所涉必要专利的信息的情况下才能被人民法院认定为侵权的解释不符合国际标准专利的一般规则，这对标准化管理组织也是一个较大的负担。同时，这个解释也会引起另外的争议，如果不明示，被诉侵权人以实施该标准无须专利权人许可为由抗辩不侵犯该专利权的，人民法院一般应予支持，这显然也不正确。

17.1.3　知识产权行政执法规章

知识产权行政执法规章主要是《专利行政执法办法》《驰名商标认定和保护规定》《商标印制管理办法》《著作权行政处罚实施办法》等。

《专利行政执法办法》规定了五个方面的内容。一是专利侵权纠纷处理的条件：（1）请求人是专利权人或者利害关系人；（2）有明确的被请求人；（3）有明确的请求事项和具体事实、理由；（4）属于受案管理专利工作的部门的受案范围和管辖；（5）当事人没有就该专利侵权纠纷向人民法院起诉。利害关系人包括专利实施许可合同的被许可人、专利权的合法继承人。独占实施许可合同的被许可人可以单独提出请求；排他实施许可合同的被许可人在专利权人不请求的情况下，可以单独提出请求；除合同另有约定外，普通实施许可合同的被许可人不能单独提出请求。

二是专利纠纷的调解。请求管理专利工作的部门调解专利纠纷的，应当提交请求书。请求书内容：（1）请求人的姓名或者名称、地址，法定代表人或主要负责人的姓名、职务；有委托专利代理人的，需写清专利代理人的姓名和专利代理机构的名称、地址；（2）被请求人的姓名或名称、地址；（3）请求调解的具体事项和理由。单独请求调解侵犯专利权赔偿数额的，应当提交有关管理专利工作的部门作出的认定侵权行为成立的处理决定书副本。

三是对假冒他人专利和冒充专利行为的查处。管理专利工作的部门发现或者接受举报发现假冒他人专利和冒充专利行为的，应当及时立案，并指定两名或者两名以上案件承办人员进行查处。查处假冒他人专利和冒充专利行为由行为发生地的管理专利工作的部门管辖。管辖权发生争议的，由其共同的上级人民政府管理专利工作的部门指定管辖；无共同上级人民政府管理专利工作的部门的，由国家知识产权局指定管辖。管理专利工作的部门作出行政处罚决定前，应当告知当事人作出处罚决定的事实、理由和依据，并告知当事人依法享有的权利。当事人有权进行陈述和申辩，管理专利工作的部门对当事人提出的事实、理由和证据应当进行核实。经调查，假冒他人专利和冒充专利行为成立的，管理专利工作的部门应当制作《处罚决定书》。经调查，假冒他人专利和冒充专利行为不成立的，管理专利工作的部门以撤销案件的方式结案。

四是调查取证。管理专利工作的部门可以根据需要依职权调查收集有关证据。管理专利工作的部门调查收集证据可以查阅、复制与案件有关的合同、账册等有关文件；询问当事人和证人；采用测量、拍照、摄像等方式进行现场勘验。涉嫌侵犯制造方法专利权的，管理专利工作的部门可以要求被调查人进行现场演示。管理专利工作的部门调查收集证据应当制作笔录。笔录应当由案件承办人员、被调查的单位或者个人签名或者盖章。被调查的单位或者个人拒绝签名或者盖章的，应当在笔录上注明。管理专利工作的部门调查收集证据可以采取抽样取证的方式。被抽取样品的数量应当以能够证明事实为限。管理专利工作的部门进行抽样取证应当制作笔录，写明被抽取样品的名称、特征和数量。笔录由案件承办人员、被调查的单位或个人签字或盖章。在证据可能灭失或者以后难以取得、但又无法进行抽样取证的情况下，管理专利工作的部门可以进行登记保存，并在七日内作出决定。经登记保存的证据，被调查的单位或个人不得销毁或转移。管理专利工作的部门进行登记保存应当制作笔录。

五是处理决定。专利侵权行为成立，作出处理决定的，应当责令侵权人立即停止侵权行为，采取下列措施：（1）侵权人制造专利产品的，责令其立即停止制造行为，销毁制造侵权产品的专用设备和模具，并且不得销售、使用尚未售出的侵权产品或者以任何其他形式将其投放市场；侵权产品难以保存的，责令侵权人销毁该产品。（2）侵权人使用专利方法的，责令其立即停止使用行为，销毁实施专利方法的专用设备、模具，并且不得销售、使用尚未售出的依照专利方法所直接获得的产品或者以任何其他形式将其投放市场；侵权产品难以保存的，责令侵权人销毁该产品。（3）侵权人销售专利产品或者依照专利方法直接获得产品的，责令其立即停止销售行为，并且不得使用尚未售出的侵权产品或者以任何其他形式将其投放市场；尚未售出的侵权产品难以保存的，责令侵权人销毁该产品。（4）侵权人许诺销售专利产品或者依照专利方法直接获得产品的，责令其立即停止许诺销售行为，消除影响，并且不得进行任何实际销售行为。（5）侵权人进口专利产品或者依照专利方法直接获得产品的，还责令侵权人立即停止进口行为；侵权产品已经入境的，不得销售、使用该侵权产品或者以任何其他形式将其投放市场；侵权产品难以保存的，应责令侵权人销毁该产品；侵权产品尚未入境的，可以将处理决定通知有关海关。（6）停止侵权行为的其他必要措施。

为加强专利行政执法，国家知识产权局还发布了《专利行政执法操作指南》《专利行政执法文书表格》《专利侵权判定和假冒专利行为认定指南》《专利侵权行为认定指南

（征求意见稿）》《专利行政执法证据规则指引（征求意见稿）》《其他专利纠纷行政调解指南（征求意见稿）》《关于公开有关专利行政执法案件信息具体事项的通知》等。国家知识产权局于 2014 年 7 月 17 日发布的《专利侵权判定和假冒专利行为认定指南》，明确了专利侵权判定方式："在判断被控侵权技术方案是否落入专利权的保护范围时，首先要对权利要求和被控侵权技术方案进行特征划分，将相应的技术特征进行特征对比，然后再判断被控侵权技术方案是否构成相同侵权，在二者存在区别的情况下，还需判断是否构成等同侵权。"国家知识产权局于 2016 年 1 月 17 日发布的《专利侵权行为认定指南（征求意见稿）》明确了《专利法》关于实施专利的侵权行为和不侵犯专利权的行为的认定。

上述知识产权行政执法保护政策仍然存在一些不足。第一，行政执法保护只有对制造、销售、许诺销售和进口行为查扣和销毁侵权产品的处罚权，而缺乏调查权、询问权、罚款权，造成执法手段不配套，保护力度小。《专利法修订草案（送审稿）》也只规定了行政执法对重复侵权行为的处罚权、罚款权。第二，行政执法保护的对象主要是知识产权侵权和假冒行为，而没有针对侵害公共利益的侵权行为和假冒行为，尤其是故意侵权，这是行政执法保护正当性的依据，现有规定则会造成对本为民事行为的知识产权侵权纠纷干预不当。第三，随着我国司法体制改革的深化，法律将建立对故意侵权行为的惩罚性赔偿制度，现行行政执法保护法规政策缺乏对涉及公共利益的侵权行为的惩罚性处罚制度。第四，我国司法与行政保护两条途径是中国特色，但也会造成不必要的资源浪费。减少浪费，不是仅仅建立以谁为主导的知识产权保护体系的问题，而是如何充分发挥两条途径的优势，建立有机衔接尤其是全面衔接和结果互认的制度，但现有知识产权保护的法规和政策在这方面规定不足。

17.2　反知识产权滥用

反垄断与知识产权制度具有共同的目标，即促进竞争和创新，提高经济运行效率，维护消费者利益，增进社会福祉。我国于 2007 年 8 月 30 日颁布的《反垄断法》主要包括总则、垄断协议、滥用市场支配地位、经营者集中、滥用行政权力排除、限制竞争、对涉嫌垄断行为的调查、法律责任和附则，共 8 章 57 条。《反垄断法》通过维护市场竞争，推动创新，促进技术传播和利用，而知识产权制度以保护和激励创新作为直接目标，促进市场竞争。因此，《反垄断法》不适用于经营者依照法律法规行使知识产权的行为。但是，知识产权行使行为有可能背离知识产权制度的初衷，排除、限制竞争，阻碍创新。因此，《反垄断法》第 55 条规定："经营者依照有关知识产权的法律、行政法规规定行使知识产权的行为，不适用本法；但是，经营者滥用知识产权，排除、限制竞争的行为，适用本法。"

2015 年 4 月 7 日，为实施《反垄断法》，规制知识产权滥用，国家工商行政管理总局发布了《关于禁止滥用知识产权排除、限制竞争行为的规定》。

一是界定了相关概念。第 3 条规定，滥用知识产权排除、限制竞争的行为"是指经营者违反《反垄断法》的规定行使知识产权，实施垄断协议、滥用市场支配地位等垄断行为（价格垄断行为除外）"。

二是规定禁止达成垄断协议和不被认定的情形。第 4 条规定："经营者之间不得利用行使知识产权的方式达成《反垄断法》第 13 条、第 14 条所禁止的垄断协议。"第 5 条规定可以不被认定为《反垄断法》所禁止的垄断协议的情形有："(1) 具有竞争关系的经营者在受其行为影响的相关市场上的市场份额合计不超过百分之二十，或者在相关市场上存在至少四个可以以合理成本得到的其他独立控制的替代性技术；(2) 经营者与交易相对人在相关市场上的市场份额均不超过百分之三十，或者在相关市场上存在至少两个可以以合理成本得到的其他独立控制的替代性技术。"

三是规定不得滥用市场支配地位排除、限制竞争。第 6 条规定："具有市场支配地位的经营者不得在行使知识产权的过程中滥用市场支配地位，排除、限制竞争。"第 7 条规定"具有市场支配地位的经营者没有正当理由，不得在其知识产权构成生产经营活动必需设施的情况下，拒绝许可其他经营者以合理条件使用该知识产权，排除、限制竞争。"认定排除限制竞争行为需要同时考虑下列因素：(1) 该项知识产权在相关市场上不能被合理替代，为其他经营者参与相关市场的竞争所必需；(2) 拒绝许可该知识产权将会导致相关市场上的竞争或者创新受到不利影响，损害消费者利益或者公共利益；(3) 许可该知识产权对该经营者不会造成不合理的损害。

四是规定行使知识产权的过程中不得限定交易行为排除、限制竞争。第 8 条规定，具有市场支配地位的经营者没有正当理由不得实施下列限定交易行为，排除、限制竞争：(1) 限定交易相对人只能与其进行交易；(2) 限定交易相对人只能与其指定的经营者进行交易。第 9 条规定，不得实施同时符合下列条件的搭售行为，排除、限制竞争：(1) 违背交易惯例、消费习惯等或者无视商品的功能，将不同商品强制捆绑销售或者组合销售；(2) 实施搭售行为使该经营者将其在搭售品市场的支配地位延伸到被搭售品市场，排除、限制了其他经营者在搭售品或者被搭售品市场上的竞争。第 10 条规定，不得实施下列附加不合理限制条件的行为，排除、限制竞争：(1) 要求交易相对人将其改进的技术进行独占性的回授；(2) 禁止交易相对人对其知识产权的有效性提出质疑；(3) 限制交易相对人在许可协议期限届满后，在不侵犯知识产权的情况下利用竞争性的商品或者技术；(4) 对保护期已经届满或者被认定无效的知识产权继续行使权利；(5) 禁止交易相对人与第三方进行交易；(6) 对交易相对人附加其他不合理的限制条件。第 11 条规定，不得对条件相同的交易相对人实行差别待遇，排除、限制竞争。

五是规定行使知识产权的过程中不得利用专利联营从事排除、限制竞争。第 12 条规定，经营者不得利用专利联营从事排除、限制竞争的行为。专利联营是指两个或者两个以上的专利权人通过某种形式将各自拥有的专利共同许可给第三方的协议安排。专利联营的成员不得利用专利联营交换产量、市场划分等有关竞争的敏感信息，达成《反垄断法》所禁止的垄断协议。具有市场支配地位的专利联营管理组织没有正当理由，不得利用专利联营实施下列滥用市场支配地位的行为，排除、限制竞争：(1) 限制联营成员在联营之外作为独立许可人许可专利；(2) 限制联营成员或者被许可人独立或者与第三方联合研发与联营专利相竞争的技术；(3) 强迫被许可人将其改进或者研发的技术独占性地回授给专利联营管理组织或者联营成员；(4) 禁止被许可人质疑联营专利的有效性；(5) 对条件相同的联营成员或者同一相关市场的被许可人在交易条件上实行差别待遇；(6) 其他滥用市场支配地位行为。

六是规定不得利用标准排除限制竞争的行为。第 13 条规定，具有市场支配地位的经营者没有正当理由，不得在标准的制定和实施过程中实施下列排除、限制竞争行为：（1）在参与标准制定的过程中，故意不向标准制定组织披露其权利信息，或者明确放弃其权利，但是在某项标准涉及该专利后却对该标准的实施者主张其专利权。（2）在其专利成为标准必要专利后，违背公平、合理和无歧视原则，实施拒绝许可、搭售商品或者在交易时附加其他的不合理交易条件等排除、限制竞争的行为。

七是规定了对滥用知识产权排除、限制竞争行为的调查和处罚。第 14 条规定，经营者涉嫌滥用知识产权排除、限制竞争行为的，工商行政管理机关应依法进行调查。第 17 条规定，经营者滥用知识产权排除、限制竞争的行为构成垄断协议的，由工商行政管理机关责令其停止违法行为，没收其违法所得，并处上一年度销售额百分之一以上、百分之十以下的罚款；尚未实施所达成的垄断协议的，可以处五十万元以下的罚款。经营者滥用知识产权排除、限制竞争的行为构成滥用市场支配地位的，由工商行政管理机关责令停止违法行为，没收违法所得，并处上一年度销售额百分之一以上、百分之十以下的罚款。工商行政管理机关确定具体罚款数额时，应当考虑违法行为的性质、情节、程度、持续的时间等因素。

八是规定了分析认定经营者涉嫌滥用知识产权排除、限制竞争行为可以采取的步骤和考虑因素。

2016 年 2 月 5 日，国家工商行政管理总局发布《关于知识产权领域反垄断执法的指南（征求意见稿）》（以下简称《指南》）。《指南》细化界定了涉及知识产权的垄断协议、滥用市场支配地位、经营者集中等行为，并对涉及标准制定和实施的垄断行为、专利联营、著作权集体管理组织的行为作出界定，并就何种情形可以主张豁免给出了具体指引。《指南》将滥用知识产权排除、限制竞争行为分为八大类。第一类是利用市场地位排除、限制竞争。第二类是拒绝许可排除、限制竞争。第三类是限定交易行为排除、限制竞争。第四类是实施搭售行为排除、限制竞争。第五类是施加不合理限制条件排除、限制竞争。第六类是实行差别待遇排除、限制竞争。第七类是利用专利联营从事排除、限制竞争。第八类是利用标准制定和实施排除、限制竞争。

2015 年 12 月 31 日，国务院反垄断委员会发布了《关于滥用知识产权的反垄断指南（征求意见稿）》，并于 2017 年 3 月 23 日公布了新的征求意见稿，该文件指南主要包括两个方面。

第一方面是可能排除、限制竞争的知识产权协议。首先，具有竞争关系的经营者达成的协议。包括联合研发、专利联营、交叉许可、标准制定四个方面。其次，不具有竞争关系的经营者达成的协议。包括价格限制、独占性回授、不质疑条款、其他限制条款。再次，协议的豁免。应重点考虑该协议在促进创新、提高效率等方面的积极效果。市场份额较小的经营者达成的相关知识产权协议通常不会严重排除、限制竞争知识产权协议可以获得豁免。

第二方面是涉及知识产权的滥用市场支配地位行为。首先是市场支配地位的认定。应依据《反垄断法》规定的认定或推定市场支配地位等因素和情形进行分析。其次是滥用市场支配地位行为。包括以不公平的高价许可知识产权、拒绝许可、搭售、附加不合理的交易条件、差别待遇、禁令救济。

2015 年 12 月 18 日，国务院发布《关于新形势下加快知识产权强国建设的若干意见》，提出"实行严格的知识产权保护"，要求规制知识产权滥用行为；完善规制知识产权滥用行为的法律制度，制定相关反垄断执法指南；完善知识产权反垄断监管机制，依法查处滥用知识产权排除和限制竞争等垄断行为；完善标准必要专利的公平、合理、无歧视许可政策和停止侵权适用规则。

17.3 知识产权保护政策梳理

我国在许多政策文件中提出要加强知识产权保护。国务院于 2008 年发布的《国家知识产权战略纲要》要求"健全知识产权执法和管理体制"，要加强司法保护体系和行政执法体系建设，发挥司法保护知识产权的主导作用，提高执法效率和水平，强化公共服务。深化知识产权行政管理体制改革，形成权责一致、分工合理、决策科学、执行顺畅、监督有力的知识产权行政管理体制；要求"提高知识产权执法水平"，要完善知识产权审判体制；加强知识产权司法解释工作；提高知识产权执法队伍素质，合理配置执法资源，提高执法效率；加大海关执法力度，加强知识产权边境保护，维护良好的进出口秩序，提高我国出口商品的声誉。

国务院于 2015 年发布的《关于新形势下加快知识产权强国建设的若干意见》，提出"实行严格的知识产权保护"，要求加大知识产权侵权行为惩治力度，加大知识产权犯罪打击力度，建立健全知识产权保护预警防范机制，加强新业态、新领域创新成果的知识产权保护，规制知识产权滥用行为。尤其是"推动知识产权保护法治化，发挥司法保护的主导作用，完善行政执法和司法保护两条途径优势互补、有机衔接的知识产权保护模式。提高知识产权侵权法定赔偿上限，针对情节严重的恶意侵权行为实施惩罚性赔偿并由侵权人承担实际发生的合理开支。进一步推进侵犯知识产权行政处罚案件信息公开。完善知识产权快速维权机制。加强海关知识产权执法保护。加大国际展会、电子商务等领域知识产权执法力度。开展与相关国际组织和境外执法部门的联合执法，加强知识产权司法保护对外合作，推动我国成为知识产权国际纠纷的重要解决地，构建更有国际竞争力的开放创新环境"。

2016 年 12 月 30 日，国务院发布《"十三五"国家知识产权保护和运用规划》，再次提出"严格实行知识产权保护"，主要包括加快知识产权法律、法规、司法解释的制订修订；进一步加大损害赔偿力度；依法严厉打击侵犯知识产权犯罪；强化行政执法，加大对制假源头、重复侵权、恶意侵权、群体侵权的查处力度；加强商标品牌保护；规范有效保护商业秘密；持续推进政府机关和企业软件正版化工作；健全知识产权纠纷的争议仲裁和快速调解制度，并专门设置了知识产权保护工程，开展系列专项行动，推进跨部门、跨领域和跨区域的执法协作，加强"12330"维权援助与举报投诉体系建设，完善知识产权快速维权机制，推进知识产权领域信用体系建设。

为严格专利行政执法保护，2016 年 11 月 30 日，国家知识产权局还专门出台《关于严格专利保护的若干意见》，从"充分履行执法监管职责，加大打击专利侵权假冒力度"

"加强授权确权维权协调，提升专利保护的效率和质量""推进行政、司法有机衔接，进一步加强跨部门执法协作""加强维权援助平台建设，拓宽专利保护公益服务渠道"等方面，提出了全面加强专利保护监管、加快建立快速协同保护体系、推进行政执法与民事保护优势互补、深化维权援助举报投诉机制、加强信息公开与社会信用体系建设工作、积极拓展执法交流合作、强化制度保障等 33 条严格专利保护的具体措施。

17.4　知识产权保护行动计划

知识产权保护专项行动计划也是重要的知识产权保护政策，我国知识产权保护行动计划主要有：《中国保护知识产权行动计划（2008～2013 年）》《国家知识产权战略实施推进计划》《全国专利事业发展战略推进计划》。

2014 年，国务院办公厅《关于转发知识产权局等单位深入实施国家知识产权战略行动计划（2014～2020 年）的通知》（国办发〔2014〕64 号）首次明确提出"努力建设知识产权强国"的新目标，并在加强知识产权行政执法信息公开、加强重点领域知识产权行政执法、推进软件正版化工作、加强知识产权刑事执法和司法保护、推进知识产权纠纷社会预防与调解工作五个方面提出加强知识产权保护工作。

国家知识产权局等部门每年发布的《国家知识产权战略实施推进计划》对知识产权保护都提出了要求。2014 年推进计划的目标任务是完善知识产权立法，加强知识产权保护长效机制建设。提出了推进知识产权审判体系建设；针对重点领域、重点区域、重点环节开展专项执法行动和维权援助工作；推进知识产权纠纷调解工作开展，健全多元化纠纷解决机制；强化网络环境下的知识产权保护等 24 项工作措施。2015 年的《推进计划》提出了18 项工作措施。2016 年，《推进计划》改为《深入实施国家知识产权战略，加快建设知识产权强国推进计划》，提出严格知识产权保护，制定加强专利执法维权工作的指导意见等 24 项工作措施。

2015 年《全国专利事业发展战略推进计划》主要从两个方面提出加强专利的执法保护。一是创新专利执法体制机制。研究制订关于加强和完善知识产权系统执法办案的工作方案，在不同层面培育若干知识产权执法强局；健全电商领域和展会专利执法维权机制；建立网上专利纠纷案件办理机制；建立健全维权中心对执法办案的支持协助机制。探索建立国家层面的重大专利侵权案件协作调度与侵权判定机制。探索推进知识产权系统社会信用体系建设，研究制订信用体系建设方案，将与专利侵权、假冒专利、执行失信及专利代理失信等信用信息纳入社会诚信体系。二是加强重点领域专利行政执法。以食品、药品、医疗器械、环境保护等涉及民生领域和高新技术领域为重点，组织开展知识产权执法维权专项行动。强化执法办案督导巡查机制，加大对跨地区且影响重大案件的督办力度，定期通报各地方局执法办案情况。进一步加大重点领域执法办案工作力度，加快专利纠纷行政调解，加大对侵权假冒行为的打击力度。

2016 年的"推进计划"也从两个方面加强执法保护。一是全面加大专利行政执法力度。制定加强知识产权执法维权工作指导意见，修订《专利行政执法操作指南》，构建执法办案质量评价体系。加大对专利侵权假冒行为的打击力度，继续组织开展"护航"专项行动，进一步提高执法办案的效率和水平。在"双 11"等重要时间节点，组织开展打击网络专利侵权假冒"闪电"专项行动。制定知识产权系统社会信用体系建设方案。各地进一步加大执法办案工作力度，加快专利纠纷行政调解，加大对侵权假冒行为的打击力度。二是加快推进快速维权援助中心的建设。出台加强知识产权快速维权工作政策文件，推进在重点产业、海外展会、电商领域建立一批知识产权快速维权中心。各地按照建设要求，加快推进知识产权快速维权中心建设，持续创新快速维权机制，充分发挥中心快速确权、快速审查、快速调解的优势，为地方经济发展提供服务和支撑。

17.5　知识产权保护专项行动

国务院于 2015 年发布的《关于新形势下加快知识产权强国建设的若干意见》要求，从加大知识产权侵权行为惩治力度、加大知识产权犯罪打击力度、建立健全知识产权保护预警防范机制三个方面加强知识产权保护。我国主要的知识产权保护行动计划主要有：知识产权"雷电行动"，知识产权"天网行动"，知识产权"反盗版天天行动"，打击假冒、保护名优活动，以及打击利用互联网侵犯知识产权专项行动，但每年的专项行动名称和内容都有所不同。

国家知识产权局制定的 2016 年《深入实施国家知识产权战略加快建设知识产权强国推进计划》提出的专项行动包括四类。第一类是第 12 次打击网络侵权盗版专项治理"剑网行动"，突出对网络（手机）文学、音乐、影视、游戏、动漫、软件等重点领域的专项整治，加强对 APP、网络云存储空间、微博、微信等新型传播方式的版权监管。第二类是"红盾网剑"专项行动，重点监管网络交易平台，坚决打击网络商标侵权和销售假冒伪劣商品等违法行为。第三类是"清风"行动。加强邮递、快件渠道专项执法，打击互联网销售侵权商品的跨境运输。强化电商平台责任，打击互联网领域侵权假冒工作。第四类是电子商务领域专利执法维权"闪电"专项行动，加大对电商专利侵权行为的惩治力度。

17.6　最优知识产权保护强度

17.6.1　知识产权保护强度

我国知识产权保护的水平或强度一直是很多国家关注的一个重要问题，也是学者们近年来研究的一个热点。国家知识产权局的调查显示，我国知识产权保护社会满意度不断提高，从 2012 年的 63.69 分提高到 2017 年的 76.69 分。国家知识产权局强国研究课题组构建了一套知识产权保护水平指标体系，该体系主要包括发明专利授权量、知识产权保护力度（来自于世界经济论坛调查）、知识产权诉讼案件数量、知识产权案件平均赔偿额等五个指标。经过测度，我国知识产权保护水平指数从 2008 年的排名第 23 位提高到 2012 年的第 3 位，仅落后于日本和美国，而高于芬兰和新加坡，法国、英国、德国排名仅为第 9 位、第 10 位、第 11 位。世界经济论坛的全球竞争力报告（Klaus Schwab, Xavier Sala - i - Martín, 2016）调查显示，我国知识产权保护水平在过去不断提高，从 2008 年的 3.9

分提高到 2016 年的 4.3 分。虽然我国知识产权保护水平在不断提高，但在全球主要国家的创新排名却在持续下降，我国在一百三十多个国家中排名从 2008 年的第 53 位下降到 2016 年的第 63 位（Schwab K.，SalaiMartín X.，2016）。

17.6.2　知识产权保护与创新

知识产权保护与创新的关系极为紧密。知识产权制度提供了知识产权专属性的方法（Arrow，1962）。目前，很多人认为促进创新必须加强知识产权保护，但仍然有一些人甚至法学家和法官认为加强专利保护会阻碍创新。虽然专利制度在运行过程中还存在这样或那样的问题，但总体上有利于激励创新（Gilbert，R. and Shapiro，C.，2011）。大量的国内外案例已经证明，专利制度是创新的主要制度保障，加强专利保护有利于创新。Kanwar 和 Evenson（2003）的研究表明，专利保护与研发投入及创新产出具有正相关性。Anthony Arundel（2001）指出加强专利保护有利于创新。但是，也有许多学术研究证明，过度的专利保护反而会抑制创新。还有一些学者则提出了折衷的观点，他们认为在不同的收入阶段，需要的专利保护水平可能不同，专利保护水平与实际人均国民收入之间呈 U 形关系（Maskus，2000）。各国关于知识产权制度废立和学者的争议证明，知识产权是一种垄断权，正是这种垄断权才促进技术创新，但过度的垄断也会影响创新（宋河发，2013）。自主创新能力建设存在最优的专利保护水平，最优的保护水平随着自主创新投入、自主创新基础设施和技术引进规模的变化而变化（宋河发，2013）。

加强专利保护到底是促进创新还是阻碍创新？我国的专利保护水平是高还是低？我国需要强知识产权保护还是弱知识产权保护？有没有最优的专利保护水平？这些问题是影响我国创新驱动发展和知识产权强国建设决策的重要理论问题，必须加以解决。

实际上，现有研究并没有深入把握知识产权保护与创新的内涵特征，以及它们之间的关系。加强知识产权保护是指未经知识产权权利人许可的制造、销售、进口行为要付出的代价更高，从而使侵权行为发生得更少。创新是发明的首次商业化，既包括权利人自行实施的商业化，也包括将知识产权转移给他人并由他人实施的商业化。对权利人来说，加强知识产权保护，权利人为维护知识产权权利的成本降低，获得侵权赔偿会提高，这会降低侵权行为的发生，从而使权利人能够获得超出平均利润更高的利润。从这一点看，加强知识产权保护有利于权利人自行实施的创新。从他人实施的角度看，加强知识产权保护，权利人可能会提高知识产权转让许可或作价投资的价格，但权利人提高价格反而会降低知识产权转让许可和入股的可能性。在知识产权转移过程中，只有买卖双方达成一致才能将知识产权转移出去。在不完全竞争甚至垄断竞争和存在严重信息不对称的知识产权交易市场中，加强知识产权保护，即使权利人有意愿提高知识产权的价格，但他也不可能将知识产权转移出去。他人实施的创新主要是知识产权的转让许可或技术扩散过程，而转让许可和扩散过程主要是由市场供求关系决定的。因此，从这点来看，在有知识产权保护的情况下，加强知识产权保护对限制或降低知识产权转移数量的作用有限。

实行低水平的知识产权保护虽然有利于学习，但有利于的是简单化的模仿和重复，而模仿和重复并不是创新。长期实行低水平的知识产权保护会助长模仿和重复行为，不但会打击权利人自行实施的创新积极性，也会造成模仿者和重复者产生路径依赖而失去创新能力。严格知识产权保护，就会降低他人模仿和重复的可能性，权利人自行实施的创新活动就会得到充分保障和激励，他人模仿和重复的成本提高，就会通过市场转让或许可获得知识产权，在保护权利人知识产权的同时，也有利于知识产权的合理流动。

实行严格的知识产权保护制度，提高知识产权保护水平，可能影响或阻碍创新的是知识产权权利人滥用知识产权。这种滥用主要表现为，在具有市场优势地位的情况下，权利人谋取知识产权的高价，签订搭售、回授等不合理的许可条款，在这种滥用知识产权的情况下会阻碍创新，需要用竞争法进行规制。

17.6.3　最优专利保护强度

20 世纪 60 年代以来，许多学者运用经济学理论研究了最优的专利制度设计，William D. Nordhaus（1961）、Vincezo Denicolo（1997）等研究了专利最优保护长度即保护期限问题。Amalia Yiananka 和 Murray Fulton（2006）等研究了最优专利宽度即专利权利要求的覆盖范围问题。现在，专利制度在发达国家跨国公司对商业利益的追逐中呈现工具化的特征，专利在权利人手中开始演变成压制竞争、从事垄断与恐吓对手的手段，专利制度的设计不能仅仅考虑社会福利的最大化，还应当考虑如何在较短的时间内促进本国自主创新能力的提升。在我国建设创新型国家的过程中，知识产权保护水平应当以促进我国自主创新能力建设为目标，促进自主创新能力的快速提升。

根据宋河发（2013）建立的专利保护水平指标体系和专利保护水平计算公式：

$$F = X_1^{0.3085} X_2^{0.1700} (0.555X_3 + 0.445X_4)^{0.3925} X_5^{0.1290}$$

并考虑人均 GDP 对应的专利侵权平均赔偿额指标，可得到我国专利保护水平的变化历程。另据宋河发（2013）高技术产业自主创新能力与专利保护水平关系公式：

$$I = I_{1t} + I_{2t}$$
$$= I_{p-1} + A_{p-1} + k_1 ps^t + k_2 Xt + \varepsilon + \theta_1 pe^{1-mp}(I_{p-1} + A_p) + \theta_2 \theta_1 pe^{1-mp}(I_{p-1} + A_p) - \beta_1 B'_{p-1} + \lambda_1 p^l t + \lambda_2 Zt + \mu + \gamma_1 pe^{1-np}(I_{p-1} + B_p) + \gamma_2 \gamma_1 pe^{1-np}(I_{p-1} + B_p)$$

可得到我国有效促进高技术产业自主创新能力建设的最优专利保护水平。为促进我国高新技术产业自主创新能力建设，我国需要不断提高专利保护水平。

当前，我国知识产权保护最大的问题是知识产权保护水平不能适应自主创新和创新驱动发展战略实施的要求。主要表现在《专利法》等主要知识产权法律坚持知识产权侵权"填平原则"而没有建立惩罚性赔偿制度。在实际司法审判中，由于没有建立惩罚性赔偿制度，侵权赔偿额度一直较低。据统计，我国法定案件占比很高，高达 90% 以上，法定专利侵权赔偿额 2008~2012 年平均赔偿额只有 8.36 万元。我国近几年知识产权侵权赔偿额已有大幅度提高，如 2016 年北京知识产权法院公布的 2015 和 2016 年平均专利侵权赔偿额提高 46 万元和 138 万元，商标权侵权赔偿额提高到 62 万元和 233 万元，著作权侵权赔偿额提高到 24 万元和 46 万元。

但与主要国家和国内非法定案件相比，我国知识产权侵权案件法定判赔额仍很低。过低的司法赔偿额会挫伤知识产权创造运用和自主创新的积极性。我国知识产权质量不高、知识产权转移转化率低，专利运营困难等均与保护力度较低有关。具有中国特色的行政执法力度较小，《专利行政执法办法》缺乏专利行政部门对知识产权侵权假冒行为处罚和罚款的规定，地方专利行政主管部门缺乏对专利侵权赔偿额的判定职能，缺乏查处和制止涉及公共利益的故意侵权行为的手段。

17.7　完善行政执法政策建议

为深入实施创新驱动发展战略，建设知识产权强国，我国必须实行严格的知识产权保护制度，应逐步提高知识产权保护水平。为此，本书作者提出如下建议。

第一，完善知识产权法基本制度。《民法总则》除了应明确规定知识产权民事权利外，还要明确规定知识产权保护的基本原则和程序。最好能制定知识产权基本法，统一知识产权保护的客体、程序，以及司法保护和行政执法保护的职能等。还应在《专利法》《商标法》中明确行政执法的职能和维护公共利益的职能，增加行政执法政策对故意侵权的惩罚性处罚规定。要制定中国的商业秘密保护法，完善商业秘密保护的法律制度。

第二，建立健全以司法体系为主导的知识产权保护体制，形成司法保护与行政执法有机衔接、社会保护同步运行的保护格局。要建立省级知识产权中级人民法院或知识产权法庭，建立知识产权高级法院，受理知识产权二审案件、复审无效案件和上诉案件，统一知识产权侵权审判标准。全面推行知识产权行政、民事、刑事案件"三审合一"。还要建立跨区域知识产权案件异地审理机制。

第三，加强知识产权行政执法。应建立统一的知识产权审查机构，并与产业发展、贸易职能结合。整合专利、商标等现有行政执法，建立统一的知识产权综合行政执法体系，明确执法权限，统一执法标准，完善执法程序，加强知识产权行政执法能力建设，加快执法工作制度建设，完善执法办案规范，提高执法办案水平与效率。加强执法条件建设，通过建立执法案件报送系统、执法人员信息管理系统、维权援助举报投诉系统，提高执法工作信息化水平。严格行政执法人员资格管理，健全执法目标责任制，落实执法激励措施，规范开展行政执法。完善执法维权绩效考核评价制度、举报投诉奖励与维权援助制度、执法管理监督制度、执法办案电话公开和接听值班制度，提高执法工作规范化水平。加快完善行政执法与司法衔接和互认机制。

17.8　小　结

本章梳理了我国知识产权保护的法律法规、司法解释、行政规章、专项行动和反知识产权滥用的政策。研究了我国知识产权保护水平与创新的关系，提出了加强知识产权保护的政策建议。

知识产权保护法规和政策是激励和保障创新的重要工具，必须破除加强知识产权保护会阻碍创新的落后观念和政策制定思维。加强知识产权保护必须不断完善我国知识产权相关法律制度和各项知识产权保护政策。完善知识产权保护制度，改革完善知识产权保护政策，重要的是要制定知识产权基本法，完善专利法、商标法、著作权法等部门法，建立与创新驱动发展战略和知识产权强国建设相适应的惩罚性赔偿制度和行政执法制度，统一知识产权保护的基本制度和规则。

作为最大的发展中国家，我国知识产权部门肩负着艰巨的知识产权激励科技创新，支撑产业发展和营造公平竞争营商环境的重任。但知识产权工作不是简单的市场监管，不是简单的行政执法，国家层面知识产权审查工作应当符合产业创新发展的需要，地方知识产权行政管理应为促进地方产业的创新发展服务，为经济社会发展服务。知识产权行政执法与行政管理需要有机融合，通过严格保护促进公平贸易和产业创新发展。因此，我国要建立司法主导制度规则和重大案件审理，行政执法快速高效维权和与司法有机衔接，社会积极参与保护的大保护体系。要把加强知识产权保护与规制知识产权滥用有机结合，有效发挥知识产权保护对技术创新、产业发展、公平竞争的激励和保障作用。

第18章　知识产权管理政策

知识产权保护和管理贯穿于创造和运用两个环节，而知识产权管理则贯穿知识产权创造、运用和保护三个环节。知识产权管理在整体知识产权工作中处于桥梁、纽带和联系互动的关键地位。提升管理效率，支撑创新驱动发展，需要不断完善知识产权管理政策，需要不断完善知识产权发展战略规划政策，不同创新主体和中介机构的管理政策，科技、贸易、人才等重大事项知识产权政策和区域知识产权政策。

18.1　知识产权管理政策梳理

从知识产权管理环节看，知识产权创造、运用、保护和管理是既相互独立又相互衔接的四个环节，但知识产权的创造、运用和保护离不开对知识产权的有效管理。有效的知识产权管理对于促进知识产权创造、运用和保护都具有极为重要的作用。

根据管理主体的不同，知识产权管理可分为知识产权工商管理与知识产权公共管理两个板块（宋伟，2010）；可分为政府行政部门知识产权管理、企业知识产权管理、事业单位知识产权管理、行业知识产权管理（罗国轩，2007）；可分为以政府为主体的知识产权行政管理、以企业为主体的企业知识产权管理，以及以高等学校、科研院所为主体的知识产权管理（范晓波，2009）。知识产权管理可分为政府行政部门的知识产权管理、企业知识产权管理、事业单位知识产权管理、行业知识产权管理、中介机构的知识产权管理、个人知识产权管理六种类型（朱雪忠，2010）。

由于各类主体的相似性，从主体出发划分知识产权管理，很难制定有效的知识产权管理政策。知识产权管理政策应当主要面向提高效率和解决问题，知识产权管理政策以混合分类为宜。根据现有关于知识产权管理分类的研究，本书作者认为，知识产权管理政策应主要包括国家和地方政府的知识产权发展规划管理政策、知识产权中介机构管理政策、知识产权人才管理政策、企事业单位知识产权管理政策、行业知识产权管理政策、区域知识产权管理政策，以及科研、贸易领域知识产权管理政策等。

18.2　知识产权发展规划管理政策

知识产权发展规划管理政策指国家知识产权行政管理政策中涉及知识产权发展战略和规划制定实施的政策。既包括政府发布的各类知识产权战略、发展规划、年度计划、行动计划，也包括科技、创新、产业、贸易等国家和地方重要战略规划计划中的知识产权发展战略、规划和计划。

自 2008 年 6 月 5 日国务院发布《国家知识产权战略纲要（2008～2020 年）》以来，我国制定并实施了一大批知识产权战略、规划和计划。《国家知识产权战略纲要》首次明确了我国知识产权事业发展的方针是"激励创造、有效运用、依法保护、科学管理"，提出了我国知识产权事业发展的目标是"到 2020 年，把我国建设成为知识产权创造、运用、保护和管理水平较高的国家"。为实现上述目标，《纲要》提出了完善知识产权制度、促进知识产权创造和运用、加强知识产权保护、防止知识产权滥用、培育知识产权文化五大战略任务，提出了专利、商标、版权、商业秘密、植物新品种、国防知识产权六大专项任务，提出了提升知识产权创造能力、鼓励知识产权转化运用、加快知识产权法制建设、提高知识产权执法水平、加强知识产权行政管理、发展知识产权中介服务、加强知识产权人才队伍建设、扩大知识产权对外交流合作等九大战略措施。

为深入落实《国家知识产权战略纲要》，我国又先后发布了《全国专利事业发展战略（2011～2020 年）》《关于贯彻落实〈国家知识产权战略纲要〉大力推进商标战略实施的意见》《知识产权事业发展"十二五"规划》、年度《知识产权战略推进计划》《知识产权保护行动计划》和《全国专利事业发展战略推进计划》等重要的知识产权发展战略、规划和计划。

2015 年 12 月 22 日，深入实施创新驱动发展战略，深化知识产权领域改革，加快知识产权强国建设，国务院发布《关于新形势下加快知识产权强国建设的若干意见》，提出了建设知识产权强国的指导思想，提出了"坚持战略引领，坚持改革创新，坚持市场主导，坚持统筹兼顾"的知识产权强国建设基本原则，还提出了推进知识产权管理体制机制改革，实行严格的知识产权保护，促进知识产权创造运用，加强重点产业知识产权海外布局和风险防控，提升知识产权对外合作水平和加强组织实施与政策保障六个方面共 29 项举措。

进入"十三五"以来，随着我国成为世界第一知识产权大国，知识产权保护和运用不适应创新驱动发展需要的问题日益突出。2017 年 1 月 13 日，国务院发布《"十三五"国家知识产权保护和运用规划》（国发〔2016〕86 号），第一次将知识产权发展规划上升为国家重点专项规划。该规划提出了知识产权发展环境显著优化、知识产权效益充分显现、知识产权综合能力大幅提升三大发展目标，尤其是明确了到 2020 年每万人口发明专利拥有量达到 12 件、PCT 专利申请量达到 6 万件的指标。该规划提出了深化知识产权领域改革、实行严格知识产权保护、促进知识产权高效运用三个方面的任务，并提出了完善知识产权法律制度、提升知识产权保护水平、提高知识产权质量效益、加快知识产权强省强市建设、加强知识产权强企建设、推动产业升级发展、统筹区域知识产权发展、促进知识产权开放合作八个方面共 27 项重点工作，以及加强知识产权交易运营体系建设、加强知识产权公共服务体系建设、加强知识产权人才培育体系建设、加强知识产权文化建设四大重大专项，还提出了知识产权法律完善、知识产权保护、专利质量提升、知识产权强企、知识产权评议、知识产权海外维权、知识产权投融资服务、知识产权信息公共服务平台建设、知识产权文化建设共九个专项工程。

除了上述知识产权发展战略和规划外，我国涉及知识产权发展的重要规划主要有《国民经济和社会发展第十三个五年规划纲要》《国家中长期科学和技术发展规划纲要（2006～2020年）》《国家创新驱动发展战略纲要》《中国制造 2025》等。2016 年 3 月 18 日发布的《国民经济和社会发展第十三个五年规划纲要》共有 19 个方面涉及知识产权工作。《国民经济和社会发展第十三个五年规划纲要》继续将"每万人口发明专利拥有量"列入考核评价指标体系，并将该指标的目标确定为 12 件，要求深化知识产权领域改革，强化知识产权司法保护；实施严格的知识产权保护制度，完善有利于激励创新的知识产权归属制度，建设知识产权运营交易和服务平台，建设知识产权强国；加强知识产权保护和反垄断执法，深化执法国际合作；强化涉外法律服务，建立知识产权跨境维权援助机制。

我国于 2006 年 2 月 9 日发布的《国家中长期科学和技术发展规划纲要（2006－2020年）》提出实施知识产权战略和技术标准战略，要求加强知识产权保护，建立重大经济活动知识产权特别审查机制，防止知识产权滥用，将知识产权管理纳入科技管理全过程，强化知识产权意识，加强知识产权管理，发挥行业协会重要作用，建立健全从业资格制度和社会信用制度。以及产生一批具有重大意义的发明创造，组织产学研联合攻关，将形成技术标准作为国家科技计划的重要目标，推动技术法规和技术标准体系建设，积极参与国际标准的制定，推动我国技术标准成为国际标准等。

2016 年 5 月 19 日，为落实党的十八大提出的实施创新驱动发展战略要求，中共中央、国务院发布了《国家创新驱动发展战略纲要》，提出了到 2020 年进入创新型国家行列，2030 年跻身创新型国家前列，2050 年建成世界科技创新强国的目标，提出了坚持双轮驱动、建设一个体系、推动六大转变的三大战略部署，提出了包括产业创新、原始创新、区域创新、军民融合创新、企业创新、重大工程项目、创新人才队伍、创新创业等八大任务和六大保障措施。该文件在措施中特别强调"实施知识产权、标准、质量和品牌战略"，要求加快建设知识产权强国，提升中国标准水平，推动质量强国和中国品牌建设。

2015 年 5 月 20 日，国务院印发《中国制造 2025》，部署全面推进实施制造强国战略。《中国制造 2025》提出了通过"三步走"实现制造强国的战略目标，2025 年迈入制造强国行列，2035 年达到世界制造强国阵营中等水平，到新中国成立一百年时进入世界制造强国前列，尤其是提出了 2025 年规模以上制造业每亿元主营业务收入有效发明专利数达到1.1 件的指标，并明确了提高国家制造业创新能力等九项战略任务和重点。在提升制造业创新能力中重点要求"强化知识产权运用"，尤其是"加强制造业重点领域关键核心技术知识产权储备，构建产业化导向的专利组合和战略布局"；"培育一批具备知识产权综合实力的优势企业"；"推动市场主体开展知识产权协同运用"；"稳妥推进国防知识产权解密和市场化应用"；"建立健全知识产权评议机制"；"构建知识产权综合运用公共服务平台"；"鼓励开展跨国知识产权许可"；"降低中小企业知识产权申请、保护及维权成本的政策措施"；"加快发展知识产权服务业"；"加快发展技术市场，健全知识产权创造、运用、管理、保护机制"。

近年来，国家和地方政府制定了很多知识产权战略、规划和计划，对于明确知识产权事业发展的目标、任务和措施具有重要作用。但这些战略、规划和计划很多是方向性政策，是号召性政策，可操作性还不强。而且缺乏具有的财政税政策工具，在一定程度上影响了实施效果。

18.3 企事业单位知识产权管理政策

企事业单位是我国知识产权创造和运用的主体，企事业单位的知识产权管理是我国知识产权管理的重点。企事业单位知识产权管理政策对于加强企事业单位的知识产权管理能力，提升创新能力和竞争力具有极为重要的作用。企事业单位的知识产权管理政策可以是政府出台的指导性管理政策，也可以是企事业单位自己制定的知识产权管理政策。因此，企事业单位知识产权管理政策主要包括支持和引导企事业单位制定知识产权管理战略规划的政策，建设知识产权组织机构与人员配置的政策，开展科技创新活动的知识产权管理政策，以及企事业单位关于知识产权管理体系、知识产权资源管理、科研活动知识产权管理、生产经营知识产权等方面的政策。

在原中国专利局 1990 年印发的《企业专利工作办法》，以及于 1994 年印发 2000 年修改的《企业专利工作管理办法》，2004 年印发的《关于进一步加强企业知识产权工作的若干意见》《关于进一步加强高校知识产权工作的若干意见》，2007 年印发的《企业专利工作交流试行办法》等政策的基础上，国家知识产权局近年来又制定了一系列涉及企事业单位知识产权管理的政策，如 2010 年印发的《关于加强知识产权质押融资与评估管理，支持中小企业发展的通知》，2012 年印发的《企业专利信息利用工作指南（试行）》，2014 年印发的《关于实施中小企业知识产权战略推进工程的通知》《关于知识产权支持小微企业发展的若干意见》，形成了企事业单位知识产权管理政策体系的基础。

为进一步加强知识产权管理，2014 年 7 月 15 日，国家知识产权局等八个部门联合印发了《关于深入实施国家知识产权战略，加强和改进知识产权管理的若干意见》（以下简称《意见》）。该《意见》提出："鼓励有条件的高等院校和科研院所设立集知识产权管理、转化运用为一体的机构，统筹知识产权管理工作。"国家知识产权局和国家标准委于 2013 年发布了《企业知识产权管理规范》，2015 年发布了高校和科研组织《知识产权管理规范》。为培育国家知识产权优势企业和国家知识产权示范企业，国家知识产权局印发了《国家知识产权优势企业培育工作方案》《国家知识产权优势企业知识产权评价指标体系（试行）》《国家知识产权示范企业培育工作方案》《国家知识产权示范企业知识产权评价指标体系（试行）》。上述政策构建了我国企事业单位知识产权管理的政策体系基本框架。

总结我国企事业单位的知识产权管理政策，可以发现有以下三个特点。一是企事业单位知识产权管理政策大多是宏观性、指导性政策，而非支持性政策。我国企事业单位知识产权管理机构建设滞后，知识产权数量大而不优的问题一直存在，但我国知识产权管理政策还没有充分发挥引导和支持企事业单位构建现代知识产权管理机构的作用。二是现有知识产权管理政策大多数缺乏有效的政策工具。我国现有知识产权管理政策大多数是号召性政策和事务性政策，既没有财政投入政策，更没有税收优惠政策和政策采购政策，这是造成我国企事业单位知识产权管理政策实施效果一直不佳的主要原因。三是现有知识产权管理政策有较多缺失。无论是政府政策还是企事业单位自身的知识产权管理政策均没有涵盖企事业单位知识产权管理机构与职责、知识产权管理流程、知识产权管理人员、知识产权专项资金、知识产权信息系统、知识产权获取运用与保护、知识产权合同、知识产权保密、知识产权与技术转移、科研生产销售活动知识产权管理等应当涵盖的内容。现有政策没有解决制约企事业单位创新发展的突出问题，如组织机构建设落后、人才队伍缺乏、知识产权管理方法与技术落后等。虽然企业和高校科研组织《知识产权管理规范》对企事业单位知识产权管理提出了涉及上述内容的指导性要求，但这些要求是推荐性的最低要求，与企事业单位实际的知识产权管理需要还有较大差距。

知识产权示范和优势培育企业是近几年国家知识产权局重点推动的工作。2013 年，国家知识产权局开始启动国家知识产权示范企业和优势企业培育工作，截至 2016 年年底共确定 286 家企业为国家级知识产权示范企业，2003 家企业为国家级知识产权优势企业。《国家知识产权示范企业培育工作方案》要求着力强化企业知识产权战略管理能力、企业知识产权产出能力、企业知识产权国际运营能力、企业知识产权风险管控能力。其中在战略管理能力上，要求企业建立与其战略目标相匹配的知识产权管理体系与管理模式，但并没有提出有效的组织管理体系和模式是什么和有哪些。在产出能力上要求加强国内外知识产权战略布局，但并没有提出有效的布局方法。在国际运营能力中，要求促进知识产权与资本市场的高效对接，但并没有提出对接的方法和具体要求。在风险管控能力上，要求企业建立贯穿立项、研发、采购、生产、销售全过程的知识产权侵权预警机制和风险监控机制，但并没有要求实行知识产权全过程管理。还要求企业开展专利与标准前瞻研究，积极参与标准化工作，但并没有提出标准与专利实质性结合的具体方法。

完善企事业单位知识产权管理政策，需要发布系列宏观的指导政策，但也需要制定一些具体的可实施的政策，也需要企事业单位制定自己的包括知识产权归属、技术许可协议、利益冲突等知识产权管理政策。如马普学会制定的政策主要有《发明人指南》《发明披露表格》《知识和技术转移指南》《秘密公开协议》《材料转移协议》《衍生公司指南》《创办企业的办法》。美国斯坦福大学制定的知识产权政策和各种许可协议有四类：一是知识产权政策，包括《理事会政策》《知识产权手册》《关于许可大学技术的九个要点》；二是与院系相关企业许可的政策，包括《院系关于承诺和利益冲突的政策》《学术理事会成员的外部咨询活动》《院系咨询政策》《院系咨询活动要求和协议概要》《学术理事会成员外部咨询活动》《设立与斯坦福大学相关创业企业的大学投资规定》；三是《材料转移协议（MTAs）》；四是《医疗技术评估协议》。

因此，本书作者提出如下建议。一是建立财政支持专项，支持高校与科研机构建立具有知识产权管理、技术转移和投资基金的技术转移办公室，配置包括技术、知识产权法务和投资的人才团队，符合条件的机构每年支持额度不低于 30 万元，并利用政府担保资金对技术转移办公室的知识产权转移转化进行担保，额度为 5000 万元人民币，利用政府知识产权运营引导基金支持企事业单位知识产权投资基金的建立和发展，引导基金不超过30%。二是支持实施生产、科研、销售"三位一体"的知识产权战略。通过专家指导、培训、示范等方式，引导和帮助企业实行知识产权全过程管理，提升科研、生产、销售等过程中的知识产权管理水平和管理效率。三是制定和发布企事业单位知识产权管理高级指引。在《知识产权管理规范》的基础上，发布专利导航分析、科研项目知识产权全过程管理、专利战略布局、科研资本对接、专利与标准结合的具体方法和软件工具。通过培训、指导等方式，引导企业制定知识产权战略规划，建立知识产权现代管理制度，建立合理的知识产权管理机构，掌握知识产权现代管理技术，提高知识产权管理水平。四是培育知识产权强势企业。实施"知识产权强势企业培育计划"，建立专项财政资金，从知识产权优势和示范企业中遴选一批知识产权创造运用能力强、管理水平较高、品牌优势大、国际竞争力较强、发展速度较快的企业，培育形成一批知识产权强势企业。建立省级和国家级知识产权强势企业认定与申报制度，实施"知识产权强势企业培育计划"，重点支持企业知识产权创造和运用能力建设。

18.4 知识产权中介机构管理

加强知识产权中介服务机构管理是知识产权管理政策的重要内容。《国家知识产权战略纲要（2008～2020年）》提出发展知识产权中介服务，要求完善知识产权中介服务管理。国务院《关于新形势下加快知识产权强国建设的若干意见》提出，要优化知识产权公共服务；改善知识产权服务业及社会组织管理；加强知识产权交易平台建设；完善海外知识产权风险预警体系。《"十三五"国家知识产权保护和运用规划》也提出，构建知识产权运营公共服务平台体系，建成便民利民的知识产权信息公共服务平台；深化知识产权领域改革，放宽知识产权服务业准入。

但上述文件并非是具体的政策。现有中介机构管理政策主要是代理机构管理政策。1985年9月4日，国务院批准发布《专利代理暂行规定》。1991年3月4日，国务院发布《专利代理条例》（国务院令第76号）。为落实《专利代理条例》，国家知识产权局于2003年6月6日发布了《专利代理管理办法》。2011年2月11日，国务院法制办公室对《专利代理条例修订草案（送审稿）》公开征求意见。由于《专利代理条例》一直没有通过，因此，国家知识产权局于2015年4月30日发布了修改后的《专利代理管理办法》。

《专利代理条例（征求意见稿）》规定了专利代理机构类型，设立专利代理机构的条件，申请设立专利代理机构的申请材料，代理机构设立的程序，专利代理机构设立分支机构的条件，专利代理机构变更名称、经营场所、合伙人或者股东、法定代表人或者执行事务合伙人事项和专利代理机构惩戒等事项。

专利代理机构类型有普通合伙企业、特殊的普通合伙企业或者有限责任公司两种类型。专利代理机构为合伙企业的，应当有三名以上合伙人；专利代理机构为有限责任公司的，应当有五名以上股东。设立专利代理机构，应当：（1）有合伙协议或者公司章程；（2）有独立的营业场所；（3）有与其业务活动相适应的资产；（4）有符合本条例规定条件的合伙人或者股东；（5）财务独立。专利代理机构的合伙人或者股东应当符合下列条件：（1）品行良好；（2）持有专利代理师资格证；（3）具有两年以上专利代理师执业经历；（4）能够专职从事专利代理业务。专利代理机构的法定代表人应当是股东。作为专利代理机构的合伙人或者股东未满两年的，不得申请作为其他专利代理机构的合伙人或者股东。申请设立专利代理机构，需要提交以下材料：设立专利代理机构申请书、合伙协议或者公司章程、合伙人或者股东的专利代理师资格证和身份证明的复印件、合伙人或者股东的简历及人事档案存放证明、出资证明、营业场所和工作设施的说明、合伙人或者股东与原专利代理机构终止劳动关系的证明、其他必要的证明材料。设立专利代理机构设立分支机构，要求设立时间满三年；具有十名以上专利代理师，且至少有两名专利代理师在拟设立的分支机构执业；申请设立分支机构前三年内未受过本条例规定的惩戒；通过最近一次年检。专利代理机构设立分支机构的，应当经拟设立分支机构所在地的省、自治区、直辖市人民政府管理专利工作的部门批准，报国务院专利行政部门和专利代理机构所在地的省、自治区、直辖市人民政府管理专利工作的部门备案。分支机构应当以其所属专利代理机构的名义承接专利代理业务。

2002 年 12 月 12 日，国家知识产权局发布《专利代理惩戒规则》，规定了对专利代理机构的惩戒类型和情形，以及惩戒委员会的组织、职责和惩戒程序等事项。对专利代理机构的惩戒类型有四种：（1）警告；（2）通报批评；（3）停止承接新代理业务 3~6 个月；（4）撤销专利代理机构。对代理机构惩戒的情形有九种：（1）申请设立时隐瞒真实情况，弄虚作假的；（2）擅自改变主要登记事项的；（3）擅自设立分支机构的；（4）年检逾期又不主动补报的；（5）以不正当手段招揽业务的；（6）接受委托后，无正当理由拒绝进行代理的；（7）就同一专利申请或者专利案件接受有利害关系的其他委托人的委托的；（8）因过错给当事人造成重大损失的；（9）从事其他违法业务活动，或者违反国务院有关规定的。对于违反《专利法》规定，泄露委托人发明创造的内容的；剽窃委托人的发明创造的；向专利行政部门的工作人员行贿，或者指使、诱导当事人行贿的；提供虚假证据、隐瞒重要事实的，或者指使、引诱他人提供虚假证据、隐瞒重要事实的；受刑事处罚的（过失犯罪除外）；从事其他违法业务活动后果严重的，应当给予专利代理机构第（3）项或者第（4）项规定的惩戒。

正在修订的《专利代理条例（征求意见稿）》将专利代理人改为专利代理师，规范了代理机构的成立条件和设立程序，但仍然存在以下三个方面的不足。一是成立专利代理机构的条件过于严苛。最低人数的规定限制了一些专业化专利代理机构的设立。很多资深代理人为成立代理机构只好拉人凑数。现实中，我国专利代理机构合伙人或股东经常跳槽、变动，不断成立新的代理机构，最低人数的限制形同虚设。因此，应通过试点允许职业信誉良好的代理人成立一人制无限责任或有限责任代理公司。二是代理范围的规定还不全面。我国已经明确知识产权咨询服务业包括信息、法律、代理、咨询、商用化、培训六种类型，专利代理事务不只是代理服务，其他服务类型也是我国代理机构应当努力的方向，因此，应将"提供专利事务方面的咨询或者担任专利顾问"改为"专利事务方面的服务"。代理机构仅"申请专利"也是不够的，并没有包括专利代理的全流程，建议改为"专利申请、审查、维持"，将"请求宣告专利权无效"改为"专利复审和请求专利权宣告无效"，将"转让专利申请权、专利权以及订立专利实施许可合同"改为"专利申请权、专利权转让许可，专利组合或专利池开发，以及专利实施与许可合同订立"。三是代理机构履行义务规定不足。现实中确实存在一些代理机构接受委托和收取费用后不履行或怠于履行代理义务，出现给委托人造成损失的情况，应进一步明确内容，允许客户向有关政府部门进行投诉。因此，应增加一条"不履行或者怠于履行专利代理义务的，受到委托人多次投诉，或者给委托人造成损失的"情形。

18.5　区域知识产权管理政策

区域创新体系是国家创新体系的子体系，区域知识产权管理是知识产权管理工作的主要抓手。加强知识产权科学管理需要进一步加强知识产权的区域管理。我国目前的知识产权区域管理工作主要是知识产权全面创新改革试验、知识产权强省强市建设和知识产权区域布局试点三个方面。

18.5.1　知识产权全面创新改革试验

为深入实施创新驱动发展战略，2015 年 3 月 13 日，中共中央、国务院发布了《关于深化体制机制改革，加快实施创新驱动发展战略的若干意见》，提出"推进全面创新改革试验"，要求"遵循创新区域高度集聚的规律，在有条件的省（自治区、直辖市）系统推进全面创新改革试验，授权开展知识产权、科研院所、高等教育、人才流动、国际合作、金融创新、激励机制、市场准入等改革试验，努力在重要领域和关键环节取得新突破，及时总结推广经验，发挥示范和带动作用，促进创新驱动发展战略的深入实施"。

2015 年 9 月 8 日，中共中央办公厅、国务院办公厅印发了《关于在部分区域系统推进全面创新改革试验的总体方案》，选择京津冀一个跨省级行政区域、上海、广东、安徽、四川共四个省级行政区域和武汉、西安、沈阳共三个省级行政区域核心区进行系统部署，重点促进经济、社会和科技等领域改革的相互衔接和协调，探索系统改革的有效机制、模式和经验。八个全面创新改革试验区涉及知识产权试验的主要有：（1）实行严格的知识产权保护制度，营造公平、竞争的良好市场环境；（2）研究建立科技创新、知识产权与产业发展相结合的创新驱动发展评价指标，强化创新政策与相关政策的统筹协调；（3）推进构建以企业为主体、政产学研用结合的技术创新体系，加强知识产权运用和服务，促进创新资源向企业集聚，充分激发企业创新的内生动力；（4）完善知识产权归属和利益分享机制，探索充分体现智力劳动价值的分配机制。

目前，八个全面创新改革试验区涉及知识产权的主要是知识产权审判模式的试验和地方知识产权综合管理改革的试验。审判试验的主要内容是"三审合一"审判模式，下一步应该进行试验的内容应包括知识产权中级法院和知识产权高级法院设置、惩罚性赔偿制度、无效与诉讼程序有效衔接等。

18.5.2　知识产权强省强市建设

2004 年 11 月 12 日，国家知识产权局印发《关于知识产权试点示范工作指导意见》（以下简称《指导意见》）（国知发管字〔2004〕126 号），启动了知识产权试点和示范城市的创建工作。《指导意见》提出了知识产权试点示范工作的主要目的、指导方针、基本思路、工作原则和总体要求，知识产权试点示范工作应具备的基本条件和申报程序，知识产权试点示范工作的实施和管理。截至 2017 年上半年，全国共有 64 个试点和示范城市。其中副省级 14 个，地市级 41 个，县（区）9 个。为加强知识产权试点和示范城市的管理，2011 年 12 月 21 日，国家知识产权局下发《关于印发〈国家知识产权试点和示范城市（城区）评定办法〉的通知》（国知发管字〔2011〕160 号），评价指标包括政府投入、知识产权产出、知识产权运用、知识产权保护、知识产权环境指标，以及加分项等指标、工作特色指标。2012 年 12 月 7 日，国家知识产权局印发的《关于加强试点城市分类指导工作的通知》提出了试点主体的选取，主要包括知识产权制度创新、知识产权执法能力提升、知识产权运用能力提高、知识产权服务业发展、知识产权文化传播，以及试点方案的制定、评定和批复等。2014 年 6 月 13 日，国家知识产权局印发《国家知识产权试点、示范城市（城区）评定和管理办法》（国知发管字〔2014〕34 号），明确了试点和示范城市的评定条件、程序，与管理方式等，并于 2016 年 11 月 18 日发布了修订后的办法。

知识产权强国建设是我国当前和今后一段时期知识产权工作的重点。国务院于 2015 年发布的《关于新形势下加快知识产权强国建设的若干意见》，标志着我国知识产权强国建设的序幕正式开启，国家知识产权局采取点线面结合、局省市联动的方式调动各方面的积极性，致力于建设中国特色世界水平的知识产权强国。点包括区域、产业，行政机关、司法机关，企业、科研院所、高校、自然人、行业协会、中介组织；线包括知识产权的获取、运用、保护和管理四条主线；面是指经济、科技、政治、贸易、外交、文化、法律等多个层面。

为落实国发〔2015〕71 号文，国家知识产权局于 2015 年 10 月 21 日印发《加快推进知识产权强省建设工作方案（试行）》（国知发管字〔2015〕59 号），提出了知识产权强省建设的远期目标和 2030 年目标。到 2030 年，基本形成布局合理、科学发展、支撑有力的知识产权强省建设战略格局。为此，提出了"试点探索、分类推进、分步实施、动态调整、整体升级"的工作方针，明确了引领型、支撑型、特色型知识产权强省建设的主要试点任务，并按照知识产权强省建设的总体思路和目标要求，制定了知识产权强省建设路线图和时间表。该方案还对知识产权试点示范城市建设提出了要求，引领型、支撑型强省试点省行政区域内 60% 和 40% 以上的地级市应成为知识产权示范城市，特色型强省试点省要建设 2 ~ 3 个知识产权示范城市。

2016 年 3 月 18 日，国家知识产权局确定了十三个知识产权强省试点省的名单，批准上海、广东、江苏等四个省份建设引领型知识产权强省试点省，全面提升知识产权综合实力，率先达到国际一流水平；批准河南、湖南、重庆等省份建设支撑型知识产权强省试点省，推进知识产权重点环节突破发展，带动知识产权综合实力显著增强；批准甘肃、江西等省份建设特色型知识产权强省，聚焦区域特色领域，培育形成知识产权新优势。引领型强省任务有五项：一是构建知识产权驱动型创新生态体系；二是推进中国特色知识产权制度的地方实践；三是全面深化知识产权领域综合改革；四是培育发展知识产权密集型产业；五是提升区域知识产权国际竞争力。支撑型任务主要有四项：一是提升知识产权支撑创新驱动发展能力；二是健全知识产权制度实施体系；三是推进知识产权重点环节专项改革试验；四是支撑优势产业转型升级。特色型知识产权强省建设试点省主要任务有四项：一是营造激发创新活力的知识产权环境；二是强化知识产权基础能力建设；三是培育知识产权特色优势；四是助推特色产业做大做强。知识产权强省建设分三个阶段推进：2015 ~ 2020 年为第一阶段，分批布局知识产权强省建设试点省，着力探索路径，总结经验；2020 ~ 2025 年为第二阶段，对试点省进行考核评价，确定一批知识产权强省建设示范省，着力推广经验，深化发展；2025～2030年为第三阶段，确定一批知识产权强省，着力引领带动，全面推进。

2016年11月13日，国家知识产权局印发《关于加快建设知识产权强市的指导意见》（国知发管字〔2016〕86号），提出到2020年，在长三角、珠三角、环渤海及其他国家重点发展区域建成20个左右知识产权引领型创新驱动发展之城；到2030年，在国家主要城市群中全面形成特色鲜明、体制顺畅、集聚融合、充满活力、更加开放的知识产权强市建设发展格局。知识产权强市建设包括五大工程：一是知识产权管理能力提升工程。推进知识产权管理体制机制改革，建立专利导航城市创新发展决策机制，建立知识产权促进创新创业服务机制，完善知识产权公共服务和政策体系；二是实施知识产权大保护工程。完善知识产权执法维权体系，拓宽知识产权纠纷多元解决渠道，建立知识产权保护社会监督网络体系，提升创新主体知识产权保护能力；三是实施知识产权运用促进工程。完善城市知识产权投融资服务体系，完善城市专利导航产业创新发展工作体系，构建城市知识产权运营生态体系；四是实施知识产权质量提升工程。建立城市知识产权创造质量提升体系，完善城市知识产权强企建设体系，建立城市产业集聚高端发展体系；五是实施知识产权发展环境建设工程。健全城市知识产权人才支撑体系，构建城市知识产权文化环境体系，提升城市知识产权对外合作水平。到目前为止，已启动18个知识产权强市试点市建设工作。

18.5.3 知识产权区域布局试点

2015年6月8日，国家知识产权局办公室印发《关于开展知识产权区域布局试点申报工作的通知》（国知办函协字〔2015〕341号），开始启动知识产权布局区域试点申报工作。2015年8月13日，国家知识产权局办公室发布《关于确定知识产权区域布局第一批试点地区的通知》（国知办函协字〔2015〕488号），批准江苏省、广西壮族自治区、重庆市，浙江省宁波市、山东省潍坊市、广东省广州市和深圳市七省、区、市为知识产权区域布局第一批试点地区。2016年1月12日，国家知识产权局办公室又印发了《知识产权区域布局试点工作管理办法》。知识产权区域布局试点工作是指由国家知识产权局为推动知识产权区域布局而选择一批有条件的地方开展的系列工作，具体包括知识产权资源分析、与创新资源和产业发展的匹配度分析、形成指导和加强区域知识产权布局的政策文件、建设知识产权区域布局信息支撑与服务平台等工作。试点分为省级试点和市级试点。试点省（自治区、直辖市）知识产权局或试点城市人民政府是完成当地试点任务的责任主体，负责试点申报、组织实施、落实配套条件等工作。试点期限为三年。

2016年2月17日，国家知识产权局发布《知识产权区域布局试点工作方案》，明确了区域布局的五项主要任务：开展知识产权资源分析、开展知识产权区域布局综合评价、探索区域知识产权分类指导工作模式、建设知识产权资源布局信息平台、建立知识产权布局支撑服务体系。其中知识产权资源分析是指摸清知识产权资源在区域和产业层面的分布现状；研究知识产权资源与创新资源的匹配度，了解知识产权资源对地方产业发展和经济、社会的支撑情况；梳理区域内知识产权政策，以及与科技、经济、产业等政策间的衔接性。知识产权区域布局综合评价是指探索知识产权区域布局评价模型和指标体系，探索综合评价工具、空间分析方法和可视化表达方法等，绘制知识产权布局地图，确定知识产权发展区域类型和发展导向。

实际上，知识产权区域布局的基础是知识产权资源分析，目前提出的资源分析主要包括资源现状、产业匹配度、政策衔接性三个方面，尚缺乏知识产权资源在区域和产业层面分布的分析要求，知识产权资源与创新资源的匹配度及知识产权资源对地方产业发展和经济社会的支撑情况分析方法，以及知识产权政策与科技、经济、产业等政策间的衔接性分析方法。

为促进知识产权区域布局工作的深入推进，我国应当进一步完善知识产权区域布局的内容。一是知识产权资源分析，应包括三个方面：（1）知识产权资源现状分析。主要分析本区域的知识产权创造运用情况和知识产权人才、知识产权平台等资源，弄清国内外和区域产业知识产权申请、授权、有效情况，知识产权人才分布与能力结构状况，创造运用知识产权的企事业单位和中介机构状况；（2）知识产权机遇挑战和存在的优势、劣势分析。主要分析本区域知识产权事业发展面临的机遇、挑战和存在的优势、劣势；（3）区域知识产权发展的突出问题和重大需求分析。二是分析知识产权资源经济社会发展支撑状况。应包括：（1）知识产权转移转化分析，主要分析知识产权自行实施、转让许可和作价入股情况；（2）知识产权密集型产业分析，主要分析知识产权密集型产业的类型、增加值和在经济发展中的地位；（3）经济、科技、文化、卫生、安全等社会事业利用知识产权的状况。三是区域知识产权政策分析。主要包括：（1）知识产权政策体系分析，分析知识产权政策体系构建与主要政策实施状况，是否存在缺失的政策，分析知识产权政策落实情况，明确知识产权发展对策；（2）知识产权政策与科技、经济、产业等政策的衔接分析，主要分析科技、产业、经济等政策中知识产权政策的实施效果和发展对策。

18.5.4　东北老工业基地知识产权发展管理

振兴东北老工业基地战略是我国在经济发展新形势下提出的重大区域发展战略。2003年 10 月 1 日，党中央、国务院发布了《关于实施东北地区等老工业基地振兴战略的若干意见》（中发〔2003〕11 号）。2015 年 6 月 26 日，为应对东北经济不断加大的下行压力，推动东北老工业基地发展方式由主要依靠要素驱动向更多依靠创新驱动转变，再造区域竞争新优势，国家发展改革委、科技部、人社部和中科院，发布了《关于促进东北老工业基地创新创业发展打造竞争新优势的实施意见》（发改振兴〔2015〕1488 号）。

东北老工业基地产业结构以劳动密集型为主，劳动密集型产业结构的核心问题是自主创新能力薄弱，自主创新能力薄弱的关键是知识产权创造与运用能力薄弱，这是制约东北老工业基地经济可持续发展的主要障碍。因此，《实施意见》在三个方面提出加强知识产权工作：一是建立健全产权保护机制，加强专利执法、商标执法和版权执法，加强行政执法部门与司法机关之间信息互联互通，加强对重点产业、关键核心技术、基础前沿领域知识产权保护力度。支持企业、产业技术联盟构建专利池，建设基于互联网的研究开发、技术转移、检测认证、知识产权与标准、科技咨询等服务平台；二是打造东北创新创业发展新高地，沈阳开展全面创新改革试验，授权其在知识产权、科研院所、高等教育、金融创新、激励机制、市场准入等进行改革试验，深化与京津冀、环渤海地区融合发展，建设东戴河中关村合作园区，积极承接中关村、中科院产业转移和科技成果转化；三是强化政策支持。支持东北地区金融机构开展知识产权（技术、产品和服务）质押贷款，在符合国家规定的前提下依托现有产权交易场所开展知识产权交易。

近年来，东北三省都制订了实施知识产权战略的行动计划。如《辽宁省深入实施知识产权战略行动计划（2015~2020年)》《黑龙江省深入实施知识产权战略行动计划（2015~2020年)》《吉林省深入实施知识产权战略行动计划（2015~2020年)》。各副省级城市、省会城市以及部分地市还制定了符合地方发展特点的知识产权战略纲要实施意见，例如，《辽阳市人民政府办公室关于贯彻落实〈辽宁省知识产权战略纲要〉的实施意见》《长春市知识产权战略纲要》《大连市深入实施国家知识产权战略行动计划（2015~2020年)》等，初步构建了东三省区域知识产权政策体系。

上述这些知识产权战略和政策对东北地区知识产权的发展起到了重要促进作用。但是不容忽视的是，东北地区发展存在的主要问题是以知识产权为核心的自主创新能力提升较为缓慢，知识产权基础设施不完善，知识产权文化建设落后，知识产权创造运用能力弱，知识产权对经济社会发展的支撑作用没有充分发挥出来。现有的文件多是战略性、方向性政策，具体的可实施的知识产权政策还较少。为加强东北地区的知识产权创造和运用能力建设，需要构建有效的东北地区知识产权政策体系。一是应完善各类科技创新计划中的知识产权管理政策，尤其是产学研合作的知识产权权利共享政策，要面向运用积极申请高质量的知识产权。要完善知识产权地方资助政策，在理顺各级政府资助政策，避免重复资助基础上，加大对装备制造业、战略性新兴产业等重点产业和国外申请的知识产权的资助力度。充分利用优先审查政策加快东北地区知识产权的获取。取得国家知识产权局的支持，增加专利优先审查的名额，积极发展战略性新兴产业和知识产权密集型产业。二是制定完善知识产权运用政策。支持建设面向装备制造业的东北知识产权运营中心。制定吸引知识产权和技术转移的投融资政策。落实好涉及知识产权事务费的研发支出加计扣除政策。制定技术标准制定中的知识产权政策，支持以技术标准为依托以"龙头企业"牵头高校院所和国内外企业参加的重要产业专利池，制定以知识产权为核心的新技术新产品政府采购政策。三是完善知识产权保护政策。设立覆盖东北三省的知识产权法院，或者在三个省会中级人民法院设立"三合一"的知识产权法庭。整合知识产权行政保护力量，建设东北地区知识产权综合保护中心。四是完善政府行政管理政策和企事业单位的知识产权战略和政策。

18.5.5 京津冀协同发展管理

京津冀协同发展的根本是创新驱动发展，知识产权是支撑创新驱动发展战略实施的关键，对京津冀协同发展具有重要的促进作用。2016年7月15日，国家知识产权局、北京市、天津市、河北省主要领导共同签署了《关于知识产权促进京津冀协同发展合作会商议定书》（以下简称《议定书》），这标志着"一局三地"知识产权促进京津冀协同发展合作会商机制正式建立。根据《议定书》，国家知识产权局将与三地政府在严格知识产权保护、协同知识产权运用、共享知识产权服务资源等方面探索一系列新的合作机制，共同打造区域知识产权协同发展示范区，推动京津冀成为全国知识产权支撑创新驱动发展的重要发展极。

2016年10月9日，国家知识产权局专门制定了《关于知识产权促进京津冀协同发展的若干意见》，提出将北京建成知识产权创造产出策源地、知识产权高端运营核心区，将天津建成知识产权金融创新中心、知识产权引领型产业高端发展先行区，将河北建成知识产权转移转化集聚区、知识产权助推产业转型升级示范区。并支持北京重点建设全国知识产权运营公共服务平台，支持天津重点建设中国知识产权华北运营中心，支持河北重点建设中国知识产权行政执法华北调度中心，建立完善京津冀跨区域、跨部门知识产权行政执法协作与结果互认机制和知识产权转化运营体系。

目前，知识产权促进京津冀协同发展的成效还不明显，落实上述意见的具体政策措施还较少。在实际工作中，北京全国知识产权运营公共服务平台、天津中国知识产权华北运营中心和河北中国知识产权行政执法华北调度中心建设还没完全到位，特别是知识产权运营还没有建立有效的运营模式，知识产权执法调度中心的作用还没有发挥出来。为发挥知识产权促进在京津冀协同发展的作用，最重要的是要制定和落实具体的政策措施，制定三个中心的发展战略和规划，并进行详细的设计，推进建设工作。

18.6　科研创新知识产权管理政策

在科研活动中，加强知识产权管理有利于提升科技创新的产出和效率，为此，我国2006 年年初颁布的《国家中长期科技发展规划纲要（2006～2020 年）》提出："将知识产权管理纳入科技管理全过程，充分利用知识产权制度提高我国科技创新水平。"国务院于2008 年发布的《国家知识产权战略纲要（2008～2020 年）》提出："建立重大科技项目的知识产权工作机制，以知识产权的获取和保护为重点开展全程跟踪服务。"国务院 2014 年转发国家知识产权局等 28 个部门的《关于深入实施国家知识产权战略，加强和改进知识产权管理的若干意见》提出："将知识产权管理全面纳入科技重大专项和国家科技计划全流程管理。在高技术产业化项目、重大技术改造项目、国家科技重大专项等项目中，探索建立知识产权专员制度，加强科研项目立项、执行、验收、评估及成果转化、运营等各环节的知识产权管理"。

虽然我国很多科研活动的知识产权管理政策提出实行科研活动的知识产权全过程管理，但一直没有制定知识产权全过程管理的方法、流程和支持政策。科研项目知识产权全过程管理的主要环节和任务不明确，科研项目知识产权全过程管理的方法和手段不清楚，科研项目知识产权全过程管理的政策措施不知道。由于这些问题，科研项目知识产权全过程管理并没有得到有效开展。

实际上，科研活动知识产权全过程管理是运用项目管理与知识产权的理论、方法和技术，将知识产权管理融入科研项目的立项审批、项目实施、项目验收、成果转化与推广全过程，在科研和创新过程中充分发挥知识产权的引导、支撑和服务作用，以知识产权促进科技创新和成果转化，提高科研和创新活动的效率。科研活动知识产权全过程管理的任务主要分为三个阶段。一是立项阶段，主要的管理任务有四项，包括知识产权检索分析管理、科研项目创新性管理、知识产权预警预测管理、知识产权战略布局管理。二是在验收阶段，管理任务共有 10 项，除了立项阶段的四项任务外，还包括知识产权申请获取管理、知识产权维持管理、技术标准与专利池管理、知识产权合同管理、知识产权转移在转化管理。三是验收后三年阶段，主要包括五项任务，主要是知识产权维持管理、技术标准与专利池管理、知识产权合同管理、知识产权转移转化管理（宋河发，2014）。

为提高科技创新的效率，需要加强科研活动尤其是科研项目的知识产权全过程管理，需要制定科研活动知识产权全过程管理的政策。一是制定《重大科技项目知识产权全过程管理办法》。政府应建立科技计划项目知识产权全过程管理专项资金，支持一批科研项目开展知识产权全过程管理。要开展科研项目知识产权全过程管理试点示范，总结经验，发现问题，不断完善知识产权全过程管理的方法和管理模式，通过试点示范引导更多的企事业单位开展科研项目知识产权全过程管理。要开展科研项目知识产权全过程管理培训，培养一批面向科研项目开展知识产权全过程管理的人才队伍和机构，重点培养科研项目知识产权分析报告撰写能力和发明披露评估能力。要明确对重大科技专项和国家重大科技计划项目开展知识产权全过程管理情况进行考核。二是规定课题组必须聘用内部知识产权管理人员或外部服务机构开展知识产权全过程管理，知识产权管理人员必须服务于课题组开展科研项目知识产权全过程管理工作，为科研项目提交独立的知识产权分析报告。课题组必须支付知识产权管理人员工作经费和合理报酬，课题组可以对其开展知识产权全过程情况进行评价，可以解聘服务不合格的内部知识产权管理人员或外部知识产权服务机构，聘用其他人员或机构，必要的时候可以采取一定的处罚措施，如不支付工作经费和报酬、收回相关经费等。三是企事业单位要安排专项工作经费用于聘用知识产权分析人员，支付工作津贴，可以参照现有科研人员绩效管理政策向提供独立知识产权分析报告、开展了知识产权全过程管理的知识产权管理人员或外部服务机构支付合理的绩效报酬。

18.7 技术标准知识产权管理政策

技术标准知识产权政策关系着产业的竞争力。技术标准是经过协商同意并经公认组织批准的为了共同和重复使用而提供规则、指南、活动及其结果之特征的文件，其目的是达到现有秩序的最佳状态。

国务院于 2015 年颁布的《关于新形势下加快知识产权强国建设的若干意见》（国务院〔2015〕71 号）提出，"推动形成标准研制与专利布局有效衔接机制。研究制定标准必要专利布局指南"。国务院于 2016 年发布的《"十三五"国家知识产权保护和运用规划》也提出"支持联盟构筑和运营产业专利池，推动形成标准必要专利"。中共中央、国务院于 2016 年发布的《国家创新驱动发展战略纲要》更是特别要求"实施知识产权、标准、质量和品牌战略"，要求"提升中国标准水平。强化基础通用标准研制，健全技术创新、专利保护与标准化互动支撑机制，及时将先进技术转化为标准。推动我国产业采用国际先进标准，强化强制性标准制定与实施，形成支撑产业升级的标准群，全面提高行业技术标准和产业准入水平。支持我国企业、联盟和社团参与或主导国际标准研制，推动我国优势技术与标准成为国际标准"。

我国技术标准中的知识产权政策主要体现在国家标准化管理委员会于 2013 年发布的《国家标准涉及专利的处置规则》，本文件规定了国家标准制定和修订过程中专利问题的处置要求和程序。其主要内容包括专利信息的披露、有关部门专利信息披露、专利许可和专利处置程序四部分。我国一些标准也规定了知识产权政策，如 2006 年《IT 标准起草组织知识产权政策模板》。我国技术标准的知识产权政策主要有两个方面。一是标准专利披露政策。《国家标准涉及专利处置规则》要求知识产权权利人、标准参与人和有关机构披露专利信息；并规定了在标准制定的不同阶段专利信息披露的要求。还要披露专利许可条件：（1）合理无歧视免费许可；（2）合理无歧视许可；（3）不同意按照以上两种方式进行许可。二是标准专利许可政策。包括三种方式：（1）合理无歧视免费许可；（2）合理无歧视许可；（3）不同意按照以上两种方式进行许可。还规定了专利不许可的政策。AVS等技术标准还规定了专利池许可政策。

我国一些企业已认识到技术标准知识产权的重要性。华为技术公司通过研发掌握技术标准自主知识产权、购买知识产权许可、知识产权交叉许可，加入专利池提升企业国际竞争力。华为每年会将其销售收入的 10% 投入研发中，2016 年申请中国专利 4906 件，申请PCT 专利 3692 件。每年会拿出销售收入的 1% 即超过 1 亿美元的费用购买其他企业等重要知识产权的许可，减轻了其进军国际市场面临的知识产权压力。华为不断与苹果、爱立信等公司达成专利交叉许可协议。2016 年 11 月 17 日，华为参与 5G 通信标准制定，Polar-Code 技术方案获得国际认可。大唐电信科技股份有限公司参与制定了众多通信领域国际标准，加入了 TD - SCDMA 专利池、AVS 专利池、闪联专利池等众多专利池，积极参加SISVEL 公司 2012 年发起组建的 4G LTE 专利池，成为必要专利权人，拥有 678 项必要专利的 55 项，还加入了 SISVEL 建立的 WIFI 专利池，在 267 项专利中拥有 108 项国内外专利，还参与了 SISVEL 发起的欧洲数字电视 DVB - T2 专利池的构建。

但是，我国技术标准知识产权政策规定总体上还过于宏观。《国家标准涉及专利处置规则》没有提出关于专利许可收益和分配的相关政策。另外，一些专利池实行免许可费政策，免费政策会导致必要专利权人加入技术标准专利池的积极性不高，重要成员会选择退出，造成专利池不稳定，覆盖面小。由于免许可费政策会导致一些拥有大量专利成员参加标准的积极性不高，专利许可收费政策缺乏合理性标准，RAND 原则实际操作存在困难，现有专利许可收益分配政策可操作性不强（宋河发，2014）。

我国政府部门和大多数企事业单位对技术标准知识产权的重要性认识还不足。截至 2008年，我国涉及专利的技术标准有 29 项，只占国家标准总数的 0.29%，其中采标专利 25 项，自主研发专利 4 项。而到 2011 年实施"关键技术标准推进工程"结束，我国自主研发国际标准 42 项，国家标准 336 项，行业标准 117 项，但中国专利只有 317 项，PCT 专利 8 项，软件著作权 25 项，仍然非常少。2000～2012 年，中科院制定国家和行业技术标准从 4 项提高到 40 项，含有必要专利的技术标准占技术标准数量的比例已提高为 7.78%，但必要专利只有不到 10 项。2013 年，必要专利数虽有很大提高，但标准必要专利也只有 70 项。

为此，我国必须制定有效的技术标准和知识产权战略，以自主知识产权尤其是专利为基础制定技术标准，并以标准为目标研发形成新的专利，在此基础上构建专利池实现相互许可和对第三方联合许可。要在有关技术标准政策和知识产权政策中进一步明确技术在标准的专利许可收益和分配的相关政策。要引导现有知识产权联盟构建基于技术标准的专利池，引导现有专利池制定科学、合理的收费和收益分配政策。

18.8　贸易知识产权管理政策

　　贸易中有大量的知识产权问题，知识产权法规政策是保护贸易和促进贸易公平的重要手段。目前，与贸易有关知识产权法规政策主要有三大类。第一类是进出口贸易法规中的知识产权条款和知识产权法规政策，主要是保护知识产权的规定。主要有《对外贸易法》《知识产权海关保护条例》《中华人民共和国海关关于〈知识产权海关保护条例〉的实施办法》等。第二类是国内贸易中的知识产权法规政策。这些法规主要包括专利权、商标权、著作权等法律和实施细则。第三类是促进市场公平竞争的知识产权法规政策，主要是反知识产权滥用和反不正当竞争的规定，主要有《反垄断法》《反不正当竞争法》《关于禁止滥用知识产权排除、限制竞争行为的规定》等。

　　全国人大常委会于 1994 年 5 月 12 日通过，2004 年 4 月 6 日和 2016 年 11 月 7 日修订的《中华人民共和国对外贸易法》第五章规定了"与对外贸易有关的知识产权保护"。主要包括三个方面：一是规定了国家对外贸易中知识产权的保护。该法第 29 条规定，"国家依照有关知识产权的法律、行政法规，保护与对外贸易有关的知识产权"，"进口货物侵犯知识产权，并危害对外贸易秩序的，国务院对外贸易主管部门可以采取在一定期限内禁止侵权人生产、销售的有关货物进口等措施"。二是规定了危害对外贸易公平竞争秩序的行为和调处措施。第 30 条规定："知识产权权利人有阻止被许可人对许可合同中的知识产权的有效性提出质疑、进行强制性一揽子许可、在许可合同中规定排他性返授条件等行为之一，并危害对外贸易公平竞争秩序的，国务院对外贸易主管部门可以采取必要的措施消除危害。"三是规定了知识产权国民待遇原则。第 31 条规定："其他国家或者地区在知识产权保护方面未给予中华人民共和国的法人、其他组织或者个人国民待遇，或者不能对来源于中华人民共和国的货物、技术或者服务提供充分有效的知识产权保护的，国务院对外贸易主管部门可以依照本法和其他有关法律、行政法规的规定，并根据中华人民共和国缔结或者参加的国际条约、协定，对与该国家或者该地区的贸易采取必要的措施。"

　　实际上，涉及贸易的知识产权保护并不仅仅局限于对外贸易，国内贸易也涉及大量的知识产权问题。现行知识产权法规政策对国内贸易中的知识产权保护作出了详细的规定，尤其是规定了对未经权利人许可的销售（和许诺销售）、进口行为的禁止权。

　　为了预防和制止垄断行为，保护市场公平竞争，全国人大常委会于 2007 年 8 月 30 日通过了《反垄断法》，该法第 55 条规定："经营者滥用知识产权，排除、限制竞争的行为，适用本法。"2015 年 4 月 7 日，为规制知识产权滥用，国家工商总局发布了《关于禁止滥用知识产权排除、限制竞争行为的规定》。2016 年 2 月 5 日，国家工商总局又发布《关于知识产权领域反垄断执法的指南（征求意见稿）》（以下简称《指南》），明确对知识产权的垄断协议、滥用市场支配地位、经营者集中等行为，标准制定和实施的垄断行为、专利联营的行为作出规定。《指南》细化界定了上述条款，并就何种情形可以主张豁免给出了具体指导。

　　当前，国际贸易保护主义抬头，一些发达国家指责中国侵犯知识产权，强迫技术转移，给我国国际贸易产生了重大影响，是否侵犯知识产权应看一个国家是否是在加强知识产权保护。中国连续多年成为世界第一知识产权申请授权和拥有大国，北京、上海、广州三个知识产权法院和十五个知识产权法庭建立，知识产权侵权判赔额快速提升，充分证明中国知识产权保护环境在显著改善，而且发达国家也发生大量知识产权侵权诉讼案件。是否强迫技术转移，应看一个国家制定的法律和政策，中国的法律和政策是否是透明的，在征求国际社会意见中并没有人就强迫技术转移提出异议。由于中国巨大的市场和快速发展的经济，跨国公司到中国投资完全是自愿的，如果不转移先进技术和知识产权就不能生产市场需要的产品，就不会有竞争力，认为中国侵犯发达国家知识产权要使用贸易保护措施，认为中国强迫技术转移要惩罚中国，理论和实践上均站不住脚。

18.9 知识产权人才教育培养管理

目前，我国已初步形成了知识产权人才培养教育的宏观政策体系。国务院于 2008 年发布的《国家知识产权战略纲要（2008～2020 年）》中要求加强知识产权人才队伍建设，并从人才队伍建设、人才库、培训、专业技术评价、高校课程、中小学知识产权教育等几个方面提出了要求。国务院《关于新形势下加快知识产权强国建设的若干意见》也提出"加强知识产权专业人才队伍建设"，要求"加强知识产权相关学科建设，完善产学研联合培养模式，在管理学和经济学中增设知识产权专业，加强知识产权专业学位教育。加大对各类创新人才的知识产权培训力度。鼓励我国知识产权人才获得海外相应资格证书。鼓励各地引进高端知识产权人才，并参照有关人才引进计划给予相关待遇。探索建立知识产权国际化人才储备库和利用知识产权发现人才的信息平台。进一步完善知识产权职业水平评价制度，稳定和壮大知识产权专业人才队伍。选拔培训一批知识产权创业导师，加强青年创业指导"。国务院于 2016 年 12 月 30 日发布的《"十三五"国家知识产权保护和运用规划》在重大专项中提出加强知识产权人才培育体系建设，在加强知识产权人才培养、优化知识产权人才成长体系、建立人才发现与评价机制方面开展工作。我国还出台了知识产权人才规划，如国家知识产权局于 2010 年 11 月 22 日印发的《知识产权人才"十二五"规划（2011～2015 年）》《专利代理行业发展"十二五"规划》等文件。

我国知识产权人才管理政策主要体现在上述一些战略和规划中，虽然包括了人才队伍建设、人才教育培养、人才引进等内容，但缺乏知识产权人才使用的具体政策，虽然各类战略规划都对知识产权人才发展提出了要求，但大多是政策方向，而非具体的可实施的政策措施，尤其缺乏具体的具有可操作性的知识产权人才教育培养政策，我国知识产权人才发展受到一定影响。

结合《关于新形势下加快知识产权强国建设的若干意见》和《"十三五"国家知识产权保护和运用规划》，为促进我国知识产权人才教育培养管理，我国需要制定落实上述两个文件的具体实施政策或实施细则。主要的政策或实施细则应如全国高校知识产权专业设置政策，进一步加强和规范知识产权培训的政策，知识产权高端人才引进与使用政策，领导干部知识产权读本，知识产权管理、信息分析、运营人才知识产权知识和能力手册，知识产权创业导师知识产权知识与能力要点，知识产权人才专业技术职称管理办法等政策。从长远来看，我国应面向知识产权强国建设目标，制定新的中长期国家知识产权战略纲要，制定包括知识产权人才政策在内的知识产权战略纲要各项配套政策，并出台落实配套政策的具体实施措施或实施文件。

18.10 知识产权国际交流合作管理政策

18.10.1 国际知识产权交流合作

国际交流合作管理是知识产权管理政策的重点之一。国务院于 2008 年发布的《国家知识产权战略纲要（2008～2020 年)》就提出扩大知识产权对外交流合作。国务院于 2015 年发布的《国务院关于新形势下加快知识产权强国建设的若干意见》也提出提升知识产权对外合作水平，要求"推动构建更加公平合理的国际知识产权规则，加强知识产权对外合作机制建设，加大对发展中国家知识产权援助力度，拓宽知识产权公共外交渠道"。为了落实该指导意见，国务院办公厅于 2016 年 7 月 8 日印发《国务院关于新形势下加快知识产权强国建设的若干意见》重点任务分工方案（国办函〔2016〕66 号），对上述四项工作进行了明确分工。国务院 2017 年发布的《"十三五"国家知识产权保护和运用规划》也提出"促进知识产权开放合作"，并从加强知识产权国际交流合作、积极支持创新企业"走出去"两个方面进行了规划，还设置了知识产权海外维权工程，健全风险预警机制，提出建立海外维权援助机制。

我国还参加了重要的多边和双边知识产权协议，以促进知识产权的国际交流与合作。主要有《中美知识产权合作项目框架协议》《中欧知识产权合作协议》《中欧合作 2020 战略规划》《关于深化互利共赢的中欧全面战略伙伴关系的联合声明》。我国积极参与中韩、中日韩自贸区知识产权章节谈判，参与中美、中欧、中瑞等知识产权工作组会议等。

知识产权交流合作管理政策涉及国内和国外两个方面。交流合作涉及参与国际知识产权组织工作、参与国际知识产权规则制定、参加国外政府与学术论坛、海外知识产权风险防范与维权援助、开展国内外知识产权学术交流等。上述政策比较多地关注参与国外知识产权组织工作、参与国际知识产权规则制定、海外知识产权风险防范与维权援助，而较少关注参加国际政府与学术论坛、知识产权人员交流访问。知识产权学术和人员交流方面缺乏必要的资金支持，也缺乏必要的支持手段。我国知识产权交流不充分，分布也极为不平衡。上述三个政策都提出了政策方向，但缺乏具体的可实施的措施。

为深化知识产权交流与合作，我国应进一步加强政府和民间知识产权交流的管理政策制定，并制定具体的政策措施。要制定提升国际知识产权组织话语权的具体议题，如专利信息 18 个月公开、不丧失新颖性宽限期制度改革、专利文献机器互译系统、生物多样性保护、防御性公开等。牵头制定"一带一路"国家知识产权最低保护共识。制定加入《工业品外观设计国际注册海牙协定》和《马拉喀什条约》进程的时间表。制定企业海外知识产权维权援助具体办法和措施，如在重要国际展会设立知识产权援助办公室和派驻海外知识产权专员等。

18.10.2　"一带一路"知识产权合作

"一带一路"是我国首倡和积极推动的战略性倡议，是我国新时期加快对外开放，维护全球自由贸易体系的重大决策，是促进沿线各国经济繁荣与区域经济合作，加强不同文明交流学习，促进世界和平发展，造福世界各国人民的伟大事业。2013 年 9 月和 10 月，国家主席习近平在出访中亚和东南亚国家期间先后提出共建"丝绸之路经济带"和"21 世纪海上丝绸之路"的重大倡议，得到国际社会的高度关注。

2015 年 3 月，国家发展和改革委员会与外交部、商务部等三部门联合发布《推动共建丝绸之路经济带和 21 世纪海上丝绸之路的愿景与行动》，明确了"一带一路"建设的规划与行动方案，要求抓住机遇，在知识产权工作上先行先试，努力在"一带一路"建设中有所作为。在第四部分"合作重点"中提出，要拓宽贸易领域、拓展相互投资领域、推动新兴产业合作、加强科技合作等。还提出要"加强科技合作，共建联合实验室（研究中心）、国际技术转移中心、海上合作中心，促进科技人员交流，合作开展重大科技攻关，共同提升科技创新能力"，这些都需要知识产权的支撑。

为此，国家知识产权局于 2016 年 7 月 18 日至 22 日举办了"一带一路"知识产权高级别活动，举行了"一带一路"知识产权高级别会议全体会议和知识产权圆桌会，通过了《加强"一带一路"国家知识产权领域合作的共同倡议》，发布了《"一带一路"知识产权高级别会议中方主办单位加强"一带一路"知识产权合作的措施》。

"一带一路"沿线国家是我国重要的贸易合作区域，2015 年我国在"一带一路"国家建立了 59 年产业园区，投资达一百五十多亿美元。但是这些国家大多数基础设施不完善，科技创新能力弱，知识产权保护不充分。我国企业对在这些国家尤其是中亚国家的知识产权保护重视也不够。据统计，我国在哈萨克斯坦申请的专利最多，但 2015 年也只有一千件左右，在俄罗斯、乌兹别克斯坦、吉尔吉斯斯坦等国专利申请量普遍在二百件左右。随着"一带一路"倡议的深入实施，随着这些国家制造能力的提升，我国知识产权被侵权现象将会时常发生，我国制造业缺乏知识产权保护将难以保持竞争优势。

为保障"一带一路"倡议的有效实施，我国应研究"一带一路"沿线国家的知识产权保护与合作问题，制定"一带一路"沿线国家知识产权保护和运用工作方案，引导"一带一路"沿线国家签署知识产权保护协定，探索建立"一带一路"区域知识产权组织，推动落后国家完善知识产权制度，加强知识产权保护。要引导和鼓励企业积极到中亚国家申请专利、注册商标，开展知识产权布局，提升企业海外知识产权保护与管理能力，为强化国际经贸活动赢得先机，为企业赢得国际市场竞争优势，掌握主动权奠定基础。

18.11　小　结

知识产权管理政策是提升知识产权管理效率的主要工具，制定和落实知识产权管理政策是重要的工作之一。本章重点研究了包括知识产权发展规划、中介机构、人才教育培训、企事业单位和区域、科技创新、贸易等知识产权管理政策的现状、问题，并提出了相应的政策建议。

　　加强知识产权管理，必须进一步完善知识产权管理政策。完善知识产权管理政策，一是要构建知识产权管理政策体系，将知识产权管理活动与创造、运用和保护活动进行区分，明确知识产权管理政策体系应当包括的政策内容。二是要制定知识产权管理政策的政策，规范各类知识产权政策的制定和发布，提高知识产权管理政策的针对性、可操作性和有效性。三是要完善知识产权管理政策研究、起草和发布的程序。要充分发挥专家和社会公众在政策制定中的作用，充分征求外部专家和社会的意见和建议，形成专家共识和社会共识，提高政策制定的科学性。四是要将知识产权管理与知识产权政策工具进行结合，不断提高知识产权管理政策的有效性。

致 谢

  本书是本人在中国科学院大学公共政策与管理学院（知识产权学院）讲授《知识产权政策问题》课程的总结，也是国家知识产权局办公室、保护协调司、专利管理司、发展规划司资助的《激励自主创新的知识产权政策与体系研究》等项目的成果结晶，在此对中国科学院大学和国家知识产权局表示特别感谢。

  特别感谢中国科学院科技战略咨询研究院党委书记、中国科学院大学知识产权学院执行院长穆荣平研究员长期以来对笔者的热情鼓励和对本书出版的大力支持。感谢曲婉副研究员、肖尤丹研究员在长期知识产权政策研究中的密切合作。感谢从事知识产权政策和管理研究的各位同事们的大力支持。感谢研究生吴博、廖奕驰、李佳笑积极参与本书有关内容的研究编写和校对工作。感谢中国科学院大学公共政策与管理学院（知识产权学院）《知识产权政策问题》课程各期同学的参与和交流，感谢助教李玲娟老师的卓越贡献。

  特别感谢国家知识产权局李昶、衡付广、姜伟、杨国鑫、刘洋、崔海瑛、耿德强、谷云飞等同志给予的大力支持。特别感谢知识产权出版社编辑李潇老师。她在百忙之中挤出时间研究本书的设计、板式，认真校对每一个文字，终于使本书能与读者见面。

  由于知识产权政策是个新的复杂的研究课题，更由于本人水平有限，本书定有很多不足和疏漏之处，敬请专家学者和广大读者不吝赐教。

作 者

2018 年 3 月 10 日

参考文献

[1] Abramovitz M. Catching – up, forging ahead, and falling behind [J]. The Journal of Economic History, 1986 (46): 385 – 406.

[2] Adam B. Jaffe. The U. S. patent system in transition: policy innovation and the innovation process [J]. Research Policy, 2000 (29): 531 – 557.

[3] Aho E. , Cornu J. , Georghiou L. , Subira A. Creating an Innovative Europe [R]. Report of the Independent Expert Groupon R&D and Innovation appointed following the Hampton Court Summit. Luke Georghiou, Rapporteur, January 2006.

[4] Albert M. B. , Avery D. , Narin F. , et al. Direct validation of citation counts as indicators of industrially important patents [J]. Research Policy, 1991 (3): 251 – 259.

[5] Allen N. , Kabir T. , Casillas A. Peer to Patent: First Pilot Final Results [R]. Center for Patent Innovations, New York Law School, 2013 [2014 – 09 – 25] Available at http: //www. peertopatent. org/wp – content/uploads /sites/2/2013/ 11 /First – Pilot – Final – Results. pdf.

[6] Arrow K. Economic Welfare and the Allocation of Resources for Invention [J]. In: Nelson, R. (Ed.), The Rate and Direction of Inventive Activity, Economic and Social factors. Princeton, NJ. , 1962: 609 – 625.

[7] Arundel. A. The relative effectiveness of patents and secrecy for appropriation [J]. Research Policy 30 2001 611 – 624.

[8] Aschhoff B. , Sofka W. Innovation on demand – Can public procurement drive market success of innovations? [J]. Research Policy, 2009 (38): 1235 – 1247.

[9] Ayse Yigit Sakar. Innovation for a New Tax Incentive: Patent Box Regime Turkey and the EU Application [J]. Procedia Social and Behavioral Sciences, 2015 (195): 544 – 553.

[10] Baker & McKenzie in The Netherlands. Improved Tax Regime for Intangibles in the Netherlands [R]. http: //www. bakermckenzie. com/files/Uploads/Documents/Locations/Amsterdam/br Amsterdam English innovation box. PDF.

[11] Baudras E. The Delicate Issue of Employee Inventor Compensation [J]. 2013. http: //www. consulegis. com/wp – content/uploads/2013/11/The – Delicate – Issue – of – Employee – Inventor – Compensation. pdf.

[12] Bekkers R. , Martinelli A. Knowledge positions in high – tech markets: Trajectories, standards, strategies and true innovators [J]. Technological Forecasting and Social Change, 2012 (7): 1192 – 1216.

[13] Bloom N. , Schankerman, M. Reenen, J. V. Identifying Technology Spillovers and Product Market Rivalry [J]. Econometrica. 2013 (81): 1347 – 1393.

[14] Boeing P. , Mueller E. Measuring Patent Quality in International Comparison – Index Development and Application to China [R] . Centre for European Economic Research Discussion Paper No. 15 – 051, 2015. Available at http: //www. zew. de/de/publikationen/7985.

[15] Bruno van Pottelsberghe de la Potterie, Siska Vandecandelaere, Emmanuele de Be thune. Policy recommen-

dations for the Belgian patent system [J]. World Patent Information, 2008 (30): 309 – 319.

[16] Chung R P C, Lai K K, Fu Y. A New Model on Intangible Assets Valuation [C] Business Intelligence and Financial Engineering, 2013 Sixth International Conference on Business Intelligence and Financial Engineering. IEEE, 2013: 181 – 185.

[17] Clark J, Critharis M, Kunin S. Patent pools: a solution to the problem of access in biotechnology patents? [J]. Biotechnology Law Report. 2004 (20): 607 – 622.

[18] Cogr. The bayh – Dole Act: a guide to the law and implementing regulations [R]. 1999.

[19] Computer implemented Inventions and Patents Law and Practice at the European Patent Office [R]. http://cii. European patent office. org/_pdf/cii_brochure_en. pdf.

[20] Cozmei C., Rusu. M. The EU tax treatment competition for knowledge based capital – the special case of R&D [J]. Procedia Economics and Finance 2015 (32): 817 – 825.

[21] Cozmei, C., Rusu, M. The EU tax treatment competition for knowledge based capital – the special case of R&D [J]. Procedia Economics and Finance, 2015 (32): 817 – 825.

[22] Dalpé R. Effects of Government Procurement on Industrial Innovation [R]. Available online 4 July 2002.

[23] Damodoran, A. Damodoran on Valuation [R]. Wiley, New York. 1994.

[24] Dang J., Motohashi Z. Patent statistics: A good indicator for innovation in China? Patent subsidies program impacts on patent quality [R]. IAM Discussion Paper Series #029, 2013. retrieved on 4 April 2014 from http://pari. u – tokyo. ac. jp/unit/iam/outcomes/pdf/papers_131118. pdf.

[25] Danguy J. and Van Pottelsberghe de La Potterie, B. Cost – Benefit Analysis of the Community Patent [J]. Journal of Benefit – Cost Analysis, 2011 (2): 41.

[26] De Rassenfosse G., Van Pottelsberghe De La Potterie B. The Role of Fees in Patent Systems: Theory and Evidence [J]. Journal of Economic Surveys, 2013 (4), 696 – 716.

[27] De Saint – Georges M., Van Pottelsberghe de la Potterie B. A quality index for patent systems [J]. Research Policy, 2013 (42): 704 – 719.

[28] Denicolo V. The Optimal Life of Patent when the Timing of Innovation is Stochastic [J]. International Journal of Industrial Organization, 1999 (17): 827 – 846.

[29] DTI/OGC (Department of Trade and Industry/Office of Government Commerce). Increasing Competition and Improving Long – term Capacity Planning in the Government Market Place ("Kelly Programme") [R]. London, December 2003.

[30] Easton D. The political system [M]. New York, Kropf, 1953: 129.

[31] Easton, D. A Systems Analysis of Political Life [M]. New York: Wiley, 1965.

[32] Economics Statistics Administration and US States Patent and Trademark Office [J]. Intellectual Property and The US Economy in Focus [R]. March 2012.

[33] Edler J., Georghiou L. Public Procurement and Innovation—Resurrecting the Demand Side [J]. Research Policy, 2007 (36): 949 – 963.

[34] Edquist C., Hommen L. Public Technology Procurement and Innovation Theory [M]. In: Edquist, C., Hommen, L., Tsipouri, L. (Eds.), Public Technology Procurement and Innovation. Economics of Science, Technology and Innovation [M]. Kluwer Academic Publishers, 2000 (16): 5 – 70.

[35] Employee Inventions [R]. Bucharest, 1992: 165 – 182.

[36] Eonomics & Statistics Administration, United States patent and trademark office . Intellectual Property and the U. S. Economy: Industries in Focus [R]. http://keionline. org/sites/default/files/ IP _ Report _ March_2012. pdf.

［37］ Eonomics & Statistics Administration, United States patent and trademark office . Intellectual Property and the U. S. Economy: 2016 Update ［R］. http: //www. esa. doc. gov/sites/default/files/ip – and – the – us – e-conomy – september – 2016. pdf.

［38］ Ernst, H. The patent portfolio for strategic R&D amp; D planning. In Innovation in Technology Management – The Key to Global Leadership ［R］. PICMET 97: Portland International Conference on Management and Technology. 1997.

［39］ Europe Patent Office and Office for Harmonization in the Internal Market. Intellectual Property Rights Intensive Industries: Contribution To Economic Performance and Employment in the European Union ［R］. Industry – Level Analysis Report, September 2013.

［40］ European Chamber. Dulling the Cutting Edge: How Patent – Related Policies and Practices Hamper Innovation in China ［R］. European Chamber, Beijing, China. 2012.

［41］ European Commission. Trend Chart Innovation Policy in Europe 2004 ［R］. 2005.

［42］ European Council. Brussels European Council 23/24March 2006. Presidency Conclusions. Brussels, 18 May 2006. http: //www. consilium. europa. eu/ueDocs/cms Data/docs/pressData/en/ec/89013. pdf.

［43］ Evidence ［R］. IMF Working Papers 06/47. International Monetary Fund. 2006.

［44］ Executive Office of the President National Economic Council Office of Science and Technology Policy. A Strategy for American Innovation: Driving towards Sustainable Growth and Quality Jobs ［R］. 2011.

［45］ Federico P. Renewal Fees and other Patent Fees in Foreign Countries ［J］. Journal of the Patent Office Society, 1954 (11): 827 – 861.

［46］ Futagamia F. , Iwaisako T. Dynamic Analysis of Patent Policy in an Endogenous ［M］.

［47］ Gaetan De Rassenfosse and Bruno Van Pottelsberghe De La Potterie. The Role of Fees in Patent Systems: Theory and Evidence ［J］. Journal of Economic Surveys, 2012.

［48］ Gaetan de Rassenfosse, Bruno van Pottelsberghe de la Potterie. The Role of ·Feesin Patent Systems: Theory and Evidence ［R］. Journal of Economic Survey. 2012.

［49］ Gantchevthe D. Wipo Guide on Surveying the Economic Contribution of the Copyright Industries ［J］. Review of Economic Research on Copyright Issues, 2004 (1): 5 – 15.

［50］ Gao L. , Li M. , Cheng Y. Report on the Quality of Patents For Invention in China ［J］. Unpublished Report Commissioned Under the "IPR2" Project, 2011.

［51］ Geroski P. A.. Procurement Policy as a Tool of Industrial Policy ［J］. International Review of Applied Economics, 1990 (2): 182 – 198.

［52］ Gerschenkron A. Economic Backwardness in Historical Perspective ［M］. Harvard University Press, Cambridge, MA. 1962.

［53］ Gilbert R. and Shapiro C. Optimal Patent Length and Breadth ［J］. Rand Journal of Economics, 1990 (21): 106 – 112.

［54］ Gordon V. Smith, Russell L. Parr. Valuation of Intellectual Property and Intangible Assets ［M］. Wiley Press, 2000.

［55］ Graf S. W. Improving Patent Quality through Identification of Relevant Prior Art: Approaches to Increase Information Flow to the Patent Office ［J］. Lewis & Clark Law Review, 2007 (11): 495 – 519.

［56］ Graham Allison, Philip Zelikow. Essence of Decision: Explaining the Cuban Missile Crisis ［M］. In: (2nd Edition) Sebastian H. , Lea S, Andreas H. National planning and local technology zones: experimental governance in China's Torch Program ［J］. The China Quarterly. 2013.

［57］ Graham E. , Shipan C. , Volde C. The Diffusion of Policy Diffusion Research in Political Science ［J］.

British Journal of Political Science, 2013 (43): 673 – 701.

[58] Greenwald B. C. , Stiglitz J. E. , Externalities in economies with imperfect information and incomplete markets [J]. Quarterly Journal of Economics, 1986 (101): 229 – 264.

[59] Griffith R. , Miller H. , OConnell M. Ownership of intellectual property and corporate taxation [J]. Journal of Public Economics, 2014 (112): 12 – 23.

[60] Griliches Z. Patent Statistics as Economic Indicators: A Survey R&D And Productivity: The Econometric Evidence [M]. Chicago: University of Chicago Press, 1998: 287 – 343.

[61] Growth Model [J]. Journal of Economic Theory, 2007 (132): 306 – 334.

[62] Guellec D. , Van Pottelsberghe De La Lotterie B. The Economics of the European Patent System: IP Policy for Innovation and Competition [M]. New York: Oxford University Press, 2007.

[63] Hagelin T. Competitive Advantage Valuation of Intellectual Property Assets: A New Tool for IP Managers [J]. IDEA, 2003, 44: 79 – 437.

[64] Hall B. H. , Graham S. , Harhoff, D. Prospects for Improving U. S. Patent Quality via Post – Grant Opposition [R]. NBER Working Papers No. 9731. Cambridge, MA: National Bureau of Economic Research, 2003. Available at www. nber. org/papers/w 9731.

[65] Hall, Bronwyn H. Patents and Patent Policy (Winter 2007) [J]. Oxford Review of Economic Policy, 2007 (4): 568 – 587.

[66] Hanel P. Intellectual property rights business management practices: A survey of the literature [J]. Technovation, 2006 (26): 895 – 931.

[67] Harhoff D. , Hoisl K. Institutionalized incentives for ingenuity: Patent value and the German Employees' Inventions Act [J]. Research Policy, 2007 (8): 1143 – 1162.

[68] Harhoff D. , Hoisl K. and van Pottelsberghe de la Potterie, B. Languages, fees and the international scope of patenting [R]. Universit'e libre de Bruxelles, ECARES Working Paper, 2009 – 016.

[69] Harhoff D. , Hoisl K. , Reichl B. and van Pottelsberghe de la Potterie B. Patent validation at the country level – The Role of Fees and Translation Costs [J]. Research Policy, 2009 (9): 1423 – 1437.

[70] Harhoff D. , Narin F. , Scherer F. M. , et al. Citation frequency and the value of patented inventions [J]. Review of Economics and Statistics, 1999, 81 (3): 511 – 515.

[71] Helmers C. Economic and Scientific Advisory Board Workshop on Patent Quality Munich [R]. 7 May 2012.

[72] Holger E. Patent portfolios for strategic R&D planning [J]. Journal of Engineering and Technology Management, 1998 (15): 279 – 308.

[73] http: //159. 226. 251. 229/videoplayer/.

[74] Ivana Koštuíková, Monika Chobotová. New Trends in Intellectual Property and Tax Burden of Innovative Corporations [J]. Contemporary Issues in Business, Management and Education, 2013 (110): 93 – 102.

[75] Jaffe A . B. , Lerner J. Innovation and its discontents: How our broken patent system is endangering innovation and progress, and what to do about it [M]. Princeton, Princeton University Press, 2011.

[76] Johnson C. MITI and the Japanese Miracle: The Growth of Industrial Policy, 1925 – 1975 [M]. Stanford University Press, Palo Alto. CA. 1982.

[77] Joint Project of Europe Patent Office and the Office for Harmonization in the Internal Market Intellectual. Property Rights Intensive Industries: Contribution to Economic Performance and Employment in Europe [R]. 30 September 2013.

[78] Kanwar S. and Evenson R. Does Intellectual Property Protection Spur Technological Change? [J]. Oxford

Economic Papers, 2003 (55): 235 – 264.

[79] Kazuki Onji. The response of firms to eligibility thresholds: Evidence from the Japanese value – added tax [J]. Journal of Public Economics, 2009 (93): 766 – 775.

[80] Keen M. , Lockwood B. The value added tax: Its causes and consequences [J]. Journal of Development Economics, 2010 (92): 138 – 151.

[81] Keen M. , Syed M. H. Domestic Taxes and International Trade: Some Evidence [R]. IMF Working Papers 06/47. International Monetary Fund, 2006.

[82] Khan Z. The Democratization of Invention: Patents and Copyrights in American Economic Development, 1790 – 1920 [J]. New York: Cambridge University Press, 2005: 340.

[83] Kubátová K. Tax theory and policy (5th ed.) [M]. Prague: Woters Kluwer ČR, 2010.

[84] Lammy D. UK Green inventions to Get Fast – Tracked Through Patent System [EB/OL] [R]. UK IPO Website, 2009 – 05 – 12 [2014 – 09 – 27] http: //www. ipo. gov. uk/about/press/press – release/press – release – 2009/ press – release – 20090512. htm.

[85] Larry M. G. Patent Portfolio: Quality, Creation, and Cost Part2 [M]. Webinar Series January 3, 2015.

[86] Lasswell. H. D. The Decision Process: Seven Categories of Functional Analysis . Maryland [M]. University of Maryland Press, 1956: 23.

[87] Le portail de l'Économie et des Finances . CEDEF – Quels sont les taux de TVA en vigueur en France et dans l'Union européenne? Le portail des ministères économiques et financiers (in French) [R]. (2015 – 09 – 22) . Economie. gouv. fr. Retrieved 2016 – 02 – 13.

[88] Lee Changyong, Cho Y, Seol H, et al. A stochastic patent citation analysis approach to assessing future technological impacts [J] . Technological Forecasting and Social Change, 2012 (1): 16 – 29.

[89] Lee K. and Kim Y. K. IPR and Technological Catch – Up In Korea [M]. In: Odagiri, H. , Goto, A. , Sunami, A. Nelson, R. (Eds) Intellectual Property Rights, Development, and Catch – Up: An International Comparative Study [M]. Oxford University Press, UK, 2010: 133 – 1362.

[90] Lei Z. , Sun Z. , Wright B. Are Chinese Patent Applications Politically Driven? Evidence from China's Domestic Patent Applications [R]. OECD Published Working Paper, 2013. http: //www. oecd. org/site/sti-patents/4 – 3 – Lei – Sun – Wright. pdf.

[91] Lemley M. , Lichtman D. , Sampat B. What to Do about Bad Patents? [J]. Regulation – Washington, 2005 (4): 10.

[92] Leptien C. Anreizsysteme in Forschung und Entwicklung [J]. Wiesbaden, 1996.

[93] Li X. , Behind the Recent Surge Of Chinese Patenting: An institutional view [J]. Research Policy, 2012 (41): 236 – 249.

[94] Link A. , Donald S. Siegel D. , Fleet D. . Public science and public innovation: Assessing the relationship between patenting at U. S. National Laboratories and the Bayh – Dole Act [J]. Research Policy, 2011 (40): 1094 – 1099.

[95] Linn A. Appeals Court Overturns Injunction in Amazon Patent Case [J]. The Wall Street Journal, Associated Press Newswires, February 15, 2001.

[96] Marco A. and Prieger J. Congestion Pricing for Patent Applications [C] . Paper for Workshop on Innovation, Intellectuall Property and Competition Policy, Tilburg University, 18 December, 2009.

[97] Martin S. , Scott, J. The nature of innovation market failure and the design of public support for private innovation [J]. Research Policy. 2000 (29): 437 – 447.

[98] Maskus K. E. Intellectual Property Rights in the Global Economy [R]. Institute for International Econom-

ics. 2000.

［99］ Maskus K. . Integrating Intellectual Property Rights and Development Policy: Report of the Commission on Intellectual Property Rights, Commission on Intellectual Property Rights September 2002 ［M］. Journal of International Economics, 2004 (62): 237 – 239.

［100］ Lemley, Mark A. and Burk, Dan L. , Policy Levers in Patent Law ［J］. Law Review, 2003 (89): 1575.

［101］ Lasswell H D. Kaplan A. Power and Society ［M］. Yele University Press, 1970: 71.

［102］ Mazzoleni, R. and Nelson, R. Economic theories about the benefits and costs of patents ［J］. Journal of Economic Issues XXXII, 1998 (4): 1031 – 1052.

［103］ Michael Keen, Ben Lockwood. The value added tax: Its causes and consequences ［J］. Journal of Development Economics, 2010 (92): 138 – 151.

［104］ Morin J. F. , Gold E. An Integrated Model of Legal Transplantation: The Diffusion of Intellectual Property Law in Developing Countries ［J］. International Studies Quarterly, 2014 (58): 781 – 792.

［105］ Mowery D. , Ziedonis A. Academic patent quality and quantity before and after the Bayh – Dole act in the United States ［J］. Research Policy, 2002 (31): 399 – 418.

［106］ National Economic Council, Council of Economic Advisers, Office of Science and Technology Policy. A Strategy for American Innovation: Securing Our Economic Growth and Prosperity ［R］. Feb. 2011. https: //www. whitehouse. gov/innovation/strategy.

［107］ National Economic Council, Office of Science and Technology Policy. A Strategy for American Innovation ［R］. Oct. 2015. https: //www. whitehouse. gov/innovation/strategy.

［108］ Nielsen, P. – E. , Evaluating patent portfolios—a Danish initiative ［J］. World Patent Information, 2004 (26): 143 – 148.

［109］ Nordhaus W. D. Invention, growth, and welfare: A theoretical treatment of technological change ［M］. MIT Press, 1961.

［110］ OECD. BEPS Action 7: Preventing the artificial avoidance of PE status ［R］. OECD Publishing Revised Discussion Draft, 2014. Available at http: //www. oecd. org/tax/treaties/revised – discussion – draft – beps – action – 7 – pe – status. pdf.

［111］ OECD. BEPS Action 7: Preventing the Artificial Avoidance of PE Status ［R］. OECD Publishing revised discussion draft, 2014. Available at http: //www. oecd. org/tax/treaties/revised – discussion – draft – beps – action – 7 – pe – status. pdf.

［112］ OECD. Countering Harmful Tax Practices More Effectively, Taking Into Account Transparency and Substance ［J］. OECD/G20 Base Erosion and Project Shifting Project Paper, 2015. Available at http: //www. oecd – ilibrary. org/docserver/download/2314271e. pdf? expires = 1443166889&id = id&accname = guest&checksum = 2BB95B69C8AA1A6B0FB0D975573988CC.

［113］ OECD. Measuring Patent Quality: Indicators of Technological and Economical ［R］. http: //dx. doi. org/10. 1787.

［114］ O'Grady Sean. Carousel Fraud has Cost UK up to £ 16bn ［R］. The Independent, 26 July 2007.

［115］ Ordish R and Adcock A. China Intellectual Property – Challenges and Solutions: An Essential Business Guide ［M］. Jhon Wiley & Sons (ASIA) Pte LTD, 2008.

［116］ Owi T. Four Systems of Policy, Politics and Choice ［J］. Public Administration Reviews. 1972 (4): 298 – 310.

［117］ Palazz P. Taxation and Innovation ［R］. OECD Taxation Working Papers. 03 Nov 2011.

[118] Palmberg C. The Sources of Innovations – Looking Beyond Technological Opportunities [J]. Economics of Innovation and New Technology, 2004 (131): 183 – 197.

[119] Parchomovsky, G. and R. P. Wagner, Patent Portfolios [J]. University of Pennsylvania Law Review, 2005 (154): 1 – 77.

[120] Peberdy M, Strowel A. Employee's rights to compensation for inventions – A European Perspective [J]. PLC Life sciences handbook 2009/10. 2013.

[121] Penman S H, Penman S H. Financial Statement Analysis and Security Valuation [M]. New York: McGraw – Hill, 2007.

[122] Pilkington, A. Technology portfolio alignment as an indicator of commercialization: an investigation of fuel cell patenting [J]. Technovation, 2004 (24): 761 – 771.

[123] Porter M. E. The Competitive Advantage of Nations [R]. Macmillan, London and Basingstoke. 1990.

[124] President's Advisory Panel on Federal Tax Reform. Simple, Fair & Pro – Growth: Proposals to Fix America's Tax System [R]. 2006.

[125] Price Waterhouse Coopers. European Patent Box Regimes [R]. Japan External Trade Organization, 2013. https://www.jetro.go.jp/world/europe/ip/pdf/european_patent_box_regimes_en.pdf.

[126] Prod'homme D. Measuring, Explaining and Addressing Patent Quality Issues in Chinat [J]. Intellectual Asset Managemen. 2013 (3/4): 41 – 47.

[127] Prod'homme D. Measuring. Duling the Cutting – Edge How Patent – Related Policies and Practice Hamper Innovation in China [R]. 2011.

[128] Prud'homme D., Song H. IP – conditioned Government Incentives in China and The EU: A Comparative Analysis of Strategies and Impacts on Patent Quality [M]. Singapore, Springer Press, 2015.

[129] R. Griffith, H. Miller. Corporate Taxes and Intellectual Property [J]. In: M. Brewer, C. Emmerson, H. Miller (Eds.), The IFS Green Budget February 2011, IFS Commentary 117 (2011). http://www.ifs.org.uk/budgets/gb2011/11chap10.pdf.

[130] Rammer C., Peters B., Schmidt T., Aschhoff, B., Doherr, T., Niggemann, H. Innovationen in Deutschland – Ergebnisse der Innovationserhebung 2003 in der deutschen Wirtschaft [M]. Baden – Baden: ZEW Wirtschaftsanalysen, 2005, vol. 78.

[131] Razgaitis R. Technology Valuation [J]. In: Goldscheider, R. (Ed.). Licensing Best Practices [M]. Wiley, 2002.

[132] Rebel D. Handbuch Gewerbliche Schutzrechte – Übersichten und Strategien: Europa – USA – Japan [R]. Wiesbaden, 1993.

[133] Robert D. Atkinson and Scott M. Andes. Patent Boxes: Innovation in Tax Policy and Tax Policy for Innovation [R]. October 4. 2011. https://itif.org/publications/2011/10/04/patent – boxes – innovation – tax – policy – and – tax – policy – innovation.

[134] Rothwell R. Technology Based Small Firms and Regional Innovation Potential: the Role of Public Procurement [J]. Journal of Public Policy, 1984 (4): 307 – 332.

[135] Saarinen, J. Innovations and Industrial Performance in Finland 1945 – 1998 [M]. In: Almqvist & Wicksell International, Ch. 4.2 – 4.3. 2005.

[136] Scellato G., Caviggioli M. C., Franzoni C., Ughetto E., Kical E., Rodriguez V. Study on the quality of the patent system in Europe [J]. Tender MARKT/2009/11/D Contract Notice in the Official Journal of the European Union 2009/S 147 – 214675 of 04/08/2009, March 2011.

[137] Schankerman M. and Pakes A. Estimates of the Value of Patent Rights in European Countries during the

Post – 1950 Period ［J］. The Economic Journal, 1986 (384): 1052 – 1076.

［138］ Schwab K. , Salai Martín X. . The Global Competitiveness Report 2016 – 2017 ［R］. 2016.

［139］ Scotchmer S. A. Patent Quality, Patent Design, and Patent Politics ［J］. Remarks prepared as a member of the Economic Advisory Group, European Patent Office, Munich, December 10, 2004.

［140］ Scotchmer S. On The Optimality of the Patent Renewal System ［J］. The RAND Journal of Economics, 1999 (2): 181 – 196.

［141］ Singapore Ministry of Finance. Chia – Tern Huey Min GST in Singapore: Policy Rationale, Implementation Strategy & Technical Design ［R］. October 2004.

［142］ Široký J. Tax theory with practical application (2nd ed.) ［M］. Prague: C. H. Beck, 2008.

［143］ Smart M. and Bird R. M. The Economic Incidence of Replacing a Retail Sales Tax with a Value – Added Tax: Evidence from Canadian Experience ［J］. Canadian Public Policy / Analyse de Politiques, 2009 (35): 85 – 97.

［144］ Smith G. V. , Parr R. L. , Valuation of Intellectual Property and Intangible Assets, third ed. ［M］. Wiley, 1998.

［145］ Song H. , Li Z. , Xu Da. What led to the upsurge of China's domestic patent applications: R&D expenditure or Subsidy policy? ［M］. In ecnomic imparct of intellectual property – conditioned government incentives. Springer Press, 2016.

［146］ Suttmeier R. P. China'S Intellectual Property Transition ［R］. May, 2011.

［147］ Svensson R. Commercialization of Patents and External Financing During the R&D phase ［J］. Research Policy, 2007 (7): 1052 – 1069.

［148］ The EU Patent and trademark Office and the EU Intellectual Property Office . Joint EPO – EUIPO study highlights economic benefits of IP for Europe ［R］. http: //www. epo. org/news – issues/news/2016/20161025. html.

［149］ United States International Trade Commission. China: Effects of Intellectual Property Infringement and Indigenous Innovation Policies on the U. S. Economy: Investigation No. 332 – 519 ［R］. March, 2010.

［150］ United States International Trade Commission. China: Effects of Intellectual Property Infringement and Indigenous Innovation Policies on the U. S. ［R］. Economy: Investigation No. 332 – 519. March, 2010.

［151］ United States Patent and Trademark Office. 2014 – 2018 Strategic Plan ［R］.

［152］ Wagner R. P. and Parchomovsky G. Patent Portfolios (March 1, 2005) ［R］ . U of Penn. Law School, Public Law Working Paper 56. U of Penn. Inst for Law & Econ Research Paper 04 – 16. Available at SSRN: https: //ssrn. com/abstract = 582201 or http: //dx. doi. org/10. 2139/ssrn. 582201 .

［153］ Wagner R. P. Understanding Patent – Quality Mechanisms ［J］ . University of Pennsylvania Law Review, 2009 (157): 2135 – 7213.

［154］ Van Pottelsberghe, B. The Quality Factor in Patent Systems, Industrial and Corporate Change ［J］ . 2011 (20): 1755 – 1793.

［155］ Vanden Berg Wv, van der Slot A. Clean Economy, Living Planet: Building strong clean energy technology industries ［J］. Commissioned by WWF – Netherlands from Roland Berger Strategy Consultants, 2009.

［156］ Watson R. Patent Office Fees and Expenses ［J］. Journal of the Patent Office Society, 1953 (10): 710 – 724.

［157］ WIPO. Intellectual Property for Business ［R］. WIPO manual. 2004. www. wipo. int/export/sites/www/sme/en/ip_ business/. . . /ip_business. doc.

［158］ WIPO. Patent Cooperation Treaty Yearly Review: The International Patent System ［R］. http: //www. wipo. int/edocs/pubdocs/en/wipo_pub_901_2015. pdf.

［159］Wright B. A Business Method Patents：Are there any Limits？［R］. http：//www. bustpatents. com.

［160］Yano M. Law and Practice of Employee Inventions in Japan［R］. WIPO Symposium of .

［161］Yiannaka A. and Fulton M. Strategic Patent Breadth and Entry Deterrence with Drastic Product Innovations［J］. International Journal of Industrial Organization，2006（1）：177 – 202.

［162］［美］多恩布什. 新制度经济学前沿：从新制度经济学角度透视［M］. 北京：经济科学出版社，2003.

［163］［美］迈克尔·波特. 国家竞争优势［M］. 北京：华夏出版社，2002.

［164］［美］诺姆·桥姆斯基. 新自由主义与全球秩序［M］. 徐海铭，季海宏，译. 南京：江苏人民出版社，2000.

［165］［美］平狄克鲁，宾费尔德. 微观经济学［M］. 北京：中国人民大学出版社，1996.

［166］［美］斯蒂格利茨，沃尔什. 宏观经济学（第四版）［M］. 黄险峰，张帆，译. 北京：中国人民大学出版社，2010.

［167］［美］托马斯·R. 戴伊. 公共政策新论［M］. 台北：韦伯文化事业出版社，1999：20.

［168］［日］大岳秀夫. 政策过程［M］. 北京：经济日报出版社，1992：101 – 102.

［169］［日］森康郎. Strategy and Reality of Intellectual Property in Korea［J］. 太平洋討究，2014（3）：147 – 164.

［170］［日］田村善之. 智慧财法政策学初探［M］. 知识产权法政策需论丛，2009：97 – 114.

［171］［匈］安东尼德·雅赛. 重申自由主义［M］. 陈茅，徐力源，刘春瑞，译. 北京：中国社会科学院出版社，1997.

［172］［英］安德森. 公共政策［M］. 唐亮，译. 北京：华夏出版社，1990：4.

［173］［英］亚当·斯密. 国富论（全译本）［M］. 西安：陕西师范大学出版社，2010.

［174］［英］约翰·梅纳德·凯恩斯. 就业、利息和货币通论［M］. 北京：商务印书馆，2005.

［175］陈玲. 官僚体系与协商网络：中国政策过程的理论建构和案例研究［J］. 公共管理评论，2006，（5）：46 – 62.

［176］陈琼娣，余翔. 美国公众专利评审及其对我国的启示［J］. 电子知识产权，2010（2）：20.

［177］陈琼娣，余翔. 若干国家绿色专利加速审查的实践及启示［J］. 中国科技论坛，2013（2）：147 – 153.

［178］陈友骏. 日本知识产权新政及其动因［J］. http：//japan. xinhuanet. com/2016 – 02/14/c_135095524. htm. 20162 – 14.

［179］陈振明. 政策科学 – 公共政策分析导论［M］. 北京：中国人民大学出版社，1998：120.

［180］辞海在线. http：//cihai. supfree. net/.

［181］单晓光. 如何迈向知识产权强国［N］. 文汇报. 2014 – 07 – 17.

［182］杜晓君，马大明，宋宝全. 专利联盟的序贯创新效应研究［J］. 科学学与科学技术管理，2011（2）：48 – 49.

［183］范柏乃. 面向自主创新的财税激励政策研究［J］. 北京：科学出版社，2010.

［184］范晓波. 中国知识产权管理报告［M］. 北京：中国时代经济出版社，2009.

［185］冯晓青. 企业知识产权运营及其法律规制研究［J］. 南京社会科学，2013（6）：86 – 91.

［186］付广军，刘洋. 关于拉弗曲线的理论思考与例证——兼论税收和税基相容原理［J］. 经济与管理评论，2013（6）：98 – 103.

［187］付明星. 韩国知识产权政策及管理新动向研究［J］. 知识产权. 2010（3）：92 – 96.

［188］龚江南，李瑛珊，潘琦华. 财政金融基础［M］. 北京：北京大学出版社，2008.

［189］顾玉民，伍山林. 保守的理念——新自由主义经济学［M］. 北京：当代中国出版社，2002.

［190］国家知识产权局发展规划司. 中国专利调查数据［R］. 2015.

［191］国家知识产权局规划发展司. 战略性新兴产业发明专利统计分析总报告［R］. 2014. 12.

［192］国家知识产权局规划发展司. 中国有效专利年度报告［R］. 2014～2015.

［193］国家知识产权局规划发展司. 知识产权产品与我国 GDP 核算体系调整［R］. 专利统计简报，2014：5.

［194］国家知识产权局规划发展司等. 2012 年我国规模以上工业企业专利活动与经济效益状况报告［R］. 2013：12.

［195］国家知识产权局条法司. 外国专利法选译［M］. 北京：知识产权出版社，2015：1 – 147.

［196］国家知识产权局知识产权发展研究中心. 规制知识产权的权利行使［M］. 北京：知识产权出版社，2004.

［197］国家知识产权局知识产权发展研究中心. 知识产权强国基本特征与实现路径研究报告［R］. 2015. 3.

［198］韩秀成. 如何培育高价值专利［EB/OL］. http：//www. sipo. gov. cn/ztzl/zxhd/jjgjzzl/gjzzldjt/201706/t20170616_1312117. html.

［199］韩毓海，新自由主义思想及其批判［J］. 文艺理论与批评，2003（2）：34 – 37.

［200］韩志华. 核心专利判别的综合指标体系研究［J］. 中国外资，2010（2）：193 – 196.

［201］何炼红. 多维度看待高价值专利［EB/OL］. http：//www. sipo. gov. cn/ztzl/zxhd/jgjzzl/gjzzldjt/201706/t20170602_1311269. html.

［202］何耀琴. 北京市知识产权运营模式分析［J］. 北京市经济管理干部学院学报，2013（3）：21 – 26.

［203］胡鞍钢. 中国特色的公共决策民主化——以制定"十二五"规划为例［J］. 清华大学学报（哲学社会科学版），2011（2）：43 – 50 .

［204］华国庆. 我国高新技术产业税收优惠法律制度研究［D］. 合肥：安徽大学，2014.

［205］黄春花. 经济学视角下的知识产权运用初探［D］. 广州：暨南大学，2012.

［206］黄宁燕，王培德. 实施创新驱动发展战略的制度设计思考［J］. 中国软科学，2013（4）：60 – 68.

［207］黄微. 基于专利质量测度的企业专利产出效率研究［D］. 长春：吉林大学，2008.

［208］霍翠婷. 企业核心专利判定的方法研究［J］. 情报杂志，2012（11）：95 – 99.

［209］贾康，刘军民. 建设创新型国家的财税政策与体制变革［M］. 北京：中国社会科学出版社，2011.

［210］江家耐. 我国消费税功能创新与征税范围研究［D］. 大连：东北财经大学，2010.

［211］姜江. 知识产权强国政策体系中的产业政策研究［J］. 知识产权，2015（12）：24 – 28.

［212］蒋建科，赵展慧. 加快建设知识产权强国［N］. 人民日报，2014 – 07 – 28.

［213］金泽俭. 从无效程序审视发明专利的质量研究报告［R］. 编号 Y110702. 2012. 4.

［214］经济合作与发展组织. 技术创新调查手册［M］. 北京：新华出版社，2000.

［215］康琳. 简论电子商务专利问题［J］. 现代情报，2004（5）：78 – 80.

［216］科学技术部. 中国科技统计年鉴［M］. 2014.

［217］科学技术部创新发展司，中国技术市场管理促进中心. 2016 全国技术市场统计年度报告［R］. 2016.

［218］赖利. 商业价值评估与知识产权分析手册［M］. 北京：中国人民大学出版社，2006.

［219］李东兴. 创新驱动发展战略研究［J］. 中央社会主义学院学报，2013（2）：101 – 104.

［220］李娟，杨文静. 知识产权强国［J］. 纺织科学研究，2015（2）：36 – 41.

［221］李克强. 开启建设知识产权强国新征程［EB/OL］. http：//www. sipo. gov. cn/mtjj/2014/201407/t20140716_980490. html.

［222］李黎明，刘海波. 知识产权运营关键要素分析［J］. 科技进步与对策，2014（10）：123 – 130.

[223] 李顺德. 努力培育高价值专利正当时［EB/OL］. 2017 年 6 月 30 日，http：//www. sipo. gov. cn/mtsd/201706/ t20170630_1312332. html.

[224] 李薇薇，郑友德. 绿色专利申请快速审查制度的实施效果评价与完善［J］. 华中科技大学学报（社会科学版），2014（3）：18.

[225] 梁凯，李廉水. 我国企业技术转移交易所得税影响分析及对策研究［J］. 中国软科学，2005（11）：130 – 135.

[226] 刘华，孟奇勋. 知识产权公共政策的模式选择与体系构建［J］. 中国软科学，2009（7）：10 – 18.

[227] 刘运华. 专利权经济价值评估研究梳理与展望［J］. 商业研究，2014（4）：163 – 169.

[228] 柳光强，文宠. 完善促进战略性新兴产业发展的税收政策设想——从区域税收优惠到产业优惠［J］. 中央财经大学学报，2012（3）：3 – 7.

[229] 龙华名裕，侯艳姝. 高价值基本专利的申请策略［J］. 知识产权，2008（5）：90 – 97.

[230] 罗国轩. 知识产权管理概论［M］. 北京：知识产权出版社，2007.

[231] 罗天雨. 核心专利判别方法及其在风力发电产业中的应用［J］. 图书情报工作，2012（12）：96 – 101.

[232] 吕薇. 创新驱动发展战略的路径与政策选择［A］. 陈元志、谭文柱主编. 创新驱动发展战略的理论与实践［C］. 北京：人民出版社，2014.

[233] 宁立志. 先用权之学理展开与制度完善［J］. 法学评论，2014（5）：131 – 138.

[234] 彭茂祥. 我国知识产权公共政策体系的构建［J］. 知识产权，2006（5）：32 – 37.

[235] 漆苏，杨为国. 专利许可实施权转让研究［J］. 科研管理，2008（6）：89 – 94.

[236] 乔永忠，朱雪忠，万小丽，等. 国家财政资助完成的发明创造专利权归属研究［J］. 科学学研究，2008（6）：1181 – 1187.

[237] 上海社会科学院智库研究中心. 2013 年中国智库报告［M］. 上海：上海社会科学院出版社，2014.

[238] 申长雨. 加快建设知识产权强国［EB/OL］. 人民网 .2014 – 07 – 28. http：//scitech. people. com. cn/n/014/0728/c10072 – 25352196. html.

[239] 申长雨. 知识产权强国建设：战略环境、目标路径与任务举措研究报告［R］. 2014，11.

[240] 宋河发，李振兴. 影响制约科技成果转化和知识产权运用的问题分析与对策研究［J］. 中国科学院院刊，2014（5）：548 – 557.

[241] 宋河发，廖奕驰，郑笃亮. 专利技术商业化保险模式与政策研究［J］. 科学学研究，2018（4）.

[242] 宋河发，穆荣平，任中保. 技术开发费 150% 税前加计扣除政策落实问题分析与对策研究［J］. 科学学研究，2009（12）：1822 – 1828.

[243] 宋河发，穆荣平，任中保. 促进自主创新的政府采购政策与实施细则关联性研究［J］. 科学学研究，2011（2）：291 – 299.

[244] 宋河发，沙开清，刘峰. 创新驱动发展与知识产权强国建设的知识产权政策体系研究［J］. 知识产权，2016（2）：93 – 98.

[245] 宋河发. 激励知识产权创造运用和创新的增值税优惠政策改革研究［J］. 知识产权，2016（12）：76 – 81.

[246] 宋河发. 科技成果转化需调整财税支持政策［N］. 21 世纪经济报道，2016 – 02 – 24.

[247] 宋河发. 科研机构知识产权管理［M］. 北京：知识产权出版社，2015.

[248] 宋河发. 重奖未必有利于成果转化［N］. 中国科学报. 2015 – 09 – 21.

[249] 宋河发. 自主创新政府采购政策体系构建与发展研究［J］. 科学学研究. 2016（11）：1639 – 1645.

[250] 宋伟. 知识产权管理［M］. 北京：中国科技大学出版社，2010.

[251] 宋延清，王选华. 公共选择理论文献综述［J］. 先驱论坛，2009：35.

[252] 苏竣. 公共科技政策导论 [M]. 北京：科学出版社，2014：85-86.

[253] 孙涛涛，唐小利，李越. 核心专利的识别方法及其实证研究 [J]. 图书情报工作，2012 (4)：80-84.

[254] 孙晓峰，聂枝玉. 关于对促进科技进步的税收政策的探讨 [J]. 科技与管理，2002 (3)：32-36.

[255] 滕颖. 黑龙江省增值税转型中存在问题及解决对策 [D]. 哈尔滨：哈尔滨工业大学，2007.

[256] 王波，刘菊芳，龚亚麟. "营改增" 政策对知识产权服务业的影响 [J]. 知识产权，2014 (4)：66-69.

[257] 王尔德. 访中科院宋河发：科技成果转化需调整财税支持政策 [N]. 21世纪经济报道，2016-02-24.

[258] 王缉慈. 创新的空间：企业集群与区域发展 [M]. 北京：北京大学出版社，2000.

[259] 王绍光，樊鹏. 中国式共识型决策："开门" 与 "磨合" [M]. 北京：中国人民大学出版社，2013.

[260] 王绍光，鄢一龙，胡鞍钢. 中国中央政府 "集思广益型" 决策模式 [J]. 中国软科学，2014 (6)：1-16.

[261] 王玉梅，黄勇等. 《专利法》及《专利法实施细则》第三次修改专题调研（下卷）[R]. 国家知识产权局条法司编. 北京：知识产权出版社，2008：1351-1360.

[262] 王志刚. 扎实推进创新驱动发展战略 [J]. 求是，2012 (23)：52-54.

[263] 韦伯在线词典. http://www.merriam-webster.com/dictionary/ability.

[264] 卫军，任晓玲. 浅析欧洲单一专利制度的现实意义及欧专局在其中的职责——欧洲单一专利制度的创建历程及实质解析之四 [J]. 中国发明与专利，2014 (1)：9.

[265] 吴汉东. 利弊之间：知识产权制度的政策科学分析 [J]. 法商研究，2006 (9)：6-15.

[266] 吴汉东. 中国应建立以知识产权为导向的公共政策体系 [J]. 中国发展观察，2007 (5)：4-6.

[267] 吴岂山. 俄对转让知识产权免征增值税 [J]. 税收征纳，2007 (12)：45.

[268] 吴欣望. 知识产权经济、规则与政策 [M]. 北京：经济科学出版社，2007：104.

[269] 伍启元. 公共政策 [M]. 北京：商务印书馆. 1989.

[270] 肖沪卫，顾震宇. 专利地图方法与应用 [M]. 上海：上海交通大学出版社，2011：148.

[271] 谢芬芳. 改进高新技术产业税收优惠政策的思考 [J]. 湖南社会科学：2002 (3)：66-68.

[272] 徐博. 消费税在自主科技创新中的作用 [J]. 经济论坛，2008 (22)：120-122.

[273] 徐晓阳，李晓轩，吴剑楣，等. 中央级事业单位科技成果使用、处置和收益管理改革实践与思考 [R]. 中科院科技政策与管理科学研究所内刊. 2015.12.

[274] 许秋花，杨九铃. 鼓励中小创新企业流转税改革问题研究 [J]. 中小企业管理与科技，2010 (12)：21-24.

[275] 杨芳娟，刘云，谭龙. 地方专利资助政策对专利申请量增长的影响分析 [J]. 2012 (11)：733-739.

[276] 杨明娟. 专利实施权转让研究 [D]. 武汉：华中科技大学，2005.

[277] 姚君. 我国知识产权税收改革研究 [D]. 武汉：华中科技大学，2006.

[278] 袁润，钱过. 识别核心专利的粗糙集理论模型 [J]. 图书情报工作，2015，59 (2)：123-130.

[279] 张富强. 税收公平视野下知识产权服务业增值税制的优化设计 [J]. 暨南学报（哲学社会科学版），2015 (9)：152-160.

[280] 张金马. 公共政策分析 [M]. 北京：人民出版社，2004：41-42.

[281] 张来武. 论创新驱动发展 [J]. 中国软科学，2013 (1)：1-5.

［282］张平. 知识产权年刊：专利联盟之反垄断规制问题研究［M］. 北京：北京大学出版社，2006：105 – 106.

［283］张少春主编. 中国战略性新兴产业发展与财政政策［M］. 北京：经济科学出版社，2010.

［284］张馨睿. 从知识产权大国步入知识产权强国［J］. 中华商标，2009（5）：41 – 43.

［285］张志成. 对知识产权战略的法学认识［M］. 知识产权法政策论丛，2009：128 – 156.

［286］赵建国. 建设知识产权强国 打造国家竞争［N］. 2014 – 9 – 11. http：//ip. people. com. cn/n/2014/0911/c136655 – 25643854. html.

［287］知识产权强国研究课题组. 对知识产权强国政的理论思考［J］. 知识产权，2015（12）：3 – 9.

［288］中国技术交易所. 专利价值分析体系与操作手册.［M］. 北京：知识产权出版社，2011.

［289］中国科学院创新发展研究中心. 中国创新发展报告 2009［M］. 北京：科学出版社，2010.

［290］中华人民共和国财政部税政司编. 中国税收制度［M］. 北京：中国财政经济出版社，2012.

［291］中华人民共和国国家统计局编. 2015 中国工业统计年鉴［R］. 北京：中国统计出版社，2015. 11.

［292］朱雪忠，乔永忠等. 国家资助发明创造专利权归属研究［M］. 北京：法律出版社，2009.

［293］朱雪忠. 知识产权管理［M］. 北京：高等教育出版社，2010.

［294］宗禾. 中央事业单位科技成果"三权"改革试点显成效［N］. 中国财经报，2015 – 06 – 25.